Die Engländerin Maria Coffey studierte Geografie und Anglistik in Liverpool und verbrachte danach ein Jahr als Lehrerin in Peru. Zurück in England, arbeitete sie mit vietnamesischen Flüchtlingen, bevor sie 1985 als Austauschlehrerin nach Kanada ging – wo sie hängen geblieben ist. Mit ihrem Mann, dem Tierarzt und Fotografen Dag Goering, lebt sie in British Columbia auf einer kleinen Insel in der Nähe von Vancouver und schreibt Bücher und Reportagen für bekannte Zeitungen und Zeitschriften über ihre abenteuerlichen Reisen.

www.hiddenplaces.net

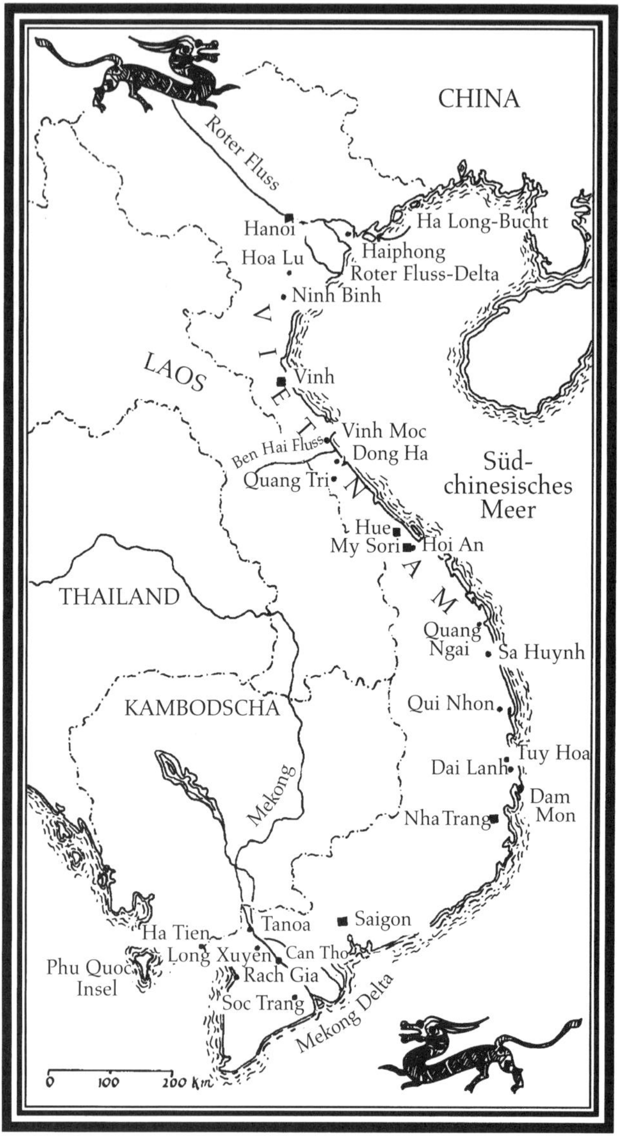

CHINA
Roter Fluss
Hanoi
Ha Long-Bucht
Haiphong
Hoa Lu
Roter Fluss-Delta
Ninh Binh
VIETNAM
LAOS
Vinh
Vinh Moc
Ben Hai Fluss
Dong Ha
Quang Tri
Süd-
chinesisches
Meer
Hue
My Sori
Hoi An
THAILAND
Quang
Ngai
Sa Huynh
KAMBODSCHA
Qui Nhon
Tuy Hoa
Dai Lanh
Mekong
Dam
Mon
Nha Trang
Tanoa
Saigon
Ha Tien
Long Xuyen
Can Tho
Phu Quoc
Insel
Rach Gia
Soc Trang
Mekong Delta
0
100
200 Km

MARIA COFFEY

MOND ÜBER VIETNAM

Streifzüge mit Boot und Fahrrad

Aus dem Englischen
von Ingrid Price-Gschlössl

Mit Fotos von Dag Goering

NATIONAL GEOGRAPHIC
FREDERKING & THALER

Die Deutsche Bibliothek – CIP-Einheitsaufnahme
Ein Titeldatensatz für die Publikation ist bei
Der Deutschen Bibliothek erhältlich.

NATIONAL GEOGRAPHIC ADVENTURE PRESS
Reisen · Menschen · Abenteuer
Die Taschenbuch-Reihe von
National Geographic und Frederking & Thaler

2. Auflage November 2004

Titel der Originalausgabe: Three Moons in Vietnam
erschienen bei Little, Brown & Company, London

Aus dem Englischen von Ingrid Price-Gschlössl
Text: Maria Coffey
Fotos: Dag Goering
Titelfoto unten: Getty Images, Erica Lansner
Lektorat: Angela Wagner, München
Karte: Alison Watt
Umschlaggestaltung: Dorkenwald Grafik-Design, München
Herstellung: Caroline Sieveking, München
Druck und Bindung: Clausen & Bosse, Leck
Printed in Germany

ISBN 3-89405-166-3
www.frederking-thaler.de

Das Papier wurde aus chlorfrei gebleichtem Zellstoff hergestellt.

Für Hanh und Tuyen

Inhalt

Versprechen im Mondschein

An einem Sommerabend des Jahres 1980 saß ich mit Hanh in meinem Garten in Manchester und beobachtete den Mond, der in den dunklen klaren Himmel stieg. Die Luft duftete nach Geißblatt und es war so warm, dass wir nur leichte Sommerkleider trugen. Ich arbeitete damals als Lehrerin in einem Aufnahmezentrum für vietnamesische Flüchtlinge. Hanh war eine meiner Schülerinnen und inzwischen auch meine Freundin geworden. Für gewöhnlich sprach sie nicht viel über ihr früheres Leben und ertrug das selbst auferlegte Exil mit einer stillen Würde. Doch die laue Sommernacht schien ihre Zurückhaltung zu lösen. In gebrochenem Englisch erzählte sie mir nun, wie sie mit ihrem Mann Tuyen und den beiden Kindern mit dem Boot aus Vietnam geflüchtet war. In allen grauenhaften Einzelheiten. Sie schilderte die endlosen Wochen auf dem Meer, als Nahrung und Wasser immer knapper wurden, die Piratenüberfälle, und wie die alten Menschen an Bord nacheinander starben und wie man die Toten über Bord geworfen hatte. Sie sprach auch von ihren Angehörigen, die in Vietnam zurückgeblieben waren, und die sie wohl nie wieder sehen würde. Wir schwiegen beide eine Weile und starrten auf den Mond. Hanh begann zu weinen. Ich hielt ihre Hand, denn ich wusste, dass ich ihr keinen anderen Trost spenden konnte.

»In Vietnam, Mond sehr schön«, sagte sie traurig.

»Eines Tages«, erwiderte ich, »wirst du dorthin zurückkehren.«

»Nein«, seufzte sie. »Niemals zurück.«

»Dann gehe ich«, sagte ich scherzend, um sie ein wenig aufzuheitern, »und bringe dir den Mond zurück.«

Wir lachten und sprachen von anderen Dingen, denn keine von uns beiden glaubte wirklich daran, dass ich nach Vietnam gehen und dort, vierzehn Jahre später, mit eigenen Augen beobachten würde, wie der Mond aufging.

Die Zeit verstrich. Ich war inzwischen nach Kanada gezogen, hatte Dag Goering geheiratet und eine neue Laufbahn als Schriftstellerin eingeschlagen. Hanh und Tuyen lebten in Birmingham und auch ihr Leben veränderte sich. Jedes Mal, wenn ich sie besuchte, gab es wieder etwas Neues, das sie mir voller Stolz zeigten: einen Fernseher, ein Videogerät, ein Auto, einen Walkman. Die Kinder sprachen mit starkem Birmingham-Akzent und hatten die vietnamesische Sprache schon fast vergessen. Doch etliches war unverändert geblieben. Überall in ihrer kleinen Sozialwohnung waren Altäre aufgestellt, an denen Räucherstäbchen brannten und Opfergaben ausgebreitet waren. Wie die meisten Vietnamesen sind Hanh und Tuyen Buddhisten, deren Religion auf einem animistischen Glauben beruht. Sie erzählten mir von Geistern, die in Flüssen und im Meer, in Steinen und Bäumen hausen. So würde ein Geist über das Geschehen in der Küche, ein anderer über das ganze Haus wachen. Wenn sie diese Geister mit Opfergaben besänftigten, würden sie ihnen Glück bringen, andernfalls aber Unheil stiften. Hanh und Tuyen verehrten auch ihre Ahnen. Im Wohnzimmer stand ein Schrein, der dem Geist von Tuyens Mutter gewidmet war. Dort lagen Geld und ihre liebsten Leckerbissen, denn es sollte ihr nach dem Tod ebenso gut gehen wie zu Lebzeiten. In den vietnamesischen Familien kümmern sich die Männer um die Ahnen und Tuyen erzählte mir oft von seiner Besorgnis, dass sich seine im Westen aufgewachsenen Söhne nach seinem Tod nicht genügend um ihn sorgen würden. Denn wenn sie ihre Pflichten nicht ernst nahmen, würde er zu einem verlorenen Geist, der ruhelos umherwandert und Unheil anrichtet. In Vietnam wurden für diese ruhelosen Geister besondere Altäre und Tempel errichtet, was in Birmingham aber nicht der Fall ist, und so wäre sein Geist dazu verdammt, auf immer und ewig unheilvoll umherzustreifen.

Im September 1993 trat Dag eine achtmonatige Aushilfsstelle in einer Tierarztpraxis in Nordwales an. Während dieser Zeit hatte ich häufiger Gelegenheit, Hanh und Tuyen zu sehen. Bei einem meiner Besuche gegen Ende des Jahres bemerkte ich in ihrem Wohnzimmer die Statue einer Frau in einem wallend weißen Gewand. Die beiden erzählten mir, dass es sich dabei um *Quan The Am*, die Göttin der Barmherzigkeit, handle, die in ihrem Fischerdorf in Vietnam verehrt wurde.

»Noch immer?«, fragte ich. »Nach achtzehn Jahren Kommunismus?«

»Oh, ja«, versicherten sie mir. Ihre Verwandten würden alle den Walgott, der entweder *Ca Ong* oder *Ong Nam Hai* genannt wurde, und *Thien Hau*, die Göttin des Meeres und Beschützerin der Fischer, verehren. Sie brachten eine Landkarte von Vietnam und zeigten mir ihr Dorf. Ich starrte auf die Karte; dabei sah ich zum ersten Mal hinter den Linien und Farbflächen das, was sie darstellten: ein schmales Stück Land, das sich an den Rand Südostasiens klammerte und von einem enormen Küstenstreifen beherrscht wurde. Ich machte eine schnelle Kopfrechnung: Die fast zweitausendfünfhundert Kilometer lange Küste erstreckte sich in einer dramatischen S-Kurve zwischen dem riesigen Delta des Mekong im Süden und des Roten Flusses im Norden. In diesem Augenblick zündete etwas in meinem Gehirn.

»Kannst du dich erinnern, wie ich in Manchester zu dir sagte, ich würde für dich nach Vietnam gehen?«, fragte ich Hanh.

»Das war doch nicht ernst gemeint«, erwiderte sie.

»Jetzt ist es mir aber durchaus ernst. Ich möchte hinfahren und die Küste entlangreisen.«

Hanh und Tuyen sahen mich verständnislos an.

»Vielleicht besuche ich euer Dorf«, fuhr ich fort.

Bei diesen Worten verdüsterten sich ihre Gesichter und wurden ausdruckslos. »Gefährlich«, sagten sie. »Polizei.«

»Auch jetzt noch?«, fragte ich.

»Immer noch, immer noch«, sagte Hanh mit Nachdruck.

Als unsere Pläne in den folgenden Monaten immer mehr Gestalt annahmen, machte sie sich zunehmend Sorgen um mich und Dag. Und trotz vieler Andeutungen meinerseits gab sie mir nie die Adressen ihrer Verwandten in Vietnam. Ich kannte sie schon gut genug, um zu wissen, dass es keinen Sinn hatte, Druck auf sie auszuüben, denn trotz ihrer Sanftheit war Hanh zäh und eigenwillig. Ich habe nie herausgefunden, ob ihre Zurückhaltung auf Angst oder Verlegenheit oder auf einer Mischung aus beiden beruhte.

In Vietnam waren Veränderungen im Gange. Jahre des Krieges und der wirtschaftlichen Isolation hatten das Land an den Rand des Bankrotts geführt und die Regierung zum Handeln gezwungen. 1986 hatte der Sechste Parteikongress die *doi moi,* »Erneuerung«, verkündet, wonach man von einer zentralistischen Planung zu den Prinzipien einer freien Marktwirtschaft übergehen wollte. In den nachfolgenden Jahren war es der Bevölkerung nunmehr erlaubt, private Unternehmen zu gründen, und trotz des US-Handelsembargos hatten sich auch einige ausländische Firmen in Vietnam niedergelassen. Das Tor zum Ausland war aber nach wie vor erst einen kleinen Spalt geöffnet. Touristen wurden mit Misstrauen und Argwohn behandelt und man verlangte von ihnen eine besondere Reiseerlaubnis, in der sie ihre genaue Reiseroute angeben und bekannt geben mussten, wo sie jeweils die Nacht verbringen würden.

Doch 1994 öffnete sich das Tor plötzlich ganz weit. Die USA hatten ihr Embargo aufgehoben und die vietnamesische Regierung verzichtete auf die Reisegenehmigungen. Investitionen aus dem

Ausland überschwemmten das Land und innerhalb weniger Tage warb Miss Vietnam im staatlichen Fernsehen für Pepsi Cola. Die Flüge nach Vietnam wurden stärker frequentiert. Zahlreiche Prognosen verkündeten, dass Vietnam bald das schnellste wirtschaftliche Wachstum Südostasiens verzeichnen und sich zu einem »Traumziel« für Touristen entwickeln würde. Ich beschloss, so schnell wie möglich nach Vietnam zu reisen, denn ich wollte das Land noch so kennen lernen, wie es mir von Hanh und Tuyen in ihren Erzählungen geschildert worden war.

Dag ließ sich leicht zu einer Reise über die Flussmündungen und entlang der vietnamesischen Küste überreden. Das magische Wort für ihn war *Boot*. Wenn wir die Einheimischen kennen lernen wollten, müssten wir die einheimischen Transportmittel nutzen, erklärte ich ihm. Dabei nahm ich an, dass diese Transportmittel entlang der Küste Boote sein würden. Dag liebt Boote über alles, vor allem solche mit Segeln, und er begann sofort, alles Mögliche über Dschunken und Sampans zu lesen. Leider teilte der Beamte, den ich in der vietnamesischen Botschaft in London aufsuchte, diese Leidenschaft nicht.

»*Boote?*«, wiederholte er.

Ich erzählte ihm, dass wir wie die einheimische Bevölkerung reisen und leben und dabei den Rhythmus des Alltags entlang der Küste voll auskosten wollten. Er war von meinen Ausführungen keineswegs beeindruckt.

»In Vietnam reisen die Touristen nur per Flugzeug, Zug oder Auto«, versicherte er mir mit Nachdruck. »Ich kann Ihnen die Telefonnummern von Reisebüros geben, die Ihnen bei Ihrer Urlaubsplanung helfen können.«

Ich wusste, dass es völlig sinnlos war, ihm zu erklären, dass wir kein Reisebüro für unsere Urlaubsplanung brauchten, sondern dass wir ganz einfach auf gut Glück die Küste hinaufziehen und uns dabei von zufälligen Bekanntschaften leiten lassen wollten.

Ich verschwieg ihm auch, dass ich die Absicht hatte, über unsere Reise ein Buch zu schreiben, denn ich wusste, dass von ausländischen Schriftstellern, Journalisten und Korrespondenten erwartet wurde, dass sie ihre Besuche über das International Press Communications Cooperation Centre in Hanoi arrangierten. Und ich hatte von Schriftstellern, Journalisten und Korrespondenten, mit denen ich darüber gesprochen hatte, erfahren, dass das nicht nur recht kostspielig, sondern auch mit einer Menge Einschränkungen verbunden war. Ein Arrangement über das IPCCC würde bedeuten, dass wir nach einem festen Plan reisen müssten und dass Führer und Übersetzer für uns ausgewählt würden. Ich hatte aber auch erfahren, dass man ohne offizielle Führer und Übersetzer wahrscheinlich nicht weit kommen würde. Die vietnamesische Küste war noch immer ein strategisch heikles Gebiet. Wir müssten nicht nur mit den Fischern verhandeln, sondern auch mit der örtlichen Polizei, deren wachsames Auge auf den Fahrten der Fischerboote ruhte. Wenn wir also dem IPCCC nichts für seine Dienste zahlten, würde es wahrscheinlich bedeuten, dass wir die örtliche Polizei bestechen müssten. Wochenlang ließen wir uns nun das Problem durch den Kopf gehen und kamen letztlich zu dem Schluss, dass uns das Umherziehen ohne festen Plan, wenn auch ohne offizielle Genehmigung, trotzdem am besten zusagte und das Risiko wert war. Wir beantragten also zwei Touristenvisa und lasen dann alles, was wir über das Leben an der vietnamesischen Küste in die Finger bekommen konnten. Zuletzt kauften wir noch einige Karten von Vietnam, die von der Flugaufklärung der US-Armee erstellt worden waren. Dann plünderten wir unser Bankkonto und machten uns auf den Weg.

Das Eis soll man nicht trinken

Ich versperrte die Tür, stellte den Deckenventilator ab und breitete das Geld auf dem Bett aus. Ein Ratschlag von den vielen, die man uns für die Reise entlang der vietnamesischen Küste gegeben hatte, wurde immer wieder genannt: Unser Geld musste aus US-Dollar in bar bestehen. Erfahrungsgemäß waren Kreditkarten absolut nutzlos und mit Reiseschecks ging es einem nicht viel besser. Wir hatten uns den Rat zu Herzen genommen und da wir nicht wussten, was uns bevorstand, hatten wir so viel Dollar wie möglich zusammengesammelt, nämlich mehrere Tausend in Fünf-, Zehn- und Zwanzigdollarscheinen. Es sah aus wie ein Vermögen. Und nach vietnamesischen Begriffen *war* es auch ein Vermögen. Da wir keineswegs daran gewöhnt waren, mit so viel Geld herumzureisen, fühlten wir uns recht exponiert und unbehaglich. Gleich nach unserer Ankunft in Ho Chi Minh City, oder Saigon, wie die Stadt von fast allen außer den Angestellten in den Reisebüros noch genannt wird, machte ich mich daran, unseren Schatz zu verstecken. Eine halbe Stunde lang jonglierte ich mit dem Geld herum bei dem Versuch, die Scheine in fünf saubere Bündel zusammenzufassen. Eines davon war für das Futter in Dags Hut bestimmt, zwei sollten im Innern unserer Taschen versteckt werden und die restlichen zwei in unseren Geldgürteln.

Das Zimmer war ein Backofen. Nach einer halben Stunde tropfte mir der Schweiß von der Stirn, meine Hände waren feucht und die Geldscheine schweißgetränkt. Ich starrte gerade auf die fünf

Bündel und überlegte mir, wie es wohl sein würde, wenn sie uns gestohlen würden, als es an der Tür klopfte.

»Ich bin's«, rief Dag.

Er war bei der Bank gewesen, um dort einen Teil unseres Gelds in vietnamesische Dong umzutauschen.

Vorsichtig stand ich auf, denn ich wollte meine mühsame Arbeit nicht zerstören, und tappte durchs Zimmer, um Dag hereinzulassen.

»Prima Wechselkurs«, sagte er mit einem sardonischen Grinsen und schwenkte dabei zwei riesige Geldbündel in der Luft. »Für hundert Dollar habe ich eine Million und neunzigtausend Dong, alle in Fünftausend-Dong-Scheinen, bekommen.«

Ich starrte ihn sprachlos an. Auf seinem Hemd waren dunkle Schweißflecken zu sehen und einige Haarsträhnen klebten an seiner Stirn.

»Hier im Zimmer ist es heißer als draußen«, sagte er und stellte den Ventilator auf die höchste Stufe.

»*Nein!*«

Ich wirbelte herum und rannte mit ausgestreckten Armen zum Bett, um meine mühsam gebündelten Geldscheine irgendwie festzuhalten. Da klopfte es erneut an der Tür.

»Hallo, hereinkommen?«, rief Madame Vo, die Besitzerin von Guest House 72.

»*NEIN!*«, schrie ich entsetzt und stürzte erneut auf die Tür zu.

Aber sie stand bereits mit einem Teetablett vor uns, während mehrere Tausend Dollar wie große grüne Konfettiwolken im Zimmer herumwirbelten. Ich sah, wie sie mit offenem Mund erstaunt um sich blickte, bevor ihre Hände erschlafften, das Tablett nach vorne kippte und die Teekanne mit lautem Klirren zu Boden fiel.

Es war noch kein ganzer Tag seit unserer Ankunft in Vietnam vergangen! Als Dag den Ventilator abstellte und das Geld langsam zu Boden schwebte, und Madame Vo die Scherben vom Boden auflas, fragte ich mich, was uns wohl in den kommenden drei Monaten noch bevorstand.

In der Nacht träumte ich, dass ein feuchtes Tuch um meinen ganzen Kopf gewickelt war, das von jedem Atemzug in meine Nase und meinen Mund gesogen wurde, so dass ich zu ersticken drohte. Voller Panik wachte ich auf und schnappte in großen Zügen nach der feuchten Luft. Ein paar Sekunden lang konnte ich mich nicht erinnern, wo ich war. Doch dann brachten mich Hitze und Lärm in die Gegenwart zurück. Schon um halb sechs Uhr früh knatterten in dem kleinen Gässchen vor der Pension Motorroller vorbei, auf den Gehsteigen war das Klappern von Plastiksandalen zu hören und die Luft war erfüllt vom Dröhnen der Radios, dem morgendlichen Krähen der Hähne, von Hupen und Fahrradgeklingel und der Schnulze eines Karaokesängers. Mein Alptraum hatte auch Dag geweckt und bei der Hitze und dem Lärm war für uns beide an ein Weiterschlafen nicht zu denken. Wir zogen uns an und gingen mehrere Treppen zum Empfangsraum des Guest House 72 hinunter, wo eine junge Frau ausgestreckt auf einer Matte lag.

»Sie gehen weg?«, fragte Lan und richtete sich auf.

Am Nachmittag zuvor hatte uns der Taxifahrer vor dem Gästehaus abgesetzt und wir hatten verwundert auf die Fenster gestarrt, in denen grell bedruckte Polyesterstoffe und eine beinlose Schaufensterpuppe in einer Rüschenbluse ausgestellt waren. Wir überlegten gerade, ob uns der Fahrer vielleicht bei der falschen Adresse abgeliefert hatte, als Lan aus dem Haus stürzte und uns begrüßte.

»Sie wollen Zimmer? Wir haben schönes Zimmer, kommen Sie herein bitte!«

Wie alle übrigen Häuser, die entlang der Bui Vien Street eng aneinander gereiht standen, war auch Guest House 72 nur ein Zimmer breit, drei Zimmer tief und vier Stockwerke hoch. Es beherbergte nicht nur eine Familie, sondern war auch Privatpension, Schneiderei und Mietagentur für Fahrräder und Motorroller. In ganz Saigon boomte die Privatwirtschaft und Kleinunternehmen wie dieses schossen überall wie Pilze aus dem Boden.

»Okay, ich mache Tür für Sie auf«, sagte Lan und suchte fummelnd nach einem Schlüssel.

Sie trug dieselbe Pyjamahose und weite Bluse wie am Vortag, aber ihr langes schwarzes Haar war jetzt auf große Schaumstoffwickler gerollt.

Ich hatte ein schlechtes Gewissen, weil wir sie so früh störten, denn sie schien von früh bis spät beschäftigt zu sein: Sie wusch die Bettlaken mit der Hand, reinigte die Badezimmer, wischte die Treppen, sprach die Touristen auf der Straße an und lud sie ins Gästehaus ein und um zehn Uhr abends sah man sie noch, wie sie den Rücken Madame Vos, ihrer Chefin, massierte.

»Sorry! Sorry!«, flüsterten wir, als sie verschlafen zum Gitter vor der Eingangstür tappte, mit dem Vorhängeschloss herumhantierte und uns hinausließ.

Die Bui Vien Street war in ein diffuses, goldenes Licht getaucht. Männer lagen schlafend auf ihren Cyclos. Bei diesen dreirädrigen Fahrradrikschas sitzt der Fahrgast zwischen den Vorderrädern und die Männer fahren den ganzen Tag auf der Suche nach Kunden damit herum. In den Eingängen lagen Kinder, die schützend die Arme vor die Augen gelegt hatten. Eine rötlich braune Katze schlummerte im Schoß eines alten Mannes, der vor seinem Schneiderladen saß und Kaffee trank. Zwei Frauen schoben einen hölzernen Karren an uns vorbei. Auf dem Kopf trugen sie konische Strohhüte, vor das Gesicht hatten sie nach Banditenart Tücher gebunden, den restlichen Körper bedeckten langärmelige Hemden, Hosen und dicke Handschuhe, so dass von den beiden eigentlich nur ihre Augen und die braunen bloßen Füße zu sehen waren. Sie fegten die Straße und schaufelten dann die Abfälle – Obst- und Gemüseschalen, Fischgräten und Hühnerknochen, Kokosnuss- und Eierschalen und leere Zigarettenschachteln – aus dem Rinnstein auf den Karren. Vor jedem Haus hielten sie an und läuteten eine Glocke. Dann warteten sie, bis die Bewohner mit Abfällen herausgelaufen kamen oder etwas durchs Fenster warfen. Als die Frauen an ihnen vorbeigingen, streckten sich die Cyclofahrer und gähnten, die Kinder wurden munter und rieben sich die Augen. Die ganze Straße entlang wurden Metallrollläden vor den Eingängen hochgezogen, so dass man in die Läden sehen konnte, die in den vorderen Räumen der Häuser eingerichtet waren. Da gab es Apotheken und Lebensmittelläden, Fahrradreparaturwerkstätten und Frisöre. Händler rollten Ständer mit Glasvitrinen, in denen Zigaretten, Aspirintabletten und Zeitungen ausgelegt waren, auf den Gehsteig. Die Garküchen am Straßenrand machten mit ihren Nudelsuppen, Reis, Baguettes und Kaffee schon ein gutes Geschäft. Innerhalb von einer halben Stunde hatte das Leben in der Stadt zu pulsieren begonnen. Männer in Anzügen flitzten auf Motorrollern vorbei, an deren Lenkstangen sie ihre Aktentaschen gehängt hatten. Die ärmeren Leute plagten sich auf ihren Fahrrädern zur Arbeit. Frauen auf dem Weg ins Büro fielen durch ihre eleganten *ao dais*, die traditionellen Seidenhosen unter einer dünnen, bis zur Taille geschlitzten Tunika, auf. Andere, die in den etwas alltäglicheren Pyjamaanzügen zum Markt unterwegs waren, wirkten trotz der schweren Körbe, die ihnen an Stangen von den Schultern hingen, graziös und leichtfüßig. Neben uns stieg ein Mädchen vom Fahrrad, stellte einen Korb mit Bananen auf den Gehsteig, hockte sich daneben und wartete auf Kunden. Jeder schien schleunigst zur Arbeit kommen zu wollen, um Geld zu verdienen und die Freiheiten der soeben flügge gewordenen Marktwirtschaft zu nutzen, bevor sie ihnen vielleicht wieder genommen wurden.

Wir frühstückten an einer der zahlreichen Garküchen an der Pham Ngu Lao Street, die gleich um die Ecke von unserem Gästehaus lag. Die winzigen Schemel und niedrigen Tische erinnerten mich an Kindergartenmöbel. Interessiert sahen die übrigen Gäste Dag zu, wie er versuchte, seine langen haarigen Beine unterzubringen. Im Eingang hinter uns standen mehrere große Töpfe auf Kohlenöfchen und gekochte Nudeln lagen wie ein Strang Wolle in einem Korb aufgerollt. Aus dem rückwärtigen Raum, wo ein Holzfeuer in einem großen Ziegelofen glühte, drang der Geruch von frisch gebackenem Brot zu uns.

»*Pho?*«, fragte die Besitzerin der Garküche, eine fröhliche Frau mit vorstehenden, vom Betelnusskauen rot gefärbten Zähnen.

Wir nickten. Es war sowieso das einzige Gericht auf der Speisekarte und stellte das traditionelle vietnamesische Frühstück dar. Sie gab ein paar Hände voll Nudeln in zwei Schüsseln und hob dann den Deckel von einem der Töpfe, in dem einige große Knochen in einer wallenden Flüssigkeit schwammen. Mit der Schöpfkelle stieß sie die Knochen zur Seite, schöpfte dann etwas Suppe heraus und goss sie über die Nudeln. Dazu kamen eine Hand voll Bohnensprossen, feine Scheiben von rohem Rindfleisch und die verschiedensten Garnierungen: fein gehackte Frühlingszwiebeln, Chilipaste, schwarze Bohnenpaste, grüne Kräuter und ein wenig Limonensaft. Die Suppe schmeckte salzig und würzig und die knackigen Bohnensprossen boten einen angenehmen Kontrast mit den leckeren weichen Nudeln. Um die Fleischscheibchen machte ich einen Bogen, sie hatten in der Suppe eine hellgraue Färbung angenommen. Doch fanden sie schnell einen Abnehmer. Ein schmuddeliges Kind hatte sich zu uns gesellt und beim Essen zugeschaut und als ich fertig war, schnappte es sich die Schüssel und schlang meine Reste im Nu hinunter.

Die Bettler und Straßenkinder wussten, dass Touristen in diesem Teil der Stadt für gewöhnlich nicht an den Garküchen, sondern in Kim's Café anzutreffen waren. Das Café war leicht zu finden: Gestreifte Sonnenschirme und weiße Plastiktische und -stühle standen auf dem Gehsteig eng beieinander und junge Touristen drängten sich wie Schafe in einem Pferch um sie. Kim's Café konnte eine Erfolgsstory erzählen. Nach bescheidenen Anfängen als billiges Esslokal für den plötzlichen Touristenstrom, hatte es sich rasch auf das Erdgeschoss des angrenzenden Hauses ausgebreitet und wartete nun auch mit einem gut gehenden Reisebüro auf. Madame Vo und Lan hatten uns versichert, dass wir in Kim's Café ganz bestimmt alle Informationen finden würden, die wir für unsere Reise durch das Mekong-Delta auf einem einheimischen Boot brauchten. Als uns Kim, ein freundlicher Mann mit einem Handy in seiner Shortstasche, die Speisekarte brachte, auf der Croissants, Marmelade, gekochte Eier und Lipton-Tee mit Milch angeboten wurden, bekam ich so meine Zweifel.

Irgendwie schien ich nicht so recht in die Kundschaft von Kim's Café zu passen. Erstens legte ich keinen gesteigerten Wert darauf, als »traveller«, als Rucksacktouristin, anerkannt zu werden. Zweitens besaß ich kein Nasenpiercing und ich war auch nicht in meinen Lonely-Planet-Führer vertieft.

»In Nha Trang gibt's 'nen Laden, Second Best, da kriegst du prima Bananensplits«, sagte ein Amerikaner links von mir gerade zu seiner Begleiterin.

»Second Best? Steht das im Führer?«, fragte sie.

»Noch nicht. Aber du kannst jeden anderen ›traveller‹ fragen, die sagen dir, wo es ist.«

»Madam, kaufen Ansichtskarten?«, wimmerte mir jemand ins Ohr.

Ich wandte mich um und in Augenhöhe stand ein kleiner Junge vor mir, dessen Gesicht von einer tiefen Narbe zwischen Ohr und Kinn gezeichnet war. An den einzelnen Nahtstellen hatten sich Wulste gebildet, so dass die Narbe unecht wirkte, wie auf den Schreckensmasken, die Kinder in Amerika an Halloween tragen.

»Madam, Sie kaufen Landkarte von Vietnam? Sie kaufen Buch?« Er trug ein Tablett, auf dem seine Waren sorgfältig ausgebreitet waren. »Sie kaufen Kaugummi, Madam, Sie kaufen

Zigaretten? Sie werden high, Madam, Sie mir sagen, ich hole Buddha-Zigaretten, Madam.«

Obwohl er wie sieben aussah, bestand er darauf, dass er schon dreizehn war. Er gehörte einer Gruppe von Teenagern an, die die Tische mit gekonntem Geschwätz abklapperten. Einige verkauften T-Shirts mit dem Bild Ho Chi Minhs auf der Brust und andere trieben einen regen Handel mit alten Zippo-Feuerzeugen, die sie angeblich toten US-Soldaten abgenommen hatten.

»Madam, hier«, sagte einer und hielt mir ein Feuerzeug unter die Nase.

Ich las Dag die wüste Aufschrift vor: »Schenk mir dein Herz und deinen Geist oder ich verbrenne deine Hütte, Cam Ranh '68–'69.«

»Verzeihung, kann ich das sehen?«, fragte der Bananensplit-Mann und Sekunden später hatte der Junge ein Geschäft gemacht.

Um das Café herum standen junge Schuhputzer, die mit den Touristen in ihren neumodischen Nylon- und Gummisandalen nur wenig verdienen konnten, und Frauen mit Plastikkörben, die darin winzige Fläschchen mit Nagellack verstaut hatten und Hand- und Fußpflege anboten. Auf der Straße setzten die Bettler neben dem Verkehr ihr Leben aufs Spiel. Es waren Mitleid erregende Gestalten. Ein Mann hatte sich auf seinen Kniestümpfen aufgerichtet und streckte die offene Hand nach Almosen aus. Ein anderer, der seine Beine völlig gegen den Rücken gebogen hatte, lag auf einem Brett mit Rädern und stieß sich mit den Händen vorwärts. Daneben ein Leprakranker mit völlig entstellten Gliedern und Gesicht. Spindeldürre alte Frauen standen auf ihre Stöcke gestützt und junge Mütter hielten ihre krätzigen Säuglinge den Touristen entgegen. Bei diesem Anblick wandten sich die Touristen erneut voller Interesse ihren Reiseführern zu und es war schließlich Kim, der ihnen, ungehalten über die Störung seiner Kunden, 500-Dong-Scheine in die Hand drückte und sie wegscheuchte.

Uns gegenüber saß ein junger Franzose. Eines seiner Augen war entzündet und tränte.

»Es sind die Handtücher«, warnte er uns und zeigte dabei auf die kühlen, feuchten Gesichtstücher, die uns mit dem Essen serviert wurden. »Die werden nicht im heißen Wasser gewaschen und alle bekommen davon entzündete Augen. Ich komme gerade vom Delta zurück und dort ist es *ganz* schlimm.«

Wir fragten ihn, wie er zum Mekong-Delta gekommen war.

»Damit«, sagte er und zeigte dabei auf den weißen Minibus, der vor dem Café geparkt war.

Minuten vorher waren er und neun andere bunt ausstaffierte Rucksacktouristen aus dem Bus geklettert, bevor sie sich wie flatternde Schmetterlinge an den weißen Plastiktischen niedergelassen hatten. »Es ist ein schöner Ausflug und überhaupt nicht teuer. Man fährt nach Can Tho, übernachtet im Hotel und am nächsten Tag schippert man ein paar Stunden lang mit dem Boot auf dem Delta herum. Dann geht's zurück nach Saigon.«

Wortlos verdauten Dag und ich diese Information.

»Morgen fahre ich mit dem Bus nach Nha Trang, Da Nang und Hue«, erzählte er weiter.

»Ich habe gehört, dass es in Nha Trang einen tollen Eisladen gibt«, meinte ich.

»Wirklich? Das schreib ich mir gleich auf«, sagte er und zog einen Kuli und sein Exemplar der »Reisebibel« heraus.

Der Mekong wird von den Vietnamesen Son Cuu Long, der Fluss der Neun Drachen, genannt. Er entspringt in China, fließt durch Tibet, trennt dann Burma und Thailand von Laos und sucht sich anschließend seinen Weg durch Kambodscha, wo er sich in den Hau Giang, den Unteren Fluss, und Tien Giang, den Oberen Fluss, teilt. In Vietnam bilden die beiden Flussarme ein Netz kleinerer Flüsschen, deren Schlamm das Mekong-Delta bildet, das dadurch zum fruchtbarsten und am intensivsten bebauten Gebiet Vietnams wird. Diese Flussarme und die zahlreichen künstlichen Kanäle schaffen aber auch ein kompliziertes Verbindungsnetz, das von der einheimischen Bevölkerung in Tausenden kleiner Boote befahren wird. Das waren die Informationen, die wir der »Reisebibel« entnommen hatten. Wie wir aber auf eines dieser Boote gelangen könnten, verriet sie nicht.

An der Wand des Reisebüros von Kim's Café hing eine große Tafel mit Informationen über Minibusfahrten. Daneben waren Listen aufgehängt, in denen Interessenten sich mit ihrer Unterschrift anmelden konnten. Ein in Wanderschuhen und Haremshosen gleich gekleidetes Pärchen prüfte gerade eingehend »Drei Tage Mekong-Delta« und »Acht Tage Nha Trang, Da Nang und Hue«.

»Das Problem mit den einheimischen Booten ist die Sicherheitsfrage«, erklärte uns Nhut, einer der Reiseführer in Kim's Café. »Die Leute in den Booten glauben, dass Sie reich sind, und wenn Sie dann an einen entlegenen Ort kommen, raubt man Sie aus.«

»Wir brauchen also einen Übersetzer, der den Leuten erklärt, dass wir nicht reich sind«, sagte Dag. »Vielleicht könnte uns einer Ihrer Führer helfen?«

Nhut klopfte nervös mit seinem Stift auf dem Tisch herum. »Der kritische Punkt ist die Polizei. Wenn die Polizei Sie in einem Minibus mit einem vietnamesischen Fahrer sieht, freut sie sich. Die einheimischen Boote bieten keine Sicherheit und das macht der Polizei Sorgen.«

Er sah zu dem Paar hinüber. Die Frau schrieb gerade »Zwei Deutsche« auf die Anmeldeliste für die Fahrt nach Nha Trang, Da Nang und Hue.

»Wissen Sie, wo wir sonst Informationen über Boote bekommen können?«, fragte Dag.

Nhut seufzte. Wir saßen nun schon seit einer Viertelstunde an seinem Schreibtisch und er hatte inzwischen ganz offensichtlich genug von uns.

»Sie können nicht mit dem Boot fahren«, wandte er gereizt ein. »Da gibt es *keine Sicherheit.*«

Es gab auch wenig Sicherheit in den Cyclos, die uns für den Rest des Tages durch die Stadt kutschierten. Unsere Fahrer waren listige, aber recht sympathische Typen, die ihr gebrochenes Englisch angeblich während des Vietnamkriegs bei ihrer »Arbeit für die Amerikaner« gelernt hatten. Sie besaßen die Fähigkeit, im chaotischen Stadtverkehr die Ruhe zu bewahren. Nur wenige Minuten nachdem ich mich in eines dieser Cyclos gesetzt hatte, sah ich mich bereits mit den Füßen voran einer Flut von Fahrzeugen ausgeliefert, die frontal auf mich zustürzten. Autos, Motorroller, Fahrräder und andere Cyclos tauchten vor mir auf und bogen erst in letzter Sekunde wieder ab. Ganz schlimm wurde es bei einem Kreisverkehr, wo es keine Vorfahrt gab und alle Fahrer, auch die unseren, aufs Geratewohl losfuhren und Zusammenstößen nur durch alle möglichen Ausweichmanöver entgingen. Mit angezogenen Beinen saß ich in meinen Sitz geduckt, die Hände in die Armlehnen gekrallt und beobachtete, wie alle um mich herum nur knapp dem Tod entgingen. Ein Motorroller flitzte an uns vorbei. Sein Sozius hielt eine breite Glasplatte in der Hand, mit der er einer Radfahrerin und deren Baby, das ihn mit weit aufgerissenen Augen anstarrte, beinahe den Kopf abrasiert hätte. Ein Cyclo, das direkt auf mich zukam, war so mit Körben voll gepackt, dass ich den Fahrer darunter gar nicht sah, und ich war sicher, dass auch er keine Ahnung hatte, wohin er fuhr. Ein Taxi schoss mitten durch den Verkehr, ohne auf irgendwen oder irgendetwas Rücksicht zu nehmen. Ich kam mir vor wie in einem riesigen Videospiel, bei dem der Mann am Steuerknüppel versuchte, sich den Weg freizuschießen. Sechs weißen Gänsen, die mit den Beinen an eine Fahrradlenkstange gebunden waren, wurde übel mitgespielt, als ihre gelben Schnäbel immer wieder aufschlugen und am Boden entlangschleiften, während sich ihr Eigentümer einen Weg durch den Verkehr bahnte. Zu dem fast unerträglichen Gehupe und Geklingel gesellten sich Auspuffwolken, die einem direkt in die Nase stiegen.

Trotz des Chaos schienen alle außer Dag und mir völlig entspannt zu sein. Unsere Cyclofahrer unterhielten sich angeregt miteinander, als ob sie nicht in der Stadt, sondern auf einer stillen Landstraße unterwegs wären. Langhaarige Schulmädchen in weißen *ao dais* saßen aufrecht auf ihren Fahrrädern und fuhren gelassen durch das Gewirr. Junge Frauen mit Sonnenschirmen und Handschuhen, die ihnen bis an die Ellbogen reichten, schwebten auf Motorrollern an uns vorbei. Fußgänger überquerten wie Schlafwandler die Straße und ich beobachtete ein hübsches Mädchen, das nur noch ein Bein besaß, wie es auf Krücken zuversichtlich durch den Verkehr stakste. Ich überlegte gerade, ob das Ganze vielleicht doch nicht so gefährlich war, wie es aussah, als direkt vor mir ein Motorroller aus einer Seitenstraße schoss und einen Radfahrer niederstieß. Ich hörte das Kreischen der Bremsen und ein lautes Knirschen und Splittern, als Fahrrad und Fahrer durch den Aufprall auf den Boden geschleudert wurden. Der Verkehr verlangsamte sich und bildete einen kleinen Stau, als sich immer mehr Leute um die Unfallstelle drängten. Doch kein aufgeregtes Rufen oder Herumlaufen störte den Eindruck einer resignierten Neugier. Der Radfahrer lag auf dem Boden, ein Bein war grotesk zur Seite gebogen und darunter hatte sich eine Blutlache angesammelt.

»Der arme Kerl!«, rief mir Dag zu. »Sieht aus wie 'ne Fraktur der übelsten Sorte.«

Bevor wir weiterfuhren, sahen wir, wie zwei Männer den Radfahrer unter den Armen fassten und auf ein Cyclo hoben. Der Verletzte begann zu schreien und sein Bein schwang hin und her, als ob es nur noch mit der Haut an seinem Körper hinge.

Unsere Fahrt führte uns durch breite Boulevards, vorbei an feudalen Hotels und prächtigen neoklassizistischen Bauten bis zu einem staubigen kleinen Park. Auf dem kümmerlichen Gras vollführten alte Männer in Baumwollshorts im Schatten riesiger Bäume ihre Morgengymnastik, bei der sie sich langsam streckten und beugten. Hinter ihnen schimmerte der Saigon-Fluss. Auf dem breiten, khakifarbenen Gewässer schwammen in der langsamen Strömung große Gruppen blauer Seerosen. Am Ufer lagen Touristenboote, die mit Aufschriften auf den Kabinendächern für Heineken-Bier und für Bootsausflüge entlang der städtischen Ufer warben. Auf dem Fluss konnte man Sampans ausmachen, an deren hinterem Ende Frauen standen, die die langen Ruder ins Wasser gleiten ließen. Unter riesigen Reklameschildern, die für Sanyo, Panasonic, Milo und Coca-Cola warben, duckte sich am gegenüberliegenden Ufer eine Barackensiedlung.

»Hallo, Sir, Madam!« Eine winzige Frau in einem purpurroten Seidenpyjama kam übers Gras auf uns zugelaufen. »Mein Name ist Muoi«, sagte sie. Dabei nahm sie ihren konischen Strohhut ab und fächerte mir damit ein wenig Luft zu. »Ich habe fünf Kinder, keinen Mann, sehr schönes Boot!«

Sie zog uns zu einem Bootssteg, an dem motorisierte Sampans in drei und vier Reihen hintereinander vertäut lagen und auf Kunden warteten, die den Fluss überqueren wollten.

»Das Beste«, sagte Muoi und zeigte dabei auf ein Boot, das sich in keiner Weise von den anderen unterschied. Das sechs Meter lange und etwas über einen Meter breite, aus groben Planken zusammengefügte Boot besaß an einem Ende ein niedriges Holzverdeck. Da wir sie nicht enttäuschen wollten, einigten wir uns auf eine kurze Fahrt. Wir mussten uns unter das Verdeck setzen und sie vergewisserte sich, dass nicht der kleinste Teil meines Körpers den Strahlen der Sonne ausgesetzt war. Dabei zog sie ihren Hemdsärmel hoch und hielt ihren braunen Arm gegen meinen käseweißen.

»Sie wunderschön!«, rief sie beim Anblick meiner blassen Haut und mir wurde plötzlich bewusst, dass die eleganten Frauen auf den Honda-Motorrollern ihre langen Handschuhe nicht der Mode wegen, sondern zum Schutz vor der bräunenden Sonne trugen.

Muoi zog an einer Schnur und ließ den Motor an, was sich wie das Starten eines Rasenmähers anhörte, und steuerte uns in den Fluss hinaus, wobei sie die Ruderpinne mit ihrem Fuß betätigte. Ihre Zehen waren wie Finger gespreizt und die Nägel schön pedikürt und mit einem rosa Nagellack mit Silberreflexen bemalt. Wir waren noch gar nicht weit gekommen, als der Motor aussetzte. Der Propeller saß am Ende eines zweieinhalb Meter langen Schafts, den Muoi nach vorne schwang, so dass er neben dem Boot zu liegen kam. Gewandt wie eine Katze kletterte sie das Dollbord entlang und löste aus dem Propeller alles Mögliche, das sich darin verfangen hatte: Seerosenwurzeln, Gräser, Fetzen von Säcken und Plastiktüten, die mit widerlichem Schleim gefüllt waren. Als wir wieder zum Bootssteg zurückfuhren, sah sie mich unentwegt mit ihrem strahlenden Lächeln an. Mir war die energische Frau gleich sympathisch gewesen und es tat mir Leid, dass sie kein größeres Boot besaß, mit dem sie uns über das Delta hätte fahren können. Sie hatte Tränen in den Augen, als wir uns verabschiedeten, doch dann erspähte sie ein anderes Paar aus dem Westen, das gerade von seinen Cyclos herunterkletterte, und ohne ein weiteres Wort zu verlieren, rannte sie auf die beiden zu und begann um die ältlichen, etwas verwirrten Amerikaner herumzuflattern.

Später am Abend stießen wir in der Pham Ngu Lao Street wieder auf Muoi. Ihr Haar war in Locken gelegt und ihr Gesicht zurechtgemacht. Voller Aufregung hängte sie sich bei mir ein und starrte mich mit einem strahlenden Lächeln an. Wir befanden uns nicht weit von Kim's Café entfernt und sobald sie es erspäht hatte, wurden Muois Schritte zunehmend langsamer. Sie zog mich zu den weißen Plastiktischen hin. Einer der Kellner grüßte uns unsicher und ließ dabei seinen Blick über Muoi gleiten. Er setzte uns schließlich an den Rand des Geschehens unter einen mit bunten Lichtern behangenen Baum mit dem Schild »Night Club«.

»Sie zahlen?«, fragte Muoi nervös und studierte dabei die ausschließlich englische Speisekarte.

Als Teil des *doi moi*, aber auch um die dringend benötigten Dollar ins Land zu holen, hatte die Regierung ein duales Preisstellungssystem eingeführt. Danach mussten Ausländer zweimal so viel wie die Einheimischen für Flug- und Zugreisen, für den Aufenthalt in den staatlichen Hotels und für den Eintritt in Museen und historische Stätten zahlen. Mit zunehmender Marktwirtschaft machten sich aber auch die neuen Kleinunternehmer dieses System zunutze. Unsere Cyclofahrer hatten mehr als das Doppelte der einheimischen Tarife von uns verlangt und für die Fahrt über den Fluss hatten wir Muoi das Vierfache der vietnamesischen Pendler gezahlt. In Kim's Café war alles in »Ausländerpreisen« angegeben und für jemand wie Muoi natürlich unerschwinglich.

Es kamen immer mehr Gäste und bald mussten zusätzliche Tische und Stühle aufgestellt werden, so dass die Leute schließlich bis an den Rand des Gehsteigs saßen. Zusätzlich zur lautstarken Unterhaltung stießen ein paar Deutsche klirrend mit ihren Biergläsern an und an einem Ende wurde mit viel Lärm ein 21. Geburtstag gefeiert. Am Fuß des Baums hockte eine Frau, umgeben von vier Kindern. Jedes der Kinder hielt einen flachen Korb in Händen und die Frau bereitete gerade ihre kleine Verkaufsmannschaft auf die nächtliche Arbeit vor. Dazu erhielt jedes Kind mehrere Zellophanpäckchen mit Erdnüssen und Kaugummistreifen. Ganz in der Nähe saßen auch die Cyclofahrer auf ihren Rikschas und warteten auf Kunden und eine Frau lehnte an ihrem Stand, dessen Glasvitrine mit Touristenkram wie Wasserflaschen, Luftpostumschlägen und Klopapierrollen voll gestopft war. Sie sah gelangweilt und müde aus. Plötzlich sprang einer der Cyclofahrer auf und spähte die Straße hinunter. Die Frau schob schnell ihren Stand weg und die Kinder flohen mit ihren Körben in alle Richtungen. Kim zwängte sich durch die Tischreihen und sprach dabei in sein Handy. Gleichzeitig rief er den Kellnern etwas zu und bat die Leute, die am Gehsteigrand saßen, ins Café hineinzugehen. Im nachfolgenden Getümmel, bei dem Tische über Köpfe gehoben wurden, Stühle umfielen und Leute gegeneinander stießen, fuhr ein Polizei-Jeep vor. Fünf Männer in grünen Uniformen sprangen heraus. Einer riss das Nachtclub-Schild herunter, zwei weitere ergriffen die leer gewordenen Stühle und Tische und warfen sie auf den Jeep. Muoi fasste mich an der Hand und ich sah, wie sie auf ihrem Stuhl zusammenschrumpfte, als ob sie sich unsichtbar machen wollte. Der vierte Polizist verschwand mit Kim im Restaurant, während die Leute, die ihre Tische aufgegeben hatten, mit Gläsern und Tellern wie auf einer Cocktailparty im Eingang standen und nervös kicherten. Fünf Minuten später hatte sich die Polizei samt Nachtclub-Schild, drei Tischen, acht Stühlen und allem, was ihnen Kim sonst noch mitgegeben hatte, wieder aus dem Staub gemacht.

»Das passiert fast jeden Samstagabend«, sagte ein Engländer an einem Tisch neben uns. »Heute haben sie aber zum ersten Mal das Schild geklaut.«

Er war klein und stämmig, mit einer dicken Brille und einer Bürstenschnittfrisur. Er erzählte uns, dass er seit neun Monaten in Saigon Englisch unterrichte und nebenbei Vietnamesisch lerne.

»Können Sie wirklich Vietnamesisch sprechen?«, fragte ich bewundernd.

»Also, ein wenig. Hören Sie, ich versuch es mal an Ihrer Freundin.«

Muoi sah ihn bei den nun folgenden Worten verständnislos an.

»Ich schaff die Betonung einfach nicht«, fügte er niedergeschlagen hinzu. »Beim Singen ist es viel leichter. Ein Typ aus Swindon wohnt hier, der hat eine gute Stimme, und wenn er auf Vietnamesisch singt, wissen die Einheimischen alle, um was es geht. Aber wenn er mit ihnen redet, verstehen sie kein verdammtes Wort.«

Ich fühlte mich nun ein wenig besser, wenn ich daran dachte, wie mühsam ich mich mit den einfachsten Sätzen auf Vietnamesisch abplagen musste. Da kam mir in den Sinn, dass uns dieser Mann nach neun Monaten in Saigon vielleicht ein paar gute Ratschläge zu unserer geplanten Bootsfahrt geben könnte. Als ich ihm davon erzählte, sah er uns aber nur verwundert an.

»Ich hab noch nie von jemandem gehört, der das gemacht hat. Da kriegen Sie bestimmt Probleme mit der Polizei.«

Als ich ihn nach dem Grund fragte, zuckte er nur die Achseln. »Nur so. Das ist hier immer so.«

Man brachte uns die Rechnung. Wir legten fünf Dollar hin und Muoi starrte mit großen Augen auf das Geld, das für sie einem ganzen Wochenlohn entsprach.

Zwei Tage lang wanderten wir durch die Stadt und versuchten, unsere Bootsfahrt durch das Mekong-Delta zu arrangieren. In allen Reisebüros bekamen wir aber immer die gleiche Antwort, die Nhut uns gegeben hatte, nämlich dass unser Plan einfach nicht durchführbar sei. Wir gingen wieder zum Fluss, wo wir ein paar kleine hölzerne Frachtboote fanden, die mit Bananen und Kokosnüssen beladen waren. Wir fragten die Besitzer nach ihrem Ziel und ob wir mitfahren könnten. Die meisten von ihnen verstanden gar nicht, was wir ihnen mit unseren wenigen vietnamesischen Brocken klar machen wollten, und denen, die es verstanden, war unser Wunsch einfach unerklärlich. Uns wurde bald bewusst, dass wir einen Übersetzer brauchten. Dass wir aber einen finden würden, der bereit war, in einfachen Booten anstatt in vollklimatisierten Autos zu reisen, schien ein Ding der Unmöglichkeit zu sein.

»Keine Sicherheit«, wiederholten die Reiseführer immer wieder wie ein Mantra. »Problem mit Polizei.«

Wir waren der Verzweiflung nahe. Und gerade dann, als wir unsere Suche schon aufgegeben hatten, fand ein Führer uns.

Laute Rockmusik drang aus dem Café Dao. Die niedrigen roten Gartenstühle aus Plastik waren in Reihen zur Straße hin aufgestellt. Erschöpft von der drückenden Hitze in der Stadt und den Frustrationen unserer ergebnislosen Suche ließen wir uns in zwei davon fallen. Die Kellnerin brachte Dag eine Flasche Bier und mir einen Kaffee, der durch einen kleinen Aluminiumfilter in ein Glas mit Eiswürfeln tropfte. Ich hatte bis jetzt in ganz Saigon noch keinen Kühlschrank entdeckt und mich immer gefragt, woher das Eis stammte, das mit den Getränken serviert wurde. Die Antwort auf meine Frage präsentierte sich in Form eines riesigen Eisblocks, der dem Café Dao in diesem Moment im Cyclokarren geliefert wurde. Der Fahrer hob den dampfenden, tropfenden Klotz auf den Gehsteig und schob ihn dann über den Boden hinten ins Café hinein. Dort setzte ihm eine Kellnerin mit dem Hackbeil zu, sammelte dann die Eisstücke vom Boden und warf sie in eine Kühlbox.

»Dein Kaffee ist bereit«, sagte Dag mit einem süffisanten Grinsen.

Die heiße Flüssigkeit hatte bereits das meiste Eis geschmolzen. Ich starrte auf die Überreste eines der Stücke, an dem anscheinend noch etwas Schmutz festgefroren war. Dann nippte ich vorsichtig am Kaffee.

»Ich glaube besser, wenn Ausländer Eis nicht trinken«, sagte jemand.

Ein Mann hatte sich neben Dag gesetzt. Sein Gesicht war lang und schmal und zeigte große verfärbte Zähne. Ein paar Zentimeter unter dem Kinn spross auf seinem Hals ein gekräuseltes Haar aus einem Muttermal. Während er sprach, fiel es mir schwer, meinen Blick von diesem Haar zu lösen.

»Sie machen Urlaub?«, fragte er.

»In gewisser Weise«, sagte Dag.

»Mein Name Binh. Ich helfe allen Freunden mit Urlaub in Vietnam. Im Krieg ich arbeite für die Amerikaner, kann also nicht staatlicher Führer sein. Macht nichts. Die Regierung verlangt von

Touristen fünfundzwanzig Dollar am Tag für Führer, Führer bekommt zwei Dollar. Ich bin freier Führer, bekomme alles Geld, das mir Tourist gibt.«

Aus einer Plastikmappe zog er ein Bündel Geschäftskarten, die er Dag gab. »Hier die Karten von meine ausländische Freunde. Ein Freund von mir, er ist Kameramann aus Holland, ich arrangiere Fahrt für ihn durch Mekong-Delta. Jeden Tag er telefoniert nach Holland, ich habe alles arrangiert.«

Dag und ich tauschten einen Blick.

»Wir möchten mit dem Boot durch das Mekong-Delta fahren«, erzählte ich Binh.

Er zündete sich eine Zigarette an und beobachtete mich durch eine blaue Rauchwolke. »Ich kann helfen. Meine Heimat im Delta. Einfach für mich.«

»Was ist mit der Polizei?«, fragte Dag. »Und der Sicherheit?«

»Sie wissen, Zentralregierung mag Touristen, sagt kein Problem. Aber Lokalregierung hat andere Methode. In kleinem Dorf macht Polizei vielleicht große Probleme, weil sie Geld von den Leuten will. Aber ich kann Ihnen helfen, ich bin freier Führer.«

Er gab uns ein Schulheft, in das seine ehemaligen Kunden ihre Kommentare geschrieben hatten. Sie waren voll des Lobes. Da wurde Mr Binh als hervorragender Billardspieler, froher Trinkgefährte und erstklassiger Führer mit guten Landeskenntnissen empfohlen.

»Meine Freunde aus Deutschland, wir machen Erlebnistour im Mekong-Delta. Wir fahren mit Boot entlang Kambodscha-Grenze. Wenn Polizei kommt, sage ich meinen Freunden, versteckt euch unten im Boot. Meine Freunde zahlen mir sieben Dollar am Tag. Danach meine Freunde mir geben Trinkgeld – aber nicht viel.«

Diesmal tauschten Dag und ich einen schon viel bedeutungsvolleren Blick. Wir warnten Binh, dass wir ihn für mindestens zwei Wochen brauchen würden und dass die Fahrt recht unbequem sein könnte. Wir erzählten ihm auch, dass ich vorhatte, ein Buch zu schreiben und wir boten ihm an, ihm ein Drittel über seinem üblichen Satz zu zahlen.

»Ja, okay, so viel Sie wollen«, sagte er nonchalant, aber ich sah das listige Funkeln in seinen Augen.

»Haben Sie Führer?«, fragte er mich.

»Also«, erwiderte ich, etwas verwirrt von seiner Frage, »ich dachte, wir hätten soeben mit Ihnen vereinbart, dass Sie …«

»Reiseführer – *Buch*«, rief er etwas ungehalten. »Haben Sie?«

Ich gab ihm das Buch und er zog eine Lesebrille aus einem Etui, das an seinem breiten Gürtel hing. Mit der Brille auf halber Nasenhöhe blätterte er schnell im Buch.

»Auf unserer Fahrt, Sie nehmen das und werfen weg«, sagte er verächtlich. Dabei klopfte er sich auf den Kopf. »Ich habe Information über Vietnam hier.«

Nachdem wir uns mit Binh geeinigt hatten, schlug er vor, gleich nach Cholon zu fahren und uns ein Boot zu suchen. In drei Cyclos kutschierten wir durch die Stadt ins alte Chinesenviertel von Saigon. Durch düstere Gässchen und Nebenstraßen fuhren wir unter einem Gewirr tief hängender elektrischer Kabel durch, vorbei an verfallenen, ehemals eleganten Häusern und Leuten, die uns von den Eingängen aus anstarrten. Noch unfreundlicher zeigte sich die Stimmung dann in den Docks des Kinh Tau Hu-Kanals, eine der vielen Wasserstraßen, die vom Saigon-Fluss abzweigen. Die Luft war erfüllt vom Gestank der getrockneten Fische, die an hölzernen Ständen haufenweise zum Verkauf angeboten wurden. Männer mit verschlagenem Blick und Zahnlücken im Mund saßen bei den Ständen und spielten Karten. Hölzerne Frachtboote mit tiefen fensterlosen Laderäumen waren am Dock vertäut. Männer marschierten tief gebeugt unter dem Gewicht von Ölkanistern und Reissäcken die schmalen Planken hinauf.

»Auf Geld aufpassen«, warnte uns Binh, bevor er von Boot zu Boot ging und mit den Besitzern sprach.

Ich schleppte mich hinter ihm her und fühlte mich immer elender. Der Himmel hatte sich eingetrübt und die Luft war unerträglich schwül. Selbst die kleinste Bewegung hatte einen Schweißausbruch zur Folge. Meine Haare hingen mir in nassen Strähnen im Gesicht und das Kleid klebte mir am Rücken. In meinen Eingeweiden rumorte es grollend und als ich auf die Boote blickte, fragte ich mich, wie darauf wohl die sanitäre Frage gelöst wurde.

»Hier sitzen und warten«, wies uns Binh an und zeigte dabei auf einen Getränkestand.

Dankbar ließ ich mich auf einen niedrigen Schemel im Schatten eines Sonnenschirms fallen und freute mich über das einzige Getränk im Angebot, eine grellgrüne Limonade, die wie Zahnpasta schmeckte. Die Frau am Stand rief ein paar Freundinnen zu sich herüber, die sich alle um mich scharten und meine weiße Haut bewunderten. Nach einer halben Stunde kam Binh triumphierend zurück.

»Eine Familie fährt uns Long Xuyen in Deltamitte. Jeder fünf Dollar, ich gratis. Sie fahren morgen. Ich glaube ist okay. Ich glaube sind gute Leute.«

»Können wir uns das Boot ansehen?«, wollte ich wissen, denn meine Gedanken weilten noch immer bei der sanitären Frage.

Binh runzelte die Stirn. »Nur ganz schnell. Leute machen sich Sorgen um Polizei.«

Nachdem wir vorsichtig eine schmale Planke hinaufgegangen waren, wurden uns Nguyen Van Kiep, seine Frau Khue, ihre beiden Töchter Chi und Em, Nguyens Bruder Di und sein junger Vetter Sang vorgestellt. Es waren sympathische Menschen, geschmeidig und stark, mit breiten Gesichtern und ausgeprägten Wangenknochen. Sie alle lebten auf dem zwölf mal drei Meter großen Holzboot. Es handelte sich um ein ziemlich einfaches Gefährt ohne Licht und ohne Navigations- oder Sicherheitsausrüstung, mit Ausnahme eines auf den Bug gemalten Augenpaars, das nach altem Glauben sieht, wohin das Boot fährt und außerdem die bösen Geister vertreibt. Auf dem hinteren Oberdeck stand ein niedriges Holzverdeck, von dem aus die Ruderpinne betätigt wurde. Der Wohnraum der Familie befand sich achtern im Laderaum, der sich auf ein kleines unteres Deck öffnete. Er enthielt eine große braune, mit einem Drachen geschmückte Keramikurne, die mit Wasser gefüllt war. Der hintere Deckteil ragte über den Bootsrand hinaus aufs Wasser und hier befand sich in einer Ecke ein Loch im Boden. Bevor ich mir dieses Loch aber etwas näher ansehen konnte, drängte uns Binh schon zum Aufbruch.

»Wir kommen zurück morgen ganz früh, bei Sonnenaufgang, wenn Polizei schläft.«

Auf dem Rückweg zum Gästehaus kamen wir an einem Tempel vorbei, der *Thien Hau*, der Schutzgöttin der Fischer, geweiht war. Ich bestand darauf, anzuhalten und der Göttin unsere Ehre zu erweisen. Räucherspiralen, von denen eine jede an die zweieinhalb Meter lang war, hingen von der hölzernen Decke des Tempels. In den großen, mit Sand gefüllten Bronzeurnen darunter steckten unzählige Räucherstäbe. *Thien Hau* saß auf einem reich vergoldeten Altar, auf dem sich die Opfergaben in Form von Kokosnüssen, Ananas und Irissträußen häuften. Die Göttin war eine recht stattliche Dame mit einem runden, vergoldeten Gesicht, die mir für die Seefahrt völlig fehl ausgestattet zu sein schien. Ihre rote Robe war mit goldenen Borten und glänzenden Pailletten verziert und ihren Kopfschmuck bildete ein komplizierter Aufbau aus Flitter, Pailletten, Straußenfedern und roten Rosetten. Ich kaufte beim Tempelwärter ein paar Räucherstäbe. Dieser war ein übellauniger zahnloser alter Mann, der eine Zigarette nach der anderen rauchte und jede meiner Bewegungen argwöhnisch verfolgte. Ich wollte es genauso machen wie ein paar andere Leute, die am Altar ihre Andacht verrichteten, und entzündete die Räucherstäbe an einer Kerze. Dann hielt ich sie zwischen meinen Handflächen und verbeugte mich mehrmals vor *Thien*

Hau, bevor ich sie in eine der Messingurnen steckte. Der Wärter hatte sich inzwischen direkt neben einem der Opferstöcke aufgestellt. Als ich ein paar Geldscheine hineinsteckte, schlug er einen Gong und schlurfte dann wieder davon, um sich erneut eine Zigarette anzuzünden.

Binh stand mit einem braun gekleideten Mönch an einer Seite des Altars und schaute auf ein kleines eingezäuntes Gärtchen, in dem etliche Landschildkröten um einen Zierteich versammelt waren.

»Wozu sind die Schildkröten da?«, fragte ich.

»Für *glücklich*«, antwortete er gereizt, als ob ich es hätte wissen müssen. »Maria, für Sie frage ich diesen Mann über Tempel der Göddin. Sie bereit für Notizen, okay? Dieser Mann sagt, Göddin geboren in China, lange her, in Fischerdorf daheim. Als im Gebiet viel Taifun kommt, sie hilft den Menschen. Und wenn sie tot ist, sie wird Göddin. Wenn Taifun kommt, sie erscheint auf Wolke und macht Boote sicher. Die Menschen, sie sind arm, sie glauben, sie ist gute Göddin.«

Zwei kleine Jungen hatten sich während Binhs Monolog zu uns gesellt. Einer hielt ein Chamäleon in der Hand, ein wunderschönes Tier mit einem schillernden hellblauen Körper und einem gelben Hals. Binh setzte seine Brille auf und betrachtete das Geschöpf.

»In meiner Heimat haben wir Gecko wie dieses, etwa einen halben Meter«, sagte er. »Die Leute essen es, schmeckt gut. Einige geben ihn in den Pottel –«

»In den was?«, fragte ich.

»In den *Pottel*. Und danach geben sie Reiswein in den Pottel und lassen alles zusammen drei oder vier Monate und dann trinken sie es.«

Die Kinder ärgerten das Chamäleon, zogen an seinem Schwanz und stocherten erbarmungslos mit einem Stock darauf herum. Das Tier nahm eine drohend blaue Färbung an. Der junge Mönch im braunen Gewand sah missbilligend zu, setzte der Quälerei aber kein Ende.

»Sagen Sie ihnen doch, sie sollen das arme Tier in Ruhe lassen«, bat ich Binh.

Er lachte nur.

»Ist okay. Nicht groß genug für Pottel.«

Wir schafften es gerade noch vor Ausbruch eines Gewitters ins Guest House 72 zurückzukommen. Der Verkehr auf der Bui Vien Street nahm plötzlich eine andere Farbe an, als die Fahrer schnell blaue, gelbe und rote Regencapes überzogen, die sie bis auf ihre dünnen Beine völlig einhüllten. Es war der Beginn der Regenzeit und die Kinder liefen aufgeregt und halb nackt auf die Straße, tollten in den Pfützen herum und bespritzten sich gegenseitig mit Wasser. Im Gästehaus saß Lan mit Madame Vo auf dem Boden und behandelte deren Nacken mit grünem Öl. Sie verwendete dazu einen Metallspachtel, den sie so fest aufdrückte, dass sie auf Madame Vos Haut zehn Zentimeter breite rote Striemen hinterließ.

»Sie ist erkältet«, sagte Lan, als ich sie fragte, warum sie das tat. »Es ist Problem, wenn Regen kommt.«

Wir erzählten ihr, dass wir am nächsten Tag zum Delta abreisen würden und fragten, ob wir eine Tasche mit Büchern und Papieren im Gästehaus zurücklassen könnten.

»Sie fahren mit Kim Café Bus?«, fragte sie. »Kommen in drei Tagen zurück?«

Nein, antworteten wir, wir nehmen einheimisches Boot und kommen in zwei Wochen zurück.

Vor Staunen blieb ihr der Mund offen stehen. »Sie *verrückt*!«, kreischte sie dann.

Honda-Träume

Wir brauchten mehr als eine Stunde, bis wir die morgendlichen Staus auf den überfüllten Wasserwegen von Cholon hinter uns gelassen hatten. Kleine Sampans drängten sich zwischen schmalen Frachtbooten wie dem unseren und Transportschiffen vom Umfang einer Arche, mit Rudern, die mich in ihrer Größe an Scheunentore erinnerten. Die Luft war erfüllt vom Dröhnen Hunderter Außenbordmotoren und dem Geruch von Auspuffgasen und Kloake. Den Konh Tau Hu-Kanal säumten öffentliche Aborte, die auf Stelzen über dem ölig schwarzen Wasser errichtet waren. Ich sah, wie die Leute darin hockten und sich dabei gesellig mit ihren Nachbarn unterhielten. Dahinter konnte ich eine Elendssiedlung ausmachen. Unter einem Meer von Fernsehantennen drängten sich die Hütten aus Wellblech, Bambus, Hühnerdraht und Palmenblättern eng aneinander und übereinander.

Kiep war in einen schmalen schnurgeraden Kanal abgebogen und wir hatten nun endlich den Verkehr hinter uns gelassen. Man glaubte über einen Spiegel zu gleiten. Das Wasser war von einem tiefen Olivgrün und an den Ufern wucherte üppige tropische Vegetation. Gegen den sanftgrauen Himmel hob sich das intensive Grün der Blätter von Palmen, Mango-, Papaya-, Brotfrucht- und Betelnussbäumen ab. Auf den Veranden der zwischen den Bäumen versteckten, strohgedeckten Häuschen prangten Töpfe und Körbe mit gelben und roten Blumen, Rosenranken, Kräutern und Chilipflanzen. Auf einem Ast saß ein Äffchen und starrte auf uns herunter, eine Frau stand bis an die Waden im seichten

Wasser und schrubbte ein Schwein, junge Frauen kamen uns auf ihren Sampans entgegen, die mit Obst beladen waren, das sie auf Bananenblättern hübsch präsentierten. Wir fuhren an einem Hausboot vorbei, das an einem Pfosten im Uferschlamm vertäut war. Ein Baby schlief in einer Hängematte unter einem Strohbaldachin, während die Mutter die Blumenkisten an Bord goss. Man konnte sich kaum vorstellen, dass hier jemals Krieg geherrscht hatte. Doch seit 1954 hatte ein großer Teil des Deltas als Bollwerk der Kommunisten fungiert, und während des Vietnamkriegs, der von der einheimischen Bevölkerung als Amerikanischer Krieg bezeichnet wird, wurden hier riesige Flächen mit Bomben und dem Entlaubungsmittel Agent Orange belegt. Auf einem Boden, der zu einem der fruchtbarsten der Welt gehört, hatte die Vegetation sich das Land aber wieder zurückerobert und viele der alten Wunden verdeckt. Jetzt wurde die friedliche Stimmung des Kanals nur hin und wieder vom Tuckern eines Außenbordmotors gestört.

An manchen Stellen wich die Vegetation einem kleinen Uferdorf. Da der Kanal hier als Straße dient, lagen alle Häuser direkt am Wasser. Lebensmittelläden boten ihre Waren auf einer Veranda feil und vor kleinen Cafés schaukelten an Pfählen vertäute Sampans, deren Besitzer auf niedrigen Schemeln ihren Kaffee schlürften. Es gab auch eine Werkstatt, in der Särge hergestellt wurden. Von einer Rampe aus wurden die fertigen Produkte auf Boote verladen. Die Häuser besaßen breite Eingänge und als wir mit unserer Geschwindigkeit von acht Stundenkilometern vorbeituckerten, erhaschten wir kurze Einblicke in das Leben der Menschen. Wir sahen, wie ein Baby gestillt wurde, eine Frau Gemüse hackte und die Schalen ins Wasser warf und wie ein Mann seinen Außenbordmotor auf dem Boden seines Wohnzimmers reparierte.

Wir waren bereits seit mehreren Stunden unterwegs, als Khue mehrere brennende Räucherstäbe und vier Bananen zum stumpfen Bug unseres Bootes trug. Sie steckte die Stäbe zwischen zwei Planken und warf das Obst über Bord. Ich hatte gelesen, dass diese Opfergaben dem Schutzgeist des Bootes und *Ba Thuy*, der Wassergöttin, mit der Bitte um Schutz für die Reise dargebracht werden. Ich wollte wissen, was Binh zu diesen Informationen sagen würde und ging zu ihm hinüber. Er lag in einer Hängematte, die er quer durch den Raum unter dem Holzverdeck gespannt hatte und las in meinem Reiseführer.

»Oh, *das*«, sagte er, als ich ihn über Khues Opfer befragte. »Die Familie – sie schauen auf den Mondkalender und er sagt, heute ist unglücklicher Tag für Reise. Sie fragen, wir warten einen Tag. Ich sage nein. Ich bin katholisch und glaube nicht an diese Dinge. Die Familie, sie wollen Geschäft, sagen okay, aber beten zum Gott für glücklich.«

»Zu welchem Gott?«, wollte ich wissen.

»Dem Gott für Glück«, erwiderte er und wandte sich wieder dem Reiseführer zu.

Als die Sonne mit ihren Strahlen die Wolken verscheucht hatte, ging Khue mit ihren Töchtern nach unten, während sich alle anderen unter den Holzverschlag auf dem Oberdeck zurückzogen. Er war nach beiden Enden hin offen und fast einen Meter hoch. Binhs Hängematte nahm übermäßig viel Platz ein, was die Familienmitglieder aber nicht zu stören schien, denn sie waren wie viele Vietnamesen Meister darin, ihre Körper so zu verrenken, dass sie auf kleinstem Raum Platz fanden. Dag und mir mangelte es leider an dieser Geschicklichkeit und unsere Knie und Ellbogen kamen uns ständig in die Quere, wenn wir unbeholfen versuchten, es uns irgendwie bequem zu machen. Sang wich den ganzen Vormittag nicht von Dags Seite. Er hatte seine Arme um ihn gelegt, starrte dabei bewundernd auf seine Nase und seinen Bart und streichelte seine haarigen Beine, als ob sie ein geliebtes Haustier wären.

»Was ich bei dieser Hitze wirklich nicht brauche«, stöhnte Dag nach mehreren Stunden, »sind ein paar klebrige Hände, die an mir herumfummeln.«

Neben ihm war Binh friedlich eingenickt. Die Lesebrille saß ihm auf der Stirn und unser Reiseführer lag offen auf seiner Brust. Um Sang ein wenig abzulenken, wies Dag auf Binhs Kinn, auf dem etliche Mitesser sprossen. Es war uns aufgefallen, dass es in Saigon anscheinend ein beliebter Zeitvertreib war, seinen Freunden in aller Öffentlichkeit die Mitesser auszudrücken. Sang ließ sich leicht verführen. Er beugte sich gleich über die Hängematte und machte sich an die Arbeit. Nach dem ersten Quetschen zuckte Binh zusammen und fuhr hoch.

»Wo die schönen Mädchen?«, fragte er verschlafen. »Ihr Reiseführer sagt, die schönsten Mädchen von Vietnam sind hier. Ich mich umsehen.«

Während der folgenden zwanzig Minuten betrachtete er prüfend die vorbeifahrenden Boote. Die waren alle mit Holz, Bananen und Ananasfrüchten beladen und beherbergten oft ganze Familien an Bord.

»Na, wie sieht's aus?«, fragte Dag.

»Die Frauen haben weiche Haut«, erklärte Binh. »Besser als Mädchen in Saigon – die haben harte Haut, mit vielen Furunkel. Wegen Rauch.«

»*An com?*«, fragte Khue gegen ein Uhr. »Essen Reis?«

Dieses Wort wird ganz allgemein für alle Nahrungsmittel angewendet, die zum Essen angeboten werden. Sie reichte Schüsseln mit Fertignudeln, Baguettes und Scheiben von *thanh long* herum. Diese Frucht mit stummeligen grünen Blättern besitzt eine grellrosa Haut und ein kompaktes weißes Fruchtfleisch, in dem winzige schwarze Samenkörner sitzen. Ich nahm nur ganz wenig davon, denn ich hatte noch immer ein komisches Gefühl im Magen und mir war auch bewusst geworden, dass ich etwas in Angriff nehmen musste, vor dem ich mich den ganzen Vormittag gedrückt hatte: die Benutzung der Toilette. Das Loch in der Mitte des winzigen Hinterdecks war mit ein paar Planken abgetrennt, die etwa einen halben Meter hoch ragten. Auch die Benutzung war denkbar einfach: Ich ging in den Verschlag, stellte meine Füße zu beiden Seiten des Lochs und hockte mich dann darüber. Ich hätte aber ebenso gut in der Mitte eines Fußballstadions aufs Klo gehen können. Vom Verdeck aus hatte man einen Logenblick direkt in den Verschlag hinein. Die Familienmitglieder schauten alle höflich in die entgegengesetzte Richtung, aber leider war den Insassen der vorbeifahrenden Boote eine derartige Diskretion völlig fremd. Sie verrenkten sich die Köpfe, streckten die Hälse und lachten übers ganze Gesicht, als ich mich hinhockte. Dabei passte ich kaum in den Verschlag, der für Menschen vietnamesischer Größe gebaut war. Ich überlegte mir, wie es wohl für Dag sein würde, wenn er die Toilette benutzte, aber diese Ablenkung war nur von kurzer Dauer während meiner minutenlangen Tortur. Mit einem müden Lächeln starrte ich geradeaus vor mich hin und vermied, irgendjemand anzublicken, während ich das Unvermeidliche so schnell wie möglich erledigte.

Die Sonne versank am Horizont. In der Ferne nahm der Himmel über dem Kanal eine purpurrote, rosa und goldene Färbung an und die Bäume an den Ufern wurden zu schattenartigen Umrissen. Wir saßen mit der Familie an Deck beim Abendessen, das aus gebratenem Fisch, Reis und noch mehr Fertignudeln bestand. Ich hatte noch immer keinen Appetit, woran die Hitze und der angegriffene Zustand meines Magens schuld waren. Als Kiep eine Flasche Reiswein hervorholte, zog ich mich an den Bug zurück. Ich lehnte mich an die kleinen Holztüren zum vorderen Laderaum und beobachtete, wie der Mond in den Himmel stieg. Chi und Em setzten sich zu mir. Leise lachend und schwatzend unterhielten sie sich anscheinend mit einer Art Reimspiel. Immer wieder tauchten die schattenhaften Umrisse unbeleuchteter Boote aus dem Dunkel auf. An den Ufern zogen Dörfer vorbei, von denen einige über elektrische Beleuchtung verfügten. Glühwürmchen tanzten durch die Bäume und Blütenduft schwebte in der Luft.

Khue sprang vom Oberdeck herunter und landete sanft neben mir. Sie trug drei brennende Räucherstäbe in der Hand. Funken sprangen ins Dunkel, als sie die Stäbe an den Bug steckte. Dann wandte sie sich um und zeigte auf den Laderaum. Bei unserer Ankunft hatte Kiep unsere Taschen darin verstaut und Platz zum Schlafen für uns geschaffen. Dazu hatte er etliche Dinge ihres Haushalts beiseite geschoben und eine von vierundzwanzig brandneuen, in Plastik gehüllten Matratzen, die Lieferung für Long Xuyen, auf den Boden gelegt. »Er sagt, das ist Ihr Bett«, erklärte uns Binh. »Er hört, Ausländer brauchen weiche Matten.« Khue öffnete die Türen und legte die Hände zum Zeichen des Schlafens gegen die Wange. Dann nahm sie ihre Töchter und war verschwunden.

Ich kletterte in den kleinen Raum, in dem es stockdunkel, stickig heiß und erdrückend schwül war. Etwas krabbelte mir über die Hand. Entsetzt sprang ich zurück und suchte verzweifelt nach meiner Taschenlampe. In ihrem Schein sah ich, wie riesige, glänzend braune Küchenschaben über die Wände kletterten. Rasch packte ich unsere dünnen Schlafsäcke und Matten und kletterte zurück an Deck.

Die Reisweinflasche machte noch immer die Runde. Kiep und Di lachten aus vollem Hals und hieben Dag immer wieder freundschaftlich auf Beine und Bauch. Binh, den der Alkohol wieder zum Leben erweckt hatte, erzählte Witze.

»Okay, Dag, du weißt, wir haben in unserem Land den schwarzen und den roten Büffel.«

»Den *roten* Büffel?«

»Ja, der schwarze Büffel frisst Stroh, der rote Büffel frisst das Benzin!«

Ich legte mich ganz am Ende des Decks hin und zum ersten Mal an diesem Tag fühlte ich mich nicht schweißgebadet. Am Himmel über mir glitten die Sterne vorbei. Der Motor brummte, Wasser plätscherte gegen den Bug, die Männer gluckten vor sich hin und ich fiel in einen tiefen, traumlosen und ruhigen Schlaf.

Eine ungewohnte Stille weckte mich. Das Tuckern der Außenbordmotoren hatte aufgehört und nichts war zu hören außer dem Surren der Zikaden, dem Krähen eines Hahns und Dags ruhigem Atem. Die Luft an meinem Gesicht fühlte sich heiß, bewegungslos und feucht an. In der Ferne blitzte es und winzige Fledermäuse schwirrten um meinen Kopf. Als sich meine Augen langsam an die Dunkelheit gewöhnt hatten, merkte ich, dass wir an einem Pfosten vertäut waren, der aus dem Schlamm zwischen zwei Floßhäusern ragte. In einem der Häuser brannte noch eine kleine Öllampe und durch die geflochtenen Wände sah ich, dass dahinter mehrere Gestalten auf Matten ausgestreckt lagen. Leise schlich ich mich ans hintere Deck, um mich im Schutz der Nacht zu waschen und die Toilette zu benutzen. Als ich beim Zähneputzen war, begann es zu dämmern. Im Floßhaus, das uns am nächsten lag, wachte jemand auf und starrte verblüfft auf die Ausländerin, die sich über die Bootswand lehnte und Zahnpasta ins Wasser spuckte.

Nach sechs Uhr hatten wir bereits mehrere Matratzen im Dorf abgeliefert und machten uns wieder auf den Weg. Mit einer langen Bambusstange stieß Kiep das Boot vom schlammigen Ufer ab, während Di an einem Seil zog und damit den Motor startete. Wir befanden uns jetzt auf einem der Hauptkanäle. Von Sampans warfen Männer Netze aus und an den Ufern reihten sich Entenfarmen aneinander. Die fetten weißen Vögel kamen gerade aus ihren kleinen strohgedeckten Bambushütten hervor und watschelten über den grauen Schlamm ins olivgrüne Wasser. Hin und wieder sahen wir auch rosa Enten, die ihre Besitzer zur besseren Unterscheidung gefärbt hatten und die sich von weitem wie Flamingos auf kurzen Beinen ausnahmen.

Dreißig Stunden nach unserer Abfahrt von Saigon erreichten wir nach einer zweihundert Kilometer langen Fahrt Long Xuyen, die hunderttausend Einwohner zählende Hauptstadt der Provinz An Giang. Eine Planke führte vom Boot auf eine mit Abfällen übersäte Sandbank neben einer verkehrsreichen Straße. Die männlichen Familienmitglieder begannen mit dem Entladen der Fracht. Zuerst kamen die Matratzen, die sie auf dem Kopf balancierten, dann große Bündel von Aluminiumtöpfen und Wasserkesseln, gefolgt von Klappliegen für den Garten und einem erstaunlichen Sortiment von Plastikartikeln: Stühle, Tassen, Bälle, Kühlboxen, Geschirrständer, Flaschen und nicht zuletzt auch rot und blau getupfte Eimer und Schaufeln zum Sandspielen.

»Wohin geht das denn alles?«, fragte ich Binh.

Er gab mir keine Antwort, sondern starrte besorgt auf die Straße. Dort hatten sich eine Menge Neugierige versammelt, die alle auf mich und Dag starrten. Unter den Leuten waren auch zwei Männer in grünen Uniformen.

»Polizei«, sagte Binh. »Geben Sie mir Reisepässe.«

Als er die Planke hinunterging, versuchten Dag und ich, so unauffällig wie möglich auszusehen. Die kleine Em setzte sich zu uns und spielte nervös mit ihrer Halskette, die in der Pagode zu ihrem Schutz geweiht worden war. Die Polizisten begannen, in unseren Pässen zu blättern.

»Leg ein paar Fünfdollarscheine bereit«, sagte Dag.

Binh sprach auf die Männer ein und fuchtelte dabei mit den Händen herum. Er schien aber keinen besonderen Eindruck auf die Polizisten zu machen, denn die starrten weiterhin mit verschränkten Armen gespannt zu uns herüber.

»Und vielleicht noch einen Zehndollarschein«, fügte Dag hinzu.

Als Binh Minuten später zurückkam, schien er äußerst erleichtert und maßlos stolz auf sich zu sein.

»Ist zwölf Meilen von Kambodscha-Grenze, so besorgt um Ihre Sicherheit«, sagte er. »Ich gebe ihnen Zigaretten. Ich lüge, ich sage ich staatlicher Führer. Sie sagen ist okay.«

Unsere Pläne hatten sich geändert, denn Kiep und seine Familie hatten uns eingeladen, sie in ihr Heimatdorf Tanoa zu begleiten. Sie wollten uns am nächsten Tag dann nach Can Tho bringen, wo wir uns ein anderes Boot suchen könnten. Tanoa, das eine Stunde von Long Xuyen entfernt ist, zählt nur fünftausend Einwohner. Nicht weit von der Stelle, wo Kiep schließlich mit dem Boot anlegte, fütterte ein Mann am Ufer seine Enten mit gekochtem Reis. Hängebauchschweine wanderten auf den sandigen Dorfstraßen herum. In der Mitte des Dorfes befand sich eine Gruppe von Läden, die zur Straße hin offen waren. Ein Apotheker zeigte uns Fotos der eleganten Wohnung seines Sohns in Toronto. Eine Frau, die im Frisörladen gerade eine Dauerwelle bekam, schrie entsetzt auf und sprang aus ihrem Stuhl, als sie Dags ansichtig wurde. In einem Laden gab es zahlreiche Veterinärprodukte. Dag blieb stehen und unterhielt sich eine halbe Stunde lang mit dem Besitzer, während Binh übersetzte. Der Mann erzählte ihm, dass seit dem doi moi keine staatlichen Impfprogramme mehr für das Vieh durchgeführt wurden und dass ansteckende Krankheiten daher immer häufiger auftraten. Da es meilenweit keinen Tierarzt gab, mussten die Bauern ihre Tiere selbst behandeln und die einzige Beratung dazu bekamen sie von diesem Ladenbesitzer.

Ich nahm an dem Gespräch nicht teil, sondern saß etwas abseits und fühlte mich völlig erhitzt und total elend. Kinder drängten sich um mich, zwickten in meinen Arm und zogen an den Riemen meiner Sandalen. Hinter ihnen war die Frau aus dem Frisörladen, den Kopf voller Lockenwickler, aufgetaucht. Sie beugte sich nieder, bis ihr Gesicht ganz nahe an meinem war, und redete unentwegt auf mich ein.

»Sie sagt, sie gucken, weil sie Ausländer nur im Fernsehen sieht«, sagte Binh.

Er fühlte sich bei dem Ganzen offensichtlich recht unbehaglich und während er übersetzte, zündete er sich eine Zigarette nach der andern an. »Seit dem Krieg nur ein Ausländer kommt hierher, vor ein paar Monaten«, rief er mir über die Köpfe der

Kinder hinweg zu. »Er Amerikaner. Er kämpft hier. Er will den Ort wieder sehen. Er hat keine Reisegenehmigung, keinen Führer. Die Polizei, sie führt ihn ab.«

Vor jedem Haus im Dorf stand ein kleines Holzpodest, das wie ein Futtertisch für Vögel aussah. Darauf wurden den Wind- und Himmelsgeistern Opfer dargebracht. Unter den Veranden waren wohlgenährte Schweine angebunden und durch die breiten Eingänge sah man in Räume mit strohverkleideten Wänden. Der Wohnraum von Khues Eltern war mit schweren geschnitzten Holzmöbeln voll gestopft. Zwischen Bettgestellen, Schränken, Anrichten, Sesseln und Tischen prangten an den Wänden große Kalenderbilder hübscher Vietnamesinnen mit langen roten Nägeln und üppigen Busen. Dag und Binh saßen mit den Männern der Familie an einem niedrigen Glastisch, den Bilder asiatischer Filmstars zierten, und tranken Bier. Ich thronte auf einem Bettgestell und trank mit Khue, ihrer Schwiegermutter und verschiedenen weiblichen Verwandten Grünen Tee. Eine der Frauen, deren Name ähnlich wie »Sissy« klang, fächelte mir mit ihrem Hut Luft zu und sah mitleidig auf meine verschwitzte Bluse. Mit Hilfe eines Sprachführers gelang es mir, ihr klar zu machen, dass ich plötzlich dringend eine Toilette brauchte. Ohne viel Aufhebens führte sie mich aus dem Haus zu einer niedrigen Brücke, die sich über einen Teich spannte. Am gegenüberliegenden Ufer standen winzige Hütten auf Pfählen über dem Wasser. Sie bestanden eigentlich nur aus ein paar Fußbodenbrettern mit einem Loch in der Mitte, das auf allen vier Seiten von einer etwa einen halben Meter hohen Wand umgeben war. Frauen hockten darin, mit gesenkten Köpfen, die unter den konischen Hüten verschwanden. Ihr Anblick erinnerte mich an Hühner in Nistkästen. Zu den Aborten gelangte man von der Brücke über lange Bambusplanken, die auf im Schlamm steckenden Astgabeln lagen. An diesen gefährlichen Laufstegen war jeweils ein wackliges Geländer angebracht, dessen Holzstäbe von Kletterpflanzenranken zusammengehalten wurden. Sissy blieb bei einem dieser Stege stehen, der zu einem leeren Abort führte. Ich sah sie hilflos an. Sie nahm meine Hand und legte sie auf das Geländer.

»Geh«, sagte sie.

Vorsichtig klammerte ich mich an die wacklige Balustrade, die Sissy für mich festhielt, und setzte einen Fuß vor den andern. Zentimeterweise bewegte ich mich auf der Planke vorwärts. Einen Meter unter mir schwammen die Fäkalien auf dem schleimig grünen Wasser, in dem sich die Fische tummelten. Es schien eine Ewigkeit zu dauern, bis ich endlich im Kasten stand. Darin in die Hocke zu gehen und mich gleichzeitig auch meiner Unterwäsche zu entledigen, stellte eine echte Herausforderung dar, vor allem auch, weil mir die schweißnasse Kleidung am Körper klebte. Ungeschickt zog ich an meinem Schlüpfer und verlor dabei fast das Gleichgewicht. Die Aussicht, mit dem Kopf zuerst im Teich zu landen, war entsetzlich, zugleich entbehrte sie aber nicht einer gewissen Komik, die den Frauen, die sich um Sissy geschart hatten, nicht entgangen war. Aus den Augenwinkeln beobachteten sie meine Verrenkungen und brachen schließlich in Lachen aus, wobei sie sich wie ein Schwarm zwitschernder Vögel anhörten. Durch den Lärm waren aber auch die Frauen in den übrigen Aborten auf mich aufmerksam geworden. Sieben konische Hüte schossen hoch und sieben Gesichter starrten unverwandt in meine Richtung.

Mit einem vor Verlegenheit und Hitze hochroten Kopf ging ich zum Haus zurück, wo mich ein äußerst aufgeregter Binh empfing.

»Auf der Straße, ich höre die Leute, sie fragen nach euren Reisegenehmigungen«, sagte er gerade zu Dag. »Die Polizei, sie gibt euch keine Sicherheit und das ist großes Problem. Wenn etwas passiert, niemand kann euch helfen. Wenn ihr bleiben wollt, ich muss zu Polizei gehen.«

»Würde Ihnen das etwas ausmachen?«, fragte Dag. »In Long Xuyen haben Sie es mit der Polizei doch auch so geschickt arrangiert.«

Binh grübelte einen Moment lang nach. Der Gang zur Polizei war offensichtlich etwas, wonach ihm überhaupt nicht zumute war.

»Okay, aber Sie gehen nicht aus dem Haus!«, schnauzte er.

Nachdem Binh gegangen war, führte mich Sissy in einen Raum, wo ich mich waschen und umziehen konnte. An der rückwärtigen Hauswand war eine Küche auf Pfählen über einem Teich errichtet worden. Dort war Khue damit beschäftigt, ein Huhn zu rupfen, das Dag fürs Abendessen gekauft hatte. Ihre Mutter beugte sich über ein Kohlenfeuer und rührte in einem großen Suppentopf. In der Ecke führte eine Tür zu einer kleinen Veranda hinaus. Dort standen zwei große braune Wasserurnen und an der Wand hing ein Spiegel mit einem Ablagebrett, auf dem sich ein Durcheinander von Zahnbürsten, Zahnpasta, Seife und Kämmen türmte. Sissy wies mich an, auf der Veranda Platz zu nehmen. Als ich meine Bluse und Hose ausgezogen hatte, begoss sie mich mit Wasser und rieb mich mit den Händen ab. In sauberen Kleidern kam ich schließlich erfrischt und tropfend in den Wohnraum zurück. Dort war niemand außer Dag, der es sich auf dem hölzernen Bett bequem gemacht hatte. Den ganzen Tag über hatte es schon nach Regen ausgesehen, der jetzt in Strömen aufs Dach trommelte. Leute rannten am Haus vorbei. Dabei platschten ihre Plastiksandalen durch schlammige Pfützen, die sich in Sekundenschnelle gebildet hatten.

»Ich bin so froh, dass es regnet«, murmelte Dag, als ich mich neben ihn kuschelte. »Ich bekam fast keine Luft mehr.«

Ein Kind lief vorbei. Es hielt eine tote Ratte von der Größe eines kleinen Hundes am Schwanz.

»Ich frage mich, wann Binh zurückkommen wird«, überlegte ich.

»Ich frage mich, ob er *überhaupt* zurückkommen wird«, sagte Dag mit einem Gähnen. »Ich glaube, es ist ihm jetzt erst richtig klar geworden, worauf er sich mit uns eingelassen hat.«

Ich dachte eine Weile nach.

»Mir auch«, sagte ich, aber Dag war schon eingeschlafen und hörte mich nicht mehr.

Eine Stunde später kam Binh zurück und wollte uns unbedingt seine Geschichte erzählen.

»Ich miete Motorrad und fahre zur Polizei. Drei Meilen. Der Polizist, er schläft. Er zieht Hose an, fragt mich, für wen ich arbeite. Ich sage ihm, ich bin freier Führer. Die Ausländer mieten mich, wollen Leute anschauen. So die Polizei will genau wissen, weshalb Ausländer kommen. Ich erzähle Lüge.«

Er machte eine dramatische Pause, in der er sich gemächlich eine Zigarette anzündete. Es hatte zu regnen aufgehört und draußen dampfte der Boden.

»Ich erzähle ihm, ein Ausländer ist Doktor für Tiere, eine Dame ist Lehrerin. Sie wollen die armen Leute anschauen und helfen. Der Polizist erzählt mir von Kambodscha-Grenze, er sagt, er hat Verantwortung für Ausländer. Er schaut die Pässe an, schreibt alles auf über euch. Und er sagt mir, ihr bleibt eine Nacht, nicht länger, morgen geht ihr früh weg, und ich sorge für eure Sicherheit.«

Er lehnte sich zurück und nahm einen langen Schluck aus seinem Bierglas.

»Gut gemacht, Binh!«, rief Dag.

»Diese Tour sehr hart«, sagte unser Führer bedruckt. »Ich habe noch nie Tour wie diese gemacht.«

Khue und Sissy setzten uns eine kräftige Mahlzeit vor. Der erste Gang bestand aus einer Kokosmilchsuppe mit grünen Bohnen und Reis. Als Hauptspeise gab es das Huhn, das nicht fertig gegart und recht zäh war, dazu einen mit Kümmel fein gewürzten Kohl. Und als Dessert wurden uns gebratene Bananen serviert, von denen ich auf Sissys Drängen hin drei essen musste. Nach diesem Festmahl wurde ein Spaziergang durchs Dorf beschlossen. Dag und die übrigen Männer marschierten zum Flussufer, während Sissy und ich uns Hände haltend in die andere Richtung auf den Weg machten. Wir waren noch nicht weit gekommen, als ein Motorroller hinter uns auftauchte.

»Nzan!«, begrüßte Sissy die Fahrerin, eine mollige junge Frau mit heller Haut, die über und über mit Goldschmuck behängt war.

Bevor ich noch wusste, wie mir geschah, saß ich schon auf dem Sozius, hielt Nzans üppige Taille umklammert und schoss mit ihr den Weg hinunter.

Wir rasten mitten durchs Dorf, kurvten um die Pfützen herum und kamen schließlich vor einem großen Ziegelhaus schlingernd zum Stehen. Den hellen Wohnraum beherrschte ein riesiger Altar mit einem goldenen Buddha, umkränzt von Schnüren mit elektrischen Kerzen. Überall im Raum waren die eigenartigsten Nippes verteilt – eine mit Filigranschmuck versehene Lampe, ein trübes Aquarium, Fotos von Filmstars in Goldrahmen, eine alte Standuhr und eine Ansammlung von Flugenten aus Keramik. Nzans Gatte, ein kleiner hagerer Mann mit mächtigen Goldringen an den Fingern, führte mich zu einem Sofa, das mit einer Art Goldlamé bezogen war und auf dem eine dicke Plastikfolie lag. Er ließ aus einem nahe gelegenen Café Eiskaffee bringen, mit dem auch eine Menge Neugieriger ins Haus schwärmten. Da ich kein Wörterbuch bei mir hatte und niemand im Raum Englisch sprach, beschränkte sich unsere Kommunikation auf Lächeln, Nicken und eine Unterhaltung, von der keiner ein Wort des andern verstand. Nzans Mann verschwand für ein paar Minuten und ich hörte, wie sich ein Generator dröhnend in Bewegung setzte. Bald schon blinkten die Lämpchen um den Buddha, die Filigranlampe erstrahlte in rosa, grünem und gelbem Licht, Popmusik plärrte aus einem Radio und ein großer Ventilator ließ wahre Orkanstöße auf mich los.

Plötzlich teilte sich die Menge, als ein gebrechlicher alter Mann ins Zimmer trat. Er war wie ein Mandarin ganz in Schwarz gekleidet. Sein langes graues Haar war im Nacken zu einem Knoten gebunden und ein Spitzbart reichte ihm bis auf die Brust. Er machte einen gelehrten Eindruck, der nur durch die flach gedrückte, feuchte Zigarette, die ihm an der Unterlippe klebte, getrübt wurde. Auf seinen Stock gestützt starrte er mich aus wässrigen Augen an. Da ich nicht wusste, wie ich mich in der Gegenwart eines Mandarins zu verhalten hatte, ging ich auf Nummer Sicher, stand auf und verbeugte mich. Ein Funkeln trat in seine Augen und sein Mund verzog sich zu einem zahnlosen Lächeln. Wir waren noch immer dabei, uns gegenseitig anzulächeln und zuzunicken, als Dag hereinkam. Sein Erscheinen rief allgemeine Bestürzung hervor.

»Wa! Wa!«, riefen die Männer in der Menge, während die Frauen kreischend durch die Hintertür entflohen. Mit offenem Mund beugte sich der alte Mann schwer auf seinen Stock, wobei ein Zittern seine Unterlippe samt Zigarette ergriff. Binh, der hinter Dag hineinkam, war seinerseits vom Haus überrascht.

»So reich!«, rief er und blickte sich um. »Ich kann nicht glauben!«

Er und Dag saßen zu beiden Seiten von mir auf dem Sofa. Es wurde noch mehr Eiskaffee gebracht. Dazu wurde ein Teller mit Bohnenkuchen gereicht, den man in kleine Stücke geschnitten und auf Zahnstochern aufgespießt hatte. Dann holte jemand eine Kamera und wir setzten uns für Dutzende von Fotos in Pose. Nzan und ihr Mann bombardierten Binh mit unzähligen Fragen – unser Alter, unseren Beruf, wie unser Haus aussah, ob es in Kanada Moskitos gibt. Zwischen seinen Erklärungen machte Binh abfällige Bemerkungen über unsere Gastgeber.

»Sehen Sie das viele Gold an den Leuten! Sie haben nur drei Hektar Land für Reis – wie kommt es, sie sind so reich? Ich glaube, sie sind kriminell.«

Die Dunkelheit brach nun schnell herein und ich war recht müde, aber Binh hatte keineswegs die Absicht, schon zu gehen.

»Sie singen Karaoke?«, fragte er. »Sie kommen hier!«

Auf dem roten Fliesenboden in einem der hinteren Räume stand ein Fernseher mit Video- und Karaokeausrüstung.

»Ich singe Karaoke sehr gut«, prahlte Binh.

Zur Bestätigung holte er sich das Mikrofon und sang mit schmachtender Stimme drei Lieder hintereinander. Die Videos waren aus Hongkong ins Land geschmuggelt und dann auf dem Schwarzmarkt verkauft worden. Sie zeigten alle die gleiche Handlung. Junge Männer in westlicher Kleidung warfen ihr Geld mit vollen Händen beim Glücksspiel hinaus, tranken Whisky und chauffierten Glamourgirls im Sportwagen durch die Stadt, während ihre unschuldigen Liebsten im Dorf traurig auf ihre Heimkehr warteten. Binh schien von den Songs und seinem eigenen Vortrag tief gerührt zu sein. Anschließend reichte er Dag das Mikrofon.

»Du singen«, sagte er.

Aber Dag war viel zu sehr damit beschäftigt, sich auf die Beine zu schlagen und die Moskitos zu verscheuchen, die plötzlich über uns herfielen. Es war Zeit zu gehen. Wir verabschiedeten uns und machten uns auf den Heimweg.

»Dieser Mann, er schmuggelt die Drogen«, sagte Binh in vertraulichem Ton, sobald wir außer Hörweite waren. »Jetzt er aufgehört. Sein Partner ist im Gefängnis für zwanzig Jahre.«

Im Dorf herrschte eine festliche Atmosphäre. Motorroller sausten herum, in den von Öllampen erleuchteten Garküchen brodelte es in den Töpfen und in den Cafés wurden Kung-Fu-Videos gezeigt. Als wir im Haus ankamen, war alles still. Kiep war mit seiner Familie aufs Boot gegangen, und auch Binh wollte dorthin. Khues Mutter saß auf der Veranda und fächelte sich Luft zu. Im Haus brannten ein paar von Batterien gespeiste Lampen. Eine davon beleuchtete ein Bett, über das ein Moskitonetz drapiert war.

»Sie hier schlafen«, sagte Binh und wies dabei auf das Bett. »Ich sehe Sie morgen.«

Wir streckten uns angezogen auf dem Bett aus. In den Dachbalken über uns zirpte ein Gecko. Die alte Frau auf der Veranda stand auf, kam ins Zimmer und stellte ein Radio und einen Fernseher an, die auf einer Anrichte am Fuß des Betts standen. Ich stöhnte verzweifelt, aber Dag stützte sich auf und spähte durchs Moskitonetz.

»Es ist ein Programm über Fischfarmen«, verkündete er gut gelaunt.

Die Männer kamen herein, setzten sich an den niedrigen Tisch und begannen lautstark Karten zu spielen. Ich lag in der stickigen Hitze und wünschte mir inständig, dass sie wieder gehen würden. Als es endlich soweit war, ließen sie das Licht, den Fernseher und das Radio an. Zuletzt schlurfte auch Khues Vater noch aus seinem hinteren Schlafzimmer herein und zog die Jalousien vor den breiten Eingang. Der Raum hatte keine Fenster und ich stellte mir vor, wie ich im grellen Schein der Lampen und dem kreischenden Lärm aus Fernseher und Radio langsam ersticken würde. Unsere flehentlichen Laute hatten keine Wirkung. Schließlich stand Dag auf und überredete den alten Mann mit Gesten und mit Hilfe eines Wörterbuchs, die Jalousien halb offen zu lassen und den Strom abzustellen. Nach einem unruhigen Schlaf wachte ich gegen vier Uhr dreißig auf und machte mich auf den riskanten Weg zum Abort. Als ich ins Haus zurückkam, brannte das Licht und Dag war gerade dabei, das Moskitonetz unter dem wachsamen Blick der alten Leute wieder abzunehmen. Wir ließen etwas Geld für die erwiesene Gastfreundschaft zurück, worüber die beiden sichtlich erfreut waren. Sie standen neben dem tief schlafenden Schwein auf der Veranda und winkten uns nach, bis wir außer Sichtweite glitten.

Der Morgen war bewölkt und es wehte eine kühle Brise. Wir verbrachten sechs angenehme Stunden auf dem Boot, das geruhsam durch breite Kanäle vorbei an Bananenbäumen und meilenweiten Reisfeldern tuckerte. Beim Frühstück, das aus Reis und Fertignudeln bestand, fragte ich Binh, weshalb der alte Mann unbedingt die Jalousien hatte schließen wollen.

»Er sorgt um Ihre Sicherheit. Sie wissen, Polizist bewacht das Haus, er steht die ganze Nacht mit Gewehr.«

»Ich bin ganz früh aufgestanden«, erzählte ich ihm. »Ich habe aber keinen Polizisten gesehen.«

Binh hatte offensichtlich keine Lust auf eine Diskussion. Je mehr wir uns Can Tho näherten, desto bedrückter schien er zu sein.

»Früher ich habe Freundin in Can Tho«, vertraute er mir schließlich an. »Wenn ich mit Ausländer hierher komme, wohnt sie in Hotel mit mir. Sie sehr schön, nur achtundzwanzig Jahre alt. Sie war Miss Can Tho. Sie liebt mich zu sehr.«

Ich schaute mir Binh genauer an und versuchte mir dabei vorzustellen, was eine achtundzwanzigjährige Schönheitskönigin wohl in ihm sehen könnte.

»Sie wartet fünf Jahre auf mich. Aber Sie wissen, sie hat immer Honda-Träume.«

»Honda-Träume?«

»Ja, sie träumt, dass sie reicher Mann heiratet und ihr neues Honda Dream Motorrad kauft. Und so sie heiratet im letzten Monat. Sie ruft in meinem Büro an, mir zu sagen. Sie weint. Das ist erste Mal, dass ich herkomme seitdem. Fünf Jahre sie wartet. Jetzt ich sie nicht mehr sehen. Ich kann nicht glauben.«

»Hat Ihre Frau von dem Mädchen gewusst?«, fragte ich.

Binh schaute mich aus großen Augen bestürzt an. »Meine Frau! Wenn sie herausfindet, sie schneidet mir Kopf ab!«

»*Sie* hätten diese Frau heiraten sollen«, frotzelte Dag. »Dann hätten Sie eine Frau Nummer Eins in Saigon und eine Frau Nummer Zwei in Can Tho.«

»Ich kein Playboy!«, rief Binh entrüstet. »Ich habe zwei Kinder, ich guter Mann!« Dann seufzte er tief und versank wieder in seine trübselige Stimmung.

Can Tho liegt geografisch gesehen etwa in der Mitte des Mekong-Deltas und ist der bedeutendste Verkehrsknotenpunkt.

Wir näherten uns der Stadt und langsam wichen die Entenfarmen und Reisfelder riesigen Lagerhäusern, Kränen, die das Ufer abräumten, und Fischsaucenfabriken, die ranzige Abgaswolken ausstießen. Auf dem Fluss tummelten sich Sampans, die Menschen und Fahrräder zwischen der Hung Phu-Insel und dem Festland transportierten und Lebensmittel und Tiere für den Markt lieferten. Am Ufer, das von blühenden Bäumen, Palmen und einem sechsstöckigen Hotel gesäumt war, herrschte geschäftiges Treiben. Eine gewaltige, mit Silberfarbe besprühte Statue Ho Chi Minhs trug die Inschrift: »Held und Führer, er lebt noch immer in unseren Herzen.« Wir standen neben dem Denkmal und winkten Kiep und seiner Familie zu, bis ihr Boot im übrigen Verkehr verschwunden war.

Binh führte uns zum Hotel, in dem er, wie er uns traurig mitteilte, immer mit seiner Freundin abgestiegen war. Unser Zimmer besaß einen Balkon mit Blick auf den Hafen. Dort setzten wir uns mit dem Mann von der Rezeption, der uns unser Zimmer gezeigt hatte, auf eine steinerne Bank. »Vor fünf Jahren ich fliehe mit dem Boot nach Malaysia«, erzählte er uns. »Meine Freundin fährt auf anderem Boot. Die Seeräuber überfallen und sie tot.«

Wir saßen alle eine Weile still da. Drei Stockwerke unter uns dröhnten die Autohupen und schrillten die Fahrradklingeln.

»Ich bleibe in Malaysia vier Jahre, lerne Englisch. Ich bewerbe mich Kanada, Australien, Amerika. Im letzten Jahr ist dann Verhandlung. Sie sagen, ich bin Wirtschaftsflüchtling und schicken mich zurück nach Vietnam. Jetzt ich bekomme keinen guten Job, nur Job in kleinem Hotel.«

Ich schüttelte den Kopf. Mir fiel nichts ein, was ich hätte sagen können.

»Entschuldigung«, sagte der junge Mann. »Ich gehe zurück zu Arbeit.«

Binh führte uns durch eine schmale Gasse zu einem Goldgeschäft, in dem wir Dollar wechseln konnten. Obwohl es sich um ein Schwarzmarktgeschäft handelte, wurden alle Transaktionen ganz offen durchgeführt. In einer Glasvitrine beim Eingang lagen Goldnuggets, mehrere Ringe und ein Gewirr von Halsketten und Armbändern. Hinter dem Ladentisch waren Dongbündel wie Ziegelsteine aufgetürmt. Die Frau, die das Geld gezählt hatte, kam zu uns herüber. Kritisch betrachtete sie meinen Ehering.

»*Xau!*«, sagte sie und betastete dabei das 14-karätige Gold. »Schlecht!«

»Wechselkurs für Dollar ist heute gut«, informierte uns Binh. »Und der Preis von Gold auch niedrig.«

Die meisten Vietnamesen, erklärte er uns, legten ihre Ersparnisse lieber in Gold an. Angeblich war in den Häusern und Gärten des Landes der Gegenwert von drei Milliarden Dollar versteckt.

»Wenn Vietnamesen reisen, sie tragen viele Goldringe. Wenn sie Geld brauchen, sie verkaufen Ring«, sagte Binh.

»Warum tauschen wir unser Geld nicht in Gold um?«, schlug Dag vor. »Dann könnten wir es viel leichter transportieren.«

Ich zögerte, da ich es einfach nicht schaffte, Gold den gleichen Wert wie richtigem Geld beizumessen – eine Einstellung, die Vietnamesen wiederum gegenüber ihren Banknoten hegten. Dag bestand darauf, wenigstens einen Ring zu kaufen, den der Sohn der Verkäuferin aus zwei alten Goldringen für ihn anfertigte. In einer Werkstatt hinter dem Laden schmolz er die beiden mit einer Lötlampe zu einem Klumpen, den er dann mit dem Hammer in eine Rolle verwandelte. Diese wurde durch eine Walze gezogen und dann erneut mit Lötlampe und Hammer behandelt. Zuletzt schweißte er die beiden Enden zu einem Ring zusammen. Es war eine primitive und schnelle Arbeit. Zehn Minuten später trug Dag an seinem Ringfinger ein breites Band aus tiefgelbem 24-karätigem Gold, das einem Wert von einhundertfünfzig Dollar entsprach.

Am Abend aßen wir in einer der zahlreichen Garküchen am Hafen. Sie stand an einer Wand, auf die in großen Lettern eine Aufschrift gemalt war. Als ich Binh um eine Übersetzung bat, lachte er mich verlegen an.

»Es sagt Männern, hier nicht urinieren. Das großes Problem in Vietnam.«

Eine Frau stand an einem Holzkohlengrill, auf dem sie mit Essstäbchen Fleischstücke wendete. Ich beugte mich darüber, um zu sehen, was sie im Angebot hatte. Im schwachen Licht einer Öllampe sahen die Scheiben wie Schweinefleisch aus. Daneben lagen auch mehrere winzige Gerippe von einem Tier, dem man den Bauch aufgeschnitten und es dann mit der Innenseite nach unten auf den Rost gelegt hatte.

»Was ist denn das?«, fragte ich Binh.

»Ratten«, sagte er. »Sie mögen eine?«

Natürlich sagte ich nein und ebenso selbstverständlich sagte Dag ja.

»Du solltest dir diese Leckerbissen nicht entgehen lassen«, tadelte er mich, als ich einfach nur Reis mit Schweinefleisch bestellte.

Ich beobachtete ihn, wie er mit den Zähnen kleine Fleischstückchen abriss und die winzigen Knochen dann ausspuckte. Im Rinnstein schnüffelte dabei eine lebendige Ratte in den Abfällen herum.

»Dag isst Reisfeldratte«, sagte Binh, der sich auch für das Schweinefleisch entschieden hatte. »Reisfeldratte sehr sauber.«

»Wie schmecken sie denn?«, fragte ich Dag.

»Scheußlich«, sagte er und putzte dabei seine dritte Ratte weg. »Genau wie du dir vorstellst, dass sie schmecken würden.«

»Mekong-Delta hat viele Spezialitäten«, erzählte uns Binh. »Kennen Sie Kokosnussfrosch? Der Bauer macht Loch in die junge Kokosnuss und setzt Froschbaby hinein. Drei Monate trinkt Frosch den Kokossaft und frisst Fruchtfleisch. Dann der Bauer bricht die Kokosnuss. Der Frosch kommt ganz fett und ganz weiß heraus – köstlich zu essen.«

»Wirklich?«, sagte Dag. »Wo bekommt man so etwas?«

Um fünf Uhr früh wurden wir vom Lärm im Hafen geweckt. Aus Lautsprechern tönte Musik zu uns herauf, Boote und Motorroller wurden knatternd gestartet, Straßenhändler riefen ihre Waren aus, begleitet vom Geklapper der *pho*-Lieferjungen, die Stöcke gegeneinander schlugen. Wir gingen direkt zum Markt, der nicht weit entfernt war und sich über mehrere gepflasterte Straßen erstreckte. Schmale Gänge trennten die einzelnen Stände voneinander, deren Waren als Beweis für die Fruchtbarkeit des großen umliegenden Deltagebiets dienten. In einem Teil des Marktes, wo Kräuter angeboten wurden, standen große flache Körbe gefüllt mit aromatischen Blattpflanzen, daneben lag der Blumenmarkt, in dem Frauen Opfergaben für den Tempel kauften. Auf dem Obstmarkt waren die Verkäufer damit beschäftigt, Ananasfrüchte und grüne Papayas zu schälen und in Stücke zu schneiden, und Rambutan, Mangos, Litschis, Brotfrüchte, Avokados, Guaven, Passionsfrüchte, Limonen und Annonen aufzutürmen. Neben den Ständen mit getrockneten Bohnen und Reis gab es frische Nudeln und Bohnengallerte. Dann folgte eine Reihe von Ständen, an denen *pho* und in Glasvitrinen frisch gebackene Baguette-Brote angeboten wurden. Und alle Arten von Eiern: Wachteleier, Hühnereier, Enteneier und konservierte Eier, die in einer rußigen Mischung aus Asche, Kalk und Salz eingelegt waren. Rundum standen Körbe mit wogenden Massen winziger flaumiger Hühner- und Entenküken, die piepsend übereinander kletterten. Uns war bei den vielen Gerüchen und Eindrücken schon schwindlig geworden, aber wir hatten noch lange nicht alles gesehen. Die Markthalle war ein großer Schuppen mit einem Wellblechdach, in der frische Fische und Fleisch angeboten wurden. Lebendige Fische zappelten und wanden sich in flachen Metallschüsseln. Hummer mit königsblauen Fühlern und schillernden purpurnen Panzern lagen in Haufen übereinander. Weiße Gänse mit gelben Schnäbeln waren neben schwarzen Gänsen mit roten Schnäbeln angebunden. Auch Singvögel gab es zu kaufen; lebende, die in Bambuskäfigen herumflatterten, und tote, die in Bündeln zu je fünf Stück vor uns lagen. An den Fleischständen wurden Schwärme von Fliegen aufgeschreckt, wenn jemand kam und sich die Fleischbrocken näher ansah. Mir fiel ein Kadaver auf, der verdächtig wie ein enthäuteter Terrier aussah. Eine Zeit lang sah ich einem Mann zu, der sich über einen Haufen von Schweinsohren beugte und jedes Ohr sorgfältig abrasierte, bevor er es in einer großen Schüssel mit Wasser abwusch. Er hob den Blick und überreichte mir mit einer eleganten Geste ein kahles nasses Ohr.

In einem Hafencafé trafen wir uns mit Binh zum Frühstück. Er schien viel besser gelaunt als am Tag zuvor.

»Wenn Sie vietnamesisches Mädchen heiraten«, sagte er zu Dag, »nehmen Sie eines vom Mekong-Delta. Saigon-Mädchen sind faul und können nicht kochen. Die Mädchen hier tun alles für den Mann, sie lächeln immer.«

Er zeigte auf den Anlegeplatz, wo eine Gruppe von Frauen auf Kunden wartete, die im Sampan zur Hung Phu-Insel übersetzen wollten.

»Sehen Sie Mädchen in Gelb? Ich mit ihr sprechen. Sie erzählt von einem Boot, das über Delta fährt. Sie führt uns zu Kapitän.«

Das Mädchen namens Lin stand am Heck des schmalen Boots. Zum Rudern machte sie zwei Schritte nach vorn, legte sich dann mit ihrem ganzen Gewicht in die langen Ruder und machte dann zwei Schritte zurück. Wir waren eine leichte Last. Viele der anderen Sampans hatten an die zehn Leute samt ihren Fahrrädern an Bord. Während Lin scheu unter ihrem konischen Hut hervorlächelte, erzählte uns Binh, dass sie schon seit sieben Jahren Sampans ruderte und soeben eine 24-Stundenschicht begonnen hatte.

»Und ist sie verheiratet?«, fragte ich.

»Ich frage sie das schon«, sagte Binh. »Ihr Mann arbeitet Saigon. Ich habe Rendezvous mit ihr morgen.«

Lin brachte uns in die Mitte des Flusskanals, wo ein großes Frachtboot, die *Tan Nguyen*, vor Anker lag. Das über dreißig Meter lange, aus groben Planken gebaute und um die Mitte recht breite Schiff sah aus wie eine Sträflingsgaleere und dieser Eindruck wurde nur durch eine gelb gestrichene Zierleiste und einem Strauß aus Iris und Rosen am Vorpiek etwas gemildert. Binh kletterte aufs Schiff und wir blieben mit Lin auf dem Sampan zurück. Dabei musste sie stark gegen die Strömung rudern, damit wir nicht abgetrieben wurden.

»Wir gehen Sonntag«, sagte Binh, als er zurückkam. »Jeder sieben Dollar. Das Boot fährt Rach Gia, dann Phu Quoc-Insel. Ist das okay?«

Es hätte gar nicht besser sein können – eine direkte Passage über die westliche Seite des Mekong-Deltas und dann eine Fahrt über den Golf von Thailand zu einer Insel, die nahe der Grenze zu Kambodscha lag.

Auf dem Weg zur Küste flirtete Binh recht unverschämt mit Lin. Die knospende Romanze fand aber ein abruptes Ende, als sie bei unserer Rückkehr in den Hafen 50 000 Dong von uns verlangte, was einem Preis von fünf Dollar entsprach.

»Sie uns betrügen!«, rief Binh aufgebracht. »Sie verlangt von mir Ausländerpreis, sie glaubt ich bin Auslandsvietnamese!«

Er empfand ein tiefes Ressentiment gegenüber den *Viet Kieu*, jenen Vietnamesen, die nach 1975 ins Ausland geflohen und nun in der Lage waren, auf Urlaub in die Heimat zurückzukommen.

»Sie tun wie große Männer«, hatte er des Öfteren zu uns gesagt. »Sie tragen zu viel Gold. Sie mieten Auto und fahren umher und kaufen Prostituierte. Sie glauben, wir sind blöd!«

Jetzt ließ er seinen Zorn an Lin aus.

»Ich sage ihr, ich nicht einer dieser Männer, die großtun! Sie kann mich nicht so betrügen!«

Aber Lin hatte sich von einem scheuen, albernen Mädchen in eine grollende, hartnäckige Geschäftsfrau verwandelt, die sich schließlich nur widerwillig mit 30 000 Dong zufrieden gab.

Beim Abendessen ereiferte sich Binh erneut über die »Auslandsvietnamesen«.

»Ich nicht spreche mit ihnen. Sie geben alles Geld zum Angeben aus. Sie vergessen alles – ihre Heimat, ihre Kultur, ihre Ahnen. Ich sage zu ihnen, wo ist Grab von Vater? Und sie nicht wissen!«

Ich erzählte ihm von meinen Freunden in England, Hanh und Tuyen, die sich immer um die Altäre ihrer Ahnen kümmerten, und die uns so viel über die vietnamesische Kultur erzählt hatten.

»Wirklich? Ich nie Auslandsvietnamesen wie diese treffen.«

Ich erklärte ihm, dass Hanh und Tuyen keineswegs reich waren und dass das Leben im Westen nicht immer leicht für sie war.

»Ich weiß das«, sagte er nachdenklich. »Der Westen kein Himmel. Ich lebe 1972 ein Jahr in Amerika. Die US-Marine schickt mich studieren. Manchmal arbeite ich Benzin in Auto füllen.«

Das war ein Teil von Binhs Leben, von dem er uns noch gar nichts erzählt hatte, und wir stellten ihm viele Fragen. Er wollte aber nur über seine dortige Freundin sprechen.

»Sie schwarze Amerikanerin. Sie mich zu sehr lieben. Sie wissen, ich habe damals lange Haare. Sie kämmt immer. Sie will, ich bleiben und heiraten. Aber jeden Tage ich denke an Heimat. Wenn ich nach Saigon zurückkomme, ich binde Schlips um und gehe in Bar –«

»Wie ein Auslandsvietnamese!«, riefen Dag und ich wie aus einem Mund.

Binh nahm unsere Stichelei gleichmütig hin.

»Ja«, sagte er und zündete sich wieder eine Zigarette an. »Vielleicht.«

Seine zerstörte Hoffnung auf eine neue Romanze brachte eine Verbesserung unserer Reisepläne mit sich. »Das Boot fährt Sonntag, okay? Also besuchen wir morgen meinen Bruder nahe Soc Trang. Er hat Farm. Er ist großer Kommunist, hat kein Problem mit Polizei, wir schlafen in seinem Haus.«

»Binh«, sagte ich zu ihm, »Sie sind wunderbar.«

Er aber war wieder in seine gedrückte Stimmung verfallen und mein Lob konnte ihn nicht aufheitern.

»Ich will weg von Can Tho«, sagte er. »Zu viele Erinnerungen hier.«

Am nächsten Tag kreuzten wir sechs Stunden lang im Wassertaxi durch schmale, malerische Kanäle. Unsere geruhsame Fahrt führte uns vorbei an Kindern, die im Wasser planschten, Enten und Schweinen, die gefüttert wurden, Frauen, die durch Orangenhaine wanderten und hübschen Mädchen, die uns mit ihren Hüten im Nacken von den Sampans aus zuwinkten. Mitte des Nachmittags erreichten wir eine Wasserkreuzung und damit einen Fluss, der eine wichtige Verkehrsstraße zu sein schien. Boote, die mit Stangen, Rudern oder von einem Motor angetrieben wurden, waren in alle Richtungen unterwegs. Oft konnten sie nur knapp einen Zusammenstoß vermeiden und blieben dann wieder in den Staus stecken. Schließlich gelangten wir zu einer schwimmenden Stadt. Vertäut zu beiden Seiten des Flusses lagen Hausboote, Fischerkähne, Passagierboote, mit Waren hoch beladene Frachtschiffe und Boote, von denen Benzin in Plastikflaschen verkauft wurde. Die Uferböschung dahinter säumten heruntergekommene Hütten und eine Gefrierfabrik, aus der sich ein Wasserstrom in den Fluss ergoss und die von hinten wie die Rückseite eines riesigen Kühlschranks aussah. Über die Brücke, die beide Flussufer verband, ratterten rauchend und stinkend Busse und Lastwagen. Wir waren, wenn auch etwas widerstrebend, in My Tho angekommen.

Wie riesige Luftschiffe hingen die Wolken am Himmel, und gerade als wir von Bord gingen, öffneten sich die Schleusen. So schnell wie möglich kletterten wir die steile Böschung hinauf und liefen in ein Restaurant, von dem aus wir den Fluss gut überblicken konnten. Auf einer Theke beim Eingang stand eine bauchige Glasflasche mit einer klaren Flüssigkeit und mehreren fetten Schlangen, die darin wie Seile aufgerollt lagen.

»Zuerst wir trinken Schlangenwein«, verkündete Binh lässig. »Dann wir essen Schlange.«

Der Besitzer des Restaurants kam aus der Küche. Außer weiten Baumwollshorts und einem schmutzigen Handtuch um den Nacken trug er nichts am Körper. Er füllte vier kleine Gläser aus dem Glasballon. Mit etwas unsicheren Beinen brachte er sie an unseren Tisch und grinste uns dabei dreist an, so dass der einzige hauerartige Zahn in seinem Mund sichtbar war. Während wir an unserem Schlangenwein nippten, der wie selbst gebrannter Wodka schmeckte, erklärte er uns den Ursprung seines Namens. Er hieß *Chin,* also Neun, denn er war das Jüngste von acht Kindern. Nach vietnamesischer Tradition hatten seine Eltern den Ältesten *Hai,* also Zwei, genannt, um die bösen Geister irrezuführen, die es angeblich auf die erstgeborenen Kinder abgesehen haben. Das zweitgeborene Kind in seiner Familie wurde dann *Ban,* Drei, genannt, das Dritte *Bon,* Vier, und so weiter, bis sie bei *Chin* angelangt waren. Für die gesamte Erklärung war eine weitere Runde Schlangenwein notwendig. In meinem Kopf drehte sich inzwischen alles.

»Ich muss bald etwas essen«, sagte ich zu Binh.

»Chin will wissen, welche Schlange Sie essen wollen«, sagte er.

»Kobra mag sie am liebsten«, bemerkte Dag scherzhaft.

Diese Information wurde an Chin weitergeleitet, der daraufhin in der Küche verschwand. Minuten später war er wieder da. Statt des Handtuchs trug er nun eine Schlange um den Hals gewickelt. Das etwa einen Meter lange Tier hatte einen braunen Rücken und beigefarbene und schwarze Streifen auf dem Bauch.

Chin legte die Schlange auf den Tisch und hielt sie dabei am Schwanz fest. Mit zuckender Zunge kam sie über die Resopalplatte auf mich zugeschlittert.

»Er sagt, ist nicht giftig«, versicherte Binh, der sich mit seinem Stuhl in sichere Entfernung vom Tisch gebracht hatte.

Chin nahm das sich windende Tier und setzte es auf Dags Knie.

»Um Himmels willen, pass auf, dass sie dir nicht unter die Shorts kriecht!«, schrie ich.

Gelassen fasste Dag sie hinten am Kopf.

»Er sagt, Preis von Schlange ist 35 000 Dong«, rief Binh irgendwo von hinten im Raum, wohin er inzwischen geflüchtet war. »Er kocht sie mit Gemüse und Gewürz und scharfem Chili.«

»Ein guter Preis«, sagte Dag und besah sich die Schlange dabei ganz genau. »Wir nehmen sie.«

Während Dag und Binh noch ein Glas Wein tranken, folgte ich Chin in die Küche. Diese war ein finsterer Raum, der nur ein einziges winziges Fenster besaß. Zwei Männer zerkleinerten auf einer Steinplatte Gemüse und Chins Frau hockte neben einem großen Wok mit Wasser, das sie über einem Kohlenfeuer zum Kochen brachte.

»Hi hi!«, riefen die Männer, als sie meiner ansichtig wurden. »Wie alt Sie? Haben *babysan*?«

Die Schlange ahnte wohl, was ihr bevorstand, denn sie hatte sich fest um Chins Arm gewickelt. Er löste sie vorsichtig und ließ sie dann ins dampfende Wasser fallen. Doch die Schlange ließ sich das nicht so ohne weiteres gefallen. Sie bäumte sich auf, schoss aus dem Wok heraus und glitt über den Boden auf eine dunkle Ecke zu. Mit lauten Rufen sprangen die beiden Männer in der Küche herum, Chins Frau schrie und versteckte sich hinter mir, während sich Chin auf die Schlange warf. Er packte sie am Schwanz, warf sie wieder ins Wasser, das inzwischen stark kochte, und hielt sie mit einem Kochlöffel nieder. Sie wand sich noch lange in einem scheinbar recht schmerzhaften Todeskampf.

»Ich habe Schlangen schon immer gemocht«, sagte Dag zehn Minuten später.

Das war auch gut so, denn bald würde ihm eine serviert werden. Das arme Geschöpf war inzwischen in Stücke geschnitten, gebraten und dann mit einer dicken Sauce übergossen worden.

»Sie probieren, sehr köstlich«, sagte Binh, der seinen Stuhl inzwischen wieder an den Tisch gezogen hatte.

Ich tauchte die Enden meiner Essstäbchen in die Sauce und stellte fest, dass sie stark nach Curry schmeckte. Dag führte mit seinen Stäbchen ein Stück Schlange zum Mund.

»Du erstaunst mich immer wieder, was du da alles hineinsteckst«, sagte ich, als das Fleischstück in seinem Mund verschwand.

Eine halbe Minute später kamen ein paar recht erstaunliche Dinge wieder zum Vorschein. Zuerst ein ziemlich großer Knochen, dann ein Stück Haut, von dem sorgfältig die Sauce abgelutscht war, so dass die hellbeigen und schwarzen Streifen und feine Schuppen deutlich erkennbar waren. Ich warf Chin einen bedeutungsvollen Blick zu und bestellte ein Omelett.

Die Fahrt zum Haus von Binhs Bruder außerhalb von Soc Trang schien endlos. Im Cyclo holperten wir über braunrote Landstraßen, vorbei an endlosen wassergetränkten Reisfeldern, die unter einem nebligen Schleier lagen.

»Mein Bruder Hien, er Kommunist, so wir nicht sprechen Politik«, warnte uns Binh, als wir schließlich von den Cyclos kletterten.

Hien war achtundfünfzig Jahre alt. Bis zu seiner kürzlichen Pensionierung hatte er im Kommunikationsministerium der Regierung gearbeitet. Er war für vietnamesische Verhältnisse recht groß und hatte graues Haar. Seine Frau Thao war rund und fröhlich. Sie sprach auch ein wenig Englisch. Beide hießen uns herzlich willkommen in ihrem aus Ziegeln gebauten Haus. In einem der vier spärlich eingerichteten Räume saßen wir auf Schemeln und ließen uns vom staatlichen Fernsehen berieseln. Nach einem Programm über das Veredeln von Obstbäumen kamen russische Nachrichten. An der Wand über dem Fernseher klebte ein Gecko. Die weiße Haut des mehr als dreißig Zentimeter langen Tiers war mit hellgrünen Tupfen übersät. Minutenlang rührte es sich überhaupt nicht, doch dann stürzte es sich plötzlich auf ein Insekt, schnellte seine Zunge hervor und schon war das Opfer verschluckt.

»Ich hasse diese Gecko«, sagte Binh. »Ich sie nur mögen, wenn sie im Pottel sind.«

Ein schillerndes Huhn wanderte mit seinen Küken ein und aus und ein junger Hund tollte um unsere Füße herum, bevor er sein Interesse Dags Zehen zuwandte.

Obwohl die Nacht recht kühl war, brachte Hien einen Ventilator herein. Er stellte ihn auf höchste Stufe und richtete ihn direkt auf uns. Vor Kälte zitternd hielten wir unsere Schüsseln mit Reis und Fleisch im Schoß und aßen, während der Fernseher weiterlief. Ausschnitte aus Disneys *Schneewittchen und die sieben Zwerge* in vietnamesischer Sprache begleiteten unser Abendessen. Insekten summten uns mittlerweile um die Ohren und Thao lief schnell mit einem Moskitonetz hinaus, das sie über den Schweineverschlag zog, der an der Außenwand der Küche angebaut war. Ich ging mit ihr hinaus, um ihr dabei zuzusehen. Voller Stolz richtete sie den Strahl ihrer Taschenlampe auf eine große rosa, erstaunlich saubere Sau.

»Ich wasche Schwein dreimal am Tag«, erklärte sie mir.

Wir schliefen auf dem Lehmfußboden in einem Raum, den wir mit einem riesigen, eineinhalb Meter hohen, bis an den Rand mit Reiskörnern gefüllten Korb teilten. Das Moskitonetz, das von der Decke hing, war mit seinen zahlreichen großen Rissen in einem wesentlich schlechteren Zustand als das, unter dem das Schwein die Nacht verbrachte. Vorsorglich schmierten wir uns mit reichlich Insektenschutzmittel ein. Dann lagen wir im Dunkeln und lauschten dem Konzert, das von den Feldern zu uns ins Haus drang. Den melodischen Hintergrund bildeten die Zikaden, Quietscher und Triller wurden von anderen Insekten geliefert, zwei Hunde bellten und heulten im Duett, doch die Stars der Aufführung waren eindeutig die Frösche, riesige Frösche nach ihrem Stimmvolumen zu urteilen, deren tiefes dröhnendes Gequake die ganze Symphonie dominierte. Ich wachte immer wieder auf, kratzte an einem Moskitostich herum, fiel wieder in einen unruhigen Schlaf. Allmählich begann die Dunkelheit zu weichen. Ein Hahn krähte unweit von unserem Fenster und ein Motorroller tuckerte den Weg entlang. Im Haus rührte sich etwas. Schritte waren zu hören und das Klappern eines Eimers, gefolgt vom lauten Quakchor der Enten.

Ich tappte durchs Haus, vorbei am schlafenden Schwein, denn ich wollte zusehen, wie Hien das Entenhaus öffnete. Über hundert Enten watschelten heraus und folgten ihm zum Teich, wo er ihnen Garnelenköpfe und Reis zum Frühstück ausstreute. Binh erzählte mir später, dass die Enten täglich mindestens siebzig Eier legten. Vierzig davon verkaufte Hien für sechshundert Dong das Stück auf dem Markt und den Rest tauschte er für Lebensmittel ein. Seinen Hektar Land bebaute er nach traditionellen Methoden, die er von älteren Bauern oder mit Hilfe von Unterrichtsprogrammen im staatlichen Fernsehen gelernt hatte. Er ließ die Enten frei auf dem Land herumlaufen, damit sie seine Reisfelder und die Papaya-, Mango- und Kokosnussbäume düngten. Im Ententeich hielt er Fische, die sich von Algen, Fäkalien aus dem Abort darüber und dem Schweinekot ernährten. Beim Frühstück erzählte uns Binh, dass sein Bruder für die jungen Fische 900 Dong zahlte. Nach einem Jahr hätten die Fische dann ein Gewicht von zwei Kilo erreicht und könnten auf dem Markt für jeweils 18 000 Dong verkauft werden.

Während wir uns die mit gebratenem Schweinefleisch gefüllten Baguettes schmecken ließen, war die Muttersau aufgewacht und hatte begonnen, im Erdreich herumzuschnüffeln. Das Tier war die beste Ertragsquelle der Bauern und Hiens größter Stolz. Sobald sich die Sau gerührt hatte, rannte er schon zum Verschlag, nahm das Moskitonetz ab und gab ihr einen freundlichen Klaps auf die fette Hinterkeule.

»Kann Ihr Bruder von der Farm gut leben?«, fragte ich Binh.

»Sie wissen, der Bankangestellte verdient vierzig Dollar im Monat«, sagte er ausweichend, »und der Polizist zwanzig Dollar. Aber sie machen viel Geld andersrum – Sie wissen, was ich meine? Im Büro sie sind arm, aber zu Hause reich.«

Ich konnte Binhs indirekte Antworten zu meinen Fragen inzwischen schon recht gut interpretieren.

»War Ihr Bruder also reicher, als er für die kommunistische Partei arbeitete?«

Er machte vor seiner Antwort eine kurze Pause. »Sie wissen, ein Kommunistenführer hat Hochzeit für seine Tochter. Er einladen viele Ausländer. Er bezahlt zehntausend Dollar für Hochzeit. Jemand schreibt darüber in Zeitung und Polizei fragt ihn, wo Geld herkommen? Er sagt, er macht Geld von Hundezucht – Hunde, die wie lange Wurst aussehen – und die Polizei glaubt ihm.«

»Also«, sagte ich geduldig, »Ihr Bruder ist ärmer, seit er in Pension ist?«

»Ja, mein Bruder sehr arm«, sagte Binh. Da Binh nicht über Politik sprechen wollte, fragte ich ihn gar nicht erst nach einem jüngst erschienenen Bericht, wonach als Ergebnis der ökonomischen Reformen nur zwanzig Prozent der Bauern erfolgreich wirtschafteten. Und ich fragte ihn auch nicht, ob es wahr sei, dass die Korruption bei der Entstaatlichung von Genossenschaftsland eine neue Klasse reicher Bauern geschaffen hatte, von denen viele Parteikader waren.

Auf dem Rückweg führte uns der Weg durch Soc Trang und Binh zeigte uns die Fledermauspagode. Er hatte ihr diesen Namen gegeben, weil von den Bäumen um die bunt bemalten Tempel herum Hunderte von Flughunden hingen. Binh klatschte in die Hände und setzte damit eine Fledermauswolke in Bewegung, die sich quietschend und flatternd in die Lüfte hob. Nachdem die Tiere eine Weile langsam über den Bäumen gekreist waren, ließen sie sich wieder auf den Zweigen nieder. Ein dunkelhaariger Ausländer erschien am Eingang eines Tempels, beobachtete das Schauspiel und gesellte sich dann zu uns. Er hieß Phil Worthington und kam aus Manchester. Nach seinem Studium hatte er eine Reise durch Südostasien gemacht und sich schließlich in Saigon niedergelassen, wo er einen Job als Lehrer gefunden hatte. Jetzt genoss er einen fünftägigen Urlaub und fuhr im Deltagebiet auf einem Motorroller herum. Interessiert hörte er zu, als wir ihm von unserer bisherigen Reise erzählten und dass wir vorhatten, die Küste mit dem Boot hinaufzufahren.

»Besucht mich, wenn ihr nach Saigon kommt«, sagte Phil, bevor er auf seinen Motorroller stieg. »Ich kenne ein paar Leute, die euch vielleicht weiterhelfen können.«

Die Mönche, die aus Kambodscha stammten, luden uns zum Tee ein. Wir saßen auf einer Webmatte beim Altar, auf der eine äußerst realistische Statue des Gründers thronte. Er trug dasselbe orangefarbene Gewand wie die Mönche und eine Brille auf der Nase. Während wir Grünen Tee aus winzigen Gläsern tranken, reichte Binh Zigaretten herum. Alle zündeten sich eine an, außer einem Mönch, der uns erzählte, dass es ihm nach etlichen Fehlschlägen endlich gelungen sei, sich das Rauchen abzugewöhnen.

»Wir hatten eine lange Feier, sechs Stunden ich bete in Tempel, und die ganze Zeit ich denke an Zigaretten. Dann ich beschließe, mit dem Rauchen aufhören. Es war schwer. Ich musste viel meditieren dafür.«

Auch die Mönche hielten ein Schwein, auf das sie mächtig stolz waren. Es hatte sich vor dem Eingang zu dem niedrigen Steingebäude, in dem sie kochten und aßen, ausgestreckt. Es war sicher über fünfhundert Pfund schwer und so fett, dass es sich kaum bewegen konnte. Ehrfurchtsvoll wiesen die Mönche darauf hin, dass das Tier an jedem seiner Füße nicht vier, sondern fünf Zehen hatte. Wie alle missgestalteten Tiere galt in Vietnam auch dieses Schwein als Glücksbringer.

»Es lebt die ganze Zeit in diesem Raum«, sagte Binh. »Nach Geburt bringt es Bauer in Pagode für glücklich.«

Während der Fahrt nach Can Tho konnte ich an nichts anderes denken als an die Mönche, ihr Rauchen, ihre Fledermäuse und ihr Schwein.

Eine harte Tour

Am nächsten Morgen stürzte ein aufgebrachter Binh ohne anzuklopfen in unser Zimmer. »Ich rufe gerade Schwester meiner Freundin an und sie erzählt mir, Ehe ist vorbei! Meine Freundin heiratet diesen Mann, weil ihre Mutter schuldet ihm Geld.«

Um Dag nicht zu stören, der noch immer schlief, führte ich Binh auf den Balkon hinaus.

»Sie mich liebt zu sehr«, sagte er und zündete sich mit seiner Zigarette gleich die Nächste an. »Manchmal ich sage zu ihr, ich alter Mann, nicht schön, ich habe Frau, zwei Kinder, warum du lieben mich?«

»Was hat sie geantwortet?«, fragte ich ihn neugierig.

»Sie sagen nichts ... sie weinen ein bisschen.«

Wir saßen eine Weile still da und hingen unseren eigenen Gedanken nach. Ich machte mir Sorgen um Dag, der in der Nacht Fieber, Muskelschmerzen und Durchfall bekommen hatte. Jedes Mal, wenn er aus dem Bad ins Bett zurückgestolpert war, hatte er mir versichert, dass uns seine Krankheit nicht daran hindern würde, am nächsten Tag auf der *Tan Nguyen* weiterzureisen.

»Gestern Nacht ich gehe tanzen in Disco von International Hotel«, sagte Binh plötzlich. »Ist sehr billig – achttausend Dong Eintritt, siebentausend Dong für großes Tiger-Bier, zwanzigtausend Dong für Mädchen.«

»Mädchen?«, fragte Dag, der gerade in der Tür erschienen war und sich die Augen rieb. »Wofür?«

»Für Tanzen.«

»*Nur* tanzen?«

»Sicher. Sie schönes Mädchen, sehr gute Tänzerin. Sie will kommen hierher, aber ich sage nein, ich arbeiten heute. Und ich sagen ihr, ich haben kein Geld. Dag, können Sie mich zahlen? Mein Geld ist alle.«

»Wie viel hätte sie denn gekostet?«, fragte Dag.

»Zehn Dollar.«

»Gott sei Dank, dass wir Ihnen das Geld nicht gestern Abend gegeben haben!«, rief ich.

Binh warf mir einen finsteren Blick zu. »Ich sage ihr genau. Ich habe Frau und zwei Kinder. Ich kein Playboy!«

Mittags gingen wir an Bord der *Tan Nguyen*. Um sie herum tummelten sich zahlreiche Sampans, die Waren für das Schiff lieferten. Eine Reihe von Leuten reichten Apfelkörbe, Bananenbündel, Bierkisten, Reissäcke und einzelne Yamswurzeln und Flaschenkürbisse aufs Schiff, wo sie dann im höhlenartigen Laderaum sorgfältig aufeinander gestapelt wurden. Das Laden dauerte mehrere Stunden und endete erst, als alle unteren Frachträume voll gepackt waren und auch noch der Großteil des inneren Oberdecks mit Waren bedeckt war. Überwacht wurde die Arbeit vom Kapitän, einer eleganten Frau Mitte vierzig namens Fan. Sie trug eine schicke Frisur, Perlohrringe und ihre Stimme dröhnte wie ein Megafon. Während sie beschäftigt war, saßen Binh und ich bei ihrem Mann Thuan, der in einen geschmackvollen weißen Pyjamaanzug gekleidet war. Er erzählte uns, dass er einer der Befehlshaber der südvietnamesischen Armee gewesen war und nach 1975 dreizehn Jahre in einem Umerziehungslager verbracht hatte. Fan hatte das Geschäft der Familie übernommen, auf Frachtschiffen als Kapitän gearbeitet und gleichzeitig auch ihre vier Kinder großgezogen, von denen nun zwei mit ihnen auf der *Tan Nguyen* arbeiteten. Als ich ihn nach den Lebensbedingungen in den Lagern fragte, sprach er ruhig und mit ausdrucksloser Miene recht ausführlich darüber.

»In ersten Jahren er sucht nach Landminen«, übersetzte Binh. »Zwanzig Männer, sie stehen in Reihe acht Stunden am Tag. Jeder Mann hat langen Bambusstab, mit dem er in Boden stochert. Dann sie machen Schritt. Wenn Mine finden, sie herausholen. Manchmal sie machen Fehler und gehen in die Luft. Er sagt, das war sehr schlimm. Die nächsten Jahre er bricht Steine für die Straße. Das war besser.«

»Waren Sie im Umerziehungslager?«, fragte ich Binh.

»Nein, mein Job war nicht wichtig.«

Binh hatte auf Trümmersuchbooten um Can Tho und als Feuerwehrmann auf Zerstörern gearbeitet.

»Ich kenne Gegend gut. Von hier bis Phu Quoc dauert siebzehn Stunden. Auf dem Meer wir haben Drittklassewellen. Für mich kein Problem. Aber Sie besser nehmen Medizin.«

Wenn jemand Medizin brauchte, dann war es Dag. Während des Vormittags hatte sich sein Zustand verschlechtert, aber keiner meine Einwände überzeugte ihn, die Fahrt abzusagen. Er lag im Ruderhaus auf dem Deckel einer großen Truhe. An der Wand neben ihm hing ein Regal mit dem Altar der Göttin der Barmherzigkeit *Quan The Am*. Ein Topf mit Räucherstäbchen war mit einer Schnur ans Regal gebunden und Fliegen krabbelten über einen Opferteller mit Weintrauben. Das Ruderhaus wirkte mit seiner spartanischen Ausstattung wenig einladend. Aus dem Boden ragten zwei Metallhebel für Gas und Getriebe. In den Fensterrahmen fehlte das Glas und die Navigationshilfen beschränkten sich auf einen Suchscheinwerfer und eine Sirene, die an ein anarchisch wirkendes Drahtgewirr angeschlossen waren. Nach einem Blick darauf und auf meinen fiebrigen Mann war ich versucht, der Göttin *Quan The Am* selbst ein Opfer zu bringen.

»Schau, ob du mir vielleicht etwas Eis holen kannst«, krächzte Dag. »Ich muss versuchen, meine Temperatur zu senken.«

An der Rückseite des Oberdecks befand sich die Küche, in der zwei Frauen Reis kochten und Fleisch brieten. In großen Kühlern hielten sie Mengen von Eiswürfeln für die Getränke bereit, die sie verkauften. Hilfsbereit wickelten sie mir einige in ein schmutziges Handtuch. Das Eis schmolz rasch, als ich Dags Rücken damit einrieb, und bald lief ihm das Wasser in kleinen Rinnsalen vom Rücken. Binh hielt sich im Hintergrund und sah mir besorgt zu.

»Maria, Sie versuchen ein wenig so«, sagte er und reichte mir einen Metallspachtel und einen Topf, dessen Inhalt wie Tiger Balm aussah. »Es ihn heiß und besser macht.«

Er zeigte mir, wie ich das Balsam fest in Dags Haut einreiben musste, so dass sich lange rote Schwielen auf seinem Rücken bildeten.

Keine der beiden Methoden schien eine durchschlagende Wirkung zu entfalten, und mehrere Stunden, während das Schiff beladen wurde, saß ich neben Dag und beobachtete, wie er aus seinem fiebrigen Schlaf immer wieder erwachte. Die Luft stand still, es war stickig und unerträglich heiß und ich musste der Versuchung widerstehen, zur Abkühlung ins trübe Wasser des Hafens von Can Tho zu springen. Mitte des Nachmittags sprang endlich der Motor an, Thuan nahm das Steuer und seine Söhne stiegen mit den Füßen auf die erforderlichen Hebel.

Als wir den Fluss hinuntertuckerten, wehte eine kühle Brise durchs Ruderhaus und meine feuchtklebrige Haut begann wieder zu trocknen. Die Erleichterung war aber nur von kurzer Dauer, denn schon bald hielten wir an einer schwimmenden Tankstelle. Dort wurde das Benzin in Plastikbehältern von Hand in den Tank gegossen, was mehr als eine Stunde dauerte. Dann ließ sich der Motor nicht starten. Eine weitere Stunde verging, in der Fan durch eine Luke Befehle in den Maschinenraum schrie, die schließlich ihren Zweck erfüllten.

Wir fuhren nun auf einem Kanal, der Teil eines Systems war, das uns quer durch das Delta bis zum Cai Loa-Fluss bringen würde, der in den Golf von Thailand mündet. Nach Einbruch der Dunkelheit schaltete Fan hin und wieder den Suchscheinwerfer an, und befanden sich Boote in gefährlicher Nähe, wurden sie vom lauten Heulen unserer Sirene gewarnt. Gegen neun Uhr lagen die meisten Leute auf der *Tan Nguyen* in Hängematten, die an den Seitendecks und über das Oberdeck gespannt waren, oder sie hatten es sich auf Reissäcken bequem gemacht. Ich legte mich ins Ruderhaus neben Dag, der sich unruhig hin und her warf und fiebrige Hitze ausstrahlte.

Gegen Mitternacht ging ich auf das Vorderdeck hinaus und setzte mich mit dem Rücken gegen einen Haufen dicker Seile. An den Ufern des Kanals konnte ich gegen den Sternenhimmel die schattenhaften Umrisse der Bäume ausmachen. Ich überlegte, wie seltsam es doch war, dass wir nach all unseren Plänen und Träumen nun wirklich hier im Dunkel der Nacht durch das Mekong-Delta fuhren. Jemand von der Mannschaft kam und steckte brennende Räucherstäbe an den Bug, die einen hellen Schein verbreiteten und glühende Funken verstreuten. Dieser Anblick besaß für mich nun schon eine beruhigende Vertrautheit. Ich lehnte meinen Kopf gegen die Seile und schloss die Augen. Als ich sie wieder öffnete, waren die Räucherstäbe niedergebrannt und ein blasses Licht lag über der Wasserfläche des Cai Loa-Flusses.

Eine spiegelglatte Fläche hellgrünen Wassers erstreckte sich zu beiden Seiten des Schiffes, bis sie in die flachen Sandbänke am Ufer überzugehen schien. Die Luft roch nach Salz; wir hatten die Flussmündung erreicht und das Meer war nicht mehr weit. Ich stand auf und streckte mich, als mir plötzlich jemand auf die Schulter tippte. Ich wandte mich um und sah einen alten Mann vor mir. Er war groß und dürr und seine Ohren waren so dünn, dass sie fast durchsichtig wirkten. Er reichte mir einen Krug mit Wasser und bedeutete mir, dass ich mich damit waschen könnte. Ich ging damit zu einem der beiden großen Aborte im rückwärtigen Teil des Bootes, glücklicherweise völlig abgeschlossene Verschläge. Als ich mit dem leeren Krug zurückkam, saß der Mann mit Binh im Ruderhaus, neben Dags schlafendem Körper. Binh stellte mir den Mann als Chu Sau – »Onkel Sechs« – vor.

»Maria, wie Sie schlafen?«, fragte Binh. Er sah zerknittert und abgespannt aus.

»Okay.«

Sein Gesicht legte sich in tiefe Falten. »Ich habe schlechte Nacht«, sagte er spitz, »ich kann nicht schlafen, ich habe zu große Sorgen um Dag.«

Onkel Sechs tätschelte mir plötzlich die Hand und wies dabei auf einen langen Steg aus Holz und Bambus, den wir ansteuerten. Am anderen Ende des Anlegeplatzes befand sich eine kleine Hütte.

»Polizei«, sagte Binh. »Der alte Mann sagt, Sie müssen verstecken.«

Als Thuan mit den Schiffspapieren den Steg entlangmarschierte, wies mich Onkel Sechs durch Gesten an, mich neben Dag zu legen. Er ließ seine Hand leicht auf meiner Schulter ruhen, bis uns der Posten nicht mehr sehen konnte und ich mich wieder aufsetzen durfte.

Gegen acht Uhr waren wir in einem Abschnitt des Flusses angekommen, der so seicht war, dass Schilfbüschel über die Wasseroberfläche ragten. Es überraschte mich nicht, dass wir schließlich auf Grund liefen. Fan kreischte ihre Seeleute an, die aufgeregt von einem Ende des Schiffs zum anderen rannten und lange Bambusstangen über die Seiten ins Wasser steckten, um dessen Tiefe zu prüfen.

Es stellte sich jedoch schnell heraus, dass die Ebbe eingesetzt hatte und dass selbst Fan mit ihrem Geschrei nichts dagegen tun konnte. Wir mussten uns also auf ein stundenlanges Warten in der Mitte der Flussmündung gefasst machen. Da die Temperaturen immer weiter anstiegen, verfiel das ganze Schiff in einen Zustand der Lethargie. Dag, Binh, Onkel Sechs und die meisten übrigen Leute an Bord schlugen sich den Vormittag schlafend um die Ohren. Ich saß eine Zeit lang im Ruderhaus und starrte auf das Wasser. Dabei stellte ich eine kleine Rechnung auf. Man hatte uns gesagt, dass die Fahrt achtzehn Stunden dauern würde. Wir waren nun schon seit über zwanzig Stunden unterwegs und hatten etwa hundertzwanzig Kilometer zurückgelegt. Doch mindestens hundertsechzig Kilometer und eine zehnstündige Fahrt über den Golf von Thailand lagen noch vor uns. Diese anstrengende Kopfrechnung und ihr Ergebnis führten dazu, dass ich völlig ermattet nach einer leeren Hängematte suchte und wie alle anderen in tiefen Schlaf fiel.

»Ich Angst vor Seeräuber«, sagte Binh, als wir wieder unterwegs waren und aus der Flussmündung auf das offene Meer zusteuerten, »aber auf diesem Schiff es gibt vier AK-47 Geschütze.«

Dag ging es nun schon viel besser. Sein Fieber war gesunken und sein Magen hatte sich beruhigt – glücklicherweise, denn inzwischen schaukelten wir durch die schwere Dünung des Golfs von Thailand und die Wellen schienen sich immer höher aufzutürmen.

Binh hingegen sah gar nicht gut aus. »Maria, Sie okay?«, fragte er. »Das schwierige Tour, sehr harte Tour für Frau. Meine Frau kann nicht machen so etwas.«

Fan brachte uns Schüsseln mit Reis und Fleisch. Binh warf einen Blick auf das Essen, erbleichte und zog sich in seine Hängematte zurück, in der er sich für den Rest der Fahrt der Seekrankheit hingab.

Im fahlen Licht der Dämmerung tauchten die Umrisse der Phu Quoc-Insel auf, die sich über dreißig Kilometer lang am Horizont erstreckte. Beim Anblick ihrer Berge, Wälder und Strände begann reges Treiben unter den Leuten an Bord, die ihre Sachen zusammenpackten und sich zum Aussteigen bereitmachten. Wir kamen an etlichen steilen Inselchen vorbei, die mit Gras und windschiefen Bäumen bedeckt waren.

»Wir kommen ihnen ein wenig zu nahe, würde ich sagen«, bemerkte Dag, als er die Inseln durchs Fenster betrachtete. »Ich hoffe, es gibt hier keine Riffe.«

Doch seine Hoffnung wurde enttäuscht. Etwa einen Kilometer vor der Phu Quoc-Insel liefen wir auf ein Riff. Fan stampfte von einem Ende des Boots zum anderen und schrie jeden an, der ihr in die Quere kam. Doch da war nichts zu machen: Wir saßen erneut fest und uns blieb keine andere Wahl, als auf die Flut zu warten. Thuan schien völlig gelassen. Er saß mit uns im Ruderhaus und putzte sich mit dem Ende eines abgebrannten Räucherstabs die Ohren aus, während Fan ihren Zorn in den Maschinenraum hinabbrüllte. Plötzlich tauchte daraus ein Mann mit einem Eimer auf, der bis an den Rand mit schwarzem Öl gefüllt war und den er Fan wie zur Besänftigung überreichte. Sie nahm ihn, marschierte aufs Deck hinaus und warf den Kübel samt Inhalt über Bord.

Endlich, nach einer fünfzigstündigen Fahrt über eine Strecke von fast dreihundert Kilometern, erreichten wir den Hafen von Cay Dua. Die hölzernen Fischerboote, die sich darin drängten, waren alle blau und rot angestrichen und runde Weidentender, die wie Körbe aussahen, standen auf den Decks. Aus einer Entfernung von hundert Metern stieg uns bereits der ranzige Fischgestank der *nuoc mam*-Fabriken auf der Insel in die Nase. Binhs Erklärungen zufolge hatte die Fischsauce von Phu Quoc den Reichtum der Insel begründet und war auf der ganzen Welt berühmt. Als Thuan das Schiff zum Dock hin manövrierte, kam Fan auf mich zu und zwickte mich fest in den Arm.

»Sie lädt uns ein, noch eine Nacht bleiben«, sagte Binh. »Ich sage ihr okay.«

Er schien bei dem Gedanken, das Boot zu verlassen, gar nicht glücklich zu sein und erklärte, dass unsere Anwesenheit an Land sich als problematisch herausstellen könnte, denn Phu Quoc sei ein politisch heikles Gebiet. An der Nordseite liegt die Insel nur fünfzehn Kilometer von der Grenze zu Kambodscha entfernt, das die Insel für sich beansprucht. Und nach 1975 war Phu Quoc der Ausgangspunkt für die Flucht vieler Vietnamesen, auch von vierzig Prozent der Inselbevölkerung, die die Hälfte der Fischerflotte mitnahmen. Aus diesen Gründen, sagte er uns, sei die Polizei ganz besonders misstrauisch und würde den Anblick von zwei Ausländern, die auf der Insel herummarschierten, vielleicht nicht ohne weiteres akzeptieren. Nachdem wir aber so lange auf dem Schiff eingepfercht gewesen waren, wollten wir uns unbedingt die Beine vertreten. Ich tappte äußerst vorsichtig über die schmale schwankende Planke, die ans Ufer führte, um nicht aus voller Höhe in das schmierige Wasser darunter zu stürzen. Auf dem hölzernen Kai waren rote, braune, graue und silberne Fische flach zum Trocknen ausgelegt. Direkt daneben saßen zwei Polizisten in einem kleinen, zur Straße offenen Café. Sie sahen uns neugierig an, als wir vorbeigingen, aßen dann aber ruhig ihre Portionen *pho* weiter und schienen sich über unsere Anwesenheit keine weiteren Gedanken zu machen.

In den muffigen Seitengässchen von Cay Dua türmten sich faulende Abfälle; stinkende Abwässer liefen die offenen Rinnsteine entlang und etliche der Gebäude waren wie Kartenhäuser eingestürzt. Ein Karren, der mit Reissäcken hoch beladen war, blieb in einer aufgeweichten Fahrspur stecken. Zwei Männer schoben von hinten an, während sich ein Dritter mit Seilen wie ein Zugtier vor den Karren spannte und zog. Ein junges Paar mühte sich mit einem ausgewachsenen Schwein ab, als sie versuchten, das Tier in einen langen konischen Korb zu stecken. Obwohl seine Füße zusammengebunden waren und die Frau das Schwein fest am Schwanz hielt, warf es sich wie wild im Schlamm herum, während ihm der Korb über den Kopf gestülpt wurde. Als wir an den beiden vorbeigingen, hatten sie den Korb gerade an einer langen Stange befestigt, die sie nun mit dem quietschenden Schwein auf den Schultern davontrugen.

Wir folgten dem Geruch und fanden die Fischsaucenfabrik, bei der es sich um eine Reihe düsterer Lagerhäuser handelte, die mit riesigen Holzbottichen voll gestopft waren. Millionen winziger Fische wurden hier in Salz eingelegt, dann ließ man sie mehrere Monate lang in den Bottichen verwesen und gären. An einem von ihnen war unten ein Hahn angebracht, der geöffnet war und aus dem eine rotbraune Flüssigkeit in ein Fass tropfte. Einer der Arbeiter fing ein wenig davon in einem Glas auf, das er dann gegen das Licht hielt, so dass wir seine Klarheit bewundern konnten. Als er Dag das Glas zum Kosten reichte, begann ich mich langsam Richtung Tür zu bewegen.

»Ist gar nicht so schlecht«, sagte Dag, nachdem er ein paar Mal am Glas genippt hatte. »Los, Maria, probier doch mal.«

Ich war aber schon in den Hof hinausgeschlüpft, auf der Suche nach etwas Genießbarerem, das ich zu mir nehmen könnte.

Später saßen wir im Do Ray Me-Café und tranken Kokosnusssaft direkt aus der Schale. Wir fühlten uns recht unwohl bei dem Aufsehen, das wir erregten. Alle Passanten sahen uns von der Seite misstrauisch an. Eine Gruppe junger Männer blieb stehen, sie starrten uns an und lachten dann recht abfällig. Als Binh kam, waren wir erleichtert, endlich ein freundliches Gesicht zu sehen.

»In zwei Tagen ein Boot fährt uns von hier nach Ha Tien«, sagte er.

»Prima«, sagte Dag. »Und von Ha Tien fahren wir nach Rach Gia, von Rach Gia nach Vung Tau und von Vung Tau nach Nha Trang. Alles per Boot. Und wir halten unterwegs in jedem Dorf.«

Binh sah weg und nahm einen tiefen Zug von seiner Zigarette.

»Hey, das war nur Spaß!«, rief Dag und schlug Binh beruhigend auf den Schenkel.

Doch Binhs Gesicht blieb ernst. »Das sehr harte Tour«, sagte er niedergeschlagen.

Als wir zurückkamen, wurde die *Tan Nguyen* noch immer entladen und gleichzeitig herrschte auch schon ein reger Handel auf dem Schiff. Zwei Frauen lagen sich gerade über den Preis von Yamswurzeln in den Haaren, bis sich schließlich Fan in die Auseinandersetzung mischte und beide vom Boot jagte. Dann wandte sie sich lächelnd um und lud uns zum Abendessen ein.

Thuan war ganz besonders charmant und legte immer wieder neue Leckerbissen aus dem Speisenangebot in meine Reisschüssel – zarte grüne Bohnen, Garnelen und gebratene Fischstückchen mit *nuoc mam* aus Phu Quoc. Die Fischsauce, die ich bisher in Vietnam probiert hatte, war bei weitem nicht so delikat gewesen und hatte immer recht ranzig geschmeckt. Ja, diese *nuoc mam* sei die Beste im ganzen Land, versicherte mir Thuan, und nach seinem Geheimrezept würde er sie noch mit Zitronensaft, ein wenig Wasser und zerkleinerten Chilischoten verfeinern.

Unsere dritte Nacht auf der *Tan Nguyen* verlief äußerst unangenehm. Die Luft war drückend heiß und der Geruch von verwestem Fisch und den Abwässern einfach überwältigend. Dazu kam noch der unaufhörliche Lärm von den Docks. Motoren wurden angelassen, Radiomusik schallte durch die Nacht, Hupen dröhnten, Glocken klingelten, unterbrochen von Rufen, Gelächter und Bellen. Ein paar Ratten aus Cay Dua statteten uns einen Besuch ab und schnüffelten im Ruderhaus herum. Wir schliefen recht unruhig. Einmal wachten wir auf und sahen, wie einen halben Meter von unseren Gesichtern ein langer Schwanz vom Altar hing, der einer Ratte gehörte, die sich gerade an den Bananen- und Apfelopfern gütlich tat. Später in der Nacht schreckte ich erneut auf. Ein paar Sekunden lang dachte ich, es wäre wieder eine Ratte, doch dann hörte ich ein Knarren und leises Husten. Ich wandte den Kopf und konnte in der Dunkelheit eine vage Gestalt ausmachen, die ganz nahe an mir vorbeischlich.

»Hallo, Sie!«, schrie ich und fuchtelte dabei wild mit den Armen herum. Im Handumdrehen war die Schattengestalt verschwunden und ich sah, wie sie über das Dollbord der *Tan Nguyen* kletterte und dann über den Kai davonlief.

Im Licht der Taschenlampe durchsuchten wir die Taschen und unsere Fotoausrüstung. Glücklicherweise fehlte nichts. Dag schlief schnell wieder ein, aber ich lag noch lange wach und überlegte, wie ich mich zu einer derartigen Fahrt hatte entschließen können. Wehmütig dachte ich zurück, wie wir am Tag unserer Abreise nach Vietnam von CBC Radio in Kanada interviewt worden waren.

»Maria Coffey und Dag Goering machen sich zu einem neuen Abenteuer auf den Weg«, sagte der Journalist abschließend, »zu einem Leben, von dem unsereins nur träumen kann.«

Am nächsten Morgen kam ein Junge an Bord und verkaufte Krapfen. Ich nahm einen, der gar nicht so schlecht schmeckte, bis ich nach ein paar Bissen etwas entdeckte, das verdächtig nach Rotz aussah. Onkel Sechs nahm mir den Krapfen aus der Hand und warf ihn über Bord. Er ging jetzt an Land und wollte mit dem Bus in das etwa zwanzig Kilometer küstenaufwärts gelegene Duong Dong fahren, um dort seinen Reis zu verkaufen. Wir planten, ihn dort wieder zu treffen, aber Binh wehrte sich gegen unseren Vorschlag, für die Fahrt wieder ein Boot zu suchen.

»Bus schneller«, sagte er.

»Macht nichts, wir haben keine Eile.«

»Aber billiger.«

»Wir haben genügend Geld.«

»Kein Boot fährt Duong Dong«, beteuerte er uns schließlich mit Nachdruck. »Der Hafen voller Steine.«

Der Bus war so niedrig, dass Dag in gebückter Haltung den Mittelgang entlanggehen musste. Und dann füllten wir zwei eine ganze Plastikbank aus, die eigentlich für drei vietnamesische Passagiere gedacht war. Auf dem Platz vor uns saß ein Mann, der einen Kampfhahn im Arm hielt. Das Tier starrte mich fast während der ganzen Fahrt aus seinen hellen Augen böswillig an. Die Fenster standen weit offen und die Luft, die hereinwehte, war so heiß und trocken, dass ich mich wie vor einem Heizlüfter fühlte. An die zehn Kilometer fuhren wir durch Cassavafelder und Kokosnussplantagen, bevor wir in eine Seitenstraße einbogen, die zurück zur Küste führte. Die Landschaft war hier traumhaft schön. Lange gelbe Sandstrände wurden von Palmen und Papayabäumen beschattet und davor erstreckten sich die türkisfarbenen Gewässer des Ozeans. Wir fuhren durch mehrere Fischerdörfer, und im größten davon hielt Onkel Sechs den Bus an. Während einige junge Männer die Hälfte seiner Reissäcke abluden, wurde er von einer Gruppe von Dorfbewohnern umringt, die ihn freudig begrüßten, ihm die Hand schüttelten und auf den Rücken klopften. Die Häuser von Xa Duong To erstreckten sich entlang der Dorfstraße. Sie besaßen rote Ziegeldächer, schattige Veranden und Gärten mit Cashewbäumen und Pfeffersträuchern. Ich ging zu einem Lebensmittelstand, an dem aber nur getrocknete Fische verkauft wurden. Der Mann mit dem Kampfhahn, den er unter den Arm geklemmt hatte, ging an mir vorbei in eines der Häuser. Gern wäre ich ihm gefolgt und hätte dann etliche Stunden auf der Veranda verbracht und zugesehen, wie sich die Wellen am Strand brachen. Aber der Fahrer hupte bereits, Onkel Sechs winkte mir zu und ich ging widerstrebend zum Bus zurück.

Die Gartenanlagen des im Sowjetstil erbauten Hotels von Duong Dong waren von Unkraut überwuchert und der Swimmingpool davor war leer und mit grünem Schleim überzogen. Es hatte den Anschein, als ob das gesamte Objekt verlassen wäre. Die einzige Ausnahme bildete eine Empfangsdame, die an der Rezeption saß und in einer Zeitschrift blätterte. Nach einer langen und erregten Debatte mit Binh und Onkel Sechs knallte sie das Heft hin und stolzierte davon.

»Das Hotel voll«, sagte Binh.

»Voll?«, wiederholten wir ungläubig.

»Hotel hat vietnamesische Reisegruppe. Wir gehen Gästehaus.«

Es lief wohl eher darauf hinaus, dass die Frau Binh kein Gratiszimmer dafür geben wollte, dass er ausländische Gäste brachte. Mit Rücksicht auf seine schlechte Laune beschlossen wir aber, keinen Streit anzufangen. Wir folgten ihm über eine Brücke, die sich über den Fluss spannte, in dem es von Fischerbooten nur so wimmelte.

»Sie sagten doch, der Hafen wäre voller Steine«, bemerkte ich.

»Das ist er«, erwiderte Binh mit einem herausfordernden Blick. »Ich sage Ihnen vorher, ich sage Ihnen *genau*!«

Das Gästehaus entpuppte sich gleichzeitig als Bordell, das angeblich von der Armee geführt wurde. Im Foyer saßen mehrere junge Frauen mit dickem Make-up um einen niedrigen Tisch, wo sie sich gelangweilt ihre Nägel feilten und auf Kunden warteten. Unser Zimmer hatte Betonwände und ein Gitter vor dem Fenster, das auf eine feuchte, dunkle Gasse hinausging. Auf dem Bett lag eine holprige Matratze, die nach schalem Schweiß roch. Als ich mich darauf setzte, wirbelte eine Staubwolke hoch.

»Es ist das erste Mal, dass ich für die Übernachtung in einer Gefängniszelle zahlen muss«, sagte Dag.

Wir flüchteten aus dem Zimmer, um uns die Stadt etwas näher anzusehen, fanden aber nur einen Strand mit zwei verwesenden Schweinen darauf und einen schmuddeligen Markt, wo wir Reis mit einem recht unappetitlich aussehenden Fisch aßen.

Um zehn Uhr wurde der Strom im Gästehaus für die Nacht abgeschaltet. Es herrschte totale Finsternis und alle Ventilatoren hatten ihren Geist aufgegeben. Wir lagen da und lauschten dem Quietschen der Ratten und Bellen der Hunde in den Gassen. Im Zimmer war es so stickig, dass wir beschlossen, das Moskitonetz, das sowieso voller Risse war, beiseite zu lassen. Nun summten uns die winzigen Ungeheuer unermüdlich um die Ohren und machten sich über alle Stellen her – Ohrläppchen, Haaransatz und Fußsohlen –, die wir beim Einreiben mit Insektenschutzmittel übersehen hatten.

»Soll ich dir eine Geschichte erzählen?«, fragte ich Dag und stützte mich auf meinen Ellbogen.

»Du kannst alles tun, solange ich nur diesen entsetzlichen Ort hier vergesse«, sagte Dag.

Ich erzählte ihm eine vietnamesische Sage über die Entstehung der Moskitos: »Es war einmal ein armer Bauer, der arbeitete in seinen Reisfeldern, pflanzte Maulbeerbäume und züchtete Seidenwürmer. Seine Frau tat so, als sei sie glücklich, insgeheim wünschte sie sich aber ein Leben in Reichtum und Überfluss. Eines Tages bekam die Frau während der Regenzeit Fieber und starb. Vom Schmerz überwältigt machte sich der Bauer mit ihrem Leichnam in seinem Sampan auf die Suche nach dem guten Geist der Medizin. Der Geist erklärte sich bereit, die Frau wieder zum Leben zu erwecken, warnte den Mann aber, dass er es eines Tages bereuen würde. Dann wies ihn der Geist an, den Sarg zu öffnen, sich in den Finger zu schneiden und drei Blutstropfen auf seine Frau fallen zu lassen, die daraufhin sofort aufwachte. Auf der Heimfahrt legte der Bauer in einem Hafen an, um etwas Proviant zu kaufen. Während er seine Besorgungen machte, legte ein großes Frachtschiff an. Der reiche Besitzer des Schiffs sah die Frau des Bauern und verliebte sich sofort in sie. Er lud sie ein, an Bord zu kommen, und fuhr dann mit ihr davon. Einen ganzen Monat lang suchte der Bauer nach dem Schiff und als er es endlich gefunden hatte, hatte sich seine Frau so an ihr neues Leben in Reichtum und Luxus gewöhnt, dass sie sich weigerte, wieder mit ihm zu gehen. Erzürnt forderte er sie auf, ihm seine Blutstropfen zurückzugeben. Sobald sie ihren Finger aufgeschnitten hatte und die Tropfen herabfielen, starb sie. Sie konnte sich aber nicht damit abfinden, die Welt verlassen zu müssen. Und so verwandelte sie sich in eine kleine Mücke und folgte dem Bauern unbarmherzig auf Schritt und Tritt, um ihm die Blutstropfen wieder zu stehlen. Jede Nacht summte sie um ihn herum und bat ihn um Verzeihung.«

»Warum hat er sie denn nicht zerquetscht?«, fragte Dag und schlug nach einer Mücke, die ihn gerade unterm Kinn gestochen hatte. »Da hätte er uns allen einen großen Gefallen getan.«

Am Morgen wachten wir beide schlecht gelaunt und bedrückt auf.

»Ich kann es hier einfach nicht aushalten«, sagte Dag, als wir unsere Taschen packten.

»Wir verbringen hier keine weitere Nacht mehr«, versicherte ich ihm.

»Ich meine nicht nur *hier,* sondern ganz Vietnam.«

Ich warf ihm einen besorgten Blick zu. Wir waren schon oft gemeinsam gereist und für gewöhnlich war ich es, die anfangs mit einem Anflug von Mutlosigkeit zu kämpfen hatte und Dag gelang es dann immer, mich wieder zu motivieren. Daher war die Rolle der Optimistin für mich äußerst ungewohnt und ich zerbrach mir den Kopf, was ich ihm denn als Ansporn sagen könnte.

»Es wird ganz bestimmt besser«, versicherte ich ihm. »Wir haben ja schließlich noch zehn Wochen vor uns.«

»Zehn Wochen!« stieß er hervor. »Das sind *zweieinhalb Monate* mit nichts als Einschränkungen, schmuddeligen Hotels und dreckigen Kleinstädten! Ich bin nicht hierher gekommen, damit ich in Spelunken wie dieser übernachten und in einem verdammten Bus herumfahren kann!«

»Wenn wir erst wieder in Saigon sind, können wir bestimmt –«

»Ja, dann können wir mit dem nächsten Flugzeug weg von hier!«

»Ich soll doch ein Buch schreiben«, warf ich beschwichtigend ein.

»Genau! *Du* sollst ein Buch schreiben! Und es war *deine* Idee, hierher zu kommen!«

Es klopfte an der Tür.

»Bereit für Frühstück?«, rief Binh.

Fliegen krabbelten über den Tisch im Marktcafé, wo wir *pho* aßen. Wenigstens hatte sich Binhs Laune über Nacht gebessert und er wartete nur darauf, uns seine neuen Pläne mitzuteilen.

»Ich glaube, nächstes Jahr ich bringe Ausländergruppe nach Phu Quoc«, sagte er. »Es gibt hier Flugfeld, wir fliegen von Saigon, verbringen drei Tage in Hotel, fahren mit Boot zurück. Was denken Sie?«

»Phantastische Idee«, sagte Dag sarkastisch. »Die Ausländergruppe wird begeistert sein.«

»Und jetzt wir gehen Strand, Sie schwimmen?«

Dag gab ein Geräusch von sich, als ob ihm etwas im Hals stecken geblieben wäre.

»Eigentlich würden wir lieber abreisen«, sagte ich.

»Wohin? Boot fährt erst morgen.«

»Ich habe mir überlegt«, warf ich zögernd ein, denn ich hatte mit diesem Gedanken schon seit dem Vortag gespielt, »ob wir die Nacht vielleicht in dem Dorf verbringen könnten, wo wir gestern angehalten haben. Onkel Sechs scheint dort Leute zu kennen und vielleicht –«

Dag schien plötzlich wieder munter zu werden.

»Prima Idee, Maria«, sagte er.

Binhs Laune sackte schlagartig in den Keller.

»Die Leute hier hassen Ausländer«, sagte er bedrückt. »Später wir gehen Fischerdorf nahe Nha Trang. Mein Onkel wohnt dort, er großer Kommunist, kein Problem.«

Ich wartete, während er sich eine Zigarette anzündete.

»Onkel Sechs ist ein großer Mann in dem Dorf«, sagte ich schmeichelnd. »Warum fragen wir ihn nicht?«

Onkel Sechs war begeistert.

Gegen Mittag erreichten wir wieder das Dorf Xa Duong To und ruhten uns im Schatten einer Veranda aus. Hundert Meter von uns entfernt tobte die Brandung gegen den Strand. Der Wind blies zu stark zum Fischen und so hatten die Leute die blauen und grünen Fischerboote auf den Sand gezogen und an den Stämmen der Palmen vertäut. Die kleinen Weidenboote lagen daneben. Kühe schlenderten die Straße entlang, begleitet vom hohlen Klirren der länglichen Glocken, die sie um den Hals trugen. Hin und wieder kam ein Fahrrad vorbei und gelegentlich tuckerte auch ein Motorroller die Straße entlang, aber abgesehen davon gab es keinerlei Verkehr. Wir hatten im Haus des Dorfleiters

Aufnahme gefunden. Nguyen Van Minh war ein gut aussehender Mann mit einem markanten Profil und friedfertigen Wesen. Seine Frau Cuc brachte uns frische Kokosnüsse zum Trinken und Teller mit getrockneten Tintenfischen, die wir in *nuoc mam*-Sauce tunkten. Zwei Hängebauchschweine schnüffelten wild schwänzelnd ganz in unserer Nähe herum und der Jüngste der Familie, der vierjährige Duc, saß mir zu Füßen und spielte mit leeren Patronenhülsen.

»Diese von russischem Gewehr«, sagte Binh, als ich mich niederbeugte, um die Hülsen besser sehen zu können. »Minh hat Kalaschnikoff und M16.«

Minh war ein treues Parteimitglied und erst vor kurzem aus der Armee ausgeschieden und pensioniert worden. Als jüngster von fünf Brüdern, die alle Soldaten gewesen waren, hatte er als Einziger überlebt. Zwei seiner Brüder waren im Amerikanischen Krieg gefallen und zwei in Kämpfen in Kambodscha. 1975 kamen Pol Pots Armeen über die Grenze und töteten bei diesen Einfällen 30 000 vietnamesische Zivilisten. Noch weit mehr waren geflohen. Drei Jahre später marschierten die Vietnamesen in Kambodscha ein, vertrieben Pol Pot und die Roten Khmer und setzten eine neue Regierung ein. Mit chinesischer Unterstützung konnten sich die Roten Khmer neu bewaffnen und das Heer von Thailand aus wieder aufbauen. In den folgenden zehn Kriegsjahren kamen 80 000 vietnamesische Soldaten ums Leben oder wurden verletzt.

»Er geht mit fünfzehn in Armee«, übersetzte Binh. »Er klein, sein Gewehr groß wie er! Er sieht schreckliche Dinge. Er erzählt mir, Rote Khmer kommen 1975 nach Phu Quoc und suchen Lon No. Sie nicht finden ihn, sie werden sehr böse. Sie gehen auf Tho Chu Insel nicht weit von hier. Sie töten sechshundert Vietnamesen. Er sagt, sie schlitzen Baby auf und stecken Mütter auf Bambuspfähle. Sechshundert Menschen!«

Trotz seiner politischen Einstellung plauderte Minh recht ungezwungen mit Binh und er mochte Onkel Sechs offensichtlich sehr gern.

»Im Krieg Onkel Sechs war Militärpolizist von südvietnamesischer Armee in diesem Dorf und Minh war Vietkong auf dem Berg versteckt«, erklärte Binh. »Sie waren Feinde. Aber Sie wissen, wir alle sind vom Süden und Männer vom selben Blut. Jetzt wir können Freunde sein.«

Minh zeigte uns stolz seine Schusswunden – eine riesige Narbe über dem Bauch und eine Delle im Schädel. Dann holte er seine Medaillen hervor, steckte sie an sein Hemd und stellte sich mit Onkel Sechs für Dags Foto in Positur.

Als wir sagten, dass wir gerne schwimmen gehen würden, zeigten sich Minh und Cuc äußerst besorgt. »Sie sagen, böse Geister im Wasser«, warnte uns Binh.

Angeblich waren die *Ma Da* die ruhelosen Seelen von Ertrunkenen, die, um zur Ruhe zu kommen, ein Opfer finden mussten, das ihren Platz im Jenseits einnahm. Manchmal würden diese Geister als Nebel über dem Wasser erscheinen, zumeist aber würden sie unter Wasser lauern und die Menschen nach unten ziehen. Kinder waren angeblich von den *Ma Da* am meisten gefährdet und wie die Sprösslinge von Minh und Cuc trugen sie oft Arm- und Halsbänder, die diese Geister abwehren sollten.

»Glaubt Minh daran, obwohl er Kommunist ist?«, fragte ich.

»Er glaubt daran sehr«, versicherte mir Binh.

Ein ganzer Schwarm Kinder folgte uns zum Strand, aber keines davon ließ sich überreden, mit uns ins Wasser zu gehen. In einem kleinen Strohschuppen unserer Gastgeber hatte ich mir meinen Badeanzug angezogen und mich dann von den Schultern bis zu den Knien in ein Baumwolltuch gehüllt. Als ich am Wasserrand den Umhang fallen ließ, stießen die Kinder gellende Schreie des Entsetzens aus, als ob sie gerade einen *Ma Da* gesehen hätten, und liefen davon.

»Minh uns einlädt, hier zu schlafen«, sagte Binh, als wir zu Mittag ein Omelett, Kürbis und Reis verzehrten. »Was denken Sie?«

Wir waren hocherfreut. Mit unseren Pässen bewaffnet zwängte

er sich sodann mit Onkel Sechs und Minh auf einen Motorroller und fuhr mit den beiden zur Polizei, um die Genehmigung für unsere Übernachtung einzuholen.

Sobald die Männer aus dem Haus waren, scharten sich Cuc und ihre fünf Kinder zu einer improvisierten Unterrichtsstunde um uns. Sie studierten eingehend unseren Sprachführer, lasen uns abwechselnd die vietnamesischen Sätze vor und versuchten sich dann am englischen Text. Wir übten, was wir schon gelernt hatten, und als ich die Zahlen von eins bis zehn auf Vietnamesisch aufsagte, erntete ich dafür schallendes Gelächter. Dann führte mich Cuc voller Stolz durch ihr Heim. Wie alle übrigen Häuser im Dorf bestand es aus drei Räumen und jeweils einer großen Veranda vorne und hinten. Einer der Räume erstreckte sich über die gesamte Hausbreite. Er enthielt ein Bettgestell und einen Schrank mit einer Spiegelfront. Dahinter lag ein kleines dunkles Schlafzimmer und eine große Küche, die mit zwei Kohlenbrennern, einem Speiseschrank mit Lattentüren und Töpfen und Woks, die von einem niedrigen Balken hingen, gut ausgestattet war. Ich hockte mich neben Cuc, als sie den Reis sorgfältig nach Steinchen und Ungeziefer durchsuchte. Der kleine Duc gesellte sich zu uns, stöberte in seinen Taschen herum und überreichte mir schließlich ein staubiges, halb zerkautes Stück von einem getrockneten Tintenfisch. Dann hüpfte er von der Veranda und jagte im Garten hinter einem Hängebauchschwein her. Ich sah ihm zu und wünschte mir inständig, dass wir an diesem reizenden Ort die Nacht verbringen dürften. Weniger als eine halbe Stunde später kamen die Männer mit einem lebenden Huhn für unser Abendessen und der Nachricht zurück, dass mein Wunsch in Erfüllung gegangen war.

Wir verbrachten einen geruhsamen Nachmittag. Während die Männer auf der Veranda saßen und Reiswein tranken, lag ich auf dem Bettgestell im großen Zimmer und brachte in der kühlen Brise, die vom Meer her wehte, endlich meine Aufzeichnungen auf den neuesten Stand. Die zwölfjährige Hanh hatte sich zu meinen Füßen ausgestreckt und kaute getrockneten Fisch, während sie mir aus unserem Sprachführer vorlas. Duc und sein sechsjähriger Bruder Hien spielten im Garten mit Patronenhülsen. Als Cuc und ihre älteste Tochter Hong mit den Vorbereitungen für das Abendessen begannen, lehnten sie meine Hilfe resolut ab. Das Essen wurde schließlich auf der Veranda serviert, wo ich mit den Männern aß, während sich Cuc und die Kinder in die Küche zurückgezogen hatten. Erfolglos versuchte ich sie zu überreden, dass sie sich zu uns setzen sollten, und mein Versuch, mich in der Küche zu ihnen zu gesellen, stiftete nur allgemeine Verwirrung. Binh war bei diesen Verhandlungen keine Hilfe, denn er war zu sehr damit beschäftigt, Minhs Erklärungen über die wirtschaftliche Struktur des Dorfes zu übersetzen.

»Sie produzieren Pfeffer und senden ihn nach Iran und Irak. Jetzt es gibt Problem mit Preis, er geht zurück. Aber das Dorf noch immer reich – schaut die Dächer – alles Ziegel!«

Seit *doi moi* erklärte er, seien die Dorfbewohner viel motivierter, auf ihren Pfeffer- und Reisfeldern hart zu arbeiten.

»Früher«, sagte Binh, »sie müssen das meiste von Pfeffer und Reisernte an Regierung geben. Zuerst an Diem und andere südvietnamesische Präsidenten, dann an die Kommunisten. Jetzt sie können es behalten. Früher die Leute arbeiten nicht so schwer und Vietnam muss Reis importieren. Jetzt sie arbeiten und seit 1989 wir sind großer Exporteur, drittgrößter der Welt – zuerst USA, dann Thailand, dann Vietnam.«

Während Binh für Minh übersetzte, suchte Onkel Sechs unter den Hähnchenstücken die vermeintlich besten heraus und legte sie in meine Schüssel. Zuerst Teile vom Magen, dann das Herz und schließlich einen Fuß. Ich schob diese Leckerbissen mit meinen Essstäbchen hin und her, bis Onkel Sechs einmal nicht zu mir hersah und ich sie schnell in Dags Schüssel schmuggeln konnte.

Den ganzen Tag lang war es im Dorf friedlich gewesen. Kein Verkehrslärm, keine Musik, keine Videos und kein Karaoke hatten die Ruhe gestört, aber um sieben Uhr wurde der Dorfgenerator angestellt. Und plötzlich plärrten Radios und Ghettoblaster durch die Nacht und jemand sang schmachtend die vietnamesische Version von »Yesterday«.

Nach dem Abendessen spazierten wir die sandige Straße entlang. Eines der Häuser war in ein kleines Kino verwandelt worden, wozu man eine Reihe von Stühlen vor einem Videobildschirm aufgestellt hatte. Ich konnte über die Köpfe des Publikums nichts sehen, hörte aber über die Lautsprecher die für Kung-Fu-Filme typischen »Ahh! Urggh! Uuuuuh!«-Laute, die nur von krachendem Getöse unterbrochen wurden. Am anderen Ende des Dorfs standen auf einer speziell zu diesem Zweck errichteten, besonders langen Veranda zwei französische Billardtische, die ganz offensichtlich noch aus der französischen Kolonialzeit stammten. Die Spieler trugen nur Shorts und ihre Oberkörper glänzten vor Schweiß. Als sie beim Spielen um die Tische herumgingen, mussten sie über Kinder steigen, die zusammengerollt auf Matten auf dem Boden schliefen.

Ich beschloss, zum Haus zurückzugehen, während Binh Dag in die Geheimnisse des Billardspiels einweihte. Obwohl es nur drei Minuten entfernt lag und mir im Dorf keinerlei Gefahr zu drohen schien, bestand Minh darauf, mich zu begleiten. Im Haus war es schon ganz still. Cuc und die Kinder schliefen bereits im hinteren Zimmer, hatten aber das harte Bettgestell für Dag und mich reserviert und Hängematten für Onkel Sechs und Binh aufgehängt. Bevor Minh wieder zum Billardspielen zurückging, zeigte er mir eines seiner Automatikgewehre und eine Patrone und versicherte mir, dass ich diese Nacht sicher schlafen könnte. Die Brise vom Meer bedeutete, dass wir kein Moskitonetz brauchen würden und so streckte ich mich auf dem Bett aus und genoss den Wind auf meiner Haut. Ich wachte kurz auf, als die Männer zurückkamen. Der Dorfgenerator war inzwischen abgestellt worden und das letzte Geräusch, das ich registrierte, bevor ich wieder einschlief, war das Brausen der Brandung am Strand.

Im Morgengrauen erhob sich ein starker Wind vom Meer und heulte um das Haus. Blitze zuckten am Himmel und kurz darauf hörten wir das ohrenbetäubende Krachen eines Donners. Unter der Veranda schnüffelten die Schweine ängstlich herum und Hien und Duc begannen zu weinen. Als der Regen schließlich einsetzte, ergoss er sich sintflutartig vom Himmel. Minh und Cuc legten handgenähte Segeltuchmarkisen über die vordere Veranda, die sich aber als recht nutzlos erwiesen. Der Wind wehte sie ins Zimmer und trieb den Regen durch das ganze Haus. Durch die Spalten zwischen den Markisen konnte ich die Palmen am Strand beobachten, die sich im Wind bogen, und auf der Straße bildeten sich riesige Pfützen.

So schnell das Gewitter begonnen hatte, so schnell war es auch wieder vorbei. Während die älteren Kinder die jüngeren Geschwister beruhigten, fegte Cuc das Wasser aus dem Haus und Minh rollte die Markisen wieder auf. Onkel Sechs saß in seiner Hängematte, kämmte sich und grinste mich freundlich an.

Kurz nach acht Uhr fuhr ein Bus ratternd ins Dorf. Onkel Sechs gab ihm ein Zeichen zum Anhalten und wir vier kletterten schnell hinein. Minh und seine Familie standen aufgereiht am Straßenrand und winkten uns zu, bis sie in der Ferne verschwanden.

»Was wäre passiert, wenn wir noch eine Nacht geblieben wären?«, fragte ich Binh. »Hätte es da Probleme gegeben?«

Seine Antwort gab mir zu denken. »Kein Problem für Sie«, sagte er. »Aber vielleicht Problem für Familie.«

Wir hatten nur ganz wenig Zeit, uns von Fan, Thuan und Onkel Sechs zu verabschieden, bevor wir an Bord eines kleinen Fischfrachters gingen, der uns Richtung Nordosten nach Ha Tien bringen sollte. Binh saß mit Kapitän Tu im Ruderhaus, während wir es uns im Schatten einer aufgespannten Strohmatte neben Fischsäcken und schmelzendem Eis bequem gemacht hatten. Tu hatte sich rührend bemüht, diesen Unterstand für uns zu konstruieren und sich zu diesem Zweck eine halbe Stunde lang mit einem komplizierten System aus Seilen und Bambusstangen abgemüht. Als er es endlich geschafft hatte, strahlte er über das ganze Gesicht und geleitete mich zu unserem Baldachin wie eine Prinzessin zu ihrer Staatskarosse. Ich sah allerdings alles andere als wie eine Prinzessin aus. Mit dem Wind im Rücken wehte nicht die kleinste Brise zur Abkühlung und es war unerträglich heiß und schwül. Während wir auf die offene See zusteuerten, lag ich wie hingegossen unter dem Strohdach. Ich hatte meine lose Baumwollhose bis über die Knie gerollt und war in einen unruhigen Schlaf verfallen. Plötzlich schüttelte mich Dag. Ich setzte mich auf und sah, wie ein paar hübsch bewaldete kleine Inseln an uns vorbeiglitten und dass wir einen Hafen ansteuerten.

»Sind wir schon da?«, fragte ich erstaunt.

»Wir sind seit vier Stunden unterwegs. Anscheinend hat Tu keine Genehmigung, Ausländer zu transportieren. Wenn wir zum Polizeiposten kommen, müssen wir uns verstecken.«

Wir kamen uns vor wie zwei Flüchtlinge, als wir uns im Ruderhaus duckten und durch Spalten in den Planken beobachteten, wie Binh und Tu ihre Papiere vorzeigten. Die Polizisten schenkten ihnen aber nur wenig Aufmerksamkeit und sahen kaum von ihrem Brettspiel hoch, in das sie sehr vertieft schienen.

Viele der Boote im Hafen von Ha Tien stammten aus dem benachbarten Kambodscha. Sie wiesen bunte, prächtig geschnitzte Ruderhäuser auf und die Frauen, die an Deck arbeiteten, trugen geschickt um den Kopf geschlungene lange Tücher. Bis 1708 hatte Ha Tien zu Kambodscha gehört. Dann wurde es zu einem Lehnsgut Vietnams erklärt, damit es vor Plünderungen durch die Thailänder besser geschützt wäre. Doch die Angriffe dauerten auch während des 18. Jahrhunderts an. In der jüngeren Geschichte war das Gebiet den mörderischen Attacken der Roten Khmer ausgesetzt gewesen, die zwischen 1975 und 1979 Tausende von Menschen in die Flucht schlugen.

»Niemand ist übrig geblieben«, sagte Binh, als wir an Land gingen. »Morgen ich führe Sie an Ort, wo Leute sich erinnern.«

Ha Tien ist ein beliebtes Ziel für vietnamesische Touristen, aber wir waren die einzigen Ausländer in der Stadt. Alle Hotels und Gästehäuser waren ausgebucht, außer einem, das besonders baufällig wirkte.

»Es gelingt mir immer wieder, eine besonders romantische Bleibe für meine Frau zu finden«, scherzte Dag, als wir uns in dem verdreckten Zimmer mit den beiden unbequemen Betten und verschmierten Wänden umsahen.

Am anderen Ende des Korridors stand ein großer Metallbehälter, der mit trübem Wasser gefüllt war. Zehn Leute warteten geduldig in einer Reihe mit einem Krug Wasser, den sie aus diesem Behälter geschöpft hatten, dass eine der beiden Duschkabinen frei würde. Ich stellte mich dazu, spürte aber, wie mir bei den lauten Schneuz- und Räusperlauten, die aus den Kabinen drangen, immer übler wurde. Als ich endlich an der Reihe war, musste ich der Tatsache ins Auge sehen, dass die Zustände sich als noch schlimmer als befürchtet herausstellten. Grüner Schleim bedeckte die Wände und schwarzer Schimmel die Holztür. Der Abfluss war so verstopft, dass ich im schmutzigen Wasser meines Vorgängers stehen musste. Nach einer schnellen und provisorischen Wäsche kam ich mit zerzaustem Haar und zerdrücktem Kleid schließlich wie eine Elendsgestalt wieder aus der Kabine hervor. Gleichzeitig trat eine junge Frau aus der daneben liegenden Kabine. Ihr langes Haar war nass, aber ordentlich frisiert, ihre Haut strahlte, ihre Kleider waren sauber und faltenlos. Mit perfekter Haltung ging sie den Gang entlang, während ich hinter ihr her patschte und mir überlegte, worin wohl das Geheimnis dieser und anderer Frauen in Vietnam lag, selbst unter derart widrigen Umständen immer so adrett in Erscheinung zu treten.

Wir hatten gehofft, dass wir in Ha Tien ein Boot finden würden, das uns um die Küste des Mekong-Deltas nach Vung Tau bringen würde. Aber bald fanden wir heraus, dass es ein solches Boot nicht gab. Die Fischer, mit denen wir mit Binhs Hilfe darüber sprachen, sagten alle, dass sie sich nie weiter als dreißig Kilometer vom Hafen entfernen würden, und Rach Gia, der nächste größere Hafen, lag etwa zweihundertfünfzig Kilometer entfernt. Dorthin zu kommen würde Tage dauern und auch bedeuten, dass wir unterwegs mehrmals das Schiff wechseln müssten. Binh war bei unserer Suche keine große Hilfe, denn allein der Gedanke an eine weitere Bootsfahrt ließ ihn erzittern.

»Zu viele Seeräuber!«, wiederholte er beharrlich. »Keine Sicherheit! Die Fischer, sie verlangen zu viel Geld!«

Nachdem wir den Vormittag mit erfolglosen Gesprächen im Hafen verbracht hatten, beugten wir uns schließlich Binhs Vorschlag, einen *xe Honda loi* zu nehmen, einen sechssitzigen, von einem Motorroller gezogenen Anhänger. Dieser würde uns nach Duong Beach bringen, das nur noch dreißig Kilometer von Rach Gia entfernt lag. Dort, so versprach er uns, würden wir ein Fischerdorf und vielleicht auch ein Boot und, so fügte er mit glänzenden Augen noch hinzu, ein komfortables Hotel finden.

Endlich befand sich Binh wieder in der Rolle, die ihm am meisten zusagte, nämlich der des Fremdenführers, der zwei Ausländern die örtlichen Sehenswürdigkeiten zeigt.

»Seht!«, rief er, als wir in unserem *xe Honda loi* auf einer holprigen Straße in südlicher Richtung aus der Stadt ratterten.

Vor uns erhoben sich aus den Reisfeldern steile Kalksteinkuppen gegen den Himmel.

»Aussteigen!«, befahl Binh, als wir neben einem dieser Minigebirge hielten. »Ansehen!«

Am Fuß der Erhebung stand ein Denkmal, das zwei geballte Fäuste darstellte. Binh übersetzte die einfache Inschrift: »In diesem Dorf hat Pol Pot am 14. März 1978 einhundertdreißig Menschen getötet.«

Zahlreiche vietnamesische Touristen schossen vor dem Denkmal noch ein paar Erinnerungsfotos, bevor sie den steilen Pfad zur *Thach Dong*-Pagode hinaufkletterten.

»Kommt!«, rief Binh.

Wir folgten ihm durch mehrere Höhlen, die über grob gehauene Steinstufen miteinander verbunden waren. Mit einem unheimlichen Säuseln blies der Wind durch die Felsen und trug den Duft Hunderter brennender Räucherstäbe mit sich, die in den Gesteinsspalten steckten. In einer der Höhlen saß ein Mönch zu Füßen einer Statue von *Quan The Am* und bot seine Waren zum Verkauf an: Bandaufnahmen seines Gesangs, Bilder eines hochverehrten fünfbeinigen Hundes und als besonderen Clou Weihnachtskarten, die rotwangige Kinder beim Schneemannbauen zeigten.

Auf unserer Weiterfahrt war die rote Lehmstraße nun mit riesigen Schlaglöchern übersät, so dass wir öfter aussteigen und den *xe Honda loi* durch das aufgeweichte Erdreich schieben mussten. Immer mehr Kalksteinformationen säumten unseren Weg, die wie Inseln im ruhigen Wasser aus den Reisfeldern ragten. In einigen wurde das Gestein abgebaut und zur Weiterverarbeitung in ein nahe gelegenes Zementwerk transportiert. Große Rauchwolken quollen aus den Fabrikschloten, und Hochspannungsmasten zogen sich über die Felder zum Werk hin. Wir durchquerten einige recht unansehnliche Städte und ein paar verwahrloste Dörfer, wo uns die Leute von ihren Häusern aus mürrisch anstarrten. Ich überlegte schon, wo Binh uns denn hinbrachte, als plötzlich das Meer auftauchte und unser *xe Honda loi* von der Straße auf ein Grundstück mit staubigen Blumenbeeten und zwei kleinen Holzhäuschen abbog.

Außer einem Schwein, das auf der Veranda schlief, waren wir die einzigen Gäste des Hon Trem Guest House. Wir fühlten uns gleich wohl an diesem schönen Ort mit den sauberen, luftigen holzgetäfelten Räumen, die alle mit Blick zum Strand lagen. Ich ging zum Schwimmen. Das Wasser war trüb und sehr warm.

Ein Sampan mit sieben Fischern an Bord, davon vier noch im Teenageralter, steuerte gerade auf die Küste zu. Sie schleppten ein großes grünes Netz mit hölzernen Schwimmern hinter sich her. Schließlich vertäuten sie das Boot an einem Pfahl, den sie in den Sand rammten. Zwei Frauen, die Tücher um ihre Köpfe gewickelt hatten, glitten ins Wasser und begannen, das Netz an Land zu ziehen. Ich kam ihnen zu Hilfe und stand dabei wahrscheinlich eher im Weg, aber sie lächelten mich freundlich an. Das Netz einzuholen, bedeutete eine halbe Stunde harte Arbeit, und dann stellte sich der Fang als jämmerlich heraus. Es war nur ein kleiner Korb voller Fische, von denen der Größte nicht mehr als fünfzehn Zentimeter maß, dann ein winziger Rochen, den die Frauen dem jüngsten Kind zum Spielen gaben, und ein paar durchsichtige Garnelen.

Die Leute stammten aus dem Dorf Binh An, das sich an der Straße zwischen dem Gästehaus und Duong Beach entlangzog. Es war eine ärmliche Siedlung, trocken, staubig und ohne Schatten. Wäsche war zum Trocknen über Kakteen ausgebreitet. Frauen saßen auf den Veranden und flickten die Netze, Schweine wanderten mit ihren Ferkeln in den zur Straße offenen Häusern ein und aus. Ein *nuoc mam*-Verkäufer fuhr auf seinem Fahrrad an uns vorbei. Er hatte auf seinem Rücksitz eine Kiste befestigt, in der die braune Flüssigkeit in zwei Eimern hin und her schwappte. In einem Café mit strohverkleideten Wänden gaben junge Männer ihre Karaokesongs zum Besten. Die Erwachsenen mieden unseren Blick, aber die Kinder rannten aus den Gärten hinter uns her und riefen »*Lien Xo!*« – Russen!

Außerhalb des Dorfes lagen weitere Kalksteinformationen. Einige standen auch in der Bucht und in eine von ihnen, die besonders hoch aufragte und unseren Blick auf den Strand versperrte, war der *Hai Son Tu,* der Meerbergtempel, gebaut. Auf dem Weg zum Tempel parkten mehrere stark lädierte und mit Gepäck überladene Busse. Ein Mann schlief in einer Hängematte, die zwischen zwei Bussen aufgehängt war, und etliche Leute hatten es sich auf Matten unter dem Fahrgestell bequem gemacht. Die Leute waren Touristen aus Saigon, die einwöchige Billigreisen zu berühmten Buddhistenschreinen im Deltagebiet unternahmen. Wir folgten einer Gruppe zum Tempel und mussten dabei im Spießrutenlauf an den Händlern vorbei, die halb ausgebrütete Enteneier, große Haufen schwarzer Pfefferkörner und die besonderen Kokosnüsse von Ha Tien mit ihrem süßen, geleeartigen Kern anboten.

Vom grellen Sonnenlicht tauchten wir in eine düstere und staubige Höhle, in deren rückwärtigem Teil ein Schrein errichtet war. Glatzköpfige Bonzen legten Opfergaben auf die Altäre der verschiedenen Manifestationen des Buddha. Von dieser Kammer gelangte man über eine etwa dreißig Schritt lange natürliche Passage im Fels zum Meerbergtempel. Die Decke des Gangs war sehr niedrig und durch schmale Spalten im Gestein fielen vereinzelte Lichtstrahlen ins Dunkel. Wir tasteten uns beim Gehen vorsichtig an den unebenen Wänden entlang. Hin und wieder flatterte eine Fledermaus um meinen Kopf. Im Hintergrund hörte ich das Tropfen von Wasser, den hallenden Klang der Gongs und das eintönige Gemurmel von Gebeten. Als wir zu einer Biegung im Gang kamen, fiel plötzlich Licht ein und wir traten in eine geräumige Höhle. Kerzen flackerten in den Wandnischen und über den Köpfen mehrerer großer und sehr eindrucksvoller Buddhafiguren schwebten bunte, aus Neonröhren gefertigte Heiligenscheine. Pilger hatten sich vor den Statuen zu Boden geworfen, andere zündeten Räucherstäbe an, warfen Geld in die Opferstöcke und schlugen auf Messinggongs.

»Woher Sie kommen?«, wurde Dag von einem Mann gefragt.

Unsere Antwort machte im hallenden Flüsterton die Runde: »Kan-a-DA... Eng-LAND.«

Während Dag sein Stativ zum Fotografieren aufstellte, setzte ich mich zu Füßen des *A Di Da*, des Buddhas vom reinen Land. Sofort ließen sich acht Leute in zwei Reihen vor mir auf dem Boden nieder und blickten mich erwartungsvoll an, als ob ich ihnen irgendein Kunststück vorführen würde. Hinter den Statuen und entlang der Höhlenwände lagen schlafende Gestalten, die ihre Habseligkeiten und ihren Proviant um sich herum verteilt hatten.

»Kein Wunder, dass es im Hotel keine Touristen gibt«, sagte Dag. »Die sind alle hier.«

Ein anderer, noch längerer Tunnel führte von der gegenüberliegenden Seite der Höhle zum Strand. Kleine Jungen mit Taschenlampen fassten uns am Arm und geleiteten uns hinaus. Wir traten ins gleißende Licht hinaus und suchten sofort nach unseren Sonnenbrillen. Voller Staunen sahen wir uns am Strand um.

Auf dem schmalen Sandstreifen zwischen der Kalksteinklippe und dem Meer blühte das vietnamesische Strandleben. Unter gestreiften Sonnenschirmen standen Liegestühle in Reih und Glied und neben Palmen und Bambusdickichten konnte man sich in Strohhütten umkleiden. Kinder bauten Sandburgen mit Eimern und Schaufeln, wie sie von Kieps Boot in Long Xuyen abgeladen worden waren. Alte Damen in schwarzen Pyjamaanzügen und konischen Hüten standen bis zur Taille im Wasser, während junge Frauen in eleganten Kleidern und breitkrempigen Strohhüten vor den Fotoapparaten ihrer Männer posierten. Popmusik dröhnte aus Lautsprechern und Coca-Cola-Schilder schwangen in der Brise hin und her. Es gab Eis zu kaufen und aufgeblasene Luftschläuche zu vermieten.

»Es ist wie in Blackpool«, sagte ich, meiner Heimat gedenkend.

»Nur ohne Esel«, murmelte Dag, denn er erinnerte sich an die Tiere, auf denen die Kinder dort am Strand reiten.

Ich beschloss, dass wir wenigstens ein Eis versuchen sollten, und rief einem Jungen zu, der eine Kühlbox auf Rädern über den Sand schob. Er holte eine lange Rolle hervor, die wie graues, gefrorenes Wasser aussah, und schnitt sie mit einem rostigen Messer in zwei Stücke. Dann steckte er in jedes einen Zahnstocher und reichte sie uns. Das Eis begann sofort zu schmelzen. Ich leckte an meinem und überlegte dann, dass es mich leicht für etliche Tage ans Bett fesseln könnte.

»Es ist nur Alginat mit Früchten«, sagte Dag. »Das kann dir nicht schaden.« Aber nachdem er selbst probiert hatte, warf er den Lutscher in hohem Bogen über die Schulter.

Als Binh uns fand, saßen wir in Liegestühlen und tranken Bier, in der Hoffnung, damit die Auswirkungen der Eiscreme wegzuspülen.

»Morgen wir fahren mit Touristenbus nach Saigon«, kündigte er uns an.

»Was ist mit einem Boot?«, fragte ich ihn erschöpft.

»Die Leute hier sind Kambodschaner. Sie nicht sprechen Vietnamesisch. Sie sehr ängstlich.«

Wie zum Beweis hielt er auf unserem Rückweg zum Gästehaus bei mehreren Häusern im Dorf an, wo Männer gerade ihre Netze flickten. Einige von ihnen sahen ihm beim Sprechen verständnislos an und die übrigen zogen sich wortlos in den Schatten ihrer Häuser zurück. Wir hatten einfach nicht die Kraft, Binh zu weiteren Versuchen zu überreden, und so saßen wir am nächsten Morgen um sieben Uhr im Dorfcafé und warteten auf den Bus.

Das Dach des Cafés wurde von einer lebenden Palme getragen. Von einem Querbalken hing an einer langen Schnur ein Feuerzeug, Fliegenschwärme summten uns um die Köpfe, Moschusenten watschelten ein und aus und einmal steckte eine Kuh den Kopf durchs Fenster und muhte uns an. Neben mir saß Dag verdrießlich über sein Glas mit Grünem Tee gebeugt und Binh versuchte nach besten Kräften, ihn aufzuheitern.

»Dag, wie lange du sagst das ist?«, fragte er und zog dabei ein Haar an seinem Hals voll in die Länge.

»Keine Ahnung«, antwortete Dag missmutig.

»Zehn Zentimeter, Dag! Konfuzius hat Haar wie dieses, ist sehr Glück bringend!«

Um Viertel vor neun war vom Bus immer noch nichts zu sehen.

Binh ging hinaus, um nachzusehen, und versprach, bald wieder da zu sein. Eine Stunde später kam er ins Café zurückgerannt.

»Kommt! Kommt!«

Der Reisebus, der die Straße heraufratterte, war mit einer Schar gut gelaunter Leute zum Bersten gefüllt. Um Platz für uns auf dem Rücksitz zu machen, setzten sich einige Frauen bei anderen auf den Schoß und ließen die Kinder auf den Boden klettern. Alle sahen mit ihren frisch gewaschenen Haaren und ihrer sauberen Kleidung adrett und ordentlich aus. Eine ziemliche Leistung, wenn man bedenkt, dass sie die letzten paar Nächte im Bus oder auf Tempelböden verbracht hatten. Wir waren noch nicht lange unterwegs, als eine dralle junge Frau von vorn über Reisende und Gepäck hinweg zu uns nach hinten kletterte. Sie war mit ihren grellrosa Leggings und ihrem kurzen schwarzen Kleid recht unkonventionell gekleidet. Sie machte offensichtlich ein paar schlüpfrige Bemerkungen, und alle lachten und sahen zu uns herüber.

»Dag, sie sagt, sie will deine Frau Nummer zwei sein!«, gluckste Binh.

Mit dem Blick auf ihr Publikum ließ sie sich schließlich auf Dags Knie fallen und begann, seinen Bart und sein Haar zu streicheln. Das schallende Gelächter und Kichern war zum Crescendo angeschwollen, als sie sich vorbeugte und seine Knie und Waden tätschelte.

»Sie wiegt mindestens eine Tonne!«, sagte Dag zu Binh. »Könntest du sie vielleicht zum Aufstehen bewegen?«

Aber Binh konnte vor lauter Lachen gar nichts mehr sagen. Schließlich stieß er krächzend hervor: »Maria, sie sagt, wenn Sie wollen Sohn, sie machen Ihnen einen!«

Stunde um Stunde ratterten wir durch schmutzige Städte und an endlosen Reisfeldern vorbei. Die Straße war uneben und voller Schlaglöcher und wir wurden auf unseren Rücksitzen dauernd hin und her geworfen.

»Ich wünschte fast, die Frau wäre auf meinem Schoß sitzen

geblieben«, stöhnte Dag nach einem besonders heftigen Stoß. »Dann hätte sie mich wenigstens auf dem Sitz verankert.«

Auf halber Strecke nach Long Xuyen hielt der Bus an, damit wir unsere Bedürfnisse verrichten konnten. Die Männer gingen auf die eine und die Frauen auf die andere Straßenseite. Eine alte Dame in einem blauen Seidenpyjama nahm mich bei der Hand und führte mich in einen Bananenhain, durch den ein dunkelbraunes Bächlein lief. Es war ein friedlicher und hübscher Anblick: Unter den breiten grünen Blättern und den tief herabhängenden purpurroten Schoten hockten bunt gekleidete Frauen, deren Gesichter sich unter ihren konischen Strohhüten versteckten.

Im Lauf des Abends begann es in Strömen zu regnen. Als wir endlich Saigon erreichten und aus dem Bus kletterten, standen wir bis zu den Knöcheln im warmen Wasser. Wir patschten durch die riesige Pfütze und sogleich stürzten sich ein paar Männer in Plastikumhängen mit Kapuzen auf uns.

»Sir! Madam! Cyclo, Cyclo! Wohin wollen gehen?«

Wir wichen ihnen aus und fanden ein Taxi. Es war eine winzige Ente, Baujahr 1954. Das Dach war so niedrig, dass sich selbst der vietnamesische Fahrer bücken musste, um aus der verschmierten Windschutzscheibe hinauszusehen, vor der ein einzelner nutzloser Scheibenwischer hin und her wedelte. Auf der zehn Kilometer langen Fahrt ins Stadtzentrum musste der Fahrer das Steuer immer wieder herumreißen, um den vermummten dunklen Gestalten auf ihren unbeleuchteten Fahrrädern und Motorrollern, die plötzlich vor uns auftauchten, auszuweichen. Irgendwie schaffte er es, uns ohne Todesopfer zum Guest House 72 zu bringen. Wir vereinbarten mit Binh, dass wir ihn in zwei Tagen wieder treffen würden, zahlten dann das Taxi bis zu seinem Haus und winkten ihm nach, als das Auto durch die Pfützen davonfuhr und die Leute auf dem Gehsteig mit Wasserfontänen beglückte.

Es schien, als ob sich Saigon in nur zwei Wochen schon verändert hatte. Mehr Touristen waren gekommen, mehr Privathotels hatten um die Pham Ngu Lao Street eröffnet und auf den Terrassen der Tophotels der Stadt saßen mehr ausländische Geschäftsleute um die Tische und besprachen Jointventures und Importbestimmungen. Die Geschäftsleute kamen aus Malaysia, Taiwan, Japan, Hongkong, Europa, Amerika und Australien. Einige von ihnen schienen unwahrscheinlich jung zu sein. Alle interessierten sich für die Nutzung von Vietnams brandneuen Möglichkeiten: billige Arbeitskräfte und Rohstoffe. In ihrem Gefolge befanden sich auch junge Akademiker, die bereit und erpicht waren, sich für die neu errichteten Unternehmen nach besten Kräften einzusetzen, in der Hoffnung, dabei rasch viel Geld zu verdienen.

Einer von ihnen war Phil Worthington, der Mann, den wir in der Bat Trang-Pagode getroffen hatten. Wir besuchten ihn in seiner Wohnung im Universitätsviertel der Stadt. Er hatte uns den Weg beschrieben und so landeten wir schließlich in einer schmalen Gasse mit mehreren scharfen Biegungen und einem verwirrenden Nummernsystem für die Häuser. Verirren konnten wir uns hier aber nicht, denn alle Leute, denen wir begegneten, schienen zu wissen, wohin wir wollten und wiesen uns die Richtung.

»Wir sind die einzigen Ausländer, die hier wohnen«, bestätigte Phil, nachdem wir ihn gefunden hatten. »Wir haben den ganzen Tag die Vorhänge vorgezogen, denn sonst würden sie uns immer scharenweise durchs Fenster anstarren.«

In seinem Wohnzimmer schlugen uns aus der Stereoanlage die vertrauten Klänge einer Rockband aus Manchester entgegen, auf der Anrichte standen zwischen leeren Gin- und Whiskyflaschen zwei Töpfe mit Schlangenwein und auf dem Tisch lagen Hefte, die aufs Korrigieren warteten.

»Ich habe gerade einen Papagei verloren«, erzählte er uns. »Gestern hab ich ihn einem alten Mann von einem Käfig hinten auf seinem Fahrrad abgekauft. Als ich heute früh aufstand, war der Vogel weg.«

Er hob einen Bambuskäfig hoch, durch dessen Stäbe das Tier ein großes Loch gebissen hatte. Unser Blick blieb an den Luftlöchern über der Türe hängen.

»Der Alte hat gesagt, dass er nicht gut fliegen kann«, sagte Phil hoffnungsvoll.

Phil war mit seinem Lehramt an der Universität unzufrieden, denn es brachte ihm nur fünfhundert Dollar im Monat, und er war auf der Suche nach einem einträglicheren Job. Er teilte sich das Haus mit einem Engländer namens Neil, einem Marktforscher, der für Firmen arbeitete, die sich in Vietnam niederlassen wollten. Phil hoffte, dass er über Neil bei einer malaysischen Firma unterkommen und dann Aluminiumtüren und Fensterrahmen verkaufen könnte.

»Die geben dir ein Video und ein paar Muster und schon kann's losgehen. Man bekommt kein Gehalt, aber die Provision beträgt zehn Prozent. Und angeblich bekommt man ganz leicht Aufträge im Wert von sechzigtausend Dollar.«

Aus den Augenwinkeln sah ich plötzlich etwas Kleines, Grünes auf dem Boden im Eingang zur Küche. »Schau –«

»Der Papagei!«, riefen wir alle wie aus einem Mund, so dass sich der Vogel sofort unter die Anrichte flüchtete.

Wir knieten zu dritt auf dem Boden und versuchten, den Papagei aus seinem Versteck zu locken, als Neil nach Hause kam.

»Mach die Türe zu!«, rief Phil. »Der Papagei ist entkommen.«

»Ich komme nach einem harten Tag von der Arbeit nach Hause und muss mich wegen eines blöden Papageis anschreien lassen«, brummte Neil. Er war groß, schlank, trug einen Bart und ein blonder Haarschopf fiel ihm über die Augen. »Den erwischt ihr nie«, unkte er.

»Dag wird ihn fangen«, erklärte ihm Phil. »Er ist Tierarzt.«

Der Tierarzt lag in voller Länge auf dem Boden und hatte den Arm unter die Anrichte gestreckt.

»Hab ihn – AUUUU!«, rief er, als ihn der Papagei in die Hand hackte.

Schnell steckte er den Vogel in den Käfig zurück und stopfte ein Handtuch in das Fluchtloch. Dann standen wir alle davor und starrten das Tier durch die Gitterstäbe an.

»Sieht er nicht hübsch aus?«, säuselte Phil.

»Er sieht eher aus, als ob er die Schnauze voll hätte«, bemerkte Neil. »Wie macht man denn einen Papagei wieder glücklich?«

»Gib ihm die Freiheit und ein Weibchen«, riet der Tierarzt.

»Ich weiß, wie er sich fühlt«, sagte Neil. »Meine Freundin ist in Hanoi und ich war den ganzen Tag im Büro eingesperrt.«

Wie Phil hatte auch Neil zuerst in Saigon unterrichtet, bevor er Vietnamesisch lernte und dann in die freie Wirtschaft überwechselte.

»Heute hätte ich genauso gut in London sein können. Aber meistens ist es hier wirklich prima. Ich gehe herum und erfahre, welche Art von Büchern die Vietnamesen gern lesen, was für ein Bier sie mögen und dergleichen mehr. Ich lerne immer neue Leute kennen und knüpfe gute Beziehungen.«

Sein Enthusiasmus und Optimismus übertrug sich auch auf unser Gespräch, als wir den beiden von unserer bevorstehenden Reise die Küste hinauf erzählten.

»Es muss einen Weg geben. Wie wäre es mit Cesais Tours? Die sind mit der Universität verbunden und wenn ihr sagt, dass ihr Studenten seid und Forschungen über vietnamesische Fischerboote und das Leben an der Küste betreiben wollt, wird man euch vielleicht helfen.«

Als wir gingen, gab er uns noch eine Warnung mit auf den Weg. »Das Problem ist, dass noch niemand vor euch so etwas versucht hat. Die Polizei wird ausflippen. Sie dürfen die Ausländer jetzt nicht mehr schikanieren und werden versuchen, euch nun unter dem Vorwand der ›Sicherheit‹ festzuhalten.«

Cesais ist die Abkürzung für *Centre of Economic Studies and Applications*. Gian, der Leiter des Reisebüros, war ein zart gebauter junger Mann und trug ein frisches weißes Hemd. Er sprach sehr gut Englisch und hörte uns aufmerksam zu, als wir ihm erzählten, dass unser Forschungsinteresse als Studenten den Fischern galt.

»Wir können Ihnen helfen, ein Boot zu mieten«, sagte er, als wir unsere Ausführungen beendet hatten. »Sie zahlen dafür ab vierzig Dollar die Stunde.«

Aus einer Mappe holte er ein Bündel Papiere mit Informationen über Nha Trang und die Ha Long-Bucht, Vietnams beliebteste Touristenziele entlang der Küste. Wir sahen Fotos von Hotels und speziell gebauten Booten mit Firmennamen am Bug.

»Wir möchten auf einheimischen Booten reisen«, erwiderte ich. »Auf Fischerbooten.«

»Es wird Ihnen in unseren Hotels gefallen«, versicherte Gian. »Dann können Sie fünf Stunden am Tag mit unseren Booten hinausfahren, viele schöne Orte sehen und eine Menge über unser Land lernen. Einige der Boote haben Platz für zwanzig, andere für fünfzig Touristen. Sie sind komfortabel und sehr sicher.«

Wir reichten ihm den Stapel Unterlagen zurück, dankten und gingen. Den ganzen Tag lang hörten wir immer dieselbe Geschichte, von Reisebüros, Fremdenführern und Ausländern, die hier lebten. Bis zum Nachmittag war Dag dann völlig entnervt. Er weigerte sich, auch nur einen Schritt weiter zu gehen. Er setzte sich in ein Café, das um die Ecke von unserem Gästehaus lag, und bestellte eine große Flasche Bier. Aber so leicht wollte ich mich nicht geschlagen geben, nahm ein Cyclo und ließ mich zum Hafen fahren.

Hinter den hohen Mauern, die das Hafengebiet umschlossen, konnte ich riesige Containerschiffe ausmachen, von denen die meisten russische Namen trugen. Sie gehörten nicht unbedingt zu der Art Schiff, die mir vorschwebte, aber die Idee, wieder auf einem Boot zu reisen, hatte dermaßen von mir Besitz ergriffen, dass mir einfach *jedes* Boot recht war. Mein unmittelbares Problem bestand allerdings darin, einen Weg in den Hafen zu finden. Die Eingangstore wurden von Männern in braunen Uniformen streng bewacht. Frechheit siegt, dachte ich mir und stolzierte mit selbstbewusstem Lächeln an ihnen vorbei. Verblüfft starrten sie mich nur an; als ich aber etwa fünfzehn Schritte gegangen war, spurtete einer hinter mir her.

»Polizei!«, rief er und führte mich zu einem niedrigen Gebäude. Ein Mann sortierte auf einem Schreibtisch kubanische Reisepässe. Obwohl seine Englischkenntnisse sich ungefähr auf dem gleichen Niveau wie meine vietnamesischen befanden, gelang es mir, ihm klar zu machen, dass ich als Touristin auf einem Schiff die vietnamesische Küste entlangreisen wollte. Er nahm das Telefon, sprach ein paar Minuten in den Hörer und wies mich an, Platz zu nehmen. Es dauerte nicht lange, bevor ein zweiter Polizist hereinkam.

»Sie Autor?«, bellte er mich an.

»Nein!«, rief ich und lief dabei schuldbewusst rot an. »Ich Tourist!«

»Autor! Autor!«, wiederholte er ungeduldig und zeigte dabei mit dem Finger auf mich und dann auf das Schiff.

»Tourist«, sagte ich mit Nachdruck. »Nicht Autor!«

»Ja!«, sagte er und nickte dabei, als ob ich ihm endlich die richtige Antwort gegeben hätte. »Kein Autor, nicht gehen!«

Da ging mir endlich ein Licht auf.

»Autorisation«, sagte ich.

»Ja! Nicht gehen.«

Der erste Polizist war inzwischen nach draußen gelaufen und hatte einen Mann angehalten, der auf einem Motorroller gerade aus dem Hafen fahren wollte. Der Mann sprach fließend Englisch und konnte in der Verwirrung schnell Klarheit schaffen. Er erklärte mir, dass die Schiffe alle auf dem Weg nach Russland seien. In etwa einer Woche würde ein Schiff nach Hai Phong hinauffahren, aber das hätte keine Genehmigung, Passagiere mitzuführen. Dazu müsste ich mich mit dem Schifffahrtsunternehmen, der Polizei, den Einwanderungsbehörden und so weiter in Verbindung setzen, und selbst dann hätte ich seiner Meinung nach wenig Chancen auf Erfolg.

»Das Problem ist, dass es auf dem Schiff keine Sicherheit für Ausländer gibt. Auf der Straße zum Hafen ist das Büro von Saigon Tourism. Vielleicht versuchen Sie es dort?«

»Mach dir nichts draus«, sagte Dag, als ich zum Café zurückkam. »Und außerdem hättest du mich nie dazu überreden können, drei Wochen auf einem russischen Frachter zu verbringen.«

Seit ich ihn für meinen Ausflug zum Hafen verlassen hatte, hatten sich Binh und mehrere leere Bierflaschen zu Dag gesellt. »Maria, was Sie denken, morgen wir fahren mit bequemem Touristenbus nach Nha Trang?«, fragte Binh. »Mein Onkel hat Restaurant am Strand. Er kennt viele große Kommunisten. Ganz sicher er kann Ihnen mit Boot helfen.«

Ich warf einen fragenden Blick auf Dag, der die Achseln zuckte.

»Maria, ich nie mehr mit Boot gehen!«, sagte Binh flehentlich. »Unsere Delta-Tour war schrecklich, so hart. Morgen wir fahren mit Luxusbus, viel besser, Sie werden sehen.«

Viele Cyclofahrer hatten sich inzwischen um das Café geschart, in der Hoffnung, dass sich einige der Ausländer beim Gehen zu einer Fahrt entschließen würden. Einer von ihnen prüfte eingehend die Gesichter der Leute an den Tischen. Als ich merkte, dass er der Mann war, der mich zum Hafen gefahren hatte, winkte ich ihm zu.

»Hallo, Madam!«, rief er und stieg von seinem Gefährt. Schnell kam er auf mich zu und überreichte mir einen billigen Kuli, mit dem ich mir auf dem Rückweg Notizen gemacht und den ich dann auf dem Sitz liegen gelassen hatte.

»Madam, Sie gehen morgen Cyclo?«

»Ja«, sagte ich. »Zum Busbahnhof.« Neben mir grinste Binh erleichtert über das ganze Gesicht.

Nachtbus nach Nha Trang

Der »Luxusbus für Touristen«, den uns Binh versprochen hatte, war weder luxuriös noch für Touristen gedacht, zumindest nicht für ausländische Touristen. Die Sitze waren schmal, hart und so eng hintereinander angeordnet, dass mein Vordermann, als er seinen Sitz zurückstellte, praktisch in meinem Schoß zu liegen kam. Im Mittelgang stand der ganzen Länge nach eine niedrige Holzbank. Als Bank und Sitzplätze schon alle belegt waren, stiegen noch immer Passagiere ein und bald hatte sich um den Fahrersitz eine Schar verärgerter Menschen versammelt.

»Einige Leute geben Ticketmann extra Geld und er verkauft zu viele Tickets«, erklärte uns Binh, der auf der anderen Seite des Gangs saß. »Ich weiß das genau und deshalb sage euch, früh herkommen.«

»Werden ein paar Leute aussteigen müssen?«

»Nein. Alle bleiben. Vielleicht Polizist stoppt Bus und Fahrer zahlt etwas und Polizist steckt Geld in eigene Tasche.«

Mit zwei Stunden Verspätung fuhr der Bus endlich ab. Als wir durch Saigons abendlichen Verkehr krochen, drückte der Fahrer ungefähr alle zwanzig Sekunden auf die Hupe – eine Angewohnheit, die er in den nächsten vierzehn Stunden beibehielt. Am Stadtrand fuhr der Bus etwas schneller. Mit zunehmender Geschwindigkeit begannen die Gepäcknetze zu schaukeln und drohten jeden Augenblick ihre Last verschiedener Kisten und Taschen auf die Fahrgäste zu entladen. Über uns hingen auch Bündel von Guaven, Bananen und Kokosnüssen, ein Papagei in einem Käfig und direkt über Binh sogar ein Mann in einer Hängematte, die allesamt mit den Bewegungen des Busses wild hin und her schwangen. Hinter Dag saß eine junge Mutter mit einem Baby. Wie die meisten Säuglinge in Vietnam hatte auch dieser kleine Junge noch nie eine Windel gesehen. Bei Bedarf zog ihm die Mutter ganz einfach die nasse Hose aus, putzte damit die ganze Bescherung weg und zog ihm etwas Frisches an. Ich überlegte gerade, ob sie wohl genügend saubere Sachen für die ganze Nacht haben würde, als das Baby ein gut zermanschtes Bananenstück in meine Richtung warf, was direkt in meinem Ohr landete. Der junge Mann hinter mir beugte sich vor und tippte mir auf die Schulter.

»Madam, ich studiere Wirtschaftswissenschaften an der Universität von Qui Nhon«, sagte er. »Bitte sagen Sie mir, warum Sie reisen mit dem Bus? Es ist so gefährlich.«

Mitten in meinen Erklärungen gab die Mutter plötzlich beängstigende Gurgellaute von sich. Der Student sprang sofort auf, schrie etwas zum Fahrer nach vorn und schon wurden der Frau über die Köpfe der Passagiere hinweg Plastiktüten gereicht. Doch bis die Tüten sie erreichten, hatte sie sich bereits über unser ganzes Gepäck, das wir zwischen unsere Sitze und die Mittelbank geklemmt hatten, erbrochen. Dann lehnte sie sich mit einem Ausdruck der Erleichterung zurück und begann, ihr Baby zu stillen. Im Gegensatz zu ihr ging es den übrigen Fahrgästen aber offensichtlich noch nicht besser, denn bald waren im ganzen Bus würgende, gurgelnde und spuckende Laute zu vernehmen. Bald wurden pausenlos Plastiktüten hin und her gereicht: leere, die über die Köpfe wanderten, und volle, die man ganz einfach aus dem Fenster warf. Ich bemerkte, wie Binh immer wieder nervöse Blicke auf den Mann in der schlingernden Hängematte über ihm warf.

Nach ein paar Stunden hielten wir bei einem kleinen Markt am Straßenrand. Im Innern des Busses begann ein geschäftiges Treiben, als sich die Passagiere von ihren Sitzen, von der Bank, ihrem Gepäck und voneinander lösten und sich einen Weg zum

Ausgang bahnten. Mehrere andere Busse hatten bereits vor dem Markt geparkt und im dichten Gedränge wurde gekauft, verkauft und gebettelt. Einer der Händler starrte zu Dag empor.

»Wie alt?«, fragte er mich.

»Sehr alt«, erwiderte ich.

»Aber *sehr* schön«, sagte er mit einem bewundernden Blick auf Dags zerzaustes Haar und struppigen Bart.

Ich machte mich auf die Suche nach einer Toilette, die ich schließlich in einer stinkenden Strohhütte fand. Andere Frauen waren schlauer als ich, gingen an der Hütte vorbei und hockten sich in einiger Entfernung im Schatten neben den Weg. In der Nähe standen auch ein paar Wassertröge, wo sich die Leute das Gesicht waschen, die Zähne putzen und die Füße abspülen konnten. Ich wusch mir die Hände und setzte mich dann zu Dag und Binh in ein Café. Der Gedanke an Essen war mir zuwider und so nippte ich nur an meiner Wasserflasche, während die beiden Männer Unmengen von Reis, Schweinefleisch und Bambussprossen mit *nuoc mam*-Sauce verschlangen. Als wir gerade vom Tisch aufstanden, kamen zwei Transvestiten in *ao dai*, Schmuck, Perücken und Make-up durchs Café gelaufen, wo sie die Männer anquietschten und im Vorbeigehen zwickten. Ihr plötzliches Erscheinen und Verschwinden wurde von den Gästen aber nur mit einem stillen Lachen und wenig Überraschung quittiert.

»Worum ging's denn da?«, fragte ich Binh.

»Sie schwule Jungs«, antwortete er und zuckte die Achseln, als ob es dazu nichts mehr zu sagen gäbe.

Als sich der Bus wieder in Bewegung setzte, erwachte der Bildschirm über dem Fahrersitz plötzlich knisternd zum Leben. In den nun folgenden Musikvideos vollführten puppenhaft aufgemachte Gestalten groteske Tanzbewegungen und Sänger gaben entsetzliche Versionen banaler westlicher Popsongs zum Besten. Um mich herum übergaben sich die Fahrgäste in regelmäßigen Abständen und bald stank es im ganzen Bus. Ich versuchte, mein Fenster zu öffnen, doch nun wehten Regenböen und Schlamm herein. Als ich es wieder schließen wollte, klemmte der Riegel. Bedrückt stellte ich fest, dass wir noch mindestens zehn Stunden bis Nha Trang unterwegs sein würden. Das schien mir unter den gegebenen Umständen eine Ewigkeit und um mir den Gedanken erträglicher zu machen, beschloss ich, mir die Zeit in kürzere und überschaubarere Abschnitte einzuteilen. Ich sagte mir, dass der erste Abschnitt bereits hinter uns lag, der zwar schlimm war, aber es hätte auch noch schlimmer kommen können. Drei Abschnitte lagen noch vor uns, aber nach dem nächsten hätten wir ja bereits die Hälfte der Fahrt geschafft.

»Du liebe Güte, erst die Hälfte?«, stöhnte Dag, als ich ihn an meinen Gedankengängen teilhaben ließ. »Wenn das so ist, könnten wir vielleicht mal die Plätze tauschen. Meiner ist wirklich unbequem.«

Mir wurde bald klar, was er damit meinte. Auf dem Gangplatz wurde ich nun von unserem stinkenden Gepäck und einem jungen Mann auf der Bank eingeengt, der meine Schulter hartnäckig als Kopfkissen benutzte. Direkt hinter mir saßen nun die Mutter und ihr Baby, das ebenfalls begonnen hatte, sich zu erbrechen. Als der Bus durch die Nacht ratterte, tröstete ich mich mit dem Gedanken, dass es unmöglich noch schlimmer werden konnte. Doch dann hörte ich direkt hinter mir ein lautes Spritzgeräusch.

»WAAAHHH!«, schrie der junge Mann an meiner Schulter, sprang hoch und blickte mit angewidertem Gesicht auf die braune Brühe auf seinem Hosenbein.

»Baby hat Bauchweh«, erklärte Binh, als Tücher herumgereicht und Entschuldigungen vorgebracht wurden.

Mit einem tiefen Seufzer kuschelte sich der junge Mann erneut an mich. Er roch nach Babydünnschiss, aber ich brachte es einfach nicht übers Herz, ihn abzuschütteln. Nach einer Weile beschloss ich, das Beste aus der Situation zu machen und rollte mich auf meinem Sitz zurecht, bis ich mich bequem um den völlig fremden jungen Mann neben mir gewickelt hatte, und verfiel in einen unruhigen Schlaf.

»Waaah! Waah! Madam! Madam!«

Ich wachte mit einem Ruck auf, als der Mann erneut aufsprang. Diesmal war es die junge Mutter, die alles, was sie auf dem Markt gegessen hatte, in einem Schwall über ihn, die Bank und unser Gepäck gespuckt hatte.

»Ein Glück, dass wir wasserfeste Taschen mitgebracht haben«, kommentierte Dag.

»Dieser Mann sagt, er macht Fehler, denn heute kein Glück für Reise«, sagte Binh von der anderen Seite des Gangs, während wieder fleißig gewischt wurde. »Er kommt spät und muss auf Bank sitzen. Dann sitzt er bei Frau und Baby und bekommt Pisse, Scheiße und Kotze überall.«

Die arme Frau und ihr Baby machten die ganze Nacht so weiter. Kurz vor der Morgendämmerung fragte ich mich, ob ich wohl gestorben und auf immer und ewig in diese Hölle verdammt worden war. Doch bald wurde es hell und es boten sich herrliche Ausblicke auf die Küste, das funkelnde Wasser des Meeres, entfernte Hügel und die sanften Umrisse grüner Inseln. Endlich wies uns Binh an, unser Gepäck zusammenzupacken und uns bei der rückwärtigen Tür zum Aussteigen fertig zu machen. Es dauerte gute fünf Minuten, bis wir uns endlich durch den Gang gezwängt und uns allerseits für den abscheulichen Zustand unseres Gepäcks entschuldigt hatten. Dann schlug Binh gegen die Buswand, als Zeichen für den Fahrer, dass er anhalten sollte, und wir stiegen vor dem Huong Bien Restaurant aus.

Blühende Ranken bedeckten die geflochtenen Bambuswände und das rote Ziegeldach. Hühner- und Entenküken flitzten zwischen den Felsen und Kakteen des hübschen Gartens herum. Hängematten warteten auf uns und vom Meer wehte eine leichte Brise. Ein paar Schritte entfernt lag eine geschützte Bucht. Der gelbe Sand war mit runden grauen Steinen gesprenkelt und das stille blaue Wasser leuchtete uns einladend entgegen. Samt unserer wasserfesten Taschen wateten wir direkt ins warme Nass des Ozeans und spülten die Unbilden der vergangenen Nacht hinweg.

Binhs Onkel Chap und seine Tante Lan waren ein freundliches Paar Ende vierzig, die auf der Veranda ihres Hauses ein kleines Restaurant eingerichtet hatten. Sie nahmen die unangemeldete Ankunft ihres Neffen mit zwei zerzausten Ausländern gelassen hin und trafen mit Binh schnell eine Abmachung für unseren Aufenthalt. Danach konnte Binh in einem kleinen Strohschuppen neben dem Restaurant schlafen und wir dürften gratis im Garten campieren. Wir würden nur für Essen und Getränke zahlen. Der Umstand, dass Campieren in Vietnam offiziell nicht erlaubt ist, schien weder Binh noch seine Verwandten zu beunruhigen.

»Niemand sieht euch von Straße«, sagte Binh, »und mein Onkel kennt große Kommunisten.«

Wir frühstückten an einem stabilen Holztisch. Dabei unterzogen uns die drei Söhne von Chap und Lan einer eingehenden Prüfung. Die drei Jungen zwischen zehn und siebzehn Jahren waren die jüngsten von fünf Kindern. Dags Anblick schien sie in sprachloses Erstaunen zu versetzen. Zuerst versteckten sie sich hinter dem strohgedeckten Badehaus und beobachteten ihn aus sicherer Entfernung, aber im Lauf des Vormittags wurden sie etwas mutiger und als wir uns unter den Weinranken zu einem wohlverdienten Nickerchen in die Liegestühle legten, scharten sie sich um seine Füße und inspizierten sie eingehend.

Gegen Mittag fiel eine purpurrote Glockenblume auf mein Gesicht und weckte mich. Neben mir waren die drei Jungen um Dag versammelt. Sie zogen an seinem Bart, befühlten seine Nase, streichelten die Haare auf seiner Brust, zählten die Muttermale auf seinen Armen und Beinen und »massierten« ihn, indem sie mit den Fäusten auf seine Schultern trommelten.

»Das geht nun schon seit einer Stunde so«, sagte er geduldig zu mir.

Da es an diesem Tag keine anderen Gäste im Restaurant gab, servierte uns Lan zum Mittagessen alles, was sie bereits vorbereitet hatte: Garnelenrollen in Reispapier mit Zwiebel und frischem Basilikum, Krabben, gebratenen Fisch und zum Nachtisch unreife Mangoschnitten, die sie in Fischsauce getaucht und mit Zucker bestreut hatte.

»He, dusie!«, riefen die Buben immer wieder zu Dag hin und steckten ihm dabei Leckerbissen in den Mund und füllten sein Glas mit Bier auf. Es verging kein Augenblick, wo er nicht wenigstens von einem Paar Hände abgetatscht, gestreichelt oder gezwickt wurde.

»Sie dich mögen«, sagte Binh. »Sie sagen, du siehst aus wie Mr. Rambo.«

Am Nachmittag spazierten wir mit Binh zu dem etwa einen Kilometer weit entfernten Fischerdorf Thon Tan Thanh. Den ganzen Strand entlang lagen schmale Boote aus Bambus und Rattan, die blau und gelb gestrichen und mit ovalen Augen und dem Yin-Yang-Zeichen versehen waren. Die Segel hatte man um die Masten gewickelt, denn niemand war an diesem Tag beim Fischen. Die meisten Leute aus dem Dorf schienen auf dem Markt versammelt zu sein, der an einem sandigen Weg lag. An den Imbissständen bereiteten Frauen Pfannkuchen aus Reismehl zu, die sie mit Garnelen füllten, in Fischsauce tunkten und dann in heißem Öl brieten. Wir kauften einige und zeigten dann geräuschvoll, wie gut sie uns schmeckten, aber die Frauen und die übrigen Leute auf dem Markt ignorierten uns ganz einfach. Man konnte nur schwer sagen, ob die Menschen hier scheu oder unfreundlich waren, aber Binh machte den Eindruck, als ob er sich gar nicht wohl in seiner Haut fühle. Als wir ihn endlich dazu bewegt hatten, nach Booten zu fragen, tat er dies nur äußerst widerwillig.

»Sie sagen, niemand hier zahlt Steuern, so sie bekommen nicht Genehmigung für weit fahren«, erzählte er uns, nachdem er mit ein paar Männern gesprochen hatte. »Wenn die Polizei schaut und sieht Ausländer auf dem Boot, Fischer bekommen Probleme. Die Polizei hat Sorge um Ausländer, wenn Schiff sinkt, so Bootfahrer muss Geld zahlen und Ausländer muss sofort gehen Inland.«

»Sie sagten doch, Chap hätte Freunde in der kommunistischen Partei«, erinnerte ich Binh auf dem Rückweg. »Könnte er nicht einen Brief schreiben, den wir dann der Polizei zeigen?«

»Zum Beispiel«, fuhr Binh fort, als hätte er mich nicht gehört, »wenn ihr nehmt Boot von Touristengesellschaft in Nha Trang, sie sorgen für alles. Sie gehen neun Uhr früh, bringen euch zu Badeplatz und kaufen Fische von Fischern. Sie kochen Fische an Bord und bringen euch vier Uhr zurück. Das ist sehr nette Tour.«

Im Restaurant war viel los. Chap fütterte seine Hühner und Enten mit einer Mischung aus Reis und grünem Gemüse. Lan holte gerade einen Eisblock aus ihrem »Kühlschrank«, einem Loch im Boden, das mit Reishülsen gefüllt und mit Sackleinwand und einer Wellblechplatte abgedeckt war. Die beiden Töchter des Paares bereiteten in der Küche, die nur einen Lehmboden besaß, das Abendessen vor, während die Söhne am Küchentisch ihre Hausaufgaben erledigten. Binh erzählte uns, dass gerade Schulferien waren, aber dass ihre Eltern sie dazu anhielten, jeden Tag lesen und schreiben zu üben.

»He, dusie!«, riefen die Jungen im Chor, als sie Dag erblickten. Sie kletterten von ihren Sitzen und rannten auf ihn zu, wurden aber von Lan schnell wieder an den Tisch zurückgescheucht, was Dag vor einem erneuten Überfall rettete.

Als es zu dämmern begann, zündete Chap nacheinander die Öllampen über den Tischen im Restaurant an. Es gab zwar Stromleitungen entlang der Straße, die kaum mehr als zwanzig Meter entfernt waren, aber die Kosten für einen Anschluss waren unerschwinglich. Die Familie sparte schon seit langem dafür und Chap entschuldigte sich, dass wir während unseres Aufenthalts keine Gelegenheit haben würden, Karaoke zu singen, versprach uns aber, dass wir es ganz bestimmt tun könnten, wenn wir im nächsten Jahr wiederkämen.

Unser wunderbares Abendessen bestand aus gebratenem Bohnengallertkuchen, Schweinebraten, klebrigem Reis und grünen Papaya, die fein gerieben und mit grünen Bohnen, Limonensaft und Salz vermischt worden waren. Das sanfte Licht der Lampen zog große fliegende Ameisen in Scharen an, die gegen das Glas schwirrten, zu Boden fielen und dann ganz benommen umherkrochen. Die Katze fing sie in ihren Pfoten, aber der Hund war weit mehr an den Fröschen interessiert, die aus dem Garten hereinhüpften.

»*Con Coc! Con Coc!*«, schrien die Jungen. »Onkel Frosch!« Auf ihrem Weg zwischen Küche und Terrasse machte Lan immer einen vorsichtigen Bogen um die Frösche, um sie nicht zu zertreten.

»Meine Tante glaubt, Frosch ist Onkel von Regengott«, erklärte uns Binh. »Sie sagt, wenn Frosch quakt, Regen kommt.«

Trotz des vielen Quakens fiel die ganze Nacht kein einziger Regentropfen. Als alle zu Bett gegangen waren, schwammen Dag und ich im Meer. Nachher fanden wir einen glatten Stein, an den wir uns lehnen konnten. Wir saßen friedlich nebeneinander und beobachteten die Fischer aus dem nahe gelegenen Dorf, die auf ihren Sampans hinausruderten und Garnelennetze auslegten. Jedes Netz war von einem Ring schwimmender Öllämpchen umgeben, die ein leuchtendes Halsband auf dem Wasser bildeten. Weiter draußen in der Bucht sah man unweit einer gesperrten Insel, auf der wertvolle Schwalbennester gesammelt wurden, die Lichter eines Polizeiboots.

»Was machen wir, wenn Binh kein Boot für uns von hier aus arrangieren kann?«, fragte ich Dag.

Er schwieg eine Weile. »Also, es gibt einen Flughafen in Nha Trang –«, sagte er.

Ich begann sofort zu protestieren.

»Okay«, sagte er beruhigend. »Wenn du willst, können wir die tausend Kilometer bis Hanoi in einem dieser wunderbaren Reisebusse zurücklegen.«

Jetzt war es an mir, in Schweigen zu verfallen. Mir war inzwischen klar geworden, dass es uns nicht möglich sein würde, die ganze Küste mit dem Schiff abzufahren. Es gab zu viele Einschränkungen, nicht nur für uns, sondern auch für die Besitzer der Boote und für die Leute, die entlang der Küste wohnten. Was blieb uns also übrig? Wie reisten denn die Einheimischen? Mit dem Bus, dachte ich, mit dem Motorroller und natürlich mit dem …

»Fahrrad!«, rief ich.

»Was?«

»Wir kaufen ganz einfach zwei Fahrräder!«

»Fahrräder?«, wiederholte Dag ungläubig.

»Wenn wir ein Boot finden, können wir die Fahrräder mit an Bord nehmen. Und wenn das nicht geht, treten wir in die Pedale und fahren ganz einfach zum nächsten Fischerdorf.«

»Maria«, sagte Dag langsam. »Wann hast du das letzte Mal auf einem Fahrrad gesessen? Ich meine, wann bist du damit *wirklich* eine längere Strecke gefahren?«

Ich dachte minutenlang nach. »Mit zwölf hatte ich ein eigenes Fahrrad. Ich habe damit oft Tagesausflüge gemacht.«

»Das war vor dreißig Jahren.«

»Na und?«

»Coffey«, sagte er langsam. »Ich glaube, du hast den Verstand verloren.«

Nach zwei Stunden in einem Fahrradladen in Nha Trang begann ich zu glauben, dass er damit Recht haben könnte. Zunächst war Dags Blick auf ein Paar nichts Gutes verheißender Rennmodelle gestoßen, von der Art, die man auf den Straßen von Vietnam überhaupt nicht zu Gesicht bekommt.

»Wir wollten doch wie die Einheimischen reisen«, protestierte ich, »also sollten wir auch Fahrräder kaufen, wie sie hier gefahren werden.«

Binh und Dag warfen mir mitleidige Blicke zu.

»Diese sind beste Fahrräder, aber neues Modell«, sagte Binh zu Dag, »so die Leute haben noch keine Teile für Reparatur.«

»Ich habe das Gefühl, dass wir wahrscheinlich etliche Reparaturen brauchen werden«, sagte Dag.

Dann begann er, sich die anderen Fahrräder im Laden anzusehen. Die waren alle vom »Hollandtyp« und erinnerten mich sehr an das Rad, mit dem ich als Zwölfjährige herumgefahren war.

»Mit Gangschaltungen habe ich keine Erfahrung«, warnte ich ihn.

Er warf mir erneut einen mitleidigen Blick zu.

»Da brauchst du dir keine Sorgen zu machen«, sagte er, »denn diese Fahrräder hier besitzen keine.«

Nach langen Diskussionen wählten er und Binh schließlich zwei chinesische »Forever«-Räder. Meines war purpurrot mit einem schwarzen Drahtkorb vorn, einem schmalen Gepäckträger hinten und einer nagelneuen Klingel.

»Probier's doch gleich mal«, sagte Dag.

»Soll ich das wirklich?«

»Maria«, sagte er geduldig. »Da du mit diesem Ding an die tausend Kilometer zurücklegen willst, wäre es vielleicht von Vorteil, wenn du es vorher mal ausprobieren würdest.«

Ich schob das Fahrrad auf die Straße, stieg auf und begann wacklig in die Pedale zu treten. Obwohl ich versuchte, so nah wie möglich am Gehsteig zu bleiben, schien mich der Verkehr aufzusaugen und innerhalb weniger Sekunden tauchte ich in einer Menge aus anderen Fahrrädern, Motorrollern und Cyclos unter. Etwa hundert Meter vom Laden entfernt lag eine verkehrsreiche Kreuzung. Noch bevor ich sie erreicht hatte, betätigte ich die beiden Bremshebel, die unter der Lenkstange angebracht waren. Das Rad fuhr mit unveränderter Geschwindigkeit weiter. Ich drückte fester und wurde zwar etwas langsamer, aber die Räder unter mir rollten weiter. Ich registrierte ganz kurz, dass keiner der Fahrer um mich herum seine Geschwindigkeit änderte oder beabsichtigte, den Fahrzeugen, die von links und rechts auf uns zukamen, Vorfahrt zu gewähren. Alle schlängelten sich ganz einfach durch den Verkehr. Instinktiv wusste ich, dass es am sichersten war, es den anderen gleichzutun, aber dann gingen meine Nerven mit mir durch. Ich setzte einen Fuß auf den Boden und blieb einfach stehen. Im Handumdrehen verwandelte sich das geordnete Chaos in ein chaotisches Durcheinander. Aus dem Schlängeln wurden hektische Ausweichmanöver, es kam mehrmals fast zu Zusammenstößen und über allem tobte ein stürmisches Klingelkonzert. Die Leute, die an mir vorbeiflitzten, sahen mich erstaunt an, aber niemand schrie oder schimpfte – niemand, außer Dag, der hinter mir seine Probefahrt absolvierte.

»Geh aus dem Weg!«, schrie er.

Was ich auch tat. Ich schob das Fahrrad auf den Fußweg und dann zurück zum Laden.

»Du hast da hinten fast einen Stau verursacht!«, rief Dag, als auch er im Laden angekommen war.

»Nicht *ich*!«, erwiderte ich. »Es waren die Bremsen – sie haben nicht funktioniert!«

Ich bestand darauf, uns Fahrräder mit zuverlässigeren Bremsen zu suchen. Eine Stunde lang arbeiteten wir uns praktisch durch jedes Fahrrad im Laden.

»Der Besitzer, er sagt, Sie schwierige Kunden«, sagte Binh zu mir.

»Ist denn ein Fahrrad mit Bremsen zu viel verlangt?«, konterte ich.

»Alle vietnamesischen Fahrräder sind gleich«, erwiderte er geduldig. »So alle lernen fahren wie das –« Dabei schwang er seine Arme herum in einer guten Imitation der Ausweichmanöver, die ich an der Kreuzung beobachtet hatte.

Resigniert stimmte ich dem Kauf von zwei »Forever«-Rädern zu. Binh zufolge betrug der vietnamesische Preis pro Fahrrad etwa vierzig Dollar. Der Besitzer des Ladens wollte aber hundert Dollar von uns. Wir mussten lange feilschen, bis wir den Preis pro Fahrrad samt Drahtkörben, Klingeln und einer Pumpe auf fünfundsiebzig Dollar heruntergehandelt hatten. Aber dann waren wir alle zufrieden. Das Geld wurde übergeben, wir bekamen unsere Fahrräder und dann schoben wir sie zu Binhs Lieblingsrestaurant, um unseren Erfolg mit einem Drink zu begießen.

»Alle meine ausländischen Freunde mögen diesen Ort!«, erklärte uns Binh.

In der Mitte des Restaurants standen Männer auf einem Gerüst und hämmerten gegen die Decke, wodurch Staub und Mörtelstücke in alle Richtungen flogen. Wir bestellten einen Vormittagssnack in Form von Frühlingsrollen, die so entsetzlich schmeckten, dass sie selbst von der abgemagerten Katze, die uns miauend zu Füßen saß, verschmäht wurden. Von unseren Plätzen aus konnten wir jedoch die berühmte halbmondförmige Bucht von Nha Trang in ihrer ganzen Pracht überblicken. Eine steife auflandige Brise ließ die Wellen des klaren smaragdgrünen Wassers vor dem strahlend weißen Sandstrand aufschäumen. Ein wenig beeinträchtigt wurde diese natürliche Schönheit durch mehrere Reihen von Strandschirmen und die jungen ausländischen Touristen, die sich darunter auf ihren Sonnenliegen räkelten. Binh saß beglückt da und trank sein Bier, wobei er die Frauen begutachtete, von denen die meisten blond, mollig und nur spärlich bekleidet waren. »Die so aussehen, weil essen Käse und Milch«, teilte er uns mit. »Vietnamesische Mädchen mager, weil nur essen Reis und Fisch.«

Einheimische Frauen in ihren langen Hosen, langärmeligen Blusen und konischen Hüten gingen unter den Touristen umher, sammelten Geld für die Liegen und Sonnenschirme ein, verkauften Obst und Kuchen von den Körben, die sie an den Schulterstangen bei sich trugen, und brachten Getränke und Speisen von den Restaurants, die den Strand säumten. Eine dieser Frauen kam auch an unseren Tisch und zeigte uns Farbaufnahmen, die sie beim Massieren von Ausländern am Strand zeigten. Sie kniete auf ihren Schultern und hieb mit den Fäusten auf die von der Sonne geröteten Schultern ein. Ihre Kunden machten keineswegs den Eindruck, als ob sie sich dabei wohl fühlten.

»Ich Ihnen gebe Massage, Madam? Nur fünf Dollar!«

»Nein, lieber nicht.«

»Sie haben Haare!«, rief sie plötzlich und starrte auf meine Beine. »In zehn Minuten ich sie ausziehen!«

»Wie denn?«

»So.«

Sie nahm eine Zwirnspule aus ihrer Tasche, riss einen langen Faden ab, klemmte das eine Ende in den Mund und wickelte das andere Ende auf komplizierte Weise um ihre Finger. Dann ließ sie das Stück Faden rasch über meinen Arm gleiten und riss dabei mehrere einzelne Haare aus, was mir Tränen in die Augen trieb.

»Der Frisör macht das auf meinem Hals«, kommentierte Binh. »Es tut weh sehr.«

»Maniküre, Madam!«, sagte die Frau beharrlich. »Ihre Nägel nicht schön, ich sie machen schön, nur zehn Minuten!«

Vielleicht hätte ich mich dazu überreden lassen, aber es gab da etwas, das ich vor unserer Abreise aus Nha Trang noch tun wollte. Als ich unsere Reise vorbereitete und viel über Vietnam las, war ich auf die Übersetzung einer 1945 verfassten Abhandlung von Gustave Langrand über ein Dorf an der Küste von Annam, wie Zentralvietnam von den Franzosen genannt wurde, gestoßen. Seinen Beschreibungen zufolge lag das Dorf südlich von Nha Trang an einer Flussmündung und war durch vorgelagerte Inseln vor Stürmen geschützt. Offiziell wurde es Thuong Dong oder Westliches Dorf und von der Bevölkerung Cua Be oder Kleiner Hafen genannt. Der Artikel enthielt genaue Einzelheiten über das Dorf, unter anderem auch die Beschreibung eines dem Walgott *Ong Nam Hai* geweihten Tempels im Gemeinschaftshaus des Dorfes, *dinh* genannt. Ich wollte nun gern herausfinden, wie es dem Dorf in den vergangenen fünf Jahrzehnten ergangen war und ob der Tempel noch existierte. Seit der Wiedervereinigung von Nord- und Südvietnam waren die meisten Ortsnamen des Landes allerdings geändert worden und so konnte ich weder Thuong Dong noch Cua Be auf irgendeiner Karte finden. Binhs Onkel war jedoch überzeugt, dass es sich bei dem Dorf um Vinh Truong handeln müsse, das sich nun am Stadtrand von Nha Trang befand. Als Binh sein Bier ausgetrunken hatte, baten wir die Besitzer des Restaurants, auf unsere neuen Fahrräder aufzupassen, und machten uns in einem *xe Honda loi* auf die Suche nach dem Dorf.

Die Straße führte die Küste entlang. Wir fuhren an mehreren Touristenbungalows vorbei, wo sich Binh fast den Hals verrenkte, um hineinschauen zu können, und dann am kleinen Flughafen, den Dag mit sehnsuchtsvollen Blicken bedachte. Nach etlichen Kilometern bogen wir auf einen staubigen Weg ab, der von Baustellen gesäumt wurde. Hier wurden überall neue Häuser errichtet. Eisenträger türmten sich an den Seiten und Ziegel und Zementsäcke wurden in Ochsenkarren angeliefert. Dahinter standen bereits fertig gestellte hohe, schmale Häuser, die alle in frischen Blau-, Gelb- und Ockertönen leuchteten. Erst als wir das Zentrum der Siedlung erreicht hatten, erkannte ich den Ort von Langrands Beschreibungen.

Vor einem Haus mit steinernen Kolonnaden, prächtig geschnitzten Holzsäulen und einem mit Flechten bewachsenen Ziegeldach kletterten wir aus unserem *xe Honda loi*. Langrands Beschreibungen zufolge gehörte diese Art von Haus einem Händler oder angesehenen Fischer. Im vorderen Raum, der zur Straße hin offen war, stand vor dem Ahnenaltar ein hölzerner Wandschirm. Nach Langrands Ausführungen sollte dies die bösen Geister verwirren, denn die würden nach vietnamesischem Glauben immer in gerader Linie unterwegs sein. Ich fragte den Hausbesitzer, der ebenso alt wie sein Haus zu sein schien, nach dem Wandschirm und er bestätigte mir seinen Zweck. Er fragte mich verwundert, weshalb ich mich für derartige Dinge interessierte. Bei Binhs Erklärungen lächelte er und sagte, dass er sich noch an den Ausländer erinnere, der vor langer Zeit in ihr Dorf gekommen war, als Frankreich noch das Land regierte. Und er sagte uns auch, dass der *dinh* noch immer dort stand, wo ihn Langrand gefunden hatte, hinter dem Markt, am Fuß eines baumbewachsenen Abhangs.

Über den Marktständen erhoben sich zwei gelbe und rote Drachen, die sich mit gefletschten Zähnen und gewundenen Schwänzen auf zwei Tigern gegenüberstanden. In früherer Zeit glaubten die Vietnamesen, dass sie von einem Drachenkönig abstammten, der mit der Feenkönigin hundert Söhne gezeugt hatte, von denen einer ihr erster Anführer wurde. Wie diese beiden Drachen, die den Eingang zum *dinh*, dem ehemaligen religiösen und gemeinschaftlichen Zentrum von Cua Be bewachten, galten Drachen als Glück bringende Beschützer. Heutzutage sind die *dinh* in den Dörfern kleine Betonschreine, an denen Opfergaben für die Schutzgeister des Dorfs niedergelegt werden. Früher aber waren es große Gebäude, die Versammlungsräume und Tempel umfassten und in denen auch die Originalurkunden des Ortes aufbewahrt wurden.

Cua Bes ehemals recht imposanter *dinh* machte einen verlassenen Eindruck. Die Höfe lagen voller Abfälle und die großen Holztore und Säulen mit ihren geschnitzten Fisch-, Drachen- und Sonnenmotiven waren wurmstichig. Wir fanden den Aufseher in einer Hängematte liegend. Er gähnte, schwang die Beine auf den Boden, steckte die Füße in Plastiksandalen und schlurfte zur Begrüßung auf uns zu. Binh erzählte ihm, dass wir die Religionen Vietnams studierten und fragte ihn, ob wir die verschiedenen Altäre im Hof sehen könnten. Der Aufseher war noch recht verschlafen, aber entgegenkommend. Er sperrte Türen für uns auf, drehte Lichter an und wischte Spinnweben weg. Im ersten Raum, den er für uns öffnete, befand sich ein den Göttinnen von Metall, Holz, Wasser, Feuer und Erde geweihter Altar. Ihre Statuen, die in bestickte und mit Perlen und Goldnuggets verzierte Gewänder gekleidet waren, standen in Glasbehältern. Im nächsten Raum befand sich der Altar von Than Hoang, dem Schutzgeist des Dorfes, und in den Balken hoch über dem Altar wurden in einer Schachtel die Urkunden des Dorfes, die bis ins 13. Jahrhundert zurückgingen, aufbewahrt. Aber das Beste hatte der Aufseher für den Schluss aufgehoben. Die letzte Tür führte zu einem ziemlich alltäglich aussehenden Altar, der mit den üblichen grellbunten Dekorationen und Opfergaben überhäuft und von staubigen Wunderkerzen umgeben war. Dahinter standen Stapel roter Holzkisten. Die größte davon war etwa zweieinhalb Meter lang, einen Meter breit und einen Meter hoch.

»*Ong Nam Hai*«, sagte der Aufseher und hob den Wellblechdeckel hoch.

In der Kiste lagen die Gebeine eines Wals: Rippen, die in ihrer vollen Länge Dag über den Kopf gereicht hätten, und Rückenwirbel mit demselben Umfang wie seine Taille. Ein Durcheinander staubiger Gebeine, bei denen es sich um die Überreste eines Wals handelte, der vor fünfzig Jahren in der Nähe des Dorfs an Land gespült worden war. In den übrigen Kisten wurden die Gebeine von neunzehn kleineren Walen aufbewahrt.

Obwohl in den Gewässern vor Vietnam heutzutage nur Finnwale, und auch diese nur äußerst selten, gesichtet werden, wird der Wal entlang der gesamten Küste hoch verehrt. Die Menschen hier nennen ihn *Ong Nam Hai*, Gebieter Fisch, oder *Ca Ong*, Meister Fisch, denn sie glauben, seine Macht herauszufordern, wenn sie seinen wahren Namen aussprechen. In ihren Augen ist der Wal der Herrscher über die Meere. Er rettet Boote in Gefahr, kann sie aber auch zum Kentern bringen, wenn die Seeleute ihn beleidigen. Die Cham-Kultur, die sich ab dem zweiten Jahrhundert in Vietnam entwickelte, soll den Walkult eingeführt haben, und seitdem unterstützen zahlreiche Mythen die Verehrung des Riesensäugers. Der populärsten Sage zufolge soll der zukünftige Kaiser Gia Long 1792 auf einer Fahrt nach Phu Quoc Schiffbruch erlitten haben. Wale trugen ihn und seine Dschunke sicher an die

Küste und als er schließlich den Thron bestieg, ließ er ihnen zu Ehren Tempel errichten. Viele Jahre lang spendete die Regierung danach rote Seide für die Beerdigung von toten Walen, die an der Küste gefunden wurden.

»Dieser Mann«, erzählte uns Binh, »er sagt, dass in den Meeren, wenn Sturm kommt, die Fischer auf dem Boot rufen nach dem Wal und der Wal kommt und hilft dem Boot. Manchmal ein Wal stirbt nahe hier, und sie glauben ein Gott kommt und sie begraben ihn mit Achtung. Und wenn er dann nur Knochen ist, sie ihn nehmen aus Erde heraus und geben in Kiste und tragen in Tempel. Jedes Jahr sie haben drei Tage Feier und nehmen Knochen mit auf Boot.«

Der Aufseher zeigte uns von Wasser befleckte Fotos, auf denen rote Kisten unter Fransenbaldachinen und prächtigen Dekorationen auf Sampans zu sehen waren.

»Ich habe darüber gelesen«, sagte ich und blätterte dabei durch die Notizen, die ich mir von Langrands Aufzeichnungen gemacht hatte.

Der *dinh* befand sich vielleicht in einem etwas altersschwachen Zustand, aber im Wesentlichen war alles noch genau so, wie er es beschrieben hatte. Als wir gingen, fragte ich Binh, wie viel ich als Opfergeld geben sollte. Er schaute sich um und schien zu schätzen, was notwendig wäre, um das Gebäude wieder instand zu setzen.

»Sie ihm geben Geld für Zigaretten«, schlug er vor.

Ich war zu müde für den Jungfernritt auf unseren Drahteseln und so ließen wir uns samt unseren Fahrrädern in einem winzigen Bus, der einem Schrank auf Rädern glich, zurück zum Restaurant bringen. Beim Abendessen diskutierten wir erneut über Boote, ein Thema, das inzwischen allen zum Hals heraushing. Wir hatten unsere Karten auf einem der Tische ausgebreitet und zeigten Binh, Lan und Chap, was wir vorhatten. Sechzig Kilometer im Norden lag eine Halbinsel, die über eine Sandbank mit dem

Festland verbunden war. Der Karte zufolge gab es dort mehrere Dörfer und eine schmale Straße, die über zwanzig Kilometer den Damm entlang verlief und dann auf den Highway One traf. Wir wollten nun ein Boot zum Dorf Dam Mon am Ende der Halbinsel nehmen. Dort würden wir uns entweder ein weiteres Boot suchen oder, wenn das nicht klappte, ganz einfach zum Highway hinauf radeln.

Lan und Chap schienen mit diesem Plan einverstanden zu sein und versprachen, für uns ein Boot zu finden, das uns zur Halbinsel mitnehmen würde. Aber nicht am nächsten Tag, denn das war der offizielle Beginn der Monsunzeit. An diesem Tag wurde nicht gearbeitet, denn das brachte Unglück. Stattdessen wurden Opfer gebracht, um die Geister der Cholera, die während der Monsunzeit so häufig auftrat, zu besänftigen, und man badete im Meer, denn das würde für den Rest des Jahres Glück bringen. Und es war auch ein Tag, an dem Chap und Lan hofften, dass ihr Restaurant von morgens bis abends voll mit Gästen sein würde.

Schon um acht Uhr am nächsten Morgen kamen mehrere elegant gekleidete junge Paare auf ihren Hondas ins Restaurant. Während die Männer dem Reiswein zusprachen, gingen die jungen Frauen in voller Kleidung, außer ihren Schuhen, ins Wasser und begannen, ausgelassen herumzuspritzen. Als die vierte Gruppe Hondas mit viel Getöse vorgefahren war und wir merkten, dass Lan und Chap mit den vielen Bestellungen ziemlich ins Schwitzen kamen, beschlossen wir, nicht mehr im Weg herumzustehen und uns aus dem Staub zu machen. Wir kletterten über die Felsen, die eine Seite der Bucht schützten, und spazierten den Strand entlang Richtung Nha Trang. Nach etwa einem Kilometer stießen wir direkt an der Küste auf einen Tempel. In den Gartenanlagen saßen im Schatten eines großen Baums buddhistische Nonnen mit rasierten Köpfen, die kicherten, als wir an ihnen vorbeigingen. Ganz in der Nähe stand eine riesige Statue der *Quan The Am*, die auf das Meer hinausblickte. Davor posierten Vietnamesinnen in engen Jeans und Stöckelschuhen und fotografierten sich gegenseitig. Eine von ihnen hatte nach bester Hollywoodmanier den Kopf keck zurückgeworfen und den Busen vorgestreckt, hielt aber eigenartigerweise in der Hand einen Hummer, den sie an den Fühlern gepackt hatte. Die Nonnen verfolgten das Spektakel und wisperten miteinander.

An die hundert Meter von der Küste entfernt ragten hinter einigen Garnelennetzen zwei felsige Inselchen mit winzigen strohgedeckten Hütten aus dem Wasser. In einer der Türen tauchte ein Mann auf, der uns einladend zuwinkte. Auch in den Fenstern waren Gesichter zu sehen und Hände, die uns winkten. Der Mann kletterte eine Leiter hinunter, löste ein kleines Weidenboot, das an der untersten Sprosse vertäut war, und paddelte mit einem Ruder auf uns zu. Er war ein recht derber Geselle und ganz offensichtlich betrunken, aber wir wollten uns einfach nicht die Chance entgehen lassen, mit einem dieser Weidenboote zu fahren. Wir kletterten hinein, hockten uns nieder und hielten uns an den Seiten fest. Ich kam mir vor wie im Kinderreim von der Eule und der Katze von Edward Lear, die auch in einem großen Korb zur See fuhren. Auf dem Boden stand zentimeterhoch Wasser, in dem die Schalen von Perlmuscheln und leere Bierflaschen um unsere Fußgelenke schwappten. Auf der Insel angekommen, kletterte ich als Erste die Leiter hinauf. Noch bevor ich die letzte Sprosse erreicht hatte, beugte sich schon ein Mann aus der Tür, fasste mich grob am Arm und zog mich ins Haus. Da stand ich nun, umgeben von zehn grinsenden und total betrunkenen Fischern. Überall im Raum lagen wild verstreut leere Bierflaschen, zerdrückte Zigarettenschachteln und Hummerschalen. Ein Mann war dabei, riesige Austern über einem Kohlenfeuer zu grillen, ein anderer goss Bier in einen Kühlbehälter, ein Dritter zerschmetterte Eisklumpen an einem Holzpfosten und warf dann die Stücke ins Bier. Als Dag im Eingang erschien und fast den ganzen Türrahmen ausfüllte, begannen die Männer vor Vergnügen zu glucksen und zu johlen. Sie zogen einen Korb aus dem Meer, in dem noch mehr Bierflaschen herumschwammen. Wir mussten uns auf eine Matte setzen und dann wurden uns von allen Seiten Essen, Getränke und Zigaretten aufgedrängt.

»Trinkt!«, ein Becher mit Bier und dreckigen Eiswürfeln.

»Raucht!«, eine bereits angezündete Zigarette.

»Esst!«, eine fleischige Auster in ihrer Schale.

»Iss das nur ja nicht«, ermahnte mich Dag, und da er eine derartige Warnung nur im Notfall aussprechen würde, hatte er sicher einen guten Grund dafür.

Um alle Angebote abzuwehren, lächelte ich entschuldigend und tätschelte meinen Bauch, um zu zeigen, dass damit etwas nicht in Ordnung war, was ja auch stimmte. Der Mann neben mir löste die verschmähte Auster aus der Schale, leckte sie lasziv ab und zwinkerte uns grinsend zu. Ein anderer sang mit schmachtendem Blick ein vietnamesisches Liebeslied für Dag. Panik stieg in mir hoch – wir hatten einen entsetzlichen Fehler gemacht – denn diese kräftig gebauten und betrunkenen Männer waren uns zahlenmäßig weit überlegen. Doch dann ließ der Typ neben mir seine Auster fallen, griff zu einer zerbeulten Gitarre und begann, ein vertrautes Lied zu spielen.

»*Too-night you're mine, compeetey*«, sang er, »*You give you lub sue-weetly, Too-night, too-night the lie of lub is in you high …*«

»Singt! Singt!«, drängten uns die anderen und wir stimmten ein: »*We you ste lub me, to-morrow?*«

Unsere Bemühungen wurden mit ekstatischem Applaus quittiert. Der Mann musste das Lied gleich noch einmal spielen. Diesmal stimmten auch die übrigen Fischer in den Refrain »*We you ste lub me, too-morrow!*« ein.

Wir sangen diese Strophe aus dem alten Carole King Song, von dem wir als Einzige den Text kannten, noch achtmal. Dabei wurde der Chor der Fischer immer lauter und der Lärm machte die Männer auf der nächstliegenden Insel aufmerksam, so dass schließlich fünf von ihnen zu uns herüberruderten. Als sie sich in den kleinen Raum zwängten, wurde noch ein Korb Bier heraufgeholt und der »Koch« legte weitere Austern auf den Grill. Da unsere fröhliche

Runde immer ausgelassener zu werden drohte, beschlossen wir, uns zu verabschieden. Ich erwartete, dass unsere Gastgeber dagegen protestieren würden, aber als ihnen Dag in unserem Sprachführer die vietnamesische Übersetzung von »Auf Wiedersehen, ich muss jetzt gehen« zeigte, standen alle Männer auf und schüttelten uns feierlich die Hand. Wir kletterten die Leiter hinunter, stiegen in das kleine Boot und wurden wieder zur Küste zurückgerudert. Auf unserem Weg zum Huong Bien Restaurant wurden wir noch lange vom Gesang der Fischer begleitet, der übers Wasser zu uns herüberklang: »*We you ste lub me, too-morrow!*«

Den ganzen Strand entlang saßen Grüppchen von Leuten beim Picknick und einige tauchten zu einem Glück bringenden Bad ins Wasser. Als wir die Bucht erreichten, fanden wir sie eigenartig leer und alle Motorroller waren verschwunden. Im Restaurant saß die ganze Familie und alle sahen angespannt und besorgt aus.

»Wo ihr geht?«, begrüßte uns Binh verärgert. »Ich sorge!«

Wir waren aber nicht der eigentliche Grund, dass Binh so aufgewühlt war. Während wir uns mit den Fischern vergnügt hatten, war ein Mädchen in der Bucht ertrunken.

»Viele Leute, sie kommen hierher«, erklärte uns Binh. »Sie gehen in Wasser, haben Spaß, alle betrunken und lustig. Und dann ein Mädchen, sie redet mit ganz großem Mund, sie sagt: ›Wo meine Freundin? Wo meine Freundin?‹ So sie schauen und sehen Hut von Freundin auf dem Wasser und wissen, sie versunken. Fünfzehn Minuten später sie finden Mädchen unter Wasser und ziehen sie heraus. Ich helfe sie hertragen, alle versuchen, Mädchen zu retten, sie tun alles, sie stellen Mädchen auf den Kopf, sie klopfen auf Körper, aber alles zu spät. Und die Leute sind betrunken und schreien, und das Mädchen, sie hat überall Sand. Und ihr Gesicht – so schrecklich, ganz grün und der Mund blau und die Augen offen. Ihre Augen, sie starren mich an wie Fisch. Wir stoppen Auto und Leute bringen sie in Krankenhaus, aber Mädchen schon tot.«

Eine Weile saßen wir geschockt da und sagten kein Wort.

»Hat denn niemand gemerkt, dass sie am Ertrinken war?«, fragte ich schließlich.

»Niemand hört sie«, sagte Binh. »Sie geht in Wasser und sie versinkt und sie sagt nichts! Ich glaube, sie fällt in Loch.«

Ich hatte beim Schwimmen in der Bucht bemerkt, wie steil der sandige Boden plötzlich abfiel und stellte mir nun vor, wie das Mädchen ins Wasser watete, plötzlich keinen Boden mehr unter den Füßen hatte und ganz einfach ertrank.

»Ihr wisst, meine Tante glaubt an einen Geist, einen *Ma Da*, der unter Wasser lebt«, fuhr Binh fort. »Sie sagt, dieser *Ma Da* zieht Frau unter Wasser. So jetzt ist Frau auch *Ma Da* und sucht jemand zu töten. Deshalb die Leute verlassen den Strand und gehen heim.«

Lan hatte nach dem Unfall mehrere Räucherstäbe am Strand entzündet, um *Ba Thuy*, die Wassergöttin, die diesen *noi* – Fluch – über sie gebracht hatte, zu beschwichtigen. Bald, sagte Binh, würde sie dort einen richtigen Schrein errichten und zur selben Zeit im kommenden Jahr dem *Ma Da* besondere Opfer bringen und auch eine besondere Feier zum Verankern der ruhelosen Seele abhalten.

»Sie Angst um ihre Kinder, wisst ihr. Der *Ma Da* nimmt Kinder am liebsten. Ich glaube, heute Nacht sie hat Angst, Kinder auf Toilette gehen lassen.«

Als es dunkel wurde, zündete Chap jede Öllampe im Restaurant an. Die fliegenden Ameisen kamen wieder in Scharen herbei und die Frösche hüpften herum und versprachen uns quakend Regen. Nach dem Abendessen spielten wir Karten und erzählten Geistergeschichten. Lan berichtete von den Geistern der alten Jungfern, also von den Frauen, die unverheiratet und kinderlos aus dieser Welt geschieden sind, und deren Geister nun nach Kindern suchen, die sie ihren Familien wegnehmen können.

»Was wird denn aus mir, wenn ich sterbe?«, fragte ich. »Ich bin verheiratet, habe aber keine Kinder.«

»Dann macht das am besten noch schnell«, sagte Binh.

Nun erzählte er uns etwas, das er uns in Can Tho verschwiegen hatte.

»In Hotel, erste Nacht, ich wache auf dreimal. Jemand mich stößt und ich falle aus dem Bett! Ich allein, aber jemand mich stößt und stößt. Am Morgen ich spreche mit Besitzer von Hotel.« Er machte eine dramatische Pause und zündete sich eine Zigarette an. »Er erzählt mir, dass sich Frau vor zwei Jahren in diesem Zimmer umbringt. Und jetzt ihr Geist ist dort.«

Nach dieser Geschichte schien es, dass niemand ins Bett gehen wollte, und die Öllampen brannten um elf Uhr noch immer. Chap und Lan versuchten vergeblich, uns zu überreden, unser Zelt für die Nacht ins Restaurant zu bringen.

»Sie sagen, ist mehr sicher«, sagte Binh. »Sonst wirft *Ma Da* große Steine auf euch.«

Als Dag verkündete, dass er ein nächtliches Bad im Meer nehmen würde, waren alle ganz offensichtlich entsetzt. Beklommen saß die Familie still da und alle horchten angestrengt auf sein Plantschen in der Bucht.

»Maria, komm doch rein!«, jubelte er. »Die Biolumineszenz ist fantastisch!«

»Was ist das?«, fragte Binh nervös.

Ich erklärte ihm, so gut es ging, dass es im Wasser winzige Organismen geben würde, die dieses Leuchten hervorbringen. Binhs Übersetzung folgte eine aufgeregte Diskussion.

»Sie sagen, dieses Licht ist *Ma Da*!«, zischte er.

Minuten später kam Dag erfrischt und heiter zurück. Erleichtert konnte die Familie nun endlich zu Bett gehen. Dag und ich blieben noch eine Weile sitzen und beobachteten die Lichter der Boote auf dem Wasser. Bevor auch wir uns schlafen legten, konnte ich Dag nur mit Mühe davon abhalten, zum Spaß ein paar Steine auf Binhs Hütte zu werfen.

»Habt ihr etwas gehört in der Nacht?«, fragte Binh am nächsten Morgen besorgt.

»Nur hin und wieder einen vorbeifahrenden Lastwagen«, antworteten wir ihm, »einen Außenbordmotor in der Bucht und dann in der Morgendämmerung einen Hahn, der direkt neben unserem Zelt krähte.« Er sah erleichtert aus.

»Meine Familie Angst haben. Niemand geht ganze Nacht auf Toilette.«

Dann teilte er uns mit, dass er sich entschlossen habe, am Abend mit dem Nachtbus nach Saigon zurückzufahren.

»Zuerst«, versicherte er uns, »ich werde Boot für euch arrangieren.«

Nach drei Tagen des Hin und Hers in der Bootsfrage, hatte er nun alles innerhalb einer Stunde erledigt. Chap setzte sich auf seine Honda und machte sich auf die Suche nach einem geeigneten Fischer. Er kam mit einem Mann namens Toan zurück, der sich bereit erklärte, uns für hundert Dollar nach Dam Mon zu fahren. Binh handelte ihn auf fünfundsechzig Dollar herunter und legte dann in einem schriftlichen Vertrag die Bezahlung fest, und wann er uns wohin mitnehmen würde. Toan sagte, er würde eine Reisegenehmigung besorgen und uns am nächsten Morgen um sieben Uhr am Strand abholen. Er versprach auch, uns zu helfen, eine Unterkunft in Dam Mon zu finden und nach Möglichkeit auch ein Boot, das uns weiter die Küste hinauffahren würde.

Nachdem alles geregelt war, konnten wir uns alle entspannen. Es war ein heißer und schwüler Tag und wir verbrachten die meiste Zeit in Liegestühlen im Schatten der Weinranken. Einige wenige Gäste fanden sich im Restaurant ein. Als Chap schnell Eis aus der Reisgrube für ihre Getränke holte, flatterten die Hühner um seine Füße herum, auf der Suche nach verstreuten Körnern. Binh meinte, dass er gern ein Huhn kaufen und nach Saigon mitnehmen würde, und er zeigte dabei auf eines, das im Cassavabeet herumkratzte. Mit ausgestreckten Armen und Beinen, als ob sie ein Fußballtor verteidigten, stellte sich die ganze Familie rund ums Beet auf. Das Huhn spürte die drohende Gefahr und suchte zwischen Chaps Beinen hindurch das Weite. Der wandte sich um und warf sich mit eindrucksvollem Einsatz in voller Länge auf den Boden, bekam dabei aber nur ein paar Schwanzfedern zu fassen. Während der nächsten Viertelstunde folgte eine wilde Jagd, zuerst rund ums Cassavabeet, dann durchs ganze Haus und schließlich durchs Restaurant, wo das Huhn mit wildem Gegacker über einen Tisch flatterte, an dem Gäste gerade zu Mittag aßen. Schließlich gelang es Lan aber, das lauthals protestierende Tier zu fangen. Sie band die Beine mit einer rosa Schnur zusammen und ließ das Huhn dann am Boden liegen.

Nach all der Aufregung wandten sich die Jungen wieder Dag zu, streichelten und betätschelten ihn und lachten über seine Nase. Wir hatten uns ein paar Sätze aufgeschrieben, von denen wir glaubten, dass sie während unserer Fahrt nach Norden nützlich sein würden, und wir baten Binh, sie für uns ins Vietnamesische zu übersetzen und uns bei der Aussprache zu helfen. Die Buben hörten unserer improvisierten Unterrichtsstunde belustigt zu, während Chap zunehmend besorgt aussah.

Könnten wir mit dem örtlichen Regierungsbeamten sprechen? *Lam on tscho toi gap kong an xa?*

Können wir die Nacht in diesem Dorf verbringen? *Tschung toi ko the ngu lai dem trong lang khong?*

Wir haben ein Zelt zum Schlafen. *Tschung toi ko leu va nem de ngu.*

Können Sie uns in Ihrem Boot nach … mitnehmen? *Anh ko the tscho toi di theo ghe anh toi …?*

»Mein Onkel, er hat Angst«, sagte Binh, als wir fertig waren. »Er sagt, ihr landet in Gefängnis.«

Um fünf Uhr nachmittags standen wir am Straßenrand und winkten Binh zum Abschied. Als der Bus nach Saigon hinter dem Hügel verschwand, beschlich mich leise Wehmut über unseren Verlust. Drei Wochen lang war Binh unser enger Vertrauter und die Verbindung zur Welt um uns herum gewesen. Wir würden nicht nur seine Gesellschaft vermissen, sondern von nun an auch mit der Sprache und allem, was uns sonst noch in die Quere kam, allein fertig werden müssen.

Chap bestand darauf, dass wir die Nacht in der Hütte verbringen sollten, in der Binh geschlafen hatte. Bei Einbruch der Dunkelheit packten wir also das Zelt zusammen und zogen in unser neues Heim. Darin standen zwei Einzelbetten mit Moskitonetzen. Bevor wir ins Restaurant zu unserer letzten Mahlzeit hinübergingen, packten wir noch schnell unsere Sachen, denn am nächsten Morgen sollten wir früh starten. Wie immer waren im Restaurant alle Öllampen angezündet und die Ameisen hatten schon zu ihren nächtlichen Kamikazeflügen angesetzt. Die Jungen saßen an einem Tisch und spielten Karten. Chap lud Dag zu sich an einen Tisch ein und wies mir einen anderen Tisch zu, wo ich allein sitzen sollte. Lan servierte den Männern mehrere Teller voller Speisen und jedem eine Flasche Bier, dann setzte sie sich zu mir und stellte vor uns zwei Schüsseln Reis mit *nuoc mam* und eine Flasche Sprudelwasser auf den Tisch. Chap kam herüber und goss Wasser in mein Glas.

»Vietnam, Madam kein Bier, kein Reiswein!«, sagte er dabei mit Nachdruck.

Im Lauf der letzten Tage hatte ich schon bemerkt, dass Chap es gar nicht schätzte, wenn ich Bier trank, selbst in Maßen, und jetzt nach Binhs Abreise hatte er offensichtlich das Gefühl, dass er sein Missfallen offen zum Ausdruck bringen konnte.

»Was isst denn du?«, fragte ich Dag.

»Gebratenen Thunfisch, schmeckt prima«, sagte er selbstzufrieden.

Lan lief hin und her und füllte die Schüsseln der Männer immer wieder auf.

»Das ist doch lächerlich«, sagte ich zu Dag. »Schließlich zahlen wir doch für unser Essen!«

Chap sah mich streng an und schüttelte den Kopf, während Lan an unseren Tisch zurückkam und den Finger vor den Mund legte. Was sie damit sagen wollten, war eindeutig; ich sollte meinen Mann während des Essens nicht stören. Dag saß mit dem Rücken zu mir und ich sah, wie seine Schultern zuckten.

»Maria, du warst es, die wie die Einheimischen leben wollte«, sagte er.

Als es Zeit zum Schlafengehen war, schienen Chap und Lan uns begleiten zu wollen. Zuerst dachte ich, dass sie uns nur mit der Öllampe den Weg weisen wollten, aber sie folgten uns in die Hütte und krochen unter eines der Moskitonetze.

»Okay, keine Gefahr, okay«, wiederholte Chap immer wieder, bevor er die Öllampe ausblies.

»Was soll denn das bedeuten?«, flüsterte ich Dag zu.

»Vielleicht wollen sie uns bewachen«, flüsterte Dag zurück.

»Aber sie haben doch die Buben allein im Restaurant gelassen!«

»He, dusie!«, flüsterte Dag. »Mach dir keine Gedanken mehr und schlaf!«

Das Bett war schmal und hart. Und da die Hütte nahe an der Straße lag, glitten die Schweinwerfer der vorbeifahrenden Fahrzeuge immer wieder über das vergitterte Fenster. Ich fand lange keinen Schlaf, aber als ich schließlich doch einnickte, wachte ich schon gegen Mitternacht wieder auf, weil ich auf die Toilette musste. Ich setzte mich auf, schlüpfte aus meinem Baumwollschlafsack und schlängelte mich ans Fußende des Betts. Als ich das Moskitonetz hochhob, fuhr gerade ein Lastwagen vorbei und das Licht seiner Scheinwerfer fiel auf mich.

»Waaaah!«, schrie Dag, als er sich blitzschnell aufsetzte und mich an der Kehle fasste.

»Ich bin's!«, krächzte ich und versuchte dabei, seinen Griff zu lösen.

»Was zum Teufel tust du hier!«, rief er. Dabei schüttelte er mich ganz fest und versuchte, mir die Luft abzudrücken.

»*Ich* bin's!«, keuchte ich und hieb dabei verzweifelt mit den Fäusten auf seinen Kopf ein.

Seine Hände lösten sich von meinem Hals.

»Maria?«

»Ich wollte auf die Toilette – ich hätte nie geglaubt…«

»Du liebe Güte, ich dachte, jemand hätte sich eingeschlichen und wollte uns umbringen. Bist du okay?«

Wir sprachen inzwischen im Flüsterton miteinander, hätten uns die Mühe aber sparen können, denn Chap und Lan schliefen noch immer tief und fest, und auch unser heftiger Ringkampf hatte ihnen nicht einmal ein Grunzen entlockt.

Verhaftet!

Unsere brandneuen Fahrräder lehnten an dem sonnengebleichten kleinen Weidenruderboot, das auf Toans Kahn umgedreht an Deck lag. Dahinter sahen wir über ein Stück ruhigen Wassers hinweg vier winzige Gestalten in der Bucht stehen, die unsere Abfahrt beobachteten. Nach einem letzten Winken ging Lan mit ihren Jungen schließlich zum Restaurant zurück.

Als wir am Morgen aufwachten, war Chap verschwunden, und als Toans neun Meter langes Holzboot die Küste entlangtuckerte und schwarzer Dieselqualm aus dem Kamin seine Ankunft ankündigte, war Chap noch nicht wieder aufgetaucht. Seine Frau und seine Söhne wateten mit uns ins Wasser und halfen uns, Gepäck und Fahrräder an Bord zu hieven.

»Hey, dusie!«, hatten uns die Jungen mehrmals nachgeschrien, als sich das Boot von der Küste löste.

»Hey, dusie!«, riefen wir fröhlich zurück.

Chaps Abwesenheit hatte uns aber doch etwas beunruhigt und wir überlegten, ob es jemand mit Beziehungen zur kommunistischen Partei vielleicht für besser hielt, nicht in der Nähe zu sein, wenn direkt vor seinem Restaurant zwei Ausländer ein Fischerboot bestiegen.

Allerdings schien Toan der siebenstündigen Fahrt, die vor uns lag, gelassen entgegenzusehen, und so verging der Vormittag recht angenehm. Wir nahmen Kurs gen Norden, durchquerten eine breite Bucht und umfuhren eine bergige Halbinsel, an deren Spitze steile, mit verkrüppelten Bäumen bewachsene Hänge zu einem strahlend weißen Sandstrand abfielen. Große, von roten und schwarzen Flechten überzogene Felsblöcke lagen überall verstreut. Das Wasser war tiefblau und so klar, dass man in einer Tiefe von sechs Metern die Korallenriffe ausmachen konnte. Hin und wieder kamen wir an anderen Fischerkähnen vorbei, die kleine Weidenboote wie Raketen ins Wasser rutschen ließen. In jedem dieser kleinen korbartigen Boote saß ein Fischer, der für die vielen Stunden, die er auf dem Meer mit dem Prüfen und Auslegen von Netzen verbringen würde, nichts als ein hölzernes Ruder zur Fortbewegung hatte, bis ihn das Mutterschiff wieder abholte.

Gegen Mittag tauchte am Horizont ein schimmernder Sandstreifen auf, der sich vom Festland zu einem steilen bewaldeten Berg hin erstreckte. Dags Miene nahm einen besorgten Ausdruck an.

»Wir sind auf dem falschen Kurs«, sagte er.

»Das ist doch nicht möglich.«

»Doch. Schau, hier ist die Hon Lon-Insel. Wir müssten ihre südliche Spitze umfahren und dann zwischen der Insel und der Halbinsel hindurch. Toan fährt auf das nördliche Ende zu.«

Dag beugte sich zu Toan hin und klopfte ihm auf die Schulter.

»Dam Mon«, sagte er.

Lächelnd wies Toan in die eingeschlagene Richtung.

»Long Hoa«, antwortete er. Long Hoa ist eine Stadt am Highway One, die etwas südlich von jenem Punkt liegt, an dem die Halbinsel an das Festland anschließt. Wir schüttelten den Kopf und machten Gesten, die Toan zeigen sollten, dass wir nicht dorthin wollten. Er lächelte zuvorkommend, machte aber keinerlei Anstalten, den Kurs zu ändern. Wir zeigten ihm nun auf der Landkarte die Stelle, wo wir herkamen und die, wo wir hin wollten. Toan drehte die Karte um und studierte sie genau.

»Ich bin überzeugt, dass er Karten überhaupt nicht lesen kann«, stöhnte Dag. »Und ich wette, dass er nur seine heimischen Gewässer kennt. Der arme Kerl war wahrscheinlich noch nie so weit von zu Hause weg.«

Wir holten den Vertrag hervor, den Binh auf ein Blatt aus einem Schulheft geschrieben hatte. Auf einer Seite stand: Vertrag für die Vermietung eines Boots von Herrn Nguyen Van Toan an: Dag und Maria. Für eine Bootsfahrt von: Ha Chong Cat Loi To Loi zum Dorf Dam Mon (70 km). Fälliger Betrag: 650 000 VD.

Toan studierte die andere Seite des Blatts, wo der Text auf Vietnamesisch stand. Dann sah er vom Blatt hoch und sagte: »*Long Hoa.*«

»*Anh ko the tscho toi di theo ghe anh toi Dam Mon?*«, las Dag aus seinem Notizbuch vor. »Können Sie uns in Ihrem Boot nach Dam Mon mitnehmen?«

Toan schüttelte den Kopf. »*Long Hoa*«, wiederholte er.

Dag begann nun, auf das Festland zu zeigen und dabei energisch den Kopf zu schütteln. Dann wies er in die allgemeine Richtung von Dam Mon und nickte heftig. Diesen Ablauf wiederholte er dann so oft, dass mir allein vom Zusehen schon ganz schwindlig wurde. Toan blickte ihn nachsichtig an, machte aber noch immer keine Anstalten, den Kurs zu ändern.

»Da bleibt uns nur noch eines übrig«, sagte Dag.

Damit übernahm er höflich, aber bestimmt das Steuerrad und wandte das Boot in die Richtung, in die wir fahren sollten. Toan nickte und seufzte tief, als hätte er sich nun in sein Schicksal ergeben.

Es schien mir unbegreiflich, dass jemand nicht nach Dam Mon fahren wollte, denn es war ein Ort von erstaunlicher Schönheit. Hinter einigen mit Bäumen bestandenen Inseln lag eine geschützte aquamarinblaue Lagune. Den Strand säumten Palmen- und Papayahaine und über Bambuszäunen lugten die roten Ziegeldächer der Häuschen hervor. Hinter dem Dorf erhob sich eine hohe schimmernde Sanddüne, die wiederum von einem steilen und üppig bewaldeten Berghang beherrscht wurde. Als Toan langsam durch die Lagune fuhr, standen Dag und ich an Deck und bewunderten das herrliche Panorama. Dann bemerkten wir die beiden Männer in grünen Uniformen, die am Strand standen und unsere Ankunft beobachteten. Toan kaute nervös an seiner Unterlippe, während er den Anker lichtete. Wir nahmen unsere in dieser Umgebung irgendwie recht unpassend wirkenden nagelneuen Fahrräder beiseite, damit Toan das Weidenboot zu Wasser lassen konnte. Bevor wir ins Boot kletterten, griff Dag schnell eine Packung Zigaretten, die wir für etwaige Begegnungen mit der Polizei gekauft hatten, und ich nahm etliche Dollarscheine aus meinem Geldgürtel und steckte sie in die Hosentasche.

Die Polizisten wirkten wie Witzfiguren aus einem alten Film: Der eine, ein beleibter Mann mittleren Alters mit einem strengen Gesichtsausdruck, stellte den abgebrühten Sergeant dar, während sein Kumpan einen jungen, dürren Wachtmeister mit einem nervösen Tick in der Wange spielte. Der Sergeant sprach mit schneidender Stimme auf Toan ein, der um etliche Zentimeter zu schrumpfen schien. Toan schluckte, warf einen niedergeschlagenen Blick auf Dag und überkreuzte seine Handgelenke. Man hatte uns anscheinend verhaftet! Im Gänsemarsch, mit dem Sergeant vorn und dem Wachtmeister als Nachhut, spazierten wir die weichen Sandwege zwischen den Bambuszäunen entlang. Mir kam ein vietnamesisches Sprichwort in den Sinn: »Wer seine Nachbarn liebt, errichtet Zäune und Hecken.« Hinter den Gartentoren standen Leute, die uns mit einem scheuen, verwunderten Lächeln verstohlen anblickten. Wir lächelten zurück, aber Toan sah äußerst niedergeschlagen aus.

»Ich bin mir hundertprozentig sicher«, sagte Dag hinter mir, »dass er nichts hat, das auch nur im Entferntesten wie eine Reisegenehmigung aussieht.«

Die Polizeiwache war ein niedriges L-förmiges Gebäude mit einem Blechdach. In einem der Räume standen zwei Feldbetten, in denen Männer mit ihren AK-47 Gewehren neben sich schliefen. Wir wurden in einen Empfangsraum geführt und setzten uns an einen langen Holztisch. Dann servierte man uns Grünen Tee. Nachdem sie uns die Pässe und Toan sein Logbuch abgenommen hatten, herrschte Stille im Raum, die nur vom Zirpen einer Heuschrecke und dem Rascheln der Seiten beim Umblättern unterbrochen wurde. Ich rang die Hände unter dem Tisch und starrte dabei auf ein Bild Ho Chi Minhs an der Wand. Die schlafenden Polizisten waren inzwischen aufgewacht, hatten sich ein Hemd übergezogen und starrten uns nun von der Tür aus an.

»Kan-a-da«, sagte der Sergeant schließlich. Dann zeigte er auf unsere Visa, die in London ausgestellt worden waren.

»Lan-dan. Weshalb?«

Anstatt ihm zu erklären, dass wir vorübergehend in England gearbeitet hatten, als wir unsere Visa beantragen mussten, wählten wir den einfacheren Weg und zuckten nur grinsend mit den Achseln, um damit ein »Warum nicht?« auszudrücken.

Da zog der Sergeant aus einer Lade unter dem Tisch ein großes blaues Buch. Auf den ersten paar Seiten hatte jemand mit Bleistift mehrere Fragen notiert. Sorgfältig las er sie uns vor.

»Vie hei-san tsie? Uao gom-man tsie hea? Uas mack-an tsie in Vietnam?

Wir hofften, dass wir seine Fragen richtig erraten hatten, als wir ihm zögernd unsere Antworten gaben. Seine vierte Frage machte uns allerdings völlig ratlos.

»Maa-ktn tsie vietnamesisch a-bei-szen?

Nach einer kurzen Pause antworteten wir im Chor.

»Ja«, sagte ich.

»Nein«, sagte Dag.

Dann herrschte wieder längeres Stillschweigen. Schwer atmend starrte uns der Sergeant an und die Wange des Wachtmeisters zuckte mehr denn je. Toan saß still da und starrte ins Leere, als wolle er sich in nichts auflösen. Beide Polizisten begannen, ihn mit Fragen zu bestürmen, und nun erwachte er zwar aus seinem Trancezustand, sagte aber immer noch nichts.

»Jetzt bin ich mir *sicher,* dass er keine Reisegenehmigung hat«, brummte Dag vor sich hin, als der Sergeant das Logbuch, bei dem es sich um ein rosa Schulheft handelte, durchblätterte.

Plötzlich begann Toan aber ganz aufgeregt zu sprechen. Dabei wies er immer wieder auf uns und jedes fünfte Wort schien »Long Hoa« zu sein.

»Er schiebt uns an allem die Schuld zu«, murmelte Dag. »Er erklärt den beiden, dass *er* uns nach Long Hoa fahren wollte, dass *wir* aber darauf bestanden haben, hierher zu kommen.«

»Was stimmt«, murmelte ich zurück.

Als Toan seine Rede beendet hatte, sahen uns die beiden Polizisten verwirrt an. Dann suchte der Sergeant eine unbeschriebene Seite im Logbuch und zeichnete darauf den Umriss eines Fahrrads.

»Warum?«, fragte er Dag und deutete dabei auf die Skizze.

»Wir fahren Dam Mon nach Long Hoa«, sagte Dag und zeigte dabei ebenfalls auf das Bild.

Die Polizisten und Toan starrten uns an, als ob wir den Verstand verloren hätten.

Nun öffnete der Sergeant erneut die Lade, holte eine topografische Karte hervor und breitete sie auf dem Tisch aus.

Auf der äußerst detaillierten Karte war in großem Maßstab der südliche Zipfel der Halbinsel zu sehen. Der Sergeant zeigte auf die Stelle, wo wir uns befanden, und zog dann mit dem Finger zwei nahe beieinander liegende Höhenlinien nach, die eine starke Steigung anzeigten. Daraufhin sagte er etwas zum Wachtmeister, der aufstand und uns recht eindrucksvoll vorführte, wie jemand ein Fahrrad einen Hügel hinaufträgt.

»*Con duong?*«, fragten wir. »Straße?«

Allgemeines Kopfschütteln. Nun dämmerte uns langsam: Es gab keine Straße, sondern nur einen Berg.

Tee wurde nachgegossen und der Sergeant nahm Toans Verhör erneut auf, während der Wachtmeister jede kleinste Einzelheit unserer Pässe in sein Buch kopierte.

»Großartig«, murmelte Dag. »Wir fahren auf einem Fischerboot, das keine Transporterlaubnis besitzt, wir kommen mit zwei Fahrrädern in ein Dorf, zu dem keine Straße führt, die Polizei führt uns ab und wir sprechen kaum ein Wort ihrer Sprache.«

»Was sollen wir denn tun?«

»Uns Sorgen machen.«

Unser Flüstern wurde von den beiden Polizisten mit argwöhnischen Blicken verfolgt. Dann lehnte sich der Sergeant über die Karte und zeigte auf ein anderes Dorf. Vinh Yen lag auf dem Landweg über den Berg etwa fünf Kilometer von Dam Mon entfernt. Mit dem Boot waren es etwa sechzehn Kilometer, denn es lag hinter einer breiten Landzunge. Hinter Vinh Yen zeigte die Karte nur Sand und Dünen, aber der Sergeant beteuerte, dass von dort eine Straße zum Festland führte.

»*Con duong! Con duong!*«, wiederholte er immer wieder und stieß dabei mit dem Finger auf die Karte.

»Geht Vinh Yen«, sagte er schließlich.

»Wie?«, wollte Dag wissen.

Alle Augen wandten sich Toan zu, der einen noch unglücklicheren Eindruck als zuvor machte und heftig den Kopf schüttelte. Es war offensichtlich, dass er von uns mehr als genug hatte. Das war den Polizisten auch recht, ihnen schwebte bereits eine andere Lösung vor.

Polizeiboot. $50, schrieb der Sergeant in sein Buch.

»Verdammte Halsabschneider«, sagte Dag und lächelte ihn freundlich an.

Der Sergeant hielt ihm den Bleistift hin, was offensichtlich als Aufforderung zum Handeln zu verstehen war.

$15, schrieb Dag.

Die Polizisten lachten laut, schüttelten den Kopf und sagten etwas, das wahrscheinlich ebenfalls mit »verdammter Halsabschneider« übersetzt werden konnte.

$25 und Schluss, schrieb Dag.

»Nein«, sagte der Sergeant mit Nachdruck und stand auf. Wir folgten seinem Beispiel und wurden dann die sandigen Wege entlang zum Strand zurückgeführt. Der Wachtmeister hielt noch immer unsere Pässe, die er in Toans Logbuch gesteckt hatte.

»Hast du ein paar Dollar?«, fragte Dag.

Aber Schmiergeld war gar nicht notwendig. Als wir am Strand angekommen waren, gab uns der Polizist die Dokumente zurück, zeigte auf Toans Boot und sagte: »Auf Wiedersehen!«

Völlig niedergeschlagen ruderte uns Toan zum Boot zurück, ließ den Motor an und fuhr aus der Lagune hinaus. Wir versprachen ihm mehr Geld für seine Mühe und das heiterte ihn wieder etwas auf. Doch als Dam Mon hinter uns entschwand, begannen wir uns deprimiert zu fühlen, denn an diesem zauberhaften Ort hätten wir gern ein bisschen mehr Zeit verbracht.

Unsere Enttäuschung hielt aber nicht lange an. Zwei Stunden später landeten wir an einem tropischen, von azurblauem Wasser umspülten weißen Sandstrand, der im Schatten hoher Palmen lag. Bunte Sampans säumten das Ufer. Eine sehr schlanke junge Frau kam durch die Bäume auf uns zugelaufen, unterhielt sich kurz mit Toan und zog mich dann am Arm mit sich. Der kurze Gang bis zu ihrem Dorf ähnelte einem Spaziergang durch ein Bilderbuch. Der Weg führte uns zuerst durch einen schmalen Streifen leuchtend grüner Reisfelder, in denen schillernde blaue Libellen herumschwirrten, dann durch einen schattigen Bananenhain, in dem die riesigen tief hängenden Blätter sanft unsere Gesichter streiften und schließlich vorbei an Zäunen aus feinem Rutengeflecht, die Gärten mit blühenden Sträuchern und aromatischen Kräutern umgaben. Das Dorf selbst bestand aus einer hübschen Gruppe von Häusern, für deren Mauern Flechtwerk mit Lehm verkleidet worden war. Diese Eindrücke wurden noch verstärkt durch eine riesige Sanddüne, die hinter dem Dorf aufragte. Wie ein altehrwürdiges magisches Monument erhob sie sich steil und schimmernd bis in eine Höhe von über sechzig Metern.

Sprachlos starrten wir auf die Düne. Die Dorfbewohner, die

unsere Fahrräder und Taschen vom Strand hergetragen hatten, scharten sich aufgeregt schwatzend um uns. Tin, die schlanke junge Frau, führte uns durch ein Gartentor in den sandigen Hof ihres Hauses. Mit seinen Fensterläden und kompakten Holztüren war es vom Stil her anders gebaut als die nach vorn offenen Häuser, die wir bisher gesehen hatten. In einem von dichtem Weinlaub beschatteten Hinterhof fraßen drei graubraune Hunde gekochten Reis aus Aluminiumschüsseln. Erbost knurrten sie die Hühner an, die mit ihren Schnäbeln versuchten, auch etwas aus den Schüsseln herauszupicken. Eine Schar von Leuten marschierte mit uns durch das Haus und einen schmalen Gang entlang, der zu einem kühlen dunklen Raum führte. Tin eilte umher und öffnete schnell ein paar Fensterläden und eine Flügeltür und ließ damit Sonnenlicht und Hitze ins Zimmer.

Acht Männer saßen um den Tisch bei der Tür, rauchten Zigaretten, die Dag herumgereicht hatte, und blätterten nacheinander in unserem Wörterbuch. Einer von ihnen war ein junger Regierungsbeamter, der anstelle der Polizei im Dorf für Ordnung sorgte. Nach einer langen Unterredung mit Toan erlaubte er uns, im Dorf zu bleiben und in dem Haus zu übernachten, aber nur für eine Nacht.

»*Sang mai* – morgen früh«, wiederholte Toan immer wieder, bis er überzeugt war, dass wir ihn verstanden hatten. Dann machte er sich aus dem Staub, denn zweifelsohne war er bestrebt, uns zu entkommen, bevor wir ihn wieder in irgendetwas verwickeln könnten.

Bald wandte sich das Gespräch unseren Fahrrädern zu, die auf der Veranda standen. Sie waren von einer Schar zankender Kinder umgeben, die alle die Klingeln und die Fahrradpumpe ausprobieren wollten.

»*Con duong?* – Straße?«, fragte Dag und wies dabei auf die Räder.

Die Gespräche im Raum verstummten und alle blickten uns verwirrt an.

Dag versuchte es nun mit »*Lam on, tschi tscho toi duong quoc lo?* Können Sie mir den Weg zur Hauptstraße zeigen?« Bei dieser Frage wandten sich alle Männer um und wiesen gegen Westen.

Wir zogen unsere Karte hervor und zeigten auf die rote Linie, die sich über die ganze Länge der Halbinsel hinzog.

»*Con duong?*«, wiederholte Dag.

Die Männer starrten auf die Karte, als wäre sie mit ägyptischen Hieroglyphen bedeckt.

»Hast du bemerkt, wie ruhig es im Dorf ist?«, fragte Dag.

»Ich hab noch keine Karaokebar gehört«, sagte ich spaßend.

»Es gibt keinen Verkehr, Maria«, erwiderte er. »Keine Fahrräder, keine Hondas, nichts.«

Bevor ich darauf reagieren konnte, zog mich Tin erneut am Arm und führte mich zurück in den Hof. Dort füllte sie mehrere Kübel mit Wasser aus einem Brunnen und schickte mich damit in ein geräumiges Badehaus. Während ich mich wusch und umzog, dachte ich verwundert über dieses magische Dorf nach. Es war auf Sand gebaut, verfügte aber über üppige Gärten, gut bewässerte Reisfelder und ganz offensichtlich über reichlich Wasser. Ein Wasser, das noch dazu ganz vorzüglich schmeckte. Zum Abendessen trank ich mehr als einen Liter. Wir saßen gemeinsam mit Tin und ihrem Mann, dem ein Ohr fehlte, auf der vorderen Veranda. Auf einer Matte, die zwischen uns ausgebreitet war, standen Schüsseln mit Reis, einem gedünsteten Gemüse, das wie Spinat aussah, kleinen Fischen mit vielen Gräten und einer dünnen Fischbrühe. Im Schatten der Öllampe, die von einem der Verandapfosten hing, hatten sich Nachbarn versammelt, die uns beim Essen beobachteten.

Als wir fertig gegessen hatten, traten zwei Männer vor, die uns durch Gesten zum Mitkommen einluden. Tin und ihr Mann nickten uns ermutigend zu und so folgten wir den beiden durch das Gartentor und durchquerten das Dorf. Aus den Häusern drang sanftes Lampenlicht. Es gab keinen Strom, keine Generatoren, keine Radios, keine Videos und kein Karaoke. Es war so still, dass wir das Quaken der Frösche in den Reisfeldern, das Surren der Insekten und das leise Schnüffeln der Schweine in ihren Verschlägen hören konnten. Die Männer riefen beim Vorbeigehen in die Häuser, worauf Kinder und Jugendliche herausgelaufen kamen, die leise kichernd hinter uns her hüpften. Als wir das Dorf verlassen hatten, führte uns der Weg durch ein Dickicht duftender Sträucher zum Fuß der riesigen Sanddüne, die steil vor uns aufragte und im Licht des Mondes geheimnisvoll glänzte. Die Männer begannen den Aufstieg und wir folgten ihnen. Wir kletterten im Zickzackkurs den Hang hinauf und versanken dabei bis an die Knie im feinen warmen Sand. Kinder hüpften um mich herum und fassten mich an den Händen, um mich nach oben zu ziehen.

»Du meine Güte!«, hörte ich Dag vom Gipfel rufen.

Oben angekommen verschlug es mir zum dritten Mal an diesem Tag die Sprache. Der Blick war einfach überwältigend. Unter uns lag im Rund der offene Ozean, umsäumt von den dunklen Umrissen der Halbinseln und Atolle, und auf dem Wasser, wie ein Spiegelbild des Sternenhimmels, funkelten die Lichter von Hunderten von Fischerbooten.

»*Dep lam!*«, sagten wir immer wieder zu den Männern. »Wunderschön!« – was sie mit freudestrahlenden Gesichtern quittierten. Dieser Ausblick war ihr ganzer Stolz, den sie Besuchern vorführten, so wie anderswo im Land mit Hondas und Videos geprahlt wurde. Über eine Stunde lang saßen wir entspannt auf dem Gipfel der Düne und genossen die kühle Brise. Die kleineren Kinder spielten um uns herum und machten Handstände, bei denen sie sich hinterrücks in den weichen Sand fallen ließen, der ihren Aufprall dämpfte. Die älteren Kinder schrieben ihre Namen in den Sand und halfen uns bei der Aussprache. Und die Männer saßen zufrieden da und rauchten ihre Zigaretten, deren glühende Spitzen in der Dunkelheit aufleuchteten.

Als wir zu Tins Haus zurückkehrten, hatten sich ein paar ältere Männer zum Kartenspiel versammelt. Dag setzte sich zu ihnen, es gab Reiswein und noch mehr Zigaretten. Tin legte eine Matte und ein Kissen auf das hölzerne Bettgestell beim Tisch und ich streckte mich dankbar darauf aus. Mein Kopf lag beim Fenster, durch das eine sanfte Brise zu mir hereinwehte und süße Düfte aus dem Garten mit sich trug. Ein Moskitonetz war nicht notwendig, denn in diesem Märchendorf gab es anscheinend keine Mücken. Eine Öllampe warf seltsam flackernde Schatten auf die Zimmerdecke und die Stimmen und das Gelächter der Männer wurden zu einem entfernten Gemurmel, als ich in einen ruhigen Schlaf, den besten seit meiner Ankunft in Vietnam, fiel.

Um fünf Uhr wachten wir auf. Wir lagen ein paar Minuten still da und genossen die Ruhe. Dann schlichen wir uns aus dem Haus und gingen zum Schwimmen an den Strand hinunter. Die Libellen schwirrten schon über den Reisfeldern, wo eine Frau mit gebeugtem Oberkörper bis an die Knie im Wasser stand. Ihr Hut verdeckte ihr Gesicht bei der Arbeit. Das Meer lag ruhig wie ein See vor uns und das Wasser war angenehm kühl. Wir schwammen weit hinaus und blickten dann bewundernd auf die herrliche Düne zurück. Wir fragten uns, welche Mächte sie dort wohl aufgetürmt hatten. Dabei wanderte mein Blick auch den Strand entlang.

»Wie weit ist es von hier nach Long Hoa?«, überlegte ich.

Dag hatte die Hände hinter dem Kopf verschränkt und ließ sich treiben. Er sah so entspannt aus, als würde er auf einem Sofa liegen.

»Ungefähr elf Kilometer«, erwiderte er.

»Ich sehe aber keine Straße«, sagte ich.

Er drehte sich mit einem Ruck auf den Bauch und schwamm träge aufs Ufer zu.

»Ich glaube, wir sollten zum Haus zurückgehen. Die Leute werden sich schon wundern, wo wir sind.«

Wir tranken auf der hinteren Veranda mit Tin und ihrem Mann Tee. Die Atmosphäre schien ein wenig gespannt, was wir dem Umstand zuschrieben, dass sich die Leute sicher Sorgen machten, ob wir wohl jetzt abreisen würden, wie es uns der Dorfbeamte aufgetragen hatte. Daher packten wir schnell unsere Sachen zusammen und machten uns bereit zum Aufbruch, doch auf welchem Weg wir das Dorf verlassen würden, wussten wir immer noch nicht.

»Okay, am besten gehen wir zum Strand hinunter«, sagte Dag energisch.

Wir holten unsere Fahrräder, die an einer Wand lehnten, und schoben sie durch den Hof. Ich hatte meine einen Meter lange und fünfzehn Kilo schwere Tasche auf dem winzigen Gepäckträger festgebunden und, wie befürchtet, beeinträchtigte dies die Stabilität des ohnehin wackligen Fahrrads ungemein. Tin ging neben mir her und sah mich besorgt an.

»*Con duong?*«, fragte ich sie, aber sie schüttelte nur den Kopf.

»Aber es muss hier doch irgendwo eine Straße geben«, rief ich Dag zu, der sich in verdächtiges Schweigen hüllte.

Schon den Pfad entlangzugehen stellte eine ziemliche Herausforderung dar. Das Gewicht der Tasche ließ das Rad gegen meine Hüfte kippen, wodurch sich das Vorderrad verdrehte. Um das Fahrrad in gerader Linie schieben zu können, musste ich die Lenkstange und auch meinen Körper entsprechend verdrehen, was sich als sehr anstrengend erwies. Ich schaffte es durchs Dorf und über die Reisfelder, aber als wir am Strand angekommen waren, versanken die Räder im weichen Sand und ich musste anhalten.

»*Con duong o dau?*«, fragte ich Tin. »Wo ist die Straße?«

Sie zeigte auf den Sand und schüttelte energisch den Kopf. Dann fasste sie mich am Arm und wies aufs Meer hinaus.

»*Ghe! Ghe!*«, rief sie. »Boot!«

»Tin meint, dass es keine Straße gibt«, sagte ich zu Dag, als er mich eingeholt hatte. »Sie sagt, wir müssen mit dem Boot fahren.«

»Ihr Mann behauptet, die Straße beginnt drei Kilometer von hier«, entgegnete er. »Das ist nicht weit.«

»*Nicht weit?*«

»Selbst im Schneckentempo können wir drei Kilometer in ein paar Stunden schaffen. Es würde genauso lange dauern, ein Boot zu organisieren. Und irgendwann müssen wir ja anfangen, unsere Fahrräder zu benutzen.«

»Ich schaffe unmöglich drei Kilometer auf diesem Sand!«, jammerte ich. »Ich schaffe nicht mal einen Meter!«

»Es wird schon gehen, solange wir ganz nahe am Wasser bleiben, wo der Sand fester ist«, versuchte Dag mich zu überzeugen.

Tin, ihr Mann und eine Schar Leute aus dem Dorf sahen uns ungläubig zu, als wir unsere Räder zum Wasserrand schoben. Der Sand war hier zwar etwas fester, aber doch nicht fest genug. Unsere schwer beladenen Räder versanken.

»Ich gehe voraus«, schlug Dag vor, »und du folgst meiner Spur.«

Mit jedem anderen Rad wäre das vielleicht möglich gewesen, aber mein Vorderrad besaß einen eigenen Willen und drehte sich ständig zur Seite. Zwei Jugendliche liefen uns nach und halfen mir beim Schieben. Bald erreichten wir eine Strandbiegung und das Dorf entschwand unseren Blicken. Vor uns lag nichts als ein breiter Sandstreifen, mit Dünen auf der einen und dem Meer auf der anderen Seite. Es war sieben Uhr und schon unerträglich heiß. Nach zehn Minuten stießen wir auf einen kleinen Wasserlauf. Die beiden Jungen halfen mir und gemeinsam trugen wir das Fahrrad mit seiner schweren Last über den Kanal. Von dieser Anstrengung völlig ermüdet, hörten sie auf zu schieben und gingen neben mir her. Dabei starrten sie mich an, als ob ich zwei Köpfe hätte. Mit jedem Schritt schien der Sand dichter und weicher zu werden.

»*Con duong o dau?*«, fragte ich sie.

»*Duong?*«, wiederholten sie ungläubig – »Straße?« – und begannen zu lachen.

»*Duong!*«, riefen sie und zeigten dabei auf den Strand.

Plötzlich verstand ich. Das hier war die Straße, und sie lag nicht drei Kilometer entfernt, sondern direkt hier vor uns. Und es war sicher nicht der richtige Ort, wo ich nach dreißig Jahren wieder mit dem Radfahren beginnen würde.

»Stopp!«, schrie ich Dag zu.

Er wandte sich um, sah mich an und wendete dann sein Fahrrad.

»Ich habe mir gerade überlegt«, sagte er, »dass wir nichts zu essen und kein Wasser bei uns haben und dass weitere zehn Kilometer auf diesem Sand meiner Frau den Garaus machen könnten.«

Sobald wir wieder in Sicht kamen, lief Tin auf uns zu.

»*Ghe! Ghe!*«, rief sie und zeigte auf ein kleines motorisiertes Fischerboot, das am Strand vor Anker lag.

Diesmal brachte Dag keine Einwände vor und wir einigten uns recht schnell. Für fünf Dollar würden uns ein Mann und seine Frau zum Festland hinüber bringen, das wir in einer Stunde erreichen konnten. Wir kletterten an Bord, der Dieselmotor wurde knatternd angeworfen und das Boot nahm bei Wind und unruhiger See Fahrt auf. Wir standen an Deck und winkten Tin und ihrem Mann zu.

»Wir werden wahrscheinlich in ganz Vietnam keinen anderen Ort finden, der so ursprünglich und friedlich ist«, sagte Dag bedrückt.

»Sei nicht so pessimistisch«, rügte ich ihn.

Dabei starrte ich unverwandt auf den Strand und die Düne dahinter, bis sie am Horizont verschwanden, und versuchte dabei, die Eindrücke der letzten zwanzig Stunden fest in meiner Erinnerung zu verankern.

Zweihundert Meter vor der Küste des Festlands lief unser Boot auf Grund. Unser Steuermann ließ sich dadurch aber nicht aus der Ruhe bringen, denn um uns herum saßen auch andere Flachboote im Sand fest. Er und seine Frau krempelten sich ganz einfach die Hosen hoch, sprangen ins Wasser und trugen unsere Fahrräder an die Küste, während wir ihnen mit unserem Gepäck folgten. Vor uns lag das Dorf Tu Bong, das sich in eineinhalb Kilometer Entfernung vom Highway One befindet. Am Strand war ein Gewirr von Netzen ausgebreitet und es stand auch ein klappriger, von Fliegen geplagter Esel da, den man an einen Einspänner gekoppelt und dann an eine Palme gebunden hatte. Auch der allgegenwärtige Polizeiposten, dem unsere Fährleute ihr rosa Schulheft übergaben, fehlte nicht. Der junge Polizist in der Wache schrieb etwas in das Heft und gab es den Leuten zurück, wobei er mich und Dag misstrauisch begutachtete. Wir lehnten unsere Fahrräder an die Palme und wandten uns um, um die beiden zu einem Drink am nächsten Stand einzuladen. Sie waren aber schon wieder unterwegs und wateten durch das trübe Wasser zu ihrem Boot.

Stattdessen gesellte sich der recht kraftlos wirkende junge Polizist zu uns. Ein AK-47 hing ihm über der Schulter. Er war aus der Wachstube zu uns herübergekommen und bestellte eine Flasche Cola, für die wir offensichtlich zahlen sollten. Sein dichtes Haar fiel ihm immer wieder in die Augen und er schob es dann mit einer trägen Geste seiner langen Finger aus dem Gesicht. Er starrte uns an, runzelte die Stirn und bewegte seine Lippen bei dem Versuch, die richtigen Worte zu finden.

»Woher?«, stieß er schließlich hervor.

»Kanada«, antwortete ich ihm. »England.«

»Ka-na-da«, wiederholte er gewissenhaft. »Eng-Land.«

Nach einem erneuten Bewegen der Lippen und Stirnrunzeln folgte schließlich die nächste Frage.

»Aben tsie Vuan-ti in dua Sueisz?«

Er starrte uns an und während er auf unsere Antwort wartete, fingerte er an seinem Gewehr herum.

»Ich glaube, er möchte wissen, ob wir Verwandte in der Schweiz haben«, sagte Dag.

Wahrheitsgetreu antwortete ich: »Nein!«

Er schien damit zufrieden zu sein, machte aber gleich Anstalten, einen neuen Satz an uns zu erproben.

Doch bevor es dazu kommen konnte, leerten wir schnell unsere Gläser und machten uns aus dem Staub.

In Paar Da Trang-Krabben

Highway One, die Küstenstraße, die Saigon mit Hanoi verbindet, ist die wichtigste Transportader des Landes. Während des Amerikanischen Kriegs war die Straße stark bombardiert worden und seitdem hatten kaum irgendwelche Mittel zu ihrer Erhaltung zur Verfügung gestanden. Wir stießen etwa zwei Kilometer hinter Tu Bong auf den Highway, der nicht breiter als eine normale Landstraße ist. Die Fahrbahn war mit Buckeln, Rissen und Schlaglöchern übersät. Es gab keine Markierungen und der Seitenstreifen bestand aus einer kleinen Kiesbahn, die größtenteils in die daneben liegenden Reisfelder abbröckelte. Wir wussten damals noch nicht, dass wir auf einem der besseren Abschnitte gelandet waren, doch das sollten wir bald herausfinden.

Es herrschte kein starker Verkehr, aber die wenigen Fahrzeuge, die unterwegs waren, fuhren dafür umso rasanter. Lastwagen und Busse rasten an uns vorbei und drängten uns auf den Seitenstreifen. Sie bedachten uns mit ohrenbetäubendem Hupen, nebelten uns mit Auspuffgasen ein und besprühten uns mit Wasser. Nur die wenigsten der Lastwagen und Busse auf dem Highway One besaßen einen funktionierenden Kühler. Stattdessen war auf dem Dach ein Tank befestigt, von dem Wasser über Schläuche durch den Motor lief. Dieses warme und dreckige Wasser spritzte dann während der Fahrt heraus und ergoss sich, wenn wir Pech hatten, über uns unglückselige Radfahrer. Aber wenigstens fuhren diese Fahrzeuge schnell vorbei. Motorroller hingegen verlangsamten oft ihre Fahrt und ratterten dann für einen kleinen »Plausch« neben uns her.

»Hallo! Wie Ihr Name?«, riefen sie uns zu, während sich eine Wolke blauen Rauchs von ihrem minderwertigen Benzin um uns bildete. »Woher kommen? Wie alt? Wie viele Kinder? Was für Job?«

Doch alle Unbill konnte unsere Euphorie nicht dämpfen oder uns des berauschenden Freiheitsgefühls berauben, das wir empfanden. Wir bahnten uns auf eigene Faust einen Weg nach Norden entlang des Highway One!

Nach einigen Kilometern stieg die Straße zum Co Ma-Pass an. Die Steigung war ziemlich sanft und Dag war mir bald weit voraus. Tapfer trat ich in die Pedale und holte auch bald ein Mädchen ein, das ihr Fahrrad schob.

»Stopp!«, befahl sie mir.

Ich gehorchte und dann marschierten wir beide eine Stunde lang aufwärts. Sie war eine hübsche junge Frau und trug eine Bluse mit rundem Kragen, weiße Baumwollhandschuhe und einen Strohhut, in dem ein Strauß Kunstblumen steckte. Während ich mich schwitzend abplagte, blieb sie kühl und gelassen und schob ihr Rad scheinbar mühelos bis fast auf die Passhöhe.

»Sie sind wunderschön«, sagte sie ernsthaft, bevor sie auf einen schmalen Pfad abbog, der zu einem kleinen, aus Lehm gebauten Bauernhaus führte. »Aber nicht stark.«

Dag wartete auf der Anhöhe auf mich. Unter uns lag der Ort Dai Lanh. Das Dorf schmiegte sich an einen steilen grünen Hang und lag an einer halbmondförmigen, von Kasuarinen gesäumten Bucht. Es war ein wundervoller Anblick und der Ort erschien uns nach den Anstrengungen des ersten Tages, an dem wir zwanzig Kilometer auf unseren Fahrrädern zurückgelegt hatten, sehr einladend. Wir fuhren im Leerlauf die Straße hinunter und genossen dabei den Wind auf unseren Gesichtern. Doch in Dai Lanh gab es nur ein Hotel, das halbfertig gebaut und dann verlassen worden war, so dass der dreistöckige Rohbau nun als Ruine vor uns stand. Das Restaurant am dahinter liegenden Strand sah verlassen aus; drei Kellnerinnen hatten sich auf der Bartheke ausgestreckt und schliefen tief und fest. Die Toilette des Restaurants war völlig verwahrlost. Als wir schwimmen gehen wollten, mussten wir feststellen, dass das Wasser mit Quallen verseucht war. Enttäuscht setzten wir uns in den Sand und überlegten, was wir tun sollten. Es war fast drei Uhr nachmittags und Tuy Hoa, die nächstgrößte Siedlung, lag fünfundvierzig Kilometer entfernt. Am Strand zu zelten kam nicht in Frage, denn Campieren war verboten und außerdem waren inzwischen mehrere zwielichtige Typen vorbeigegangen, die uns eingehend beobachtet hatten. Wir beschlossen also, bis zum Einbruch der Dunkelheit weiterzufahren und auf eine bessere Gelegenheit zu hoffen.

Wir hatten gerade wieder den Highway erreicht, als uns ein junger Mann mit dem Fahrrad einholte. Er trug einen Bürstenschnitt und war mit einem frischen weißen Hemd und seiner grauen Hose recht gut angezogen. Er stellte sich als Linh vor und erzählte uns, dass er Englisch studiere. Geduldig ließen wir die üblichen Fragen nach unseren Namen, Alter, Ehestand, Jobs und Kindern über uns ergehen. Dann erklärten wir ihm unsere Lage und fragten ihn, ob er uns eine sichere Unterkunft für die Nacht empfehlen könnte.

»Sie können in meinem Haus schlafen«, sagte er. »Es gibt aber kein Badezimmer. Und wir machen viel Lärm. Wir verkaufen Bier die ganze Nacht.«

Sein Haus stand auf der anderen Straßenseite am Fuß des Hügels und hinter einer Eisenbahnlinie.

»Dieses Haus neu«, sagte Linh. »Letztes Jahr großer Sturm kommt in Monsunzeit und das Meer kommt an Land und bedeckt altes Haus. Wir laufen auf Berg und wenn wir zurückkommen ist Haus weg.«

Um den zweiräumigen Neubau zog sich rundum eine breite Veranda. Ein Teil der Veranda beherbergte eine kleine Bar. Bierflaschen und alkoholfreie Getränke standen hinter einer Glastheke. Gäste hatten sich noch nicht eingefunden, aber auf jedem der drei niedrigen Tische lag ein schlafender Hund.

»Deine Eltern?«, fragte ich Linh.

»Nha Trang«, erzählte er mir. »Begräbnis.«

Ich wusch mich und zog mich in dem strohverkleideten Badehaus neben dem Brunnen um. Dann luden wir Linh zum Abendessen ein und gingen gemeinsam zum Restaurant am Strand, wo er eine der Kellnerinnen aufweckte und überredete, uns eine Mahlzeit aus gebratenem Fisch, Reis und Gemüse zu machen. Wieder zu Hause angelangt, trafen wir auf seine Eltern, die inzwischen aus Nha Trang zurückgekehrt waren. Mit großem Misstrauen begutachteten sie gerade unser Zelt, das wir auf der Veranda an der Seite des Hauses aufgestellt hatten. Nervös stellte uns Linh seinen Eltern vor.

»Ich sage ihnen, ihr seid Lehrer«, sagte er. »Ihr sollt etwas zu trinken kaufen.«

Sein Vater scheuchte einen der Hunde vom Tisch und servierte uns Gläser mit eisgekühltem Bier. Dann setzten sich alle drei hin und beobachteten uns beim Trinken.

»Sie sagen, ihr müsst schlafen gehen«, sagte Linh zu uns, als wir ausgetrunken hatten. »Bald kommen Leute, werden betrunken, machen Lärm.«

Um acht Uhr lagen wir in unserem Zelt. Wir hörten den Verkehr auf der Straße, einen Güterzug, der vorbeidonnerte, Musik aus einem Ghettoblaster im Haus und das asthmatische Schnarchen eines der Hunde, der es sich in unserer Nähe bequem gemacht hatte.

»Ich glaube nicht, dass sie wirklich Kunden erwarten«, sagte Dag. »Sie sind nur paranoid wegen der Polizei und möchten, dass uns niemand sieht.«

Doch Dag hatte Unrecht, wie sich nach etwa einer Stunde herausstellte. Einige Hondas fuhren vor und parkten fünf Meter neben unserem Zelt. Die Leute kletterten herunter, breiteten hinter dem Haus Matten aus und bestellten Bier. Aus dem Ghettoblaster dröhnte die philippinische Version von »My Boy Lollipop«. Immer mehr Motorroller fuhren vor und streiften mit dem vollen

Licht ihrer Scheinwerfer unser Zelt. Die Musik wurde lauter, Bierflaschen rollten herum, derbes Lachen erfüllte die Luft, Leute taumelten am Zelt vorbei und hin und wieder glotzten auch Gesichter zu uns herein. Ich hatte schon Angst, dass es die ganze Nacht so weiter gehen würde, aber um Punkt elf Uhr ging das Licht aus, die Musik verstummte und die Unterhaltung verlief plötzlich im Flüsterton. Endlich schliefen wir ein und wurden nur zwei Stunden später noch einmal geweckt, als fünfzehn Hondas neben unserem Zelt mit viel Getöse starteten und große Staubwolken durch das Mückennetz ins Zelt wirbelten.

Linh machte am Morgen nicht den Eindruck, als hätte etwas seinen Schlaf gestört. Seine Frisur saß perfekt, sein Hemd war frisch gebügelt und er hatte sogar eine Abschiedsrede vorbereitet.

»Wenn ihr wieder in mein Land kommt und an diesem Haus vorbeigeht, bitte ehrt mich mit einem Besuch.«

Da seine Eltern noch schliefen, baten wir ihn, unseren Dank auszurichten und ihnen etliche Dollar für ihre Gastfreundschaft zu überreichen. Linh sah uns erleichtert an und platzte dann mit dem Rest seiner Ansprache heraus, den er offensichtlich bis ganz zuletzt aufgespart hatte.

»Meine Familie sehr arm, meine Schulbildung sehr teuer, eines Tages werde ich für ausländische Firma arbeiten. Wenn ihr mir jetzt helfen könnt, ich danke euch.«

Wir hielten beim nächstbesten *pho*-Stand an, um zu frühstücken. Während wir unsere Suppe schlürften, gesellte sich ein älterer Mann zu uns. Er erzählte, dass er im Amerikanischen Krieg gegen die Kommunisten gekämpft hätte.

»Ich war Oberst«, sagte er stolz.

»Sind Sie danach in ein Umschulungslager gekommen?«, fragte ich ihn.

Lächelnd schüttelte er den Kopf.

»Ich war wie Sie. Ich fuhr mit dem Rad ganz schnell von Ort zu Ort und niemand hat mich erwischt.«

Uns hätte an diesem Morgen jeder erwischen können. Wir näherten uns nun der Zentralküste, die ihre heiße Trockenzeit erlebt, während das übrige Land dem Monsunregen ausgesetzt ist. Um acht Uhr morgens war es schon ziemlich warm. Nachdem wir weniger als eine halbe Stunde gefahren waren, stieg die Straße an und wand sich einen steilen Berg hinauf. Es dauerte nicht lange, bis wir unsere Räder schieben mussten. Libellen schwirrten in Wolken um unsere Köpfe. Doch der lange, zermürbende Aufstieg zum Pass in dieser mörderischen Hitze wurde durch den Ausblick auf die herrliche Landschaft wettgemacht. Am Straßenrand brannten Bündel von Räucherstäben in kleinen Schreinen und Scharen langohriger Ziegen knabberten an den dornigen Sträuchern. Auf den Hängen unter uns hoben sich Grüppchen ockerfarbener Lehmhäuser vom roten Boden ab. Weit darunter lagen über die gelben Sandstrände bunt bemalte Boote verstreut, die die Fischer vor der Flut an Land gezogen hatten. Und hinter den Stränden erstreckte sich die schillernde Weite des Ozeans, die hier und dort von bewaldeten Inseln unterbrochen wurde.

Wir brauchten zwei Stunden bis zur Passhöhe. Dag kam vor mir an und als ich ihn eingeholt hatte, sprang er schon wild umher und fotografierte.

»Die Ausblicke hier sind fantastisch!«, rief er.

Dann nahm er die Kamera vom Auge und sah mich verwirrt an. »Komisch, es riecht hier irgendwie nach Scheiße.«

»Das liegt daran, dass du mitten drin stehst«, sagte ich.

Er folgte meinem Blick und stöhnte entsetzt auf. Der große Haufen nassen Kots, der ganz offensichtlich menschlichen Ursprungs war, quoll über die Seiten seiner Sandalen und teilweise sogar zwischen seinen Zehen hervor. Ganz außer sich hüpfte er nun herum, auf der Suche nach etwas, womit er sich säubern konnte. Das einzige Wasser weit und breit befand sich in unserer Trinkflasche, und ich weigerte mich, es zu opfern. Blätter gab es nur in dem Gestrüpp am Wegrand und die waren scharf und voller Dornen. In seiner Not griff er schließlich auf etwas zurück, das einem Kaktusblatt ähnelte, ihm aber zu allem Überdruss noch zu einer eindrucksvollen Ansammlung von Dornen verhalf.

Vom Pass herunter führte die Straße um den Berg herum und wir konnten immer wieder verlockende Ausblicke auf ein Meer smaragdgrüner Reisfelder genießen, die sich über die riesige Tiefebene unter uns erstreckten.

»Nicht bremsen!«, schrie Dag, als er an mir vorbeiflog.

Der Rat war überflüssig, denn meine Bremsen funktionierten sowieso kaum. Immerhin griff die Hinterradbremse ein wenig und so waren die Knöchel meiner rechten Hand bald ganz weiß, während ich krampfhaft versuchte, meine rasante Abfahrt etwas zu verlangsamen. Ich sauste um die steilen Kurven und das Fahrrad unter mir begann wild zu klappern und zu wackeln. Ich hatte völlig die Kontrolle verloren und sandte vor jeder Kurve ein Gebet zum Himmel, dass ich keinem Bus begegnen würde, der mir auf der falschen Seite entgegenkam. Vor meinem geistigen Auge zogen Bilder schrecklicher Knochenbrüche und entsetzlicher Krankenhausstationen vorbei. Mehrmals schoss ich an Vietnamesen vorbei, die ihre Fahrräder den Berg hinunter schoben, aber erst als ich in der Ebene angekommen war und mein Rad völlig außer Atem zum Stillstand brachte, wurde mir bewusst, weshalb sie das taten.

»Das war total verrückt!«, protestierte ich, als ich Dag eingeholt hatte, der mich euphorisch angrinste. »Nur eine falsche Bewegung, ein Lastwagen auf der falschen Straßenseite und mit uns wäre es aus gewesen.«

»Wie geht's deinem Fahrrad?«, fragte er mich vergnügt.

»Mir kommt es vor, als ob es jeden Augenblick auseinander fallen würde«, sagte ich.

»Nur keine Angst, von hier bis Tuy Hoa sind es nur dreißig Kilometer durch flaches Land«, sagte er mit einem Blick auf die

Karte. »Wir werden nicht mehr als ein paar Stunden dafür brauchen.«

Die Straße führte in gerader Linie durch die Ebene. Zu beiden Seiten erstreckten sich Reisfelder, bis sie am Horizont im schimmernden Dunst der Hitze verschwanden. Etwas erhöhte Dämme zogen sich schachbrettartig zwischen ihnen hindurch. Büffel zogen ihre Pflüge mühsam durch das wässrige Erdreich. Hier und dort waren Familiengräber zu sehen. Frauen arbeiteten gebeugt in den Feldern oder gingen mit schwer beladenen Schulterstangen die Dämme entlang. Die Ruhe wirkte fast einschläfernd und wir freuten uns an der schönen Landschaft und unserer geruhsamen Fahrt. Doch dann kam ein starker Wind auf. Er blies von den Berghängen im Westen herunter und raste durch die Flussebene wie in einem Trichter auf uns zu. Mit einer Geschwindigkeit von fünfzig Stundenkilometern traf er mich in die Seite und warf mich vom Rad.

»Du musst dich gegen den Wind lehnen!«, rief mir Dag zu, als ich mich vom Boden aufrappelte.

Ich folgte seinem Rat so gut es ging, landete aber in der nächsten halben Stunde noch dreimal unter meinem Fahrrad im Kies. Schließlich schob ich das Rad anstatt zu fahren. Dies taten auch die Einheimischen, die neben ihren mit Töpfen, lebenden Enten und Reissäcken schwer beladenen Fahrrädern herstapften. Sie hielten ihre Gesichter vom Wind abgewandt und bahnten sich mühsam, aber gleichmäßig ihren Weg. Auch Dag war in einiger Entfernung vor mir abgestiegen.

»Das ist wirklich die Hölle«, sagte ich zu ihm, als ich ihn eingeholt hatte.

»Du sagtest doch, du möchtest wie die Einheimischen reisen«, bemerkte er scheinheilig. »Und noch authentischer geht es nicht mehr.«

Ich gab ihm absichtlich einen Vorsprung, damit ich mich ungestört meinem Elend hingeben konnte.

Nach einer Stunde erreichten wir eine kleine Siedlung, wo wir uns im Schatten einer Veranda etwas zu trinken kauften. Sofort waren wir von einer gaffenden Menge umringt. Der Besitzer des Restaurants war ein charmanter Mann, der gut Englisch sprach.

»Sie müssen uns entschuldigen«, sagte er. »Es ist ein paar Jahre her, dass wir Ausländer wie Sie sehen und mit ihnen sprechen können.«

Sprachlos vor Erschöpfung überließ ich es Dag, sich mit dem Mann zu unterhalten. Ein paar Leute in der Menge lachten über mich und stießen einander an. Ich konnte es ihnen auch nicht verübeln, denn ich sah scheußlich aus. Schweiß und Schmutz hatten auf meiner Haut eine Kruste gebildet, die ich mit den Fingernägeln abkratzen konnte. Ich hatte meine Brille mit einer Schnur am Kopf festgebunden, damit sie mir nicht ständig die verschwitzte Nase hinunterrutschte. Dicke Strähnen meines Haars hatten sich aus meinem Pferdeschwanz gelöst und standen mir nun wild vom Kopf. Aber den netten Restaurantbesitzer schien mein lächerlicher Aufzug überhaupt nicht zu stören.

»Madam, Sie sind wunderschön«, sagte er, während ich ihn verblüfft anstarrte. »So, *so* wunderschön!« Den ganzen Vormittag über hatte mir der Wind andauernd meinen Strohhut vom Kopf geblasen. Dag band nun eine lange Schnur um die Krempe, so dass die beiden Seiten flach gegen die Krone lagen und die Krempe vorne überstand. Mein ehemals eleganter Hut ähnelte auf diese Weise eher einer zerknautschten Baseballmütze. Dag setzte sie mir auf den Kopf und band sie mit einer Schnur am Kinn fest.

»So«, sagte er. »Jetzt bist du *wirklich* wunderschön!«

Das Thermometer war inzwischen auf fünfunddreißig Grad geklettert und der Wind blies so stark, dass ich mich auch beim Schieben des Fahrrads dagegen stemmen musste, nur um nicht umzufallen. Mein linkes Ohr schien voller Sand zu sein und meine Kehle fühlte sich ausgetrocknet und rau an. Es gab keine Bäume, keine Getränkebuden und nichts, wo man vor den sengenden Strahlen der Sonne hätte Schutz finden können. Hin und wieder blieb ich stehen, lehnte mich gegen das Fahrrad und ließ meinen Kopf auf die Lenkstange sinken – ein Bild totaler Erschöpfung. Dag war seltsamerweise in euphorischer Stimmung und trieb mich immer wieder an, indem er mir wie einer Dreijährigen irgendwelche Leckerbissen versprach. Ich hasste seine Fröhlichkeit. Ich hasste Vietnam. Und ich hasste mich selbst wegen meiner blöden Idee, die Fahrräder zu kaufen. Ich hasste die Bus- und Lastwagenfahrer, die uns anhupten, und die Leute auf den Motorrollern, die langsam an uns vorbeifuhren und uns irgendetwas zuriefen. Am meisten aber hasste ich die jungen ausländischen Touristen, die im vollklimatisierten Minibus von »Kim's Café« an uns vorbeirasten und sich beinahe den Hals verrenkten, während sie uns verwundert angafften.

Die Straße schien endlos. Es gab keinerlei Anzeichen, dass der Wind oder die Hitze nachlassen würden. Dag drängte mich, lieber zu fahren als das Rad zu schieben.

»Umso schneller bist du aus diesem Höllenloch wieder heraus«, ermunterte er mich, aber schon nach ein paar Metern warf mich der Wind wieder um. Während des frühen Nachmittags kam ich immer langsamer vorwärts und Dags Geduld begann sich zu erschöpfen. Immer wieder wartete er auf mich, bis ich ihn eingeholt, ein wenig gerastet und etwas getrunken hatte. Dann fuhren wir gemeinsam los, doch schon nach wenigen Minuten gewann er wieder an Vorsprung und ließ mich hinter sich. Ich spürte seine zunehmende Genervtheit und nahm sie ihm bitter übel.

»Du brauchst überhaupt nicht die Augen zu verdrehen, du Scheisskerl!«, schrie ich ihm nach, als er mir wieder einmal davongefahren war.

Er hielt an und wandte sich mit einem erstaunten Ausdruck im Gesicht um. »Wie konntest du das *wissen?*«, fragte er.

Endlich kam eine winzige Getränkebude in Sicht. Sie bot etwas Schatten, aber keinen Schutz vor dem Wind, der durch alle Lücken und Ritzen blies. Einen halben Kilometer weiter begann eine Siedlung, die erste seit langer Zeit, deren von Bäumen gesäumte Straße ein wenig Schutz vor Wind und Sonne bieten würde. Ich wusste, dass es Dag als sinnlos erachten würde, Zeit an der Getränkebude zu vergeuden, wenn wir uns im Dorf richtig ausruhen konnten. Und mir war auch klar, dass er einfach an der Bude vorbeifahren würde, wenn ich ihn nicht vorher einholte. Ich kletterte also auf mein Fahrrad, trat in die Pedale und fuhr so schnell wie den ganzen Tag noch nicht, um ihn rechtzeitig zu erreichen. Er war schon fast bei der Bude angekommen und machten keine Anstalten zu bremsen. Ich trat noch kräftiger in die Pedale und mit letzter Kraft schrie ich: »WIR BLEIBEN HIER!«

Die Worte kamen wie ein abgewürgtes Krächzen heraus, aber Dag hatte den Ernst der Lage erkannt. Er stieg vor der Bude ab und sah mir entgegen.

»Keine Frage, keine Diskussion – das ist ein Befehl – richtig?«, sagte er, als ich vor ihm vom Rad taumelte.

Trotz meines Huts und der Sonnenschutzcreme, die ich in regelmäßigen Abständen aufgetragen hatte, verbrannte meine Haut im Lauf des Nachmittags immer mehr und ich hatte das Gefühl, dass sie sich bald in Pergament verwandeln würde.

»Nie wieder«, murmelte ich wie ein Mantra vor mich hin. »Nie, nie wieder.«

Ich war völlig in mein Selbstmitleid ergeben, als mir plötzlich eine junge Frau auffiel. Sie war jämmerlich dünn, trug einen schwarzen Pyjama und eine braune Jacke und lag zusammengekrümmt am Wegrand. Ihr Haar war über und über mit Staub bedeckt. Selbst aus einiger Entfernung wirkte sie leblos, aber die Radfahrer gingen ohne einen Blick auf sie an ihr vorbei und auch die Fahrzeuge fuhren weiter, ohne langsamer zu werden.

»Ist sie tot?«, fragte ich Dag besorgt, als er neben ihr kniete und ihren Puls fühlte. Ihr Handgelenk wirkte unglaublich zerbrechlich.

»Nein«, antwortete er. »Aber sehr krank.«

Eine Gruppe von Leuten hatte sich schnell um uns versammelt, die alle auf uns, aber nicht auf das Mädchen starrten.

»Spricht jemand Englisch?«, fragte Dag.

Die Leute sahen sich gegenseitig erwartungsvoll an und kicherten scheu. Dag bahnte sich einen Weg durch die Menge und versuchte, ein Fahrzeug anzuhalten. Ein Autofahrer verlangsamte seine Fahrt, als er aber das Mädchen sah, trat er wieder aufs Gas. Dann kamen mehrere Motorroller. Auf einem saß ein Mann, der Englisch sprach.

»Woher kommen?«, fragte er Dag fröhlich. »Wie heißen?«

»Diese Frau muss zu einem Arzt«, sagte Dag zu ihm. »Gibt es in Tuy Hoa ein Krankenhaus?«

Der Mann zuckte hilflos die Achseln und fuhr weiter.

Die junge Frau hustete und stöhnte. Ein Windstoß blies durch die grünen Reispflänzchen, wirbelte sie zu hübschen Mustern und kräuselte das Wasser in den Bewässerungskanälen. Mir kam in den Sinn, wie eigenartig es doch war, dass jemand an einem derart poetischen Ort sterben könnte. Wir warteten eine Stunde lang. Leute starrten uns an, gingen weiter und wurden durch andere Neugierige ersetzt. Niemand schien die geringste Notiz von der jungen Frau zu nehmen.

Endlich blieb ein Minibus stehen. Laute Rockmusik dröhnte aus dem Wagen, in dem mehrere Männer saßen.

»Wo kommt ihr denn her?«, rief uns der Fahrer zu und lehnte sich dabei aus dem Fenster.

Er hatte vietnamesische Gesichtszüge, sprach aber mit einem amerikanischen Akzent und einem Kaugummi im Mund. Hinter ihm saßen zwei Männer, die eine Menge Goldschmuck trugen.

»Ich heiße Joe, ich wohne in Santa Barbara!«, fuhr er fort und reichte Dag die Hand.

»Wir müssen das Mädchen in ein Krankenhaus bringen«, sagte Dag zu ihm.

Joe besprach sich mit den Männern auf dem Rücksitz.

»Wir können sie nicht mitnehmen, das würde eine Menge Ärger machen. Aber wir holen die Polizei.«

Er sprach mit einem der Bauern, der uns anstarrte, und drückte ihm etwas Geld in die Hand.

»Es könnte ein paar Stunden dauern, bis die Bullen kommen. Der Typ da kümmert sich bis dahin um sie. Nur keine Sorge, okay?«

Er fuhr los und winkte uns durchs Fenster zu. Wir saßen noch eine halbe Stunde am Straßenrand.

»Wir können hier nichts mehr tun«, sagte Dag schließlich. »Wir sollten uns wieder auf den Weg machen.«

Ich hob mein schwer beladenes Fahrrad mühsam auf und begann es zu schieben. Doch dann setzte ich mich in den Sattel und trat mit aller Kraft gegen den Wind in die Pedale. Ich wollte so schnell wie möglich weg von diesem Ort. Nur einmal sah ich mich noch um. Die junge Frau lag ganz still da und der Bauer stand neben ihr. Sie sahen aus wie Figuren auf einem Gemälde. Nichts hatte sich geändert. Und auf unserer heißen, staubigen und ermüdenden Fahrt nach Tuy Hoa begegneten wir auch keinem Polizeiwagen.

Es gab nur ein Hotel in Tuy Hoa, in dem Ausländer absteigen konnten. Das grimmige, von einer hohen Betonmauer umgebene Gebäude im Sowjetstil gehörte der Regierung. Auf einem Schild im Foyer über der Rezeption stand in großen Lettern »Zimmer Ausländer $15«. Das Personal war um den Fernseher versammelt und in eines der ersten Fußballweltmeisterschaftsspiele vertieft. Widerwillig stand schließlich ein Mann auf und zeigte uns ein Zimmer. Ich ließ mich sofort aufs Bett fallen und war dankbar, mich jetzt nicht mehr rühren zu müssen. Neben mir klebte ein Zettel an der Wand: »Fahrräder, Motorräder, Haustiere, Feuerwaffen, Sprengstoffe, entflammbare Dinge, stinkende Dinge und sogar Prostituierte sind hier verboten.«

Dag holte seine Kamera hervor.

»Im Moment siehst du mir sehr nach einem stinkenden Ding aus«, sagte er. »Das muss ich festhalten.«

Mir fehlte die Kraft, mich zu wehren und so glotzte ich willenlos in die Linse, bis ich das Klicken des Auslösers hörte.

Das Hotelrestaurant war ein höhlenartiger Raum mit Fenstern, die vom Boden bis an die Decke reichten, und den Blick auf die Betonmauern um den Hof freigaben. Wir waren die einzigen Gäste. Aus den Lautsprechern in den Ecken plätscherte französische Unterhaltungsmusik. Der Raum wurde von einem riesigen Wandteppich beherrscht, der einen Hirsch mit vollem Geweih vor einer alpinen Schneelandschaft darstellte. Hin und wieder stakste ein Mädchen in hochhackigen Sandalen an der Küchentür vorbei, ohne uns eines Blickes zu würdigen. Schließlich ging Dag zur Tür und rief nach ihr. Voller Groll brachte sie uns eine Speisekarte. Bevor sie wieder davonstaksen konnte, bestellten wir schnell ein Steak, Reis und Bier. Als das Steak schließlich kam, lag es in kleine Streifen zerschnitten vor uns auf dem Teller und besaß die Konsistenz von altem Leder. Den ganzen Tag lang hatte Dag trotz der Unbill von Wind, Hitze, Verkehr und den körperlichen Anstrengungen unserer Fahrt seine gute Laune nicht verloren, aber diese entsetzliche Mahlzeit gab ihm schließlich den Rest.

»Du radelst den ganzen Tag und endest dann in einer Bruchbude wie dieser«, jammerte er. Dabei zog er erneut ein ungenießbares Stück Fleisch aus dem Mund und legte es auf den Haufen, der sich bereits am Tellerrand angesammelt hatte. »Ich halt es nicht aus. Diese Reise macht mich noch verrückt.«

Eine Honda fuhr vor der Glastür des Restaurants vor. Zwei Männer stiegen ab, kamen herein und gingen auf unseren Tisch zu. Ihre Haare glänzten vor Pomade und sie trugen Sonnenbrillen, enge Polyesterhosen und Nylonhemden. Der eine war kaum dem Teenageralter entwachsen. Er hielt sich nervös im Hintergrund, während sich sein älterer Begleiter an Dag wandte.

»Sir, können tanzen mit Freund?«

Verwirrt sah sich Dag im Raum um, aber es war sonst niemand da, mit dem der Mann hätte sprechen können.

»Tanzen mit meine Freund!«, wiederholte der Mann und wies dabei auf den verlegenen Jungen.

Dag starrte ihn entgeistert an.

»Ihr Freund?«

»Ja, sehr nett, nicht viele Dollar.«

»Ah, hm, nein… tut mir Leid… vielen Dank«, stotterte Dag.

»Okay!«, rief der Mann, wandte sich um und ging. Mit seinem Freund im Schlepptau verließ er das Restaurant wieder.

»Komm, gehen wir zurück aufs Zimmer«, schlug Dag mit beunruhigter Miene vor.

Zuerst mussten wir aber die Serviererin aufstöbern, um unser Essen zu bezahlen. Wir fanden sie schließlich hinter einer Theke in einem Nebenraum. Sie saß zusammengesunken auf einem Hocker, las eine Zeitschrift und aß Kekse. Erst unser Husten machte sie auf uns aufmerksam. Missmutig holte sie ein Quittungsbuch hervor und blätterte darin, als ob sie an diesem Abend noch unzählige Rechnungen zu erledigen hätte.

Der nächste Tag begann schlecht. Wenige Kilometer hinter Tuy Hoa löste sich der Highway One einfach auf und wurde durch eine unbefestigte Sandstraße ersetzt. Busse und Lastwagen schlitterten gefährlich herum und ihre Räder drehten im losen Sand durch. Wir stiegen von unseren Fahrrädern und schoben wieder. Der Weg führte uns über Hügel mit Buschwerk, durch Kassavafelder, Marschland und sandige Niederungen und an einem provisorischen Markt vorbei. Dort parkten zu beiden Seiten der Straße Lastwagen und Fahrräder in einem wilden Durcheinander und mindestens fünfzig Frauen saßen mit Körben, in denen sich

Gurken türmten, in einer Reihe nebeneinander. Die Atmosphäre war alles andere als freundlich und so bahnten wir uns schnell einen Weg durch die Menge. Allerdings nicht schnell genug, um den Händlern zu entkommen, die uns in die Beine zwickten, oder der jungen Frau, die uns mit der flachen Hand so fest auf den Arm schlug, dass ein brennender roter Fleck zurückblieb. Als wollte er diese Misshandlung wieder gutmachen, lief ein Mann schnell auf uns zu mit der Nachricht, dass Deutschland das heutige Fußballweltmeisterschaftsspiel gewonnen hatte.

Um uns die Zeit zu vertreiben und die Monotonie der Landschaft erträglicher zu machen, hatten wir uns ein Spiel ausgedacht. Es galt, die eigenartigste Last auf den vorbeifahrenden Motorrollern zu entdecken. Schweine in konischen Körben waren disqualifiziert, da sie so häufig zu sehen waren. Gut im Rennen lag ein Korb, der bis an den Rand mit Seidenraupenlarven gefüllt war, ebenso ein gefälliges Arrangement von Schweinsköpfen in einem flachen Korb und eine alte Mörserpatrone, die jemand auf den Gepäckträger geschnallt hatte. Als aber ein Motorroller mit drei Bambuskörben vorbeiflitzte, in denen sich grüne Schlangen wanden, stand der Sieger eindeutig fest.

»Stell dir vor, du würdest mit *dem* zusammenstoßen«, sagte Dag schaudernd.

Inzwischen hatten wir uns ein neues Spiel ausgedacht, bei dem wir nach seltsamen Dingen am Straßenrand Ausschau halten mussten. Ich sah ein Huhn, das völlig federlos im Schmutz vor einem Haus herumpickte. Dag erspähte eine Familie, die auf der Veranda in Gesellschaft eines Schweins zu Mittag aß, das aus einer Schüssel mitfraß. Wir einigten uns schließlich auf ein Unentschieden, als wir beide in einem kleinen Café, wo wir zum Mittagessen anhielten, einen hell erleuchteten Christbaum entdeckten.

Im Lauf des Nachmittags fuhren wir durch hübsche Dörfer, die direkt am Strand lagen. Vor den Häusern mit strohgedeckten Satteldächern lagen am Straßenrand Rohsalz und Fische zum Trocknen aus. Nach etwa sechzig Kilometern, die wir an diesem Tag zurückgelegt hatten, erreichten wir den Stadtrand von Song Cua. Zunächst kamen wir an Salzlaken und Verdunstungstanks vorbei, dann folgten mehrere Fischfarmen in schmutzigen Lagunen und ein Armeestützpunkt. Die Stadt selbst war ein schäbiger Ort und besaß kein einziges Gästehaus, in dem auch Ausländer aufgenommen wurden. Das nächstgelegene Hotel sei in Qui Nhon, sagte man uns. Diese kleine Hafenstadt lag vierzig Kilometer weiter nördlich und war nur über einen Pass zu erreichen. Wir hätten Qui Nhon gern noch erreicht, denn aus diesem Ort stammten meine Freunde Hanh und Tuyen und wir hofften, von dort ein Boot für die Weiterreise zu finden. Doch für heute war es schon zu spät, wir waren müde und würden es mit dem Fahrrad nicht mehr bis dahin schaffen. So standen wir erschöpft am Straßenrand und überlegten, was wir tun sollten, als ein Bus an uns vorbeiratterte und ein paar Meter entfernt stehen blieb. Obwohl kein Platz mehr frei und das Dach mit Säcken voll beladen war, forderte uns ein junger Mann, der sich aus der Hintertür lehnte, zum Einsteigen auf.

»Qui Nhon?«, fragte Dag.

»Bien Dien«, antwortete der junge Mann.

Bien Dien lag dreißig Kilometer weiter nördlich am Highway One und von dort führte eine Straße nach Qui Nhon, das sich acht Kilometer weiter entfernt an der Spitze einer Halbinsel befand.

Der Mann sprang vom Bus, griff nach meinem Fahrrad und traf damit die Entscheidung für uns. Es folgte eine kurze Diskussion um den Fahrpreis. Der Mann verlangte das Fünffache dessen, was ein Fahrschein für die Einheimischen kostete. Dag bot ihm das Dreifache, was er akzeptierte. Dann wurde noch über die Kosten für den Transport der Fahrräder gefeilscht. Schließlich einigten sich die beiden Männer auf fünf Dollar für die zwei Fahrräder, die sogleich auf das Dach verfrachtet wurden, während wir mit unseren Taschen die Stufen hinaufkletterten.

Da keine Plätze mehr frei waren, stellten wir uns hinten in den Bus. Dabei mussten wir uns bücken, weil die Decke so niedrig war. Bei jedem Schlingern des Fahrzeugs stießen wir gegeneinander und fielen auf die übrigen Passagiere. Durch die offenen Türen und Fenster wehten Staubwolken herein und es schien, als ob der Fahrer seinen Ellbogen nicht mehr von der Hupe nehmen konnte. Trotz dieser Unannehmlichkeiten war ich aber froh, dass ich mich im Innern des Busses befand und mein Fahrrad nicht die lange Passstraße hinauf schieben musste. Wir hatten schon fast die Passhöhe erreicht, als der Mann, der aus der Hintertür hing, plötzlich mehr Geld von uns wollte.

»Muoi Dollar!«, sagte er mit Nachdruck. »Zehn Dollar!« Dabei zeigte er auf das Dach, als ob er damit sagen wollte, dass das der Preis für unsere Fahrräder sei.

Aber Dag blieb fest und bestand darauf, dass er keinen einzigen Dong mehr zahlen würde.

»Muoi Dollar! Muoi Dollar!«, sagte der Mann beharrlich.

Der Streit war noch immer in vollem Gange, als der Bus an der Abzweigung nach Qui Nhon hielt. Der Fahrer ließ den Motor laufen, während unsere Räder heruntergeholt wurden. Bei meinem fehlte die Klingel, bei Dags die Pumpe. Auf ein Zeichen des Manns in der Hintertür gab der Fahrer Gas und ließ uns in einer Wolke aus Staub und Schmutz zurück.

Wie im Traum erreichten wir im Dämmerlicht Qui Nhon. Die Luft war von Staub erfüllt. Eine Sandschicht, die der Wind vor sich her blies, bedeckte die Hauptstraße und die Gehsteige, auf denen sich unzählige sandfarbene Hunde paarten. Wir gingen ins Duong Phong Hotel, das als eines der wenigen Hotels in Qui Nhon für Ausländer zugelassen war. Die Wände im Foyer waren mit rosafarbenen und blauen Papierdeckchen dekoriert, aus denen küssende Paare ausgeschnitten waren. Über einer Tür, die von einem Perlvorhang verdeckt wurde, hing ein Neonschild mit der Aufschrift »Massage«.

Nach siebzig Kilometern auf einem klapprigen Rad erschien mir die Aussicht auf eine Massage recht verlockend. Als ich dem Mann an der Rezeption meinen Wunsch mitteilte, rief ich allerdings größte Verwirrung hervor. »Eine Massage?«, wiederholte er bestürzt, wobei seine Augen immer größer wurden. »Für Madam?«

Dann fasste er sich wieder und sagte: »Massagelady jetzt keine Zeit. Bitte später kommen.«

Ich kam etwas später zurück und sah, dass jetzt drei junge Frauen in hautengen Kleidern und mit einer dicken Schicht Make-up im Gesicht auf einer Bank unter dem Neonschild saßen.

»Such dir eine aus, Maria«, sagte Dag mit einem hintergründigen Grinsen.

Da teilte sich der Perlvorhang und eine ältere Frau trat hervor. Lange Löckchen hingen ihr ins Gesicht und als sie Dag einladend anlächelte, konnte man ihre Goldzähne sehen.

»Vielleicht gehen wir lieber in die Bar«, schlug ich vor.

In der Restaurant-Bar des Hotels saßen vier Männer um einen Tisch, auf dem sich leere Bierflaschen ansammelten, und verfolgten auf einem Fernseher an der Wand ein Weltmeisterschaftsspiel.

»He! Hallo!«, rief einer von ihnen zu uns herüber. »Vieheisantsie?«

Da wir diese Frage seit dem Morgen schon an die zweihundertmal gehört hatten, konnte ich es Dag wirklich nicht verübeln, dass er ein verdrossenes »Ich heiße Godzilla« hervorstieß.

»Mr. Godzilla!«, rief der Mann begeistert, ergriff eine volle Bierflasche und kam rasch zu uns herüber. »Wie es geht?«

Seine Freunde beobachteten mit großem Interesse, wie er in seinem fröhlich betrunkenen Zustand ein einseitiges Gespräch mit uns auf Englisch führte.

»Ich habe drei Tochter. Eine Doktor. In Kana-da. To-ron-to.«

Er machte eine Pause und hielt seine schmale Nase zwischen Daumen und Finger, während er nach Worten suchte.

»To-ron-to. Groß. Kalt. Wunderschön.«

Er hatte inzwischen eine weitere Runde für sich selbst, seine Freunde und trotz unserer Einwände auch für uns bestellt.

»Ich Doktor vietnamesisch«, sagte er.

Vorsichtig ergriff er eines meiner Handgelenke und hielt drei Finger und den Daumen dagegen. Er runzelte die Stirn, als er meinen Puls fühlte. Dann tätschelte er mir, wie zur Beruhigung, die Hand, während er eindringlich und völlig unverständlich auf Dag einredete.

»Was sagt er denn?«, fragte ich ihn besorgt.

»Wahrscheinlich, dass du zum Arzt gehen sollst«, erwiderte Dag.

Der Mann zog aus seiner Hosentasche mehrere Papierstücke und einen Kuli.

»Mr. Godzilla – Adresse!«, wies er Dag an und reichte ihm den Kuli und ein Stück Papier.

Nach dem Essen, mehreren Flaschen Bier und einem gut gelaunten Wortgefecht mit dem netten Doktor, der unbedingt unsere Rechnung zahlen wollte, sagten wir ihm und seinen Freunden gute Nacht. Als wir das Restaurant verließen, begegneten wir einem jungen Touristen, der gerade hineinging. Er trug einen Pferdeschwanz und Ringe in beiden Ohren. Eines der Mädchen, das unter dem »Massage«-Schild gesessen hatte, begleitete ihn. Wir ließen ihn an der Tür vorbeigehen und der Tourist quittierte meinen spöttischen Blick mit einem einfältigen Lächeln und einem nervösen Räuspern.

Trotz des Deckenventilators war es in unserem Zimmer heißer als draußen auf der Straße. Als wir das kleine Fenster öffneten, drang Musik von einer nahe gelegenen Karaokebar zu uns herein. Zu Beginn unserer Reise hatte mir Dag eindeutig erklärt, dass er nie in einem Raum mit Klimaanlage schlafen würde, denn das sei ungesund und wir müssten uns ja an die Hitze und Feuchtigkeit gewöhnen. Ich stimmte ihm prinzipiell zu, aber die Aussicht auf eine heiße und laute Nacht nach einem so langen und anstrengenden Tag erschien mir unerträglich. Und wie befürchtet, wies auch das Moskitonetz mehrere Risse auf.

»Wir könnten ebenso gut in einem Sumpf schlafen«, sagte ich. »Warum fragen wir nicht nach einem anderen Zimmer?«

»Maria, das ist die Mühe nicht wert, die sind alle gleich.«

»Wir nehmen eines mit Klimaanlage.«

»Nehmen wir nicht!«

Ich ignorierte ihn ganz einfach, stolzierte aus dem Zimmer und schlug die Tür hinter mir zu. Unten im Foyer erhaschte ich einen flüchtigen Blick auf den Doktor, der gerade das Hotel verließ. Die Mädchen auf der Bank waren verschwunden und an ihrer Stelle saßen jetzt zwei Freunde des Doktors, jeder mit einem Ticket in der Hand.

Ich erkundigte mich an der Rezeption nach einem Zimmer mit Klimaanlage und man sagte mir, dass es acht Dollar mehr kosten würde.

»Prima, ich nehme es«, sagte ich.

Der Mann streckte gerade die Hand nach den Schlüsseln am Brett hinter sich aus, als das Licht ausging.

»Stromausfall, Madam«, sagte er und fummelte dabei nach Streichhölzern und Kerzen. »Tut mir Leid.«

Im Licht einer brennenden Kerze ging ich zurück ins Zimmer.

»Wenigstens haben wir eine Zeit lang Ruhe vor dem Karaokesingen«, sagte Dag.

Ich verfluchte seine Fröhlichkeit und legte mich zu ihm ins Bett.

Als wir um sechs Uhr aufstanden, gab es noch immer keinen Strom. Im Foyer des Hotels trafen wir wieder auf den jungen Touristen vom Vorabend. Er zahlte gerade mit Visa-Karte, während seine Freundin an der Rezeption lehnte, eine Zigarette rauchte und durch seinen neuseeländischen Pass blätterte. Sie wirkte wesentlich eleganter als am Abend zuvor und trug jetzt eine Brille mit Goldrahmen, enge Jeans, eine Baumwollbluse und hochhackige Plateausandalen. Ihr Gesicht war sorgfältig zurechtgemacht und sie roch nach billigem Parfum.

»War es für Sie in der Nacht auch zu heiß?«, fragte ich im Plauderton.

Mit einem abfälligen Blick blies das Mädchen Rauch in meine Richtung.

»Oh, ja, sehr heiß, recht unbequem«, stotterte ihr Freund und errötete dabei bis unter die Haarwurzeln.

Neben dem Strand von Qui Nhon zog sich ein schmaler Grünstreifen mit gepflegten Blumenbeeten und Kaffeehaustischen unter gestreiften Sonnenschirmen entlang. In etwa einem halben Kilometer Entfernung lagen einige Fischerboote im Sand.

»Ich wette, dass das dort hinten Hanhs und Tuyens Dorf ist«, sagte ich. »Wir sollten hinübergehen und nach einem Waltempel Ausschau halten. Wir könnten uns auch nach Booten erkundigen.«

»Frühstücken wir doch erst mal«, schlug Dag vor und lehnte sein Fahrrad an einen Sonnenschirm.

Während wir auf Kaffee und Baguette warteten, breiteten wir unsere Karten auf dem Tisch aus.

»Schau doch mal, die Küste der Provinz Binh Dinh sieht ziemlich offen und ungeschützt aus«, sagte er. »Ich sehe keinen natürlichen Hafen, den ein Boot so ohne weiteres anlaufen könnte.«

»Aber irgendjemand in dem Dorf müsste doch wissen, wohin wir fahren könnten«, schlug ich vor.

»Glaubst du das wirklich?«, entgegnete er. »Denk doch zurück, was passiert ist, als wir Nha Trang verließen. Der Fischer kannte nur seine unmittelbare Umgebung und konnte auch keine Karten lesen. Und außerdem zweifle ich sehr daran, ob hier jemand die Erlaubnis bekommen würde, uns in die nächste Provinz zu fahren.«

»Du gibst schon auf, bevor du es überhaupt versucht hast«, brauste ich auf.

»Okay, dann geh doch selbst und such dir einen Fischer«, erwiderte Dag aufgebracht. »Versuch es mal, mit den Leuten zu feilschen und ihnen verständlich zu machen, weshalb wir zum Teufel gerade auf ihr Boot wollen.«

Eine Serviererin kam mit unserem Frühstück und Dag schob die Karten übellaunig vom Tisch. »Immer muss ich alles tun! Du hast dir heute früh nicht mal die Mühe gemacht, dich in Qui Nhon zurechtzufinden. Ich war derjenige, der auf der Karte suchen musste, wohin wir gehen sollten!«

»Darum geht es doch gar nicht –«

»Doch! Ich bin es einfach satt, immer über die Preise streiten und mich irgendwie verständlich machen zu müssen, während du einfach dasitzt und alles mir überlässt!«

Er riss ein Stück Brot ab und starrte kauend aufs Meer hinaus. Ich saß still da und dachte über das Gesagte nach. Er hatte Recht mit seinem Ärger. Ich hatte ihm viel überlassen, teils aus Faulheit, teils aber auch, weil sich alle Fremdenführer, Busfahrer, Fischer und Fahrradverkäufer, die uns bisher untergekommen waren, zum Feilschen und Handeln immer an ihn und nicht an mich gewandt hatten. Und ich musste auch zugeben, dass ich mich bei unseren Reisen immer auf sein Geschick, seinen Elan und seine gute Laune verlassen hatte. Doch jetzt schienen sein Elan und seine gute Laune zum ersten Mal zu schwinden. Es war beängstigend und ich fragte mich, ob wir uns diesmal vielleicht zu viel vorgenommen hatten.

»Wir sind wie ein Paar Da Trang-Krabben«, sagte ich schließlich, um das Schweigen zu brechen.

Dag rollte die Augen. »Was zum ...«

»Es gibt ein vietnamesisches Sprichwort über Leute, die das Unmögliche versuchen«, fügte ich rasch hinzu. »Es stammt aus einer Geschichte, die erklärt, weshalb diese kleinen Krabben bei Ebbe Löcher in den Sand graben.«

Seine Züge entspannten sich und ich erzählte ihm von Da Trang, der eine magische Perle besaß, mit der er die Sprache der Tiere verstehen konnte. Er hielt die Perle hoch in Ehren und trug sie immer im Mund mit sich herum. Einmal hörte er, wie sich zwei Ameisen über eine große Überschwemmung unterhielten, die bevorstand. Er erzählte es dem König, der seine Untertanen und seinen ganzen Besitz vor der größten Flut der Geschichte schnell auf einem Berg in Sicherheit brachte. Da Trang wurde zum Berater des Königs ernannt und als solcher bereiste er das ganze Land und gab Informationen weiter, die er von Vögeln und anderen Tieren erfuhr. Eines Tages wollte der König den Fischen zuhören. Er segelte mit Da Trang in eine Bucht, wo sie ein paar Quallen trafen. Die Quallen sangen und Da Trang fand das so lustig, dass er laut lachen musste. Da fiel die Perle aus seinem Mund ins Wasser und ward nie mehr gesehen. Da Trang verbrachte den Rest seiner Tage am Strand, wo er den Sand nach seiner Perle absuchte. Nach seinem Tod verwandelte sich seine Seele in eine Krabbe, die jedes Sandkörnchen auf der Suche nach der magischen Perle ohne Ende umdrehte.

»Glaubst du also, dass wir aufgeben sollten?«, fragte Dag, als die Geschichte beendet war.

»Keineswegs.«

Er formte seine Finger und Daumen zu Zangen und fuchtelte mit den Händen wie mit Krabbenscheren herum.

»Okay, Coffey, auf irgendeine Weise werden wir wohl oder übel die Küste hinaufkommen.«

Wir schoben unsere Fahrräder durch den Park, als ein adrett gekleideter junger Mann auf uns zukam und uns auf Englisch ansprach.

»Mein Name ist Thang. Ich bin so froh, Ausländer zu treffen. In meiner Schule wir haben Lehrerin aus Neuseeland, aber sie gibt drei Englischstunden die Woche und hat keine Zeit, mit mir sprechen.«

Er war begeistert, als ich ihm erzählte, dass ich aus Manchester kam.

»Ah, Manchester United! Sie mögen Fußball?«

Ich war ebenso begeistert, dass wir ihn gefunden hatten und fragte ihn gleich, ob er für uns im nahe gelegenen Fischerdorf dolmetschen könnte.

Thang wirkte plötzlich angespannt. »Ich bin Englischstudent im dritten Jahr an Qui Nhon College. Meine Eltern sind arm. Ich habe Stipendium von nur neunundfünfzigtausend Dong im Monat. Manchmal meine Familie schickt mir einen Sack Reis von ihrem Hof.«

Als ich ihm versichert hatte, dass wir ihn für seine Dienste gut bezahlen würden, entspannte er sich. Ich versuchte, auf das Thema von Waltempel und Booten zu kommen, aber Thang hörte mir nicht zu.

»In zwei Tagen ich habe Sprechexamen. Können Sie mir helfen? Ich sage Ihnen Frage und Sie sagen mir Antwort langsam und ich schreibe. Okay?«

Er zog ein Buch und einen Bleistift aus seiner Tasche und wir setzten uns auf die Betonbrüstung eines Blumenbeets.

»Erste Frage«, sagte er und las sie mir aus dem Buch vor. »Was sind die Grundlagen für ein erfolgreiches Leben? Zweite Frage: Was macht einen guten Lehrer aus? Dritte Frage: Diskutieren Sie die Vor- und Nachteile von ausländischen Investitionen in Vietnam.«

Während Thang meine Antworten niederschrieb, starrte ich zum Dorf hinüber.

»Wir würden gerne den Tempel von *Ong Nam Hai* finden«, erzählte ich Thang.

»Sie kennen *Ong Nam Hai?*«, rief er. »Wie ist das möglich?«

Das Dorf bestand aus einem Durcheinander verwahrloster Häuser in einem Labyrinth schmaler, sandiger Gassen. Leute standen in Hauseingängen und starrten uns misstrauisch an. Hunde bleckten die Zähne. Ich beschloss, hier gar nicht erst nach einem freundlichen Fischer zu suchen. Und obwohl ich Thang gerne gebeten hätte, zu fragen, ob sich noch irgendjemand an Hanh und Tuyen erinnerte, entschied ich mich dagegen. Sie hatten sicherlich einen Grund gehabt, mir die Adressen ihrer Verwandten nicht zu geben. Der Waltempel aber war leicht zu finden. Der Ziegelbau stand neben der Hauptstraße und zwei Drachen saßen auf dem Dach. Die Fensterläden waren geschlossen und am Eingangstor hing ein Vorhängeschloss. Hinter dem Gebäude kam ein alter Mann hervor, der sich als Tempelwärter vorstellte. Sein Körper war vom Alter gebeugt und er war so abgemagert, dass sich seine Haut an den Knien in lose Falten gelegt hatte. Er lud uns zum Tee in seinem Haus ein und führte uns durch einen schmalen dunklen Gang in einen kleinen Raum mit Lehmfußboden. An der Wand hing das Bild eines jungen Mannes in Uniform.

»Das bin ich«, sagte unser Gastgeber. »Ein Soldat der Viet Minh.«

Der alte Mann hatte vierzig Jahre seines Lebens in der Armee gedient und gegen die Franzosen, die Japaner, die Amerikaner und seine eigenen Landsleute gekämpft. Auch sein Sohn, erzählte er uns, war gegen die Amerikaner und die südvietnamesische Armee, die Kambodschaner und die Chinesen in den Kampf gezogen. Daraufhin holte er Orden und noch mehr Bilder uniformierter Männer hervor.

»Ist er mit den Entwicklungen in Vietnam seit 1975 zufrieden?«, fragte ich Thang.

Es folgte ein sehr kurzer Wortwechsel.

»Er arbeitet für die Regierung und ist sehr beschäftigt«, sagte Thang ausweichend. »Er wird Ihnen jetzt den Tempel zeigen.«

Der sah auf den ersten Blick eher wie ein Klassenzimmer und

nicht wie eine Kultstätte aus. Die Wände waren hellgrün gestrichen und auf dem rot gefliesten Boden standen Tische und Bänke. Doch am andern Ende des Raums führten drei Stufen zu einem Altar, der von gelben Sonnenschirmen beschattet wurde. Dahinter türmten sich bis an die Decke fünfzehn große rote Holzkisten, gegen die zwei riesige, zweieinhalb Meter lange und mehr als zwanzig Zentimeter dicke Knochen lehnten, die den Altar umrahmten. Ich starrte darauf und versuchte mir die Größe der Kreatur vorzustellen, von der sie stammten.

»Knochen sehr alt«, sagte Thang.

Ich erinnerte mich, wie Hanh mir erzählt hatte, dass ein Geomantiker den Standort des Tempels vor mehr als einem Jahrhundert ausgewählt hatte, als ein Wal an die Küste geschwemmt worden war. Aber das Gebäude, in dem wir uns befanden, schien neueren Datums zu sein.

»Die Kommunalverwaltung glaubt an den Wal«, sagte Thang, als ich ihn danach fragte. »So sie baut den Tempel neu.«

»Aber die Kommunalverwaltung ist doch kommunistisch«, entgegnete ich.

»Ja. Die Fischer unterstützen Gesellschaft mit sehr viel Einkommen, und die Wale helfen den Fischern, so die Regierung sorgt sich um Wal.«

Der alte Tempelwärter starrte zu mir hoch.

»Er will wissen, wie Sie von *Ong Nam Hai* gehört haben«, sagte Thang.

Da ich Hanh und Tuyen nicht namentlich nennen wollte, erzählte ich in wenigen Worten von meinen Freunden in England, die das Dorf vor fünfzehn Jahren verlassen hatten.

»Er will wissen, ob sie geflüchtet sind.«

Ich nickte.

»Er sagt, dass hier vor einem Jahr zweiundzwanzig Leute mit dem Boot geflüchtet sind. Ein großer Sturm kommt und sie rufen um Hilfe. Zwei große Wale erscheinen und kommen ganz nahe an das Boot heran und helfen, dass Boot nicht umkippen.

Nach einer Woche kommt amerikanisches Boot und holt vietnamesische Leute an Bord. Jetzt sie sind in Amerika, sie schreiben Brief an diesen Mann, sie erzählen, wie Wal sie hat gerettet, sie sagen, eines Tages sie werden schicken viel Geld und den Tempel viel größer bauen.«

Ich war reichlich verwirrt: Ein kommunistisches Parteimitglied und NVA-Veteran glaubte nicht nur an den Walgott, sondern war auch gerne bereit, Spenden für die Erhaltung des Tempels von geflüchteten Gegnern des kommunistischen Regimes entgegenzunehmen.

»Es ist so, wie es ist«, sagte Thang weise.

Bevor wir den Tempel verließen, überreichten wir dem Wärter eine Spende für den Tempel. Nach kurzem Nachdenken legte ich noch ein paar Dollar hinzu.

»Von unseren Freunden in Birmingham«, sagte ich zu Thang.

Wir luden Thang in einem nahe gelegenen Café zum Mittagessen ein. Er aß langsam und steckte dann ein Baguette für später in seine Tasche.

»Wenn ich fertig bin mit Prüfung, ich muss nach Hause und meiner Familie bei Reisernte helfen«, sagte er. »Nach einem Monat ich komme nach Qui Nhon zurück, aber ich werde sehr dünn sein, weil meine Familie nicht genug zu essen hat.«

Bevor er ging, übten wir noch einmal für sein mündliches Examen.

»Was sind die Grundlagen für ein erfolgreiches Leben?«, fragte ich.

Bedächtig las er vor: »Gesundheit, ein gutes Verhältnis zu anderen Menschen und Freude an der Arbeit.« Dann hielt er inne, dachte eine Minute lang nach und sah mich an. »Und ich möchte auch sagen, Geld und die Möglichkeit zu reisen. Ist das okay?«

Qua Roi

Mit einer Geschwindigkeit von zwanzig Stundenkilometern radelten wir in gerader Linie durch die Provinz Binh Dinh nach Norden. Es war eine mühsame Fahrt, aber im Vergleich zu dem, was in den Reisfeldern zu beiden Seiten der Straße vor sich ging, erschienen unsere Anstrengungen bedeutungslos. Monate vor unserer Abreise hatte ich mehrere Bücher über den vietnamesischen Reisanbau gelesen. Die Übersetzungen aus dem Französischen waren vier Jahrzehnte zuvor erschienen und enthielten Zeichnungen aus der Zeit um die Jahrhundertwende. Wir strampelten gemächlich durch die Landschaft, die von der Zeit unberührt geblieben zu sein schien. Seit 1900 und möglicherweise noch länger hatte sich hier kaum etwas verändert. In der südlichen Hälfte der Provinz Binh Dinh zogen Frauen die jungen Reissetzlinge aus dem Schlamm und legten die gebündelten Pflänzchen vorsichtig in Säcke, die von ihren Schulterstangen herabhingen. In den angrenzenden Feldern bereiteten Männer und Jungen den Boden mit Eggen, die von Wasserbüffeln gezogen wurden, für die Reissetzlinge vor. Das Einsetzen der jungen Pflanzen übernahmen Frauen, die mit gebeugtem Oberkörper, ihre Gesichter unter konischen Hüten versteckt, in Gruppen reihenweise durch den Schlamm zogen und so schnell arbeiteten, wie sie konnten. Technik war hier noch ein Fremdwort, auch für das Ehepaar, das wir während einer unserer Fahrtpausen beobachteten. Mit einem konischen Korb, der mit Lack abgedichtet und an zwei Seilen befestigt war, schöpften die beiden Wasser aus einem Bewässerungskanal. Dabei standen sie zu beiden

Seiten des Kanals und ließen den Korb ins Wasser gleiten. Dann traten sie einen Schritt zurück und zogen an den Seilen, wodurch sich der volle Korb aus dem Wasser erhob und seinen Inhalt in hohem Bogen auf das daneben liegende Feld ergoss. Sie wiederholten diesen Vorgang in rascher Folge mit rhythmischer Gleichmäßigkeit und ohne dabei innezuhalten. Nach den alten französischen Büchern wird diese Methode, mit der zwei Leute achthundert Gallonen Wasser die Stunde schöpfen können, *viec tat nuoc* genannt. Und jüngeren Statistiken zufolge verdienen Landarbeiter für diese Arbeit durchschnittlich achtzig Cent am Tag.

Wir hatten seit dem Morgen etwa sechzig Kilometer zurückgelegt, als wir eine Gegend erreichten, in der die Reisernte schon begonnen hatte. Hier arbeiteten die Leute noch emsiger und ihre Tätigkeit war noch arbeitsintensiver als weiter im Süden. Ganze Familien standen auf den Feldern und schnitten Halme mit Sicheln ab, füllten sie dann in Drescher, die sie über Fußpedale betätigten, und stapelten das Stroh in der Form konischer Hüte. Am Straßenrand worfelten Frauen den Reis. Sie warfen ihn von großen flachen Körben aus in die Luft und breiteten die Körner dann auf der Straße zum Trocknen aus, so dass ein Drittel des Asphalts mit langen weißen Streifen bedeckt war. Es schien sie nicht zu stören, dass wir aufgrund des Verkehrs manchmal gezwungen waren, mitten durch diese Streifen hindurch zu fahren. Mit einem Rechen harkten sie unsere Spuren geduldig wieder glatt.

Am Straßenrand lagen außer Reis noch andere Dinge zum Trocknen ausgebreitet. Wir sahen Bohnen, Kopra, Nüsse und auch Reispapier, das auf Rahmen gespannt war. Hin und wieder tauchte im Schatten der Bäume ein Stand auf, an dem Zuckerrohrsaft verkauft wurde. Am Nachmittag blieben wir an einer dieser Buden stehen und setzten uns neben ein paar Bauern, die uns mit freundlicher Neugier begutachteten, auf niedrige Holzschemel. Die Männer inspizierten unsere Fahrräder und versicherten uns dann, dass wir dafür viel zu viel gezahlt hätten. Die Frauen probierten meinen Hut und meine Brille auf und zeigten sich dann äußerst besorgt über den Zustand meiner sonnenverbrannten und schweißüberströmten Haut. Inzwischen hatte das Mädchen, dem der Stand gehörte, lange Stücke des Zuckerrohrs durch eine von einem Dieselmotor betriebene Presse gedrückt. Den trüben grünen Saft, der durch einen Plastikschlauch in eine Schüssel lief, mischte sie mit Orangensaft und Eiswürfeln und servierte ihn dann in schmierigen Gläsern. Das Getränk schmeckte köstlich und erfrischend und ich spürte, wie neue Kraft durch meine Adern floss. Die Bauern lachten und freuten sich, dass uns ihr einheimischer Trunk so gut schmeckte und es amüsierte sie auch, dass wir genau wie sie mit dem Fahrrad unterwegs waren. Ausländer, erzählten sie uns, würden hier nicht stehen bleiben, sondern in Autos vorbeifahren. Mir fiel ein, was Bekannte über die Schönheiten Vietnams erzählt hatten, die sie sicher durch die Scheiben klimatisierter Fahrzeuge bewundert hatten. Ich saß hier und konnte Jungen beobachten, die auf Wasserbüffeln ritten. Sie führten die Tiere zu kleinen Tümpeln, in denen sie sich von der Hitze des Nachmittags erfrischen konnten. Bauern saßen im Schatten von Palmen, deren Blätter im Sonnenlicht glänzten. Fischer standen in den Bewässerungskanälen und fingen mit umgedrehten Körben Fische. Diese zweifelsohne recht malerischen Szenen ließen einen aber nur allzu leicht vergessen, wie viele Monate, Jahre und oft ganze Lebenszeiten zermürbender körperlicher Arbeit notwendig waren, um sie zu schaffen.

Gegen fünf Uhr, als die steilen Hügel am Horizont eine purpurrote Farbe angenommen und sich blauschwarze Wolken um ihre Gipfel geballt hatten, beendeten die Leute auf den Feldern ihre Arbeit und machten sich auf den Heimweg. Die Männer beluden ihre Fahrräder mit Werkzeug und Säcken und die Frauen trugen an Schulterstangen schwere Körbe nach Hause. Über die Dämme folgten sie dem Weg zu ihren Dörfern, die hinter Bambushainen versteckt lagen. Obwohl wir erschöpft waren und die Nacht nicht wieder in einem seelenlosen Hotel verbringen wollten, widerstanden wir der Versuchung, den Leuten zu folgen und sie zu bitten, unser Zelt in einem Garten aufstellen zu dürfen. Sie lächelten zwar scheu und warfen uns neugierige Blicke zu, doch inzwischen war uns bewusst, dass die überraschende Ankunft von Fremden, und insbesondere von solchen, die ihnen nicht einmal auf Vietnamesisch erklären konnten, wer sie waren und was sie im Sinn hatten, unter den Leuten Besorgnis und oft sogar Angst hervorrief. Ohne einen Dolmetscher oder jemandem wie Linh, der uns vertrauensvoll in sein Heim eingeladen hatte, wollten wir uns nicht einer ahnungslosen Familie aufdrängen, denn wer weiß, welche Folgen das nach unserer Abreise für sie hätte haben können.

Und so landeten wir schließlich nicht in einem Dorf, sondern in einem Motel der Regierung am Stadtrand von Sa Huynh, einem Ort etwas nördlich der Grenze zwischen den Provinzen Binh Dinh und Quang Ngai. Auf den ersten Blick schien das Haus völlig verlassen. Die Zimmer zu beiden Seiten eines großen Gartens lagen in völliger Dunkelheit. Der Nachtwächter im Foyer des Haupthauses war an seinem Tisch fest eingeschlafen. Sein Kopf ruhte auf einem Kissen und seine Taschenlampe und Zigaretten lagen hinter ihm. Auch die Rezeptionistin schlief hinter ihrer hohen Theke. Sie war eine hübsche schlanke Frau in einem *ao dai*. Ihre langen Wimpern bebten im Schlaf leicht über der zarten Haut ihrer Wangen. Ich überlegte kurz, ob ich mich über sie beugen und einen Schlüssel vom Brett nehmen sollte, ohne sie zu stören, besann mich dann aber eines Besseren. Sanft fasste ich sie an der Schulter. Sie schreckte hoch, griff nach dem Gästebuch und fing an zu blättern.

»Ja, wir haben Zimmer frei«, murmelte sie, bevor ich ein Wort sagen konnte.

Das Zimmer verfügte über große fliegende Ameisen, Strom,

der um elf Uhr abgeschaltet wurde, und ein Waschbecken, von dem sich das Wasser direkt auf den Badezimmerboden ergoss. Aber die Luft, die durch die Fenster ins Zimmer wehte, roch nach Salz und trug das willkommene Geräusch der nahen Brandung mit sich. Hinter den Mauern der Motelanlage lag eine riesige, halbmondförmige Bucht. Der Sand unter unseren Füßen fühlte sich weich und warm an. In nördlicher Richtung waren die funkelnden Lichter eines Fischerdorfs und einiger Boote zu sehen. Der Himmel über uns blinkte voller Sterne und die Brandung erstrahlte im Licht der Biolumineszenz. Wir schwammen und trieben eine Stunde lang im Wasser herum. Dann legten wir uns in den Sand und ließen uns vom Wind trocknen. Dabei vergaßen wir die Straße, das Hupen der Busse und Lastwagen und die Anstrengungen der Reise, die uns noch bevorstanden.

»Sie wollen Massage?«, fragte eine Stimme früh am nächsten Morgen.

Eine Frau stand vor unserem Fenster und sprach durch das Gitter beharrlich auf uns ein.

»Mein Name Win, ich gebe Massage Nha Trang, Dalat, Hue, Hanoi, Da Nang. Eine Stunde zwei Dollar.«

Wir ließen uns leicht überreden, denn unsere Muskeln schmerzten vom Radfahren und waren ganz steif. Win war kräftig gebaut und ganz offensichtlich eine recht resolute Person.

»*Nur* Massage!«, sagte sie mit Nachdruck zu Dag, als er sich hinlegte.

Sie begann, seine Schultern zu kneten. Dag stöhnte genüsslich. Um die Freuden in Grenzen zu halten, drehte sie ihn schnell um, ging ans andere Ende des Betts, legte seinen linken Fuß über ihre rechte Schulter und zog mit aller Macht daran. Ein lautes KNACK! war in seinem Knie zu hören. Nachdem sie das andere Knie derselben Tortur unterzogen hatte, drehte sie Dag erneut um und kletterte auf seinen Rücken. Mit einem Fuß auf seinen Schulterblättern und dem anderen auf seinem Hinterteil richtete sie sich auf, sprang hoch und landete mit ihrem ganzen Gewicht wieder auf seinem Rücken.

»Autsch! Uff! Uah!«, protestierte Dag, dessen Schreie von einem Kissen gedämpft wurden. »Stopp! Genug!«

Doch Win war noch nicht fertig. Während der nächsten Viertelstunde trommelte sie mit den Fäusten auf Dags Körper ein und schließlich auch auf seinen Schädel, wo sie ein Geräusch erzeugte, das sich wie eine Rassel anhörte. Zum Abschluss ergriff sie seine Ohren und riss seinen Kopf herum, begleitet von Splitter- und Knirschlauten.

»AUUUTSCH!«, protestierte Dag.

»Fertig«, verkündete Win und verpasste ihm einen letzten freundschaftlichen Rippenstoß.

Mit einem verblüfften Ausdruck im Gesicht rollte er vom Bett und fiel in einen Stuhl.

»Lass sie um Himmels willen nicht auf deinem Rücken herumhüpfen«, stieß er heiser hervor.

Ich folgte seinem Rat, brauchte aber trotzdem ein paar Stunden, bis ich mich von der Massage erholt hatte. Wir dösten ein wenig und lasen dann in unserem Zimmer, gingen schwimmen, dösten wieder und lasen.

Der Strand war verlassen, im Hotel gab es keine anderen Gäste und wir sahen den ganzen Vormittag keine Menschenseele. Gegen elf Uhr beschlossen wir, noch eine weitere Nacht zu bleiben. Aber ich konnte mich nicht so recht entspannen, denn meine Gedanken kreisten um das nahe gelegene Fischerdorf. Trotz all der damit verbundenen Schwierigkeiten konnte ich mir einfach nicht die Idee aus dem Kopf schlagen, ein Boot zu finden, das uns zum sechzig Kilometer küstenaufwärts gelegenen Quang Ngai mitnehmen würde. Als ich Dag davon erzählte, verzog er das Gesicht.

»Quang Ngai liegt elf Kilometer landeinwärts«, sagte er.

»Aber es liegt an einem Fluss«, entgegnete ich.

»Ja, aber schau auf die Karte – die Flussmündung ist voller Inseln und rundherum liegt Marschland. Hier herrscht jetzt Trockenzeit und der Wasserstand im Fluss wird niedrig sein. Möglicherweise ist er für Boote gar nicht befahrbar. Das könnte bedeuten, dass man uns fernab einer Straße absetzt und wir unsere Räder durch schwieriges Gelände schieben müssen. Möchtest du das noch mal versuchen?«

»Aber vielleicht könnten wir ganz unverbindlich mal mit jemand darüber sprechen?«, fragte ich schmeichelnd.

»Von mir aus«, sagte er, »solange *du* alles erklärst und mit den Leuten verhandelst.«

Nach dem Mittagessen fuhren wir mit dem Rad in die Stadt, die sich über einen halben Kilometer zu beiden Seiten des Highway One erstreckt. Sa Huynh ist eine lebendige Kleinstadt mit den üblichen, nach vorne offenen Läden und Cafés, von denen uns die Leute freundlich, aber ohne allzu große Neugier zuwinkten. Sobald wir jedoch den Highway verließen und unsere Fahrräder einen sandigen Weg entlang zum Strand schoben, hätten wir ebenso gut ein Paar Außerirdische von einem anderen Planeten sein können, denn sofort wurden wir von einer aufgeregten Menschenmenge umringt. Immer mehr Leute strömten aus den schmalen Gässchen, die vom Weg abzweigten, auf uns zu und als wir am Ufer angelangt waren, hatte mich das Gedränge von Männern, Frauen und Kindern von Dag getrennt. Körper pressten sich gegen mich, kleine Finger zerrten an meiner Kleidung und betasteten meine Haut, irgendjemand betätigte dauernd die neue Klingel an meinem Rad und jemand anderer versuchte, mir mein Notizbuch aus der Hand zu zerren. Ich war aber fest entschlossen, die Verhandlungen zu übernehmen und so versuchte ich ein paar Sätze aus dem Notizbuch an einer der Frauen neben mir.

»*Anh co the tscho toi di theo ghe anh toi Quang Ngai?* Können Sie uns in Ihrem Boot nach Quang Ngai mitnehmen?«

»*Tschung toi muon di ghe boi vi bo bien cua viet nam dep lam.* Wir möchten mit dem Boot fahren, weil die Küste sehr schön ist.«

Markt in Cay Dua,
Phu Quoc-Insel.

Maria im Badehaus eines Dorfs auf der Phu Quoc-Insel.

Feinde im Amerikanischen Krieg – und jetzt Freunde.
Von Links: Binh, Minh und Onkel Sechs im Dorf Xa Duong.

Ein Fischerboot, Xa Duong, Phu Quoc-Insel.

Fischer am frühen Morgen unweit von Nha Trang.

Fischerboote aus Bambus, Thon Tan, in der Nähe von Nha Trang.

Strand bei Vinh Yen auf der Halbinsel Dam Mon.

Rechte Seite:
Morgenstimmung am Thu Bon-Fluss, Hoi An.

Abfahrt von Vinh Yen.

Lucs Boot in der Morgendämmerung, Thuan An Beach bei Hue.

Reisworfeln am Highway One.

Oben: Xuan und Lieu fahren mit ihrem Enkel und Maria auf ihrer Dschunke durch die Ha Long-Bucht.

Unten: Xuan und ihr Enkel lassen sich eine Jackfruit schmecken.

An Bord von Lieus und Xuans Dschunke in der Ha Long-Bucht.

Die Frau hatte kein Wort verstanden, sie beugte sich über mein Notizbuch und las den Umstehenden die Fragen vor.

»Hung!«, riefen mehrere Leute und wiesen dabei auf die Häuser hinter uns. »Hung!«

Gleich wurden mehrere Kinder ausgeschickt und es dauerte nicht lange, bis Hung vor uns stand.

Er war ein raubeiniger Geselle, der sofort auf Dag zuging.

»Er spricht ein wenig Englisch«, rief mir Dag über die Menge hinweg zu. »Er sagt, er würde uns für hundert Dollar nach Quang Ngai mitnehmen!«

»Warte mal!«, rief ich.

Ich stupste die Leute mit meinem Fahrrad zur Seite und bahnte mir auf diese Weise einen Weg zu den beiden Männern. Doch als ich endlich neben ihnen stand, hatten sie sich bereits geeinigt. Hung würde uns am nächsten Morgen um sieben Uhr am Strand erwarten. Und für fünfzig Dollar würde er uns nach Quang Ngai bringen.

»Ich dachte, ich sollte die Verhandlungen übernehmen!«, sagte ich ärgerlich, als Hung durch die Menge davonmarschierte.

»Du warst nicht schnell genug«, entgegnete Dag. »Aber du kannst morgen herkommen und sein Boot inspizieren.«

In unserer Abwesenheit war Leben im Hotel eingekehrt. Im Garten spielten acht einheimische Männer mit schweißgebadeten, in der Sonne glitzernden Oberkörpern begeistert Volleyball. Ein weißes Auto parkte vor der Eingangshalle, wo die Rezeptionistin Van mit zwei Amerikanern kicherte und flirtete.

»Sie ist ganz wild auf meinen Bauch«, sagte der eine lachend und zeigte dabei auf seine Leibesfülle. »Das zieht immer – die Reiseführer sollten den Vietnamtouristen empfehlen, eine Bauchprothese mitzubringen.«

Gregory Johnson und sein Freund Mark fuhren in einem Wagen mit Chauffeur durch Vietnam. Mark war ernst und ein wenig verkrampft, aber Gregory war immer zu einem lustigen

Plausch bereit und schien nichts und niemanden ernst zu nehmen.

»Du wirst dich doch nicht zu uns setzen?«, fragte er mich mit gespieltem Erstaunen, als wir am Abend alle im Restaurant Platz nahmen. »Du wirst uns doch zuerst das Essen servieren und dann von einem anderen Tisch aus zusehen? Und vielleicht massierst du uns dann noch etwas, wenn wir soweit sind? Oder habe ich schon *zu* viel Zeit in diesem Land verbracht?«

Er hänselte uns schonungslos wegen unseres abenteuerlichen Vorhabens. »Mit Boot und Fahrrad die Küste hinauf? Habt ihr nicht auch irgendetwas von einem Bus gesagt? Wenn bei eurem R&B-Projekt das R für Rad und das B für Boot und Bus steht, könntet ihr das R vielleicht auch auf Rücksitz erweitern? Wir fahren morgen nach Hoi An und wir haben reichlich Platz im Auto. Und wenn das die Dinge für dein Buch ein wenig durcheinander bringt, könnten wir doch so tun, als ob der Wagen ein Boot wäre. Bei der Art, wie unser Fahrer um die Schlaglöcher kurvt, werdet ihr hundertprozentig seekrank.«

Sein Angebot war verlockend. Meine Eingeweide rebellierten wieder einmal und der Gedanke an eine lange Bootsfahrt und die primitiven sanitären Einrichtungen besaß wenig Anziehungskraft. Nachdem ich aber so einen Wirbel um die Bootsfahrt gemacht hatte, musste ich die Sache wohl oder übel auch durchziehen.

Als ich am nächsten Morgen in aller Frühe unsere Zimmertür verschloss, fiel mir auf, dass der Schlüssel, den ich auch während der vergangenen zwei Tage verwendet hatte, aus dem Hotel in Tuy Hoa stammte und wir ihn versehentlich mitgenommen hatten. Ich versuchte ihn nun an mehreren anderen Türen und alle ließen sich problemlos damit öffnen.

»Das nenne ich globale Effizienz«, bemerkte Gregory, der gerade sein Gepäck zum Auto trug. »Du weißt, wir haben genügend Platz für euch und eure Fahrräder. Bist du sicher, dass ihr nicht mitkommen wollt?«

Ja, ich war sicher. Verwundert schüttelte er den Kopf und sah mir zu, wie ich mit wackelndem Vorderrad und einer verdächtig rasselnden Kette seinem Blick entschwand.

In Sa Huynh versperrte ein Markt, auf dem geschäftiges Treiben herrschte, den Weg zum Strand. Ich ließ Dag mit unseren Rädern und Taschen in einem Straßencafé zurück und machte mich auf die Suche nach Hung, um das Boot zu inspizieren. Der Weg fiel ziemlich steil zum Strand ab und von oben blickte ich auf ein Meer konischer Hüte. Ich stürzte mich in das Gedränge und zwängte mich an den Frauen vorbei, die alle gekommen waren, um Bananen, Orangen, Kräuter, grünes Gemüse, Eier, Ferkel, Blumen und Fische zu kaufen oder zu verkaufen. Um mich herum herrschte unaufhörliches Geplapper, Hände zogen mich am Arm und hin und wieder war überraschtes Gekreische und derbes Gelächter zu vernehmen. Als ich schließlich den Gemeinde-*dinh* am Ende des Wegs erreicht hatte, war ich völlig erhitzt und außer Atem und musste mich an die Wand lehnen, die mit geschnitzten Fischen und Drachen verziert war. Vor dem gegenüberliegenden Haus saß ein altes Ehepaar und starrte mich verwundert an. Ihre *pho*-Schüsseln hielten sie auf halbem Weg zum Mund wie erstarrt fest.

»Hung?«, fragte ich sie. »*Ghe?*« Boot?

Der alte Mann rief barsch ein paar Befehle in das hintere Zimmer des Hauses, aus dem nun ein kleines Mädchen gelaufen kam. Das winzige Geschöpf mit zerzaustem Haar und scheuem Blick führte mich trippelnd, aber resolut den Hauptweg entlang in ein Labyrinth kleiner Gässchen. Hier standen die Häuser ganz eng beieinander. Vor jedem brannten Räucherstäbchen auf dafür bestimmten Podesten und aus den hinteren Räumen stiegen Rauch und Küchengerüche auf. Leute starrten mich an und riefen dem Mädchen Fragen zu, aber sie marschierte wortlos weiter. Wir bogen um so viele Ecken, dass ich mich schon fragte, ob ich je wieder zurückfinden würde. Schließlich betraten wir einen

Hof, in dem drei Frauen auf einer Veranda Fischernetze aus Nylon flickten. Auf Geheiß der Frauen erschien ein alter Mann, gefolgt von Hung, der eine hölzerne Falttür zu einem an den Hof grenzenden Raum öffnete. Dort wies er mir einen Stuhl an einem großen Tisch an. Er setzte sich mit dem alten Mann mir gegenüber und die drei Frauen stellten sich hinter mich.

»Das Boot?«, fragte ich Hung.

Er war auf meine Frage schon vorbereitet und reichte mir ein Blatt Papier, auf dem Folgendes stand:

Es ist sehr teuer Bootfahren kaufen. Sprechen Sie mit dem Hausherrn, wenn Sie haben Bootfahrt von Sa Huynh nach Quang Ngai für $150 insgesamt. Nehmen Sie Geld und kaufen Öl, Diesel. Folgen Sie bitte meine Anweisung, Sie mir geben Geld. Müssen zahlen. Was Sie haben in Ihrem Land gemacht? Was Sie machen jetzt? Bitte kommen in mein Heim. Sie müssen zahlen. Bekommen niedrigeren Preis. Nein ich nicht. Schauen dass sie mag Bootfahren.

Ich las die Notiz und sah dann verwirrt zu Hung hinüber. Er nahm das Blatt zurück, drehte es um und schrieb: Sa Huynh nach Quang Ngai 150 US-Dollar.

»Aber gestern sagten Sie …«, begann ich.

Er nickte.

Öl Diesel teuer, schrieb er und reichte mir den Stift.

$150 – zu teuer, schrieb ich.

Eine der Frauen begann, mir mit ihrem Hut energisch Luft zuzufächeln. Die beiden anderen begutachteten meine Ohrringe. Der alte Mann sprach leise auf Hung ein und schien ihn für die Verhandlungen anzustacheln.

Miss Nyugen Thi Luong, schrieb Hung.

Verwirrt starrte ich darauf. Wer in aller Welt war Miss Nyugen Thi Luong?

OK $100, schrieb Hung.

»Gestern $50«, sagte ich.

Er runzelte die Stirn und sah mich schmollend an.

Nein, Miss Nyugen Thi Luong, schrieb er.

Wir saßen in einer Sackgasse und sahen uns an. Eine der Frauen drückte mir ein Glas Wasser in die Hand. Eine andere wischte mir mit einem Tuch den Schweiß vom Nacken. Hung nahm das Blatt Papier und sah sich die ursprünglichen Sätze darauf an.

»Was Sie haben in Ihrem Land gemacht, was Sie machen jetzt?«, las er mir vor.

»Lehrerin«, sagte ich.

Ein besorgter Ausdruck trat in sein Gesicht und er griff erneut zum Stift.

Legitimation. Polizeistation notwendig. Versicherung, schrieb er.

Ich drehte mich auf meinem Sitz herum und versuchte, meinen Pass aus dem Geldgürtel unter meinem Kleid zu ziehen, ohne dabei zu viel Haut oder Unterwäsche zu zeigen. Dazu waren aber alle möglichen Verrenkungen notwendig, was die Frauen zu unbändigem Kichern veranlasste. Als ich endlich meinen Pass hervorgeholt hatte, war Hung nicht mehr interessiert und schrieb bereits etwas anderes.

Wird Sie Bootfahren seekrank?

Ich schüttelte den Kopf.

Nein, schrieb er. Sie geht Touristenboot. Wunderschöner Berg.

Der alte Mann jammerte inzwischen lautstark vor sich hin.

Vater braucht Tabak, schrieb Hung. Geben Geld für Essen und Trinken. Ich fahre Boot $80.

Ich strich die 8 durch und schrieb eine 6 darüber. Der alte Mann gab gackernde Laute von sich und Hung strich die 6 durch und ersetzte sie durch eine 7. Dann sah er mich forschend an.

»Ihr Mann?«, wollte er wissen und stand auf. »Wir gehen!«

Ich folgte ihm durch das Gassenlabyrinth bis zur Straße, wo Dag vor dem Café saß und nervös an seinen Fingernägeln kaute.

»Ich habe mir langsam Sorgen um dich gemacht!«, rief er.

»Ich habe verhandelt«, erklärte ich voller Stolz. »Hung wollte $150 für die Fahrt nach Quang Ngai...«

»Maria, ich habe mir die Karte genauer angeschaut«, unterbrach er mich. »Ich glaube kaum, dass er die Flussmündung bei Quang Ngai hinauffahren kann. Du weißt ja, wie es mit diesen Typen ist. Sie kennen nur ihre heimischen Gewässer und er hat wahrscheinlich keine Ahnung, wie seicht der Fluss jetzt ist. Wenn er im Sand stecken bleibt, würden wir erst im Monsun wieder freikommen.«

Hung hörte uns aufmerksam zu und versuchte, das Wesentliche unserer Konversation mitzubekommen.

»Ich habe ihn auf siebzig Dollar heruntergehandelt«, sagte ich schwach. »Und ich bin sicher, er würde sechzig nehmen, wenn wir ein wenig Druck machen.«

Hung nickte.

»Es wäre für den armen Kerl wirklich unfair«, sagte Dag und schüttelte dabei den Kopf. »Und ich möchte nicht irgendwo auf freier Strecke stecken bleiben. Ich glaube, es ist besser, wenn wir nicht mit ihm fahren.«

»Nicht fahren?«, fragte Hung bestürzt.

»Tut mir Leid, Mann«, sagte Dag.

»Nichts?«

»Nichts.«

Hung warf mir einen vernichtenden, abfälligen Blick zu.

»Tut mir Leid...«, begann ich, aber er war schon davonstolziert.

»Nach der ganzen Mühe überlegst du es dir wieder anders!«, sagte ich aufgebracht. »Ich komme mir richtig fies vor!«

»Bestimmt nicht mehr, wenn wir erst mal in Quang Ngai sind«, sagte er beruhigend und ging mir eine Schüssel *pho* holen.

Wir empfanden es beinahe als Erleichterung, wieder auf unseren Fahrrädern zu sitzen und ohne irgendwelche Komplikationen einfach nur dahinzufahren. Ein paar Stunden traten wir kräftig in die Pedale und hielten dann bei einem kleinen Tempel neben der Straße. Über dem Eingang prangte ein großes Auge und vom Dach wehte eine rot-gelb-blaue Fahne. Diese Farben sind das Symbol des Caodaismus, einer exzentrischen, 1926 im Mekong-Delta gegründeten Religion. Nach den Lehren der Caodaisten wird das Wort Gottes durch die Botschaften verstorbener Persönlichkeiten wie Victor Hugo, Jeanne d'Arc, Johannes der Täufer, Louis Pasteur und Lenin an die Gläubigen übermittelt. Der Heilige Stuhl der Caodaisten, der für seine pompöse Ausstattung bekannt ist, befindet sich in der Provinz Tay Ninh. Hier standen wir allerdings vor einem einfachen kleinen Tempel mit Lehmboden und einem ausgefransten Vorhang vor dem Altar, auf dem Räucherstäbe und das gerahmte Bild eines Auges standen. Der Mann, der den Tempel betreute, lud uns zum Tee mit seiner Familie ein. Obwohl seine Tochter schwer an Gehirnlähmung litt, konnte sie ihr kleines Baby gut in den Armen halten und stillen. Als ich auf die schattige Veranda trat, bemerkte ich, dass sie und ihre Mutter mich bestürzt ansahen. Ich hatte zum Radfahren meine losen Kleider, Hosen und Hemden gegen knielange Shorts und ein eng anliegendes ärmelloses T-Shirt, das ich in Nha Trang gekauft hatte, ausgetauscht. Diese keineswegs attraktiven, aber recht praktischen Kleidungsstücke hatten bisher bei den Leuten kaum Anstoß erregt, außer der Sorge, dass ich mich zu sehr der Sonne aussetzen könnte. Jetzt aber fiel mir ein, dass die Caodaisten strenge Bekleidungsregeln haben, insbesondere für Frauen, die immer züchtig angezogen sein sollten. Schnell ging ich zurück zu meinem Fahrrad und suchte in den Taschen nach etwas, womit ich meine Arme und Beine bedecken konnte.

Während wir Grünen Tee tranken, zeigte uns der alte Mann ein abgenutztes, in Leder gebundenes Buch. Es war in den Fünfzigerjahren in französischer Sprache erschienen und erklärte die Religionsgrundlagen des Caodaismus: Die Caodaisten glauben an nur einen Gott und den Kontakt zu Gott über Geister und

Medien. Zu den Glaubensvorschriften gehören unter anderem Vegetarismus, Ehelosigkeit der Priester, Ahnenkult und die Verpflichtung zur Bekehrung Andersgläubiger. Vom Rückgang der Glaubensrichtung war in diesem Buch nichts zu lesen. Unter französischer Herrschaft war der Caodaismus in Cochinchina, dem heutigen Gebiet Südvietnams, weit verbreitet und verfügte sogar über eine schlagkräftige Armee. Die Caodaisten wurden von den Franzosen toleriert, da sie gegen die Viet Minh kämpften und damit halfen, die nationalistische Front zu sprengen. Im ersten Indochinakrieg der Franzosen und später auch im Amerikanischen Krieg wurden die caodaistischen Soldaten in die südvietnamesische Armee integriert. Als Strafe dafür konfiszierten die Kommunisten nach der Wiedervereinigung sämtliche Besitztümer der Caodaisten und ließen etliche Mitglieder hinrichten. 1985 wurden mehrere Hundert Tempel, darunter auch unser kleiner Tempel, und der Sitz des caodaistischen Papstes an die Gläubigen zurückgegeben und seitdem sind auch die Mitgliederzahlen wieder leicht angestiegen.

»*Ong theo dao nao?*«, fragte uns der Mann. »Welche Religion haben Sie?«

Als wir den Kopf schüttelten, um anzuzeigen, dass wir keiner Religion angehörten, leuchteten seine Augen auf. Wir fassten dies als Warnsignal auf: Stand in seinem Buch nicht etwas über ein Gebot zur Bekehrung Andersgläubiger? Schnell tranken wir unseren Tee aus, verabschiedeten uns und suchten das Weite.

Wir befanden uns nun auf dem Weg durch die Provinz Quang Ngai, einem Gebiet mit einer langen Geschichte voller blutiger Revolutionen. Frühen Aufständen gegen die französischen Kolonialherren folgte ein aktives Engagement auf nationalistischer Seite im Ersten Indochinakrieg von 1946 bis 1954. Unter dem von der US-Regierung unterstützten Regime von Präsident Diem sollte das *Strategic Hamlet Programme* weitere Guerillaaktivitäten in diesem Gebiet verhindern. Die Bewohner der am Highway gelegenen Dörfer wurden gewaltsam in befestigte Ortschaften umgesiedelt und streng bewacht. Diese Maßnahme kam für die Dorfbewohner einer Verbannung gleich, denn sie wurden damit nicht nur von dem Land, auf dem sie seit Generationen gelebt hatten, entfernt, sondern auch von den Gräbern und Schreinen ihrer Ahnen, die unbedingt gepflegt werden mussten, wenn die Verwandten im Jenseits nicht leiden sollten. Das Programm hatte letztlich zur Folge, dass sich Diem bei der Bevölkerung äußerst unbeliebt machte und es für die Kommunisten dadurch immer leichter wurde, in den Dörfern Fuß zu fassen. Mit zunehmendem Engagement der Amerikaner in Vietnam wurde Quang Ngai zum Schauplatz von einigen der erbittertsten Kämpfe des Krieges und der schlimmsten Massaker an Zivilisten, die in My Lai, Binh Hoa und Bien Khe Ky Beach verübt wurden.

Die meisten Leute, die wir bis dahin auf unserer Reise über die Auswirkungen des Krieges befragt hatten, hatten uns »*qua roi*« – »schon vorbei« – geantwortet und dann das Thema gewechselt. Auf unserer Fahrt durch die Provinz Quang Ngai aber standen uns die Auswirkungen direkt vor Augen. An einigen Stellen waren die fruchtbaren Reisfelder einem sandigen Ödland mit niedrigem Gestrüpp gewichen, das von der einheimischen Bevölkerung als »amerikanisches Gras« bezeichnet wird. Keine andere Pflanze gedeiht auf diesem Boden, der von den Entlaubungschemikalien dauerhaft vergiftet ist. Während einer Rast blätterte ich durch meine Notizen auf der Suche nach Informationen über den Krieg: Elf Millionen Gallonen Herbizide waren über Vietnam versprüht, dreizehn Millionen Tonnen Bomben über dem Land abgeworfen, mehr als zwei Millionen Hektar Wald zerstört und die Baumbestände an sämtlichen Hauptstraßen entlaubt worden. Damals waren diese Zahlen nur Statistiken gewesen, aber jetzt blickte ich umher und sie waren zur entsetzlichen Realität geworden.

Am Stadtrand von Quang Ngai überquerten wir die Brücke, die sich über den Tra Khuc-Fluss spannt. Zu beiden Seiten sahen wir Überreste anderer Brücken, die im Amerikanischen Krieg in die Luft gesprengt worden waren. Unter uns schlängelte sich ein seichter Wasserlauf um Dutzende kleiner Sandinseln. Nur ein paar Sampans konnten sich hier noch einen Weg bahnen. Dag fuhr vor mir. Auf halber Strecke blieb er auf der Brücke stehen, um wieder etwas Luft in einen seiner Reifen zu pumpen, der ein kleines Loch hatte. Ich hielt hinter ihm an.

»Du hast Recht gehabt mit dem Fluss«, sagte ich.

»Was für ein Fluss?«, erwiderte er lachend.

Jedes Mal wenn Dag seinen Reifen wieder aufpumpen musste, suchte ich mir schnell ein stilles Plätzchen, wo ich meine Notdurft verrichten konnte. Seit Tagen meinte Dag, dass ich wahrscheinlich an Giardiasis litte, einer parasitären Darmerkrankung, die sich nur äußerst schwer auskurieren lässt. Ich wollte ihm anfangs nicht glauben und hatte sowohl seine Diagnose als auch die starken Medikamente, die er vorschlug, abgelehnt. Die quälenden Schmerzen in meinen Därmen sowie Geruch und Konsistenz der regelmäßigen Ausscheidungen wiesen allerdings eindeutig darauf hin, dass Dag Recht hatte. Es war natürlich äußerst töricht, mit Giardiasis bei 35 Grad Hitze stundenlang auf einem klapprigen Fahrrad durch die Gegend zu gondeln. In meinem geschwächten Zustand dachte ich aber viel intensiver darüber nach, wie das Leben wohl für die Menschen aussah, die uns von den Reisfeldern fröhlich zuwinkten. Um diese Menschen wirklich verstehen zu können, hätte ich natürlich jahrelang tief gebeugt zum Reispflanzen im Schlamm stehen und einen vernichtenden Krieg miterleben müssen, hätte sehen müssen, wie mein Dorf dem Erdboden gleichgemacht, mein Acker mit Chemikalien vergiftet und mein Land durch Handelssperren in die Knie gezwungen wurde. Doch wie die Dinge lagen, konnte ich nichts anderes tun, als mit einem schwer beladenen Fahrrad als kranke Touristin durch die Gegend zu fahren. Immerhin konnte ich mir ein wenig vorstellen, wie sich die Frau vor mir wohl fühlen mochte, die acht Kilometer von ihrem Dorf bis zur nächsten Stadt fuhr und auf dem Gepäckträger über ihrem Hinterrad ein ausgewachsenes Schwein festgebunden hatte.

Im Gegensatz zu dieser Frau konnte ich es mir allerdings leisten, einen Bus anzuhalten, mein Fahrrad aufs Dach verfrachten zu lassen und der Sonne und den Anstrengungen des Radfahrens ein paar Stunden lang zu entfliehen, denn an diesem Tag gegen drei Uhr nachmittags war ich einfach zu schwach und erschöpft zum Weiterfahren. Als Dag und ich warteten, bis wir einsteigen konnten, wurde ein Sack vom Dach geworfen. Er fiel unweit von meinen Füßen zu Boden und der Inhalt begann sich wie wild zu winden und um sich zu schlagen. Die Schlange darin, eine recht große Kobra, war mit ihrem Los offensichtlich gar nicht zufrieden. Eine Frau kam aus dem Bus gesprungen, ergriff den Sack an einem Ende und zog ihn an den Straßenrand. Dann kam sie zurück und ließ sich einen großen Käfig geben, der vorsichtig vom Dach herunter gereicht wurde. Die Bambusstäbe des Käfigs waren mit einem Drahtnetz verstärkt worden, hinter dem sich ein Dutzend dünner Schlangen mit grün schillerndem Korper und roten Augen wanden.

»Die kleinen Schlangen sind sehr giftig«, erklärte mir Thanh, eine junge Frau, die neben mir im Bus saß. »Sie gehen nach China, für Medizin.«

Es fiel mir schwer, mich auf Thanhs Erklärungen zu konzentrieren, denn unser Bus schien sich in den Händen eines Psychopathen zu befinden. Über das Lenkrad gebeugt benutzte er sein Fahrzeug wie eine Waffe, die er wild um Fahrräder, Motorroller, Ochsenkarren und Fußgänger manövrierte. Ich schloss jedes Mal die Augen, sobald ich sah, dass wir wieder auf den Straßenrand oder frontal auf einen anderen Bus zupreschten. Doch heizte dies meine Phantasie nur noch mehr an und die lauten Hup-, Kupplungs- und Bremsgeräusche ließen vor meinem geistigen Auge Schreckensbilder von Zusammenstößen erstehen und ich stellte mir vor, wie mein Kopf auf dem Metallrahmen an meinem Vordersitz aufschlagen würde.

»Ich fürchte mich ganz entsetzlich«, sagte ich zu Dag, in der Hoffnung, dass er meine Angst als irrational abtun würde.

»Ich auch«, gab er zu. »Das hier ist viel gefährlicher als Radfahren.«

Thanh hingegen schien die Ruhe selbst zu sein. Sie plauderte unentwegt und erzählte mir, dass sie fließend Französisch und Englisch spreche und als Dolmetscherin bei einer französischen Firma arbeite, die ein Wasserkraftwerk unweit von Qui Nhon baute. Sie hatte gerade ihren Jahresurlaub angetreten und war unterwegs nach Da Nang, wo sie ihre Familie und ihren Verlobten besuchen wollte. Als ich sie fragte, ob ihr die Arbeit Spaß mache, erzählte sie etwas ausführlicher und äußerte auch zurückhaltende Kritik.

»Es ist eine eigenartige Situation. Die französischen Aufseher verdienen siebenhundert Dollar und die französischen Arbeiter dreihundert Dollar – am Tag! Und sie haben kostenlose Unterkünfte und Autos. Wir Vietnamesen bekommen fünfzig Dollar im Monat. Jeder von uns verdient das Gleiche, denn wir arbeiten für die Regierung und nicht für die Firma. Wenn uns die Firma anstellt, muss sie ein Honorar an die Regierung entrichten. Die Regierung behält das meiste Geld ein. Selbst ein vietnamesischer Zivilingenieur bekommt nur fünfzig Dollar im Monat, obwohl er mehr arbeitet als ein Franzose.«

»Sind die französischen Arbeiter nett zu euch?«, fragte ich.

Sie dachte eine Weile nach.

»Mal so, mal so. Sie sind reich und wir sind arm und da gibt es keine gesellschaftlichen Kontakte. Ich glaube, diese Leute sind …, wie sagt man?« Sie zog ein Wörterbuch aus der Tasche und blätterte darin. »Wie sagen Sie das?«, fragte sie mich.

»Arrogant«, las ich laut.

»Ja! Arrogant. Ein gutes Wort. Es gefällt mir!«

Der Bus hielt eine halbe Stunde an einem Restaurant. Während sich die Passagiere Reis und Fleisch schmecken ließen, bahnte sich ein blinder Mann mit seinem Sohn einen Weg durch die Tischreihen. Der Mann spielte Gitarre und sang dazu in ein Mikrofon, das er sich ans Hemd geklemmt hatte. Sein Sohn führte ihn an der Leitungsschnur des Mikrofons herum, das seinen Gesang zu einer unerträglichen Lautstärke steigerte. Ich gewann den Eindruck, dass ihm die meisten Leute nur Geld gaben, um ihn wieder loszuwerden.

»Was singt er denn?«, schrie ich Thanh über den Lärm hinweg zu.

»Schnulzen«, rief sie zurück. »Er hat sie gelernt, als die Amerikaner hier waren.«

Ganz hinten im Bus stand ein junger Mann, der die meiste Zeit aus der Tür hing und gegen die blendende Sonne und den heißen, staubigen Wind Ausschau nach neuen Fahrgästen hielt. Sobald welche am Straßenrand auftauchten, gab er dem Fahrer durch Rufen und Klopfzeichen auf das Busdach Bescheid. Nachdem er den Leuten beim Einsteigen geholfen hatte, gab er dem Fahrer erneut ein Zeichen für die Weiterfahrt. Ungefähr alle fünfzehn Minuten kletterte er aufs Dach und sah nach, ob das Wasser im Kühltank auch unbehindert abfloss. Es war eine extrem anstrengende Arbeit und ich wunderte mich, wie er es fertig brachte, seine offensichtlich gute Laune nicht zu verlieren. Als uns der Bus an der Abzweigung nach Hoi An abgesetzt hatte und davonfuhr, lehnte er sich gefährlich weit aus der Tür und winkte uns mit einem breiten Lächeln durch die Wolken aus Staub und schwarzem Ölrauch zu.

Nach den Härten des Highway One erschien uns die schmale Straße nach Hoi An leicht befahrbar. Es war das reinste Vergnügen, denn es gab fast keinen Verkehr und wir fuhren im Schatten alter Laubbäume dahin. Zu beiden Seiten der Straße erstreckten sich Reisfelder bis zu den purpurnen Hügeln am Horizont und sie erglühten im goldenen Licht der Nachmittagssonne. Trotzdem brauchten wir für die elf Kilometer bis Hoi An mehr als eine Stunde, da wir mehrmals anhalten mussten, damit Dag seinen Hinterreifen aufpumpen und ich schnell mal hinter einen Baum schlüpfen konnte. Jetzt, wo das Ende des Tages in Sicht war, fühlte ich mich zunehmend schwächer und wünschte mir inständig einen kühlen Raum zum Ausruhen mit angrenzendem Badezimmer. Die Reisfelder wurden von verschlafenen Vororten abgelöst, in denen bezaubernde alte Häuser mit Maulbeersträuchern in den Vorgärten standen. Dann erreichten wir eine Kreuzung, wo wir uns an mehreren Fahrrädern und Motorrollern vorbeischlängelten und in eine breitere, aber immer noch recht verkehrsarme Straße abbogen, die sich an einer hohen, mit Stacheldraht bewehrten Mauer entlangzog. Ich fühlte mich inzwischen recht wacklig auf den Beinen und verspürte erneut das nun schon vertraute Bauchziehen.

»Ich muss bald anhalten«, rief ich Dag zu.

»Wie wär's hiermit?«, antwortete er und lenkte sein Rad durch ein Tor in der hohen Mauer und auf das Hoi An Hotel zu.

Auf dem Gelände des Regierungshotels parkten ein halbes Dutzend weißer Minibusse, aus denen junge Touristen in Massen hervorquollen und die Stufen zum Eingang des dreistöckigen Gebäudes hinauf in eine Empfangshalle mit falschen Kristalllüstern strömten. Dort belagerten sie sofort mehrere junge Rezeptionistinnen in rosa *ao dais.*

»Warum sind an den Fenstern in unserem Zimmer keine Gitter?«, wollte eine Australierin wissen.

»Ritter, Madam?«

»*Gitter. G-i-t-t-e-r.* Sie wissen doch? Drahtgitter, gegen die Mücken.«

»Moskitonetze, Madam, die haben wir.«

»Aber wir möchten ein Zimmer mit Drahtgitter!«

Zwei Italiener sprachen lautstark auf eine andere Rezeptionistin ein.

»Sie können unsere Pässe nicht behalten!«

»Aber, Sir, Madam, die Polizei verlangt –«

»Was passiert, wenn die Polizei uns anhält und wir haben keine Papiere? Dann gibt es großen Ärger …«

Während Dag versuchte, die Aufmerksamkeit an der Rezeption auf sich zu ziehen, stützte ich mich auf ein Ende der Theke. Mit gleichgültigem Interesse betrachtete ich mein Bild in den Spiegelfliesen einer steinernen Säule neben mir. Ich sah wettergegerbt und ausgezehrt aus und hatte eine staubgraue Farbe angenommen. Irgendwie erinnerte mich mein Bild an eine Gespensterheuschrecke. Eine Gespensterheuschrecke auf einem Fahrrad. Bei dem Gedanken musste ich kichern.

»Von woher kommen Sie denn heute?«, fragte eine Stimme neben mir.

Ein junger Amerikaner lehnte wie ich an der Theke. Zwischen uns beiden drängte sich plötzlich eine Hand durch und legte einen Schlüssel auf die Tischplatte. Dazu rief eine englische Stimme in arrogantem Tonfall: »Pardon, könnten Sie mir sagen, wann wir auschecken müssen?«

Der Amerikaner sah frisch und gesund aus und roch nach Seife.

»Wo ich herkomme?«, wiederholte ich und versuchte dabei verzweifelt, mich zu erinnern.

»Das nenn ich ein abgekartetes Spiel!«, knurrte ein Mädchen hinter mir. »Wir haben extra mehr bezahlt, damit wir in zwei Minibussen fahren und ein wenig Platz zum Ausstrecken haben konnten. Zwanzig Minuten nach Nha Trang bleibt dann einer der Busse stehen und der Fahrer sagt, wir hätten eine Panne, und dann müssen wir uns alle für die restliche Fahrt in den anderen Bus quetschen.«

»Ich kann mich nicht erinnern, wo ich herkomme«, gab ich zu. »Wir sind nämlich mit dem Fahrrad unterwegs und …«, meine

Stimme verlor sich, als ich meine Erinnerungen an den vergangenen Tag noch einmal durcharbeitete. Da war der Bus, die öde Straße, der Tempel, die Verhandlungen mit Hung, das Hotel.

»Sa Huynh!«, krächzte ich voller Erleichterung darüber, dass mein Gedächtnis doch nicht völlig ausgelöscht war. »Ich komme heute aus Sa Huynh!«

Der junge Mann sah überrascht aus.

»Sie sind mit dem *Fahrrad* unterwegs? Von wo? Und wohin?«

Ich erzählte ihm kurz von unserer Reise durch das Mekong-Delta, die Busfahrt nach Nha Trang und unsere Bootsfahrten nach Tu Bong.

»Und von dort sind wir etwa vierhundertsechzig Kilometer mit dem Fahrrad gefahren, mit Ausnahme ein paar kurzer Strecken per Bus«, schloss ich meinen Bericht.

»Wow! Das hört sich ja richtig heftig an!«

»Es ist die Hölle«, versicherte ich ihm. »Spielen Sie nicht mal in Gedanken mit der Idee.«

»Du liebe Güte, nein«, sagte er. »Für mich waren die Minibusse schon schlimm genug.«

»Wie alt sind Sie?«, fragte ich ihn.

»Einundzwanzig«, gab er mir zur Antwort.

Genau halb so alt wie ich. Nachdem wir das Hotel verlassen hatten und völlig erschöpft ins alte Viertel von Hoi An radelten, um uns dort eine weniger chaotische Bleibe für die Nacht zu suchen, kam mir der Gedanke, dass eigentlich ich es sein sollte, die wie eine Seniorin durch Vietnam kutschiert wurde, und nicht der junge Amerikaner.

Vollmond über Hoi An

»Enchanté, Madame«, sagte Thap und beugte sich über meine Hand.

Auch ich war »sehr erfreut«. Dieser charmante junge Arzt sprach Französisch und erschien mit seinen schwarzbraunen Augen, markanten Backenknochen, glänzendem Haar und schönen Zähnen für einen Normalsterblichen fast zu attraktiv. Dag hatte ihn am Vortag kennen gelernt, als er sich in seiner Praxis Rat bezüglich meines Gesundheitszustandes geholt hatte. Seit unserer Ankunft in Hoi An hatte mich die Giardiasis ans Bett gefesselt und die gewaltigen Dosen Flagyl, die ich dagegen schluckte, hatten gemeinsam mit meinen Malariamedikamenten zu starken Schwindelanfällen geführt. Zwei Tage lang war ich überhaupt nicht aus unserem kleinen Gästehaus herausgekommen und Dag machte sich nun Sorgen, ob ich je wieder aufstehen würde. Thap hatte ihm aber versichert, dass er mich richtig behandelte und dass es mir bald wieder besser gehen würde. Er hatte ihn auch für den nächsten Abend zu einer Sampanfahrt auf dem Fluss eingeladen, um das Aufgehen des Vollmonds zu beobachten. Dies sei Tradition bei den Menschen in Hoi An. Und die Aussicht auf einen so schönen Abend schaffte es auch, mich aus den Federn und wieder ins Freie zu locken.

Wir hatten mit Thap verabredet, ihn abzuholen. Sein Haus schien einem historischen Film zu entstammen. Die langen, schmalen Räume des vor etwa hundert Jahren von seinem chinesischen Großvater erbauten Gebäudes waren mit Steinplatten gefliest, die Wände besaßen genau den »antiken« Look, den Innenarchitekten in aller Welt heute für viel Geld zu imitieren versuchen, und die Gewölbedecken wurden von kräftigen Eisenholzsäulen auf Marmorsockeln getragen. Es war mir ziemlich unangenehm, dass ich gleich bei meiner Ankunft nach der Toilette fragen musste, aber Thap zeigte diskrete Teilnahme.

»Ah, oui, pas de problème«, erwiderte er zuvorkommend. »Aber es ist einfacher Ort – ich bin ein armer Mann.«

Er führte mich durch einen langen schmalen Raum, in dem eine Frau auf einem Bett schlief, in einen schattigen Innenhof.

»Meine Frau«, sagte Thap mit leiser Stimme, um sie nicht zu wecken. »Sie ist krank wie Sie.«

Als ich aus der kleinen Toilettenkabine kam, stand Thap im Hof bei einem steinernen Brunnen und steckte brennende Räucherstäbe in einen Messingbehälter im Sockel.

»Ich gebe Opfer für *Than Gieng*, unseren Brunnengeist«, erklärte er mir, »so dass unser Wasser immer süß ist.«

Da der Mond erst gegen acht Uhr aufging, gingen wir zuerst mit Thap in eins der kleinen Restaurants am Flussufer und aßen zu Abend. Lange Sampans mit geschwungenen Augen am Bug wurden über das ruhig fließende Wasser zur Cham Kim-Insel gerudert. Gänse paddelten im Kielwasser herum und pickten in Schilf und Wasserhyazinthen nach Futter. Von Hausbooten, die an Pfählen im Uferschlamm vertäut waren, hingen Bambuskäfige mit Enten, und Wäsche flatterte an den Leinen wie Flaggtücher in der Brise.

»Früher kamen große Schiffe hierher«, sagte Thap. »Aus China, Japan, Portugal, Indien und Großbritannien. Können Sie sich das vorstellen?«

Schon zur Zeit der Cham hatte es im Gebiet des heutigen Hoi An einen Hafen gegeben. Im 16. Jahrhundert war der Hafen von Hoi An unter der Nguyen-Dynastie ausgebaut worden. Das wirtschaftliche Wachstum im Süden des Landes sollte gefördert werden, um damit die Kämpfe mit den Trinh im Norden zu finanzieren. Er vergrößerte sich rasch und entwickelte sich zu einem erfolgreichen Umschlagplatz für Seide, Betelnüsse, Tabak, Zucker, Gold, Seeschwalbennester, Zimt, Melasse, Elfenbein und Rhinozeroshörner. Bis zu dreißig Meter lange Dschunken wurden hier gebaut. Die Handelsrouten erstreckten sich von der südvietnamesischen Küste bis nach Südostasien. Aus China und Japan segelten Schiffe mit dem Nordwestmonsun nach Süden und ließen sich dann im Sommer von den südwestlichen Winden wieder nach Hause wehen. Die Händler gründeten eigene Gemeinden in der Stadt und heirateten einheimische Frauen. Bald gab es in Hoi An japanische und chinesische Viertel mit Tempeln und Versammlungsstätten. Auch Europäer ließen sich in der Stadt nieder. 1688 schrieb der britische Handelsherr William Dampier: »Unter den westlichen Händlern… verdanken viele ihren Wohlstand ihren Viet-Gattinnen, denen sie Geld und Waren anvertrauen… Diese Frauen wissen, wann man günstig einkauft und sobald sie ein wenig Kapital angesammelt haben, wissen sie es auch schnell zu vergrößern.«

Ihre Blütezeit erlebte die Stadt im 17. und 18. Jahrhundert, doch im 19. Jahrhundert begann der Fluss zu versanden. Der Aufstieg Da Nangs zu einem bedeutenden Handelshafen ließ Hoi Ans Stern weiter sinken und die Stadt wurde schließlich zu dem verschlafenen Nest mit zwanzigtausend Einwohnern, das es heute ist. Doch die Kaufleute und Händler haben ihre unauslöschlichen Spuren hinterlassen. Häuser wie die von Thap und noch ältere sind in ganz Hoi An zu finden. Die großen Schiffe sind zwar verschwunden, aber ein Hauch längst vergangener Zeiten weht nach wie vor in der Stadt.

Das Licht des Abends hatte eine sanfte blaue Färbung angenommen. Uns gegenüber, auf der anderen Straßenseite, stand ein zweistöckiges steinernes Gebäude, das mit seinem gelb gestrichenen Mauerwerk, hellgrünen Fensterläden und einem mit rosa Blüten übersäten Baum, der sich um den Eingang zum Hof rankte, portugiesischen Einfluss zeigte. Ich konnte mir gut vorstellen, am Abend auf dem Balkon des Hauses zu sitzen und auf den in der Dunkelheit versinkenden Fluss hinabzublicken.

»Ich möchte hier wohnen«, sagte ich spaßend zu Thap. »Könnten wir dieses Haus mieten?«

»Tut mir Leid, in Hoi An ist das für Ausländer nicht möglich«, sagte er entschuldigend. »Die Polizei erlaubt es nicht.«

Weil seine Familie vor 1975 der von den Amerikanern unterstützten Vietnamesischen Republik angehört hatte, konnte Thap nun nicht in den staatlich geführten Krankenhäusern arbeiten. Stattdessen hatte er eine eigene private Praxis in einem der vorderen Räume seines Hauses eingerichtet.

»Vorher war es sehr schwierig«, sagte er. »Aber jetzt, seit *doi moi*, geht es besser.«

Er nahm mein Notizbuch und meinen Stift und zeichnete chinesische Ideogramme auf die Rückseite. »Dieses Zeichen bedeutet ›das Messer‹«, sagte er, »dieses ›in das Herz‹ und dieses ›stopp‹. Alle drei Zeichen zusammen bedeuten ›das Messer in das Herz aufhalten‹ und entsprechen einem einzigen Wort in eurer Sprache. Könnt ihr erraten, welches Wort das ist?«

»Barmherzigkeit«, riet ich.

»Rettung«, äußerte Dag.

Thap schüttelte den Kopf.

»Es bedeutet Geduld. Das ist ein wichtiges Wort für uns in Vietnam. Wir müssen jetzt viel Geduld haben. Wir haben die Möglichkeit einer großen Änderung, aber die alten Männer in der Regierung wollen keinen raschen Wechsel, denn es ist nicht gut für sie. Das alte System erlaubt ihnen, sehr korrupt zu sein. Wir müssen uns in Geduld üben und warten, bis sie gegangen sind.«

Als es dunkel wurde, kamen die Besitzer des Restaurants heraus und zündeten auf den Tischen kleine Öllämpchen an, die die Gesichter der Gäste in ein sanftes Licht tauchten. Wir hatten vorzüglich gespeist: gehacktes Schweinefleisch, das man um geschältes Zuckerrohr gewickelt hatte, mit Nüssen bestreute und in Reispapier verpackte Krevetten und Fisch, der mit Zitronengras, Sesamkörnern und Koriander gegart worden war. Nach dem Essen rief Thap zwei Leute, deren Sampan unweit unseres Tisches schaukelte und die uns hoffnungsvoll beobachtet hatten. Die beiden halfen uns in ihr schwankendes Gefährt und ruderten uns dann den Fluss hinunter, vorbei an einer Gruppe kleiner schmaler Hausboote. Unter dem geflochtenen Verdeck eines der Boote ragte völlig unerwartet eine riesige Fernsehantenne hervor. Mehrere Gestalten schimmerten schemenhaft im Licht eines schwarzweißen Bildschirms. »Weltmeisterschaft!«, rief Thap und wir unterbrachen kurz unsere Fahrt, um den neuesten Stand der Dinge in Erfahrung zu bringen.

Bald hielten wir erneut an, während der Bootsmann mit einem alten Militärhelm Wasser aus seinem Sampan schöpfte. Thap lehnte sich freundschaftlich an Dag und legte ihm einen Arm um die Schultern.

»Das erste Mal, als ich Sie sah«, sagte er zu ihm, »dachte ich, Sie wären Ernest Hemingway!«

Andere Sampans fuhren mit dem beruhigenden Plätschern ihrer Ruder und mit Räucherstäben, die am Bug glühten und Funken sprühten, an uns vorbei. Die Luft war erfüllt von einem Gefühl der Erwartung und Aufregung, denn alle warteten auf den Mond. Ein Ring sanften Lichts kündigte ihn an, bis er schließlich riesig, gelb und majestätisch über den Palmen der Cham Kim-Insel aufging. Begeistertes Rufen und Klatschen begrüßte *Chi Hung* – Schwester Mond. Opfergaben wurden ins Wasser geworfen und Knallfrösche losgelassen. In Gedanken war ich plötzlich wieder Tausende von Kilometern weit weg in Manchester, wo ich vierzehn Jahre zuvor gemeinsam mit Hanh das Aufgehen des Mondes betrachtet hatte. Sie war in jener Nacht von Heimweh erfüllt gewesen und als wir jetzt den Fluss hinabglitten und das herrliche Mondlicht genossen, umhüllt von lauer Luft und dem Duft von Blumen und Räucherwerk, verstand ich auch weshalb.

Früh am nächsten Morgen saß ich auf der Dachterrasse unseres Gästehauses und blickte auf die Tran Phu Street hinunter. Dabei versuchte ich mir vorzustellen, wie die Stadt wohl im 17. und 18. Jahrhundert ausgesehen haben mochte. Einiges hatte sich sicher kaum geändert. Der Eingang zu dem alten chinesischen Haus auf der anderen Straßenseite war am Abend zuvor mit mehreren waagrechten Planken, die in Kerben an hölzernen Pfeilern steckten, verschlossen worden. Während ich hinübersah, begann jemand im Innern des Hauses die mittleren Planken abzunehmen. Nach der ersten Planke sah ich, wie sich eine Hand nach oben streckte und eine Planke nach der anderen löste. Schließlich wurde eine ältere Dame sichtbar – zuerst ihr graues Haar, dann ihr greises, vornehmes Gesicht und schließlich ihr schwarzer Pyjamaanzug. Als der Eingang frei lag, schlurfte sie auf die Straße hinaus und steckte brennende Räucherstäbe in den Messingbehälter an einem der Außenpfeiler. Dann stand sie auf dem Gehsteig und sprach mit den Händlern, die an ihr vorbeigingen, und prüfte, was sie in den Körben, die von ihren Schulterstangen hingen, anboten. Da gab es *gio*, gehacktes Schweinefleisch in Bananenblättern, *banh ran*, süße Bällchen aus Reispaste, und *pho*. Eine *pho*-Verkäuferin trug ihre ganze Küchenausstattung einschließlich eines Öfchens mit glühenden Kohlen, aller Zutaten für die Suppe, Schüsseln, Löffel, Essstäbe, Gläser und einer Teekanne an der Schulterstange mit sich. Als ich sie beobachtete, wie sie die Straße hinunterwankte und ihren Ruf »*Pho-OH*« vernahm, der in der Straße widerhallte, konnte ich mich leicht um drei Jahrhunderte zurückversetzt fühlen. Doch dann knatterte ein Motorroller vorbei und erinnerte mich, dass wir das Jahr 1994 schrieben und in Hoi An nicht mehr mit Rhinozeroshorn gehandelt wurde, das auf Dschunken nach China gebracht wurde.

Da unsere Fahrräder dringend einer Generalüberholung bedurften, machten wir uns auf die Suche nach einer Werkstatt. Gegenüber dem Hoi An Hotel saß ein Mann im Schatten eines großen Schirms und tauschte gerade den Schlauch eines Fahrradreifens aus. Neben ihm stand eine Frau in einer beigefarbenen Cordhose, einem weißen Baumwollhemd und einem schlappen weißen Sonnenhut. Sie lief schnell über die Straße auf uns zu.

»Sie wollen einen Motorroller mieten?«, fragte sie und blickte dabei verstohlen auf den Hoteleingang.

Wir sagten ihr, dass wir nur Hilfe mit unseren Fahrrädern benötigten.

»Ja? Kommen Sie rüber zu meinem Freund!«

Mai sprach vorzüglich Englisch mit einem starken amerikanischen Akzent.

»Ich habe es von den Freunden meines Vaters gelernt«, erzählte sie uns.

Wir saßen mit ihr unter dem Schirm, während ihr Freund an unseren Rädern zu arbeiten begann.

»Mein Papa war Oberstleutnant in der südvietnamesischen Marine. Wir wohnten in Da Nang und sind manchmal mit seinen Freunden zum Picknick oder zum Wasserskifahren gegangen. Aber wir haben nicht alles über seine Arbeit gewusst. Wir wussten überhaupt nicht, wie wichtig er wirklich war. 1975 sagte die Regierung, dass man ihn für immer einsperren würde. Da hat sich mein Papa umgebracht.«

Sie zog aus einer Hosentasche ein kleines Bündel Dollarscheine, starrte abwesend darauf und steckte es dann in die andere Hosentasche.

»Seitdem werden meine Familie und ich bestraft. Ich war Lehrerin, aber jetzt kann ich nicht für die Regierung arbeiten. Und so helfe ich diesem Mann und bringe ihm Kunden für seine Fahrradreparaturen und Touristen für seine Motorrollervermietung. Sehen Sie die Kerle dort drüben, die auf ihren Motorrollern lehnen? Sie sind alle Parteimitglieder und können deshalb an den besten Stellen direkt vorm Hotel arbeiten. Sie werden ganz wild, wenn ich in die Nähe des Eingangs gehe.«

Ein junges Touristenpärchen kam an uns vorbei. Mai sprang schnell auf und lief ihnen nach. Sie blieben stehen und hörten ihr zu, kamen aber nicht ins Geschäft.

»Diese Regierung ist kommunistisch«, sagte sie, als sie sich wieder setzte, »aber sie hilft den Leuten nicht. Ich muss Tag und Nacht arbeiten, damit ich die Schule für meine drei Kinder bezahlen kann.«

Sie erklärte uns, wie die Regierung 1987 der Bevölkerung die Gründung von Privatunternehmen genehmigte, gleichzeitig aber die staatliche Finanzierung von Gesundheitswesen und höherer Schulbildung einstellte. Ich erzählte ihr von der kranken Frau, die wir am Straßenrand gefunden hatten und für die niemand angehalten hatte.

»Weil das Krankenhaus eine Menge Geld von den Helfern verlangt hätte.«

»Wir hätten sie irgendwie mitnehmen sollen«, sagte ich schuldbewusst.

»Sind Sie verrückt? Sie wären noch immer dort. Die hätten alle möglichen Ausreden benutzt, um Sie so lange wie möglich zahlen zu lassen!«

Es überraschte mich, wie unverblümt Mai auf offener Straße mit uns sprach. Dabei fing sie gerade erst an.

»Früher konnte niemand auf der Straße so offen sprechen! Vor zwei Jahren war ein Engländer hier. Er war 1970 mein Lehrer in Da Nang gewesen und auf Urlaub nach Vietnam zurückgekommen. Ich wollte ihn zu mir nach Hause zum Abendessen einladen. Also frage ich die Polizei, aber die sagt nein. Da treffe ich ihn in einem Café und wir unterhalten uns drei Stunden lang. Am selben Abend kam die Polizei zu mir in die Wohnung und brachte mich auf die Polizeiwache. Sie gaben mir einen Stift und Papier und befahlen mir, alles aufzuschreiben, was ich mit dem Lehrer besprochen hatte. Sie sagten, dass er vielleicht vom FBI oder der CIA sei. Ich sagte ihnen, dass wir keine Geheimnisse haben, aber ich musste trotzdem zahlen. Danach haben sie mich wochenlang überwacht. Jetzt erlaubt mir die Polizei, mit den Ausländern auf der Straße zu sprechen, aber ich darf sie nicht in mein Haus einladen – sonst muss ich zwanzig Dollar Strafe zahlen.«

»Weshalb ist die Regierung noch immer so streng?«, fragte ich sie.

»Vietnam schaut auf Russland und fürchtet sich vor einer zu raschen Änderung«, antwortete sie.

Ich erzählte ihr vom Aufruf der Regierung, die Diskriminierung gegen die Intellektuellen und Berufsfachkräfte im Süden, die unter dem amerikafreundlichen Regime gearbeitet hatten, einzustellen und deren Kenntnisse nun zum zukünftigen Wachstum des Landes einzusetzen.

»Ja, mag sein«, sagte Mai zögernd. »Aber es geschieht nur sehr langsam.«

Wir saßen noch eine Stunde plaudernd beisammen, während Mais Geschäftspartner an unseren Fahrrädern arbeitete.

»Wie kommt es, dass diese Räder in einem so miserablen Zustand sind?«, fragte Mai.

Ich erzählte von unserer Fahrt durch das Mekong Delta und unseren Versuchen, mit Boot und Fahrrad die Küste hinaufzureisen.

»Ich kann es nicht fassen! Ihr fahrt mit diesen Booten? Das macht doch kein Tourist! Seid ihr verrückt?«

»Das habe ich mir auch schon gedacht«, sagte ich kleinlaut.

Sie warf einen prüfenden Blick auf Dags gelbe wasserfeste Kamerabox.

»Dein Mann ist Journalist, nicht wahr?«, fragte sie.

»Ich schreibe ein Buch«, gab ich zu.

Sie schwieg einen Moment lang. »Ihr möchtet also ein Fischerboot von hier aus?«

Es war nun an uns, zu schweigen.

»Wir hatten überlegt, dass wir vielleicht versuchen könnten, eines nach Lang Co zu finden«, sagte Dag unsicher. »Und dann von dort nach Hue. Aber wir haben noch nichts unternommen.«

»Mein Mann wird das für euch herausfinden«, sagte Mai, ohne zu zögern.

»Aber was ist mit der Polizei?«, fragte ich.

Ihre Augen glänzten. »Gerade jetzt sieht die Polizei Tag und Nacht nur die Weltmeisterschaft im Fernsehen. Und solange es diesen Fußball gibt, können wir tun und lassen, was wir wollen.«

Am Abend desselben Tages trafen wir uns um sechs Uhr mit Mai und ihrem Mann zum Abendessen in einem Restaurant, das von Freunden der beiden geführt wurde. Hoang war ein gut aussehender Mann mit einem verschmitzten Zwinkern in den Augen und einem schelmischen Lächeln. Er sprach zwar ein wenig Englisch, traute sich aber nicht so recht, wenn seine Frau dabei war. Unser Essen wurde von einem hoch gewachsenen, dunkelhäutigen und äußerst attraktiven Mädchen um die zwanzig serviert. Dichtes, glänzendes Haar hing ihr bis zur Taille und sie bewegte sich mit der Anmut eines Rehs.

»Sie ist die jüngste Tochter meiner Freunde«, sagte Mai. »Viele Touristen verlieben sich in sie.«

In einer Ecke des Raums waren zwei junge Franzosen gerade dabei, ihre Aussage zu bestätigen, und starrten das Mädchen über ihre Speisekarten hinweg verträumt an. Sie warf den beiden mit einem scheuen Lächeln hin und wieder einen flüchtigen Blick zu, ohne sich ihrer Wirkung auf die jungen Männer bewusst zu sein.

»Da ist ein Engländer namens John«, fuhr Mai fort. »Er ist siebenunddreißig. Er war eine Woche lang hier und hat ihr einen Heiratsantrag gemacht, den sie angenommen hat. Dann hat er mir Geld gegeben, dass ich ihr Englisch beibringe, damit sie miteinander sprechen können. Jetzt ist er in Hanoi und kümmert sich um die Papiere. Er hat große Angst, weil er weiß, dass sich viele Ausländer in sie verlieben. Ich habe ihm nicht gesagt, was letzte Woche hier passiert ist. Ein Holländer kam mit einer Reisegruppe her, hat sich Hals über Kopf in sie verliebt und seine Gruppe prompt im Stich gelassen! Die Leute sind ohne ihn nach Hue weitergefahren. Am nächsten Tag aber ist er dann gegangen und hat geweint, als ich ihm gesagt habe, dass sie heiratet.«

Das Mädchen stellte einige Schüsseln mit Essen vor uns auf den Tisch. Ihr Blick wanderte über Dags Gesicht.

»Was halten denn ihre Eltern davon, dass sie John heiratet?«, fragte ich Mai.

»Sie sind sehr glücklich! Denn sie haben Angst, dass sie keinen vietnamesischen Mann finden wird.«

»*Wie bitte?*«

»Maria, schau doch ihre Haut an! Wie dunkel sie ist. Vietnamesische Männer mögen helle Haut. Und sie kam im Jahr des Tigers zur Welt. Tigermädchen sind sehr schwierig und Männer haben Angst, sie zu heiraten.«

Inzwischen war ein weiteres junges Paar ins Restaurant gekommen. Der Mann war Ausländer mit den üblichen zerrissenen Jeans und gebleichtem Haar. Seine Begleiterin war das Mädchen aus unserem Hotel in Qui Nhon, das wir dort mit dem Neuseeländer gesehen hatten. Mai beugte sich über den Tisch zu uns herüber.

»Seht ihr dieses Mädchen? Ich habe heute mit ihr gesprochen. Gestern Abend wollte sie ins Hoi An Hotel. Ihr Freund hat den Leuten am Empfang gesagt, dass sie Amerikanerin ist. Da wollten sie ihren Pass und haben dann die Polizei gerufen. Die Polizei hat sie weggeschickt. Die ganze Nacht ist sie durch die Straßen gelaufen. Um vier Uhr früh ist sie schließlich in diesem Restaurant gelandet und die Familie hat sie hier schlafen lassen.«

»Was wird sie denn heute Nacht tun?«, fragte ich.

»Ich weiß es nicht. Aber sie hat mir erzählt, dass ihr der Mann fünf Dollar am Tag und das Essen bezahlt. Ich habe zu ihr gesagt, möchtest du denn nicht heiraten? Kein Mann will eine Prostituierte. Aber sie sagt, es sei ihr gleichgültig.«

Nach all dem Klatsch kamen wir nun endlich auf unsere Reisepläne zu sprechen.

»Mein Mann war heute Nachmittag in einem Fischerdorf hier in der Nähe«, sagte Mai. »Er hat mit fünf Fischern gesprochen. Einer sagte, er würde euch für neunzig Dollar bis nach Hue mitnehmen.«

Wir saßen verblüfft da und starrten sie an.

»Ist das zu teuer?«, fragte Mai.

»Nein… gar nicht! Das alles scheint uns nur… viel zu einfach.«

»Morgen gehen wir mit euch ins Dorf. Wir sprechen mit dem Fischer und machen einen Vertrag. Ich glaube, ihr könntet in ein paar Tagen abreisen. Und vielleicht kommen mein Mann und ich mit euch – wir sind noch nie so gereist! Es wäre ein Abenteuer für uns.«

»Wir müssen euch für eure Hilfe etwas zahlen…«, begann Dag.

Hoang, der unser Gespräch lächelnd verfolgt hatte, schüttelte energisch den Kopf.

»Nein!«, rief Mai. »Maria, als ich dich auf deinem Fahrrad zum ersten Mal gesehen habe, mochte ich dich gleich. Ich weiß nicht warum. Es war etwas in deinem Gesicht. Es kommt mir vor, als ob ich dich von früher kennen würde. Wir machen das nur aus Freundschaft.«

Das Fischerdorf lag an den Ufern der Flussmündung, sechs Kilometer von Hoi An entfernt. Wir fuhren mit unseren Rädern auf einer Landstraße hinter Mai und Hoang her, die sich ein Fahrrad teilten. Mai saß im Damensitz auf dem Gepäckträger. Sie hatte ihren Hut über die Augen gezogen und wandte sich uns hin und wieder lachend zu. Nachdem wir eine Brücke überquert hatten, bogen wir auf einen Sandweg ab, der am Fluss entlang durch das Dorf führte. Palmen neigten sich über das Wasser und Boote waren an ihren Stämmen vertäut. Die Häuser versteckten sich hinter Zäunen aus Reet- und Bambusgeflecht. Hinter einem dieser Zäune wurden wir mit Luc bekannt gemacht, dem Fischer, der uns nach Hue fahren sollte. Er trug einen gelben Schutzhelm auf dem Kopf und saß auf einem Bettgestell im Schatten einer Veranda. Zu seinen Füßen kratzten Hühner in einem Haufen blauer und roter Fischernetze. Um ihn herum machte sich eine winzige alte Frau zu schaffen. Sie hatte dünnes graues Haar und vom Betelnusskauen verfärbte Lippen. Nach einem alten Brauch waren ihre Zähne noch mit einer Mischung aus Tannin und Ferrosulfat geschwärzt worden, was ehemals um der Schönheit willen geschah, heute aber kaum mehr gemacht wird. Sie schien mit unserer Anwesenheit gar nicht einverstanden zu sein, denn während der Vorstellungen hörte sie nicht auf, gackernd vor sich hin zu schimpfen.

»Luc wird euch sein Boot zeigen und mein Mann kommt mit euch«, sagte Mai. »Ich werde hier bei Lucs Mutter bleiben.«

Das Boot war grob zusammengezimmert, schien aber recht stabil. Mittschiffs über dem Motor gab es eine winzige Kabine und an Deck stand ein niedriger hölzerner Verschlag. Wie gewöhnlich gab es keine Schwimmwesten an Bord, kein Rettungsboot und keine Navigationsinstrumente, außer ein paar selbst gemachte Öllampen. Zwischen den Planken des über zehn Meter langen Boots lagen die Überreste von Räucherstäben verstreut und am Bug waren Obst und Blumen als Opfergaben ausgelegt. Zumindest, dachte ich mir, würden wir die Schutzgeister auf unserer Seite haben.

»Gefällt euch das Boot?«, wollte Hoang wissen.

»Es gefällt uns sehr gut«, sagte Dag. »Sag dem Kapitän, dass wir mit dem Preis einverstanden sind.«

Hoang nickte.

»Wir fahren also nach Lang Co, verbringen eine Nacht im Boot, und fahren dann am Morgen nach Hue weiter.«

»Was ist mit der Polizei?«, fragte ich. »Braucht Luc keine Reisegenehmigung?«

Hoangs Stimme wurde leiser. »Die Polizei ist hier sehr stark. Wenn der Kapitän um Genehmigung fragt, wird es schwierig und sehr teuer. Daher wir fahren früh, wenn es noch dunkel ist. Vielleicht sehen uns die Polizisten nicht. Und wenn sie uns sehen, spreche ich mit ihnen und gebe ihnen Geld und Zigaretten.«

Zurück im Haus besprachen wir, wann wir fahren sollten, während Mai übersetzte.

»Heute ist Sonntag«, sagte Dag. »Wie wäre es, wenn wir am Dienstag fahren?«

»Luc ist Montag und Dienstag beim Fischen.«

»Okay, wie wäre es mit Mittwoch?«

»Er sagt, wir können nicht am Mittwoch fahren, denn das ist kein günstiger Tag für Reisen.«

»Donnerstag?«

Wir einigten uns also auf Donnerstag, aber Lucs Mutter war noch immer äußerst besorgt. Mit schriller Stimme unterzog sie Mai einem Kreuzverhör und drohte ihr dabei mit dem Finger.

»Das ist recht schwierig für mich«, seufzte Mai. »Die alte Frau macht sich Sorgen über die Gefahren, denen ihr Sohn auf der langen Fahrt ausgesetzt ist. Sie sagt, er ist ihr einziger Sohn und sie kann ihn nicht verlieren.«

Ich versicherte ihr, dass Dag mein einziger Mann sei und dass ich keineswegs beabsichtigte, ihn auf der Fahrt nach Hue zu verlieren.

»Sie fragt mich auch wegen Geld«, fuhr Mai fort. »Sie sagt, ihr sollt einhundert Dollar zahlen, weil das Risiko für ihren Sohn so groß ist.«

»Sag ihr«, warf Dag ein, »dass wir hundert Dollar zahlen werden, wenn alles gut geht und die Fahrt ein Erfolg ist.«

Als sie die Übersetzung von Dags Vorschlag hörte, belohnte sie ihn mit einem schwarzmündigen Grinsen, hörte aber keineswegs auf zu jammern.

»Jetzt redet sie von der Polizei. Sie sagt, wir müssen ganz früh los, spätestens um vier Uhr morgens.«

Wir erwiderten, dass das kein Problem für uns sei und schlugen vor, die Nacht vor unserer Abfahrt im Garten des Hauses zu kampieren, da wir dann vielleicht noch früher aufbrechen könnten. Dieser Vorschlag stieß auf wenig Wohlwollen und wurde mit allgemeinem Kopfschütteln und lautstarken Einwänden quittiert.

»Sie sagen, dass sie der Polizei Strafe zahlen müssen, wenn ihr das tut. Es ist besser, ihr kommt ganz früh mit den Fahrrädern her.«

Bevor wir uns verabschiedeten, bat mich Lucs Schwester ganz scheu, ob sie das Mineralwasser kosten dürfe, das ich in meinem Fahrradkorb mitgebracht hatte. Sie erzählte mir, dass sie es noch nie probiert hätte, denn es wäre viel zu teuer, dass sie aber viele Touristen beim Trinken beobachtet hätte und immer hatte wissen wollen, wie es schmecke. Ich gab ihr die Flasche, sie schraubte den Verschluss ab und nahm einen Schluck. »*Waaaah!*«, rief sie und spuckte das Wasser auf den sandigen Boden. »*Xau!*« Grässlich!

Es war nicht schwer, uns die Zeit in Hoi An zu vertreiben. Wir erkundeten den Fischmarkt am Flussufer, wo die Marktfrauen dicke handgerollte Zigaretten rauchten und dabei gehässig und laut miteinander stritten. Wir saßen im Café und verfolgten mit den Cyclofahrern, die ihre Gefährte auf der Straße in einem wilden Haufen stehen gelassen hatten, im Fernsehen die Weltmeisterschaftsspiele. Wir besuchten japanische Gräber und chinesische Pagoden, die Bootswerft auf der Cham Kim-Insel, eine Baumwollspinnerei, die direkt den Romanen von Dickens entstiegen zu sein schien, und Häuser der chinesischen Handelsherren, die vor zwei Jahrhunderten erbaut und jetzt von der Regierung zu »lebenden Relikten« erklärt worden waren. Wir wanderten über eine Holzbrücke aus dem 17. Jahrhundert, die japanische Kaufleute hatten errichten lassen, um den riesigen Drachen, der – wie sie glaubten – sich von Indien bis Japan erstrecke und in ihrer Heimat durch das Schlagen seines Schwanzes Erdbeben verursache, daran zu hindern. Wir machten sogar einen Tagesausflug, für den wir Hoang und seinen Freund Vinh baten, uns auf ihren Hondas die Gegend zu zeigen. Erste Station auf dieser Fahrt waren die Marmorberge, die steil aus der Küstenebene emporragen. Sie bestehen tatsächlich aus Marmor und die zahlreichen Höhlen in den Bergen hatten im Lauf der Zeit Schreine der Cham und buddhistische Tempel beherbergt und sogar den Vietcong als Unterschlupf gedient. Heute sind sie eine von den Touristen viel besuchte Sehenswürdigkeit. So genannte »Guides«, die auf Tabletts Marmornippes anboten, stürzten sich auf uns, kaum dass wir von den Motorrollern geklettert waren.

»Madam, Sir, Sie kaufen?«, riefen die Frauen mit weinerlicher Stimme. »Biiiitte, Madam, Sir, Sie kaufen? Eine Statue, Madam, Sir, Sie kaufen?«

Sie liefen die unbehauenen Marmortreppen auf und ab hinter uns her und folgten uns durch Höhlen, in denen sich das einfallende Licht in den Schwaden von glimmenden Räucherstäben brach und Statuen aus felsigen Nischen hervorlugten. Die imposanteste Höhle war *Huyen Khong*, die von den Vietcong als Feldlazarett benutzt worden war. Die senkrecht aufragenden Wände waren mit Flechten überzogen, die roten Statuen von Mandarinen standen zu beiden Seiten des Eingangs, auf einem Felsvorsprung thronte eine riesige Buddhafigur und eine steinerne Bank war mit Ornamenten aus der Cham-Zeit verziert. Chinesische Touristen standen unter den eindrucksvollen Stalaktiten und fingen mit ihren hohlen Händen die Wassertropfen auf, von denen es heißt, dass sie direkt vom Himmel kommen, und benetzten damit ihre Köpfe. Ihre Kinder liefen währenddessen fröhlich quietschend um sie herum und spielten Fangen. Ein Mönch in einer braunen Kutte ging schnurstracks auf eines der Kinder zu und hieb ihm mit einer Packung Räucherstäbe verärgert über den Kopf. Am liebsten hätte ich das auch mit den vier Frauen getan, die sich wimmernd um mich geschart hatten und es mir unmöglich machten, die eindrucksvolle Atmosphäre des Orts in aller Ruhe aufzunehmen.

Anschließend fuhren wir nach China Beach, wo der herrliche Küstenstrich von einem unsagbar hässlichen Hotel im Sowjetstil verunstaltet worden war. Auf der einen Seite des Eingangs stand »Have a good day«, auf der anderen »Have a good trip«. Es war kein Ort, der zu längerem Verweilen einlud, und so machten wir uns schnell auf den Weg nach My Son, dem ehemaligen kulturellen und religiösen Zentrum der Cham. Kilometer um Kilometer hopsten wir über einen äußerst unebenen Weg, der über Schlaglöcher und Pfützen durch rotes Erdreich führte, bis wir ein Gebiet erreichten, das während des Kriegs stark vergiftet worden war. In der verwüsteten Ebene standen zwei brandneue leere Häuser. Die Betongebäude waren pastellfarben gestrichen und rundherum war der Boden eingeebnet, so als ob jemand versucht hätte, einen Garten anzulegen.

»Wem gehören diese Häuser?«, brüllte ich Hoang ins Ohr.

»Parteikader«, rief er zurück.

Der Weg verengte sich nun und stieg an. Sanfte grüne Hügel erhoben sich zu beiden Seiten, auf deren steilen Hängen wilde Ziegen herumhüpften. Bei einem Bach, der die schmale Talebene durchzog, mussten wir absteigen und die Motorroller durchs Wasser schieben. Mir kam es vor, als ob wir ein anderes Land betreten hätten, eine ungezähmte Dschungellandschaft, die von dem entlaubten Ödland und den kultivierten Reisfeldern an der Küste meilenweit entfernt lag. Weit und breit gab es keine Siedlungen, bis wir unweit von My Son auf eine Reetbude stießen, wo wir Eintrittskarten für das Gelände kaufen konnten. Auch ein winziges, nach vorn offenes Café war vorhanden, in dem wir die Motorroller unter Vinhs wachsamen Augen zurückließen. Dann folgten wir Hoang einen Pfad entlang, der sich durch Bambushaine und vorbei an Papayabäumen, Bananenpalmen, Kolokasien und Kaffeesträuchern wand. Mimosen rankten sich am Boden, in den Büschen lockten purpurrote Blüten und um unsere Köpfe schwirrten bunte Schmetterlinge. Die stille heiße Luft war erfüllt vom Gezwitscher der Vögel und dem Geplätscher eines

Bächleins. Hoang fing eine Zikade und hielt das wütend zirpende Insekt ans Ohr.

»Wie heißt das? Sie-kaa-dee? Gefällt mir SEHR!«

Dann blieb er stehen und wies nach vorn. »Schaut!«

Vor uns im Dschungel leuchteten die altehrwürdigen roten Tempeltürme von My Son auf.

Vom 2. bis zum 15. Jahrhundert besetzte das hinduistische Königreich der Champa den zentralen Küstenstreifen Vietnams, bis es von den einfallenden Dai Viets auf ihrem unaufhaltsamen Weg nach Süden schließlich nahezu ausgelöscht wurde. Handelsbeziehungen zu Indien und die Einwanderung indischer Literaten und Priester hatten dazu geführt, dass die Cham den Hinduismus als Staatsreligion, Sanskrit als heilige Sprache und viele Elemente der indischen Kunst übernahmen. In My Son befand sich vom 4. bis ins 13. Jahrhundert das religiöse Zentrum der Cham und wahrscheinlich diente es auch als Begräbnisstätte ihrer Monarchen. Die Tempelanlagen hatten bis zum Amerikanischen Krieg fast unversehrt überdauert. Als die Vietcong My Son aber als Stützpunkt benutzten, belegten die Amerikaner das Gebiet mit vernichtenden Flächenbombardements. Hoang führte uns um die wenigen Tempeltürme herum, die noch aufrecht standen. Aus den dunklen, fensterlosen Ruinen wuchsen zwischen den Ziegeln, die auf eine bis heute unbekannte Weise zusammengefügt sind, Kletterpflanzen, Bambus und Kakteen. Dazwischen und auch im Innern der Türme prangten Reliefs von Shiva, Ganesh, Vishnu, eine kopflose männliche Figur mit einer Schlange um den Torso, Steintafeln mit Sanskrit-Inschriften und Lingams, die größer und phallischer waren als alles, das uns bisher in Indien begegnet war. Ein großer Ziegenbock hatte sich hinter uns angeschlichen, während wir ein Lingam betrachteten. Er versetzte Dag einen freundlichen Stoß und machte es sich dann auf einer der Steinplatten zum Schlafen bequem. Unweit von uns lugte seine Gefährtin aus einem Tempeleingang. Sie hatte zwei neu geborene Zicklein bei sich. Die Nabelschnur hing den beiden noch vom Bauch und sie standen auf wackligen Beinchen wie lebende Fruchtbarkeitssymbole, als Gegenstück zu den antiken Symbolen, die uns überall umgaben. Inzwischen war es schon später Nachmittag geworden. Die Türme hatten eine glühend rote Farbe angenommen und die untergehende Sonne hatte sich hinter einer riesigen Wolke versteckt. Ihre Strahlen bildeten einen gespenstischen Hof, der in einem goldenen, grünen, rosa und purpurroten Licht erstrahlte und eine unheimliche und beunruhigende Atmosphäre verbreitete. Hoang, Dag und ich sahen uns an und beschlossen, den Heimweg anzutreten.

Der Besuch von Sehenswürdigkeiten war noch nie unsere Stärke und am Mittwoch wussten wir schon nichts Rechtes mehr mit uns anzufangen. Dag fiel nichts Besseres ein, als sich beim Barbier die Ohren ausputzen zu lassen. Die Vietnamesen glauben, dass das Ohrenschmalz Würmerkot sei, den man regelmäßig entfernen muss. Nach dem französischen Buch, das ich gelesen hatte, wurde das angeblich mit »Spachteln, Haken, weichen Bürsten, Stachelschweinborsten und dem Atem« gemacht. Besonders emsige Barbiere würden dann auch noch die Augen ausputzen, indem sie »die Decklider umdrehen und die Innenseiten abschaben«.

»Lässt du dir das auch machen?«, fragte ich Dag entsetzt.

»Nein«, antwortete er unbekümmert, »nur die Ohren.«

Der zum Gehsteig hin offene Laden des Barbiers lag nicht weit von unserem Gästehaus in der Tran Phu Street entfernt. Er besaß eine niedrige Holzdecke und von den grün gestrichenen Wänden blätterte die Farbe ab. Auf dem Regal vor einem fleckigen Spiegel standen aufgereiht mehrere Töpfe mit fettigen Kämmen und schmutzigen Rasierutensilien. Der Barbier war ein kleiner Mann mit einem heimtückischen Ausdruck im Gesicht. Er trug einen schmuddeligen Overall und eine Kopflampe, die für seine schmale Stirn viel zu groß war. Auf dem Schoß hielt er ein Tablett mit langen scharfen Instrumenten. Jetzt nahm er einen schmalen Spachtel und steckte ihn ein paar Zentimeter tief in Dags linkes Ohr, wo er ihn hin und her bewegte. Dag lag völlig bewegungslos und mit starrem Gesicht auf dem Zahnarztstuhl.

»Was macht er denn?«, fragte ich voller Entsetzen.

»Er kratzt meine Ohrtrommel aus«, stieß Dag mit zusammengebissenen Zähnen hervor. »Mit etwas Scharfem. Ich will mich nicht bewegen, sonst schneidet er mich noch.«

Das Wort AIDS kam mir in den Sinn und ich hatte es schon auf den Lippen, hielt mich dann aber zurück.

Der Spachtel wurde nun durch etwas ersetzt, das wie ein Kebabspieß aussah. Fast sieben Zentimeter davon verschwanden in Dags Kopf.

»Ich habe gar nicht gewusst, dass meine Ohren so weit hineingehen …«, krächzte Dag.

Mir wurde langsam übel. Der Spieß kam heraus und eine lange Pinzette wanderte stattdessen hinein. Dann zog der Barbier ganz vorsichtig ein großes Stück Ohrenschmalz heraus.

Dags Augen blickten kugelrund. »Das Innere meines Ohrs ist ganz heiß«, flüsterte er.

»Um Himmels willen, Dag, jetzt kommt er mit einer Stachelschweinborste …!«

»Okay, jetzt reicht's!«, rief Dag und plötzlich kam wieder Leben in ihn. Er bemühte sich verzweifelt aufzustehen, aber der Barbier hatte seine Ellbogen fest gegen Dags Brust gestemmt, während er gleichzeitig versuchte, ihm die Borste ins Ohr zu stecken. Trotz seiner geringen Körpergröße schien der Mann unglaublich stark zu sein.

»Nein, bitte, danke – lassen Sie mich *los*«, schrie Dag und endlich gelang es ihm, den Barbier abzuwerfen und wieder auf die Beine zu kommen. »Es ist okay, ich zahle alles …«

Er stopfte ein Dongbündel in die Hand des verwirrten Mannes und floh aus dem Laden.

Im Postamt sandte ich ein langes Fax an meinen Londoner Verlag mit einem Bericht über unsere bisherige Reise. Es war um die Mittagszeit und nur eine einzige Beamtin, eine freundliche junge Frau in einem rot-weißen *ao dai,* kümmerte sich um die Kunden. Sie verschwand mit meinem Fax in einem rückwärtigen Raum, während ich ein Bild Ho Chi Minhs betrachtete, das an der Wand über dem Schalter hing. Das Bild stellte einen Mann mittleren Alters dar, dessen Haar an der Stirn schon schütter zu werden begann. Er las eine Zeitung, die er nach Art der Weitsichtigen in einiger Entfernung vom Gesicht hielt. Bisher hatte noch nie jemand etwas Abfälliges über Ho Chi Minh zu mir gesagt. Selbst Leute, die vor 1975 die Vietnamesische Republik unterstützt hatten, sprachen mit Hochachtung von ihm. Sowohl Binh, der uns durch das Mekong-Delta begleitet hatte, wie auch jetzt meine neue Freundin Mai, machten aus ihrer Kritik an der Regierung keinen Hehl, sobald es aber um den Mann auf dem Bild ging, sprachen beide liebevoll von »Onkel Ho«.

»Er war ein guter Mann«, hatte Mai zu mir gesagt. »Er liebte unser Land und seine Menschen.«

Die Beamtin kam wieder zum Vorschein. »Ihr Fax ist nach London gegangen.«

Ich gab ihr zehn Dollar und sie reichte mir eine Versandbestätigung.

»Und das Fax?«, fragte ich. Sie hielt es in ihrer linken Hand.

»Das behalten wir«, erwiderte sie.

»Weshalb?«

»Wir zeigen es der Polizei.«

Sie wies dabei mit dem Kopf auf einen Stapel Faxe auf einem Tisch.

In Gedanken überflog ich schnell die Informationen, die ich zu Papier gebracht hatte. Das meiste davon war ziemlich harmlos, außer ein paar Zeilen am Ende, in denen ich über unsere bevorstehende Fahrt im Fischerboot von einem Dorf unweit von Hoi An erzählte, die ja verboten war.

Ich streckte meine Hand aus und ergriff ein Ende des Faxbogens. »Das brauche ich«, sagte ich und zog leicht am Blatt.

Der Griff der Frau am anderen Ende wurde fester.

»Es ist eine Verordnung«, sagte sie.

»Ich brauche es für meine Unterlagen«, erklärte ich ihr.

»Ist es privat?«

»Natürlich!«, sagte ich mit einem gezwungenen Lächeln, wobei ich versuchte, die Besorgnis in meiner Stimme nicht durchklingen zu lassen.

»Ich kann es kopieren«, schlug sie vor.

»Nein!«

Ich zog fest am Blatt, aber sie ließ es nicht los.

»Sie behalten die Versandbestätigung«, schlug ich vor, »und ich nehme das Fax.«

»Die Polizei«, konterte sie und warf einen Blick in den leeren Raum. »Ich darf nicht…«

»Mein *Mann* braucht dieses Fax«, sagte ich zu ihr.

Damit hatte ich das magische Wort ausgesprochen.

»Ah, Ihr *Mann!*«, rief sie gefühlvoll und gab das Blatt frei. »Ich verstehe. Aber das nächste Mal muss ich es behalten.«

Mai war überhaupt nicht überrascht, als ich ihr von diesem Vorfall erzählte.

»Meine ausländischen Freunde, die hier Geschäfte machen, sagen dasselbe. Man hört ihre Telefongespräche ab und öffnet ihre Post.«

Wir waren bei ihr zu Hause zum Abendessen. Ihre beiden Kinder im Alter von elf und zehn Jahren hatten uns abgeholt. Wie ihre Eltern saßen sie zu zweit auf einem Fahrrad und fuhren uns voraus. Sie führten uns die Hauptstraße und dann einen schmalen unbefestigten Weg entlang, wo die Häuser eng beieinander standen. Das Häuschen unserer Freunde besaß ein Strohdach, steinerne Mauern und Fenster ohne Scheiben. Ein breiter Eingang führte direkt von der Straße ins Wohnzimmer, wo eine mit blauem Kunststoff überzogene Sitzgarnitur um einen niedrigen

Glastisch gruppiert war. Ein Regal an der Wand war voll gestopft mit abgegriffenen Büchern. Da standen zwanzig Jahre alte Wörterbücher und englische Grammatikhilfen neben mehreren »Fünf Freunde«-Büchern von Enid Blyton, einer ganzen Sammlung Charlie Brown Cartoons und einem recht mitgenommenen Exemplar von Nietzsches *Zarathustra.*

»Habt ihr Nietzsche gelesen?«, fragte Hoang. »Er ist mein liebster Schriftsteller. Ich bin sein Schüler.«

»Er ist ein echter Freidenker«, sagte Dag spaßend.

»Natürlich! Ich habe viele Philosophen gelesen. Kennt ihr Jean-Paul Sartre? Ich habe alle seine Bücher gelesen – aber vor vielen Jahren.«

Mai servierte uns eine delikate Fischsuppe. »Vor 1975 besaßen unsere Familien viele Bücher«, sagte sie. »Dann ist die Polizei gekommen und hat unsere Häuser durchsucht. Sie haben alle Bücher vom Haus meines Vaters in Da Nang mitgenommen. Sie haben alle auf einen großen Haufen geworfen und verbrannt. Und dann sind irgendwelche Parteikader in unser Haus gezogen. Wir mussten weg. Ich verbrachte vier Monate im Gefängnis. Damals war ich Lehrerin und verlor dann meine Anstellung.«

Sie konnte gar nicht aufhören, über ihr Leben vor 1975 zu sprechen. Es war, als ob die Worte ihren Schmerz besänftigen könnten. Obwohl meine Sympathien immer den nationalistischen Bestrebungen in Vietnam gegolten hatten, hörte ich ihren Erzählungen mit echter Anteilnahme zu. Mai und ich hatten uns auf Anhieb gemocht. Wir waren im gleichen Alter und besaßen denselben Humor, aber es gab noch etwas Unerklärliches zwischen uns, etwas, das uns sofort freundschaftlich verbunden hatte und das mich in meiner Vorstellung lebendig miterleben ließ, was sie durchgemacht hatte. Es kam mir vor, als ob ich mit zweiundvierzig Jahren ebenfalls Krieg, Gefängnis, den Selbstmord meines Vaters und den Verlust meines Heims, meines Berufs und all der persönlichen Freiheiten, die ich bis dahin als selbstverständlich hingenommen hatte, erlitten hätte. Ganz gleich, ob sie und ihre Familie im Krieg und seither auf der richtigen oder falschen Seite gestanden hatten, sie waren grausam bestraft worden.

»Es ist noch gar nicht lange her«, sagte sie, als sie uns Rindfleisch, Zwiebeln und Reis servierte, »dass einem die Polizei nach Hause folgte und dann die Wohnung durchsuchte, wenn man auf dem Markt Fleisch gekauft hatte, weil sie glaubten, man hätte Geld versteckt.«

Trotz ihres unerschrockenen Verhaltens auf der Straße hatte Mai noch immer Angst vor der Polizei. Beim Ananasdessert erzählte sie, dass sie uns nicht auf der Bootfahrt begleiten würde.

»Meine Mutter ist krank und sie kann nicht auf die Kinder aufpassen«, sagte sie.

Ich wusste aber, dass mehr hinter diesem Entschluss steckte. Sie hatte sich einige Stunden vorher bereit erklärt, über ihr Leben vor und nach 1975 für mich auf Band zu sprechen. Jetzt sagte sie mir, dass das nicht möglich sei.

»Ich vertraue dir, Maria. Aber mein Mann fürchtet, dass die Polizei das Boot anhalten und dann das Band mitnehmen und abhören könnte. Wir wohnen in einer Kleinstadt und es könnte für mich enorme Probleme geben.«

Ich sah mich in ihrem einfachen Haus um, das sie im Lauf der Zeit mühsam ein wenig verschönert hatten. Vor den Türen hingen alte Vorhänge und auf dem Betonboden lagen ein paar ausgefranste Teppiche. Mai sah mich an und wusste, was ich dachte.

»Weißt du, Maria, ich kann fast alles ertragen«, sagte sie. »Aber den Verlust meines Vaters und zusehen zu müssen, wie man alle meine Bücher verbrannt hat, das werde ich nie verkraften. Deshalb wird immer ein Schatten auf meinem Leben bleiben, es wird nie wieder so sein wie vorher.«

Bevor wir gingen, vereinbarten wir, dass wir Hoang und Mai um vier Uhr bei der Brücke neben dem Fischerdorf treffen würden.

Mai warnte uns, dem Hotelpersonal nichts von unseren Plänen zu erzählen. »Sagt ihnen, dass ihr so früh abreist, weil ihr bis nach Hue radeln wollt. Wenn euch die Polizei unterwegs anhält, sagt, dass ihr am Strand fotografieren wollt.«

»Mitten in der Nacht?«

»Ja, die wissen, dass Touristen oft ganz eigenartige Dinge tun.«

Um drei Uhr fünfzehn radelten wir bereits die Tran Phu Street hinunter und ernteten ein paar erstaunte Blicke von anderen Frühaufstehern, die sich wunderten, dass zwei Ausländer schon so früh am Morgen unterwegs waren. Bald hatten wir die Stadt hinter uns gelassen und fuhren einen schmalen unbeleuchteten Weg entlang, der zum Dorf führte. Der Mond stand noch am Himmel, aber die Bäume warfen dunkle Schatten über den Weg. Jedes Mal, wenn wir auf ein unsichtbares Schlagloch stießen, klirrten unsere Fahrradklingeln, woraufhin Hunde wütend knurrend aus den Häusern schossen und nach unseren Rädern schnappten.

»Sei nicht so paranoid«, flüsterte mir Dag zu.

»Ich bin nicht paranoid«, log ich.

»Doch, das bist du. Ich merke es, wie du dich über deiner Lenkstange verkrampfst.«

Mai und Hoang duckten sich völlig schwarz gekleidet im Schatten neben der Straße.

»Psst! Nicht sprechen!«, flüsterte Hoang.

Obwohl wir wie Diebe den Pfad am Fluss zu Lucs Boot entlangschlichen, schien es, als ob uns jeder Hund im Dorf riechen und unsere Anwesenheit durch lautstarkes Bellen ankündigen würde. Schnell wateten wir durchs Wasser und hievten uns selbst und die Fahrräder an Bord.

»Setzt euch hierher, wo euch niemand sehen kann«, sagte Mai und zeigte dabei auf die Vorderseite der kleinen Kabine.

Mit viel heimlichem Geschiebe und Geflüster verstauten Hoang, Luc und ein weiterer Mann unsere Fahrräder und Taschen in einem der Laderäume. Am Ufer kläfften und heulten die Hunde noch immer und mehrere Hähne hatten inzwischen aus vollem

Hals zu krähen begonnen. Als Luc den Motor anlaufen ließ, entzündete Hoang drei Räucherstäbe und stellte sie auf den Bug des Boots. Mai hockte sich neben mich.

»Ich muss jetzt gehen«, flüsterte sie mit bebender Stimme. »Seid bitte vorsichtig.«

Ich fand keine Worte, ihr zu danken, und drückte sie nur fest an mich. Sie fühlte sich klein und zerbrechlich an.

»Vergiss mich nicht, Maria!«, sagte sie, glitt ins Wasser und war verschwunden.

Als wir in die breite Flussmündung des Thu Bon tuckerten, schimmerte das erste Licht der Dämmerung bereits über den kleinen Inseln und dem Dickicht der unreifen Kokosnüsse.

»Hier war alles Gebiet der Vietcong«, sagte Hoang. »Die Amerikaner haben bombardiert und bombardiert, aber die VC haben sich unter dem Boden versteckt. Sie waren überall.«

Und jetzt war die Polizei überall. Als wir uns dem ersten Posten näherten, befahl Hoang, uns mit ihm im Maschinenraum zu verstecken. Es war ein winziges Abteil mit einer sehr niedrigen Decke und einem frei stehenden Motor, der in der Mitte des Raums vor sich hin rasselte. Als wir uns in die Kammer zwängten, konnten wir es nur mit Mühe vermeiden, nicht an das heiße ölige Metall zu stoßen. Hoang zog die Läden der drei kleinen Fenster zu. Die Luft war so voller Dunst und Rauch, dass ich überzeugt war, ich würde innerhalb weniger Minuten ersticken.

»Ihr könnt aber gucken!«, versicherte mir Hoang und zeigte auf einen Spalt zwischen zwei Planken.

Was ich sah, waren die Pfeiler eines Docks und helles Licht darüber. Wir fühlten einen Stoß, als das Boot am Dock anlegte. Dann ging die Tür zum Maschinenraum einen Spalt weit auf, Luc sah herein und zischte uns etwas zu.

»Nicht sprechen! Nicht bewegen!«, übersetzte Hoang die Zischlaute.

Der Motor lief noch immer. Wir schienen eine Ewigkeit gefangen zu sein in dieser heißen stinkenden Kammer mit den Kolben, die nur Zentimeter von uns entfernt hämmerten. Als sich meine Augen an die Dunkelheit gewöhnt hatten, merkte ich, dass sich Hoang gewandt und bequem in einer Ecke zusammengefaltet hatte. Dag hingegen saß ungeschickt gegen das Schott geklemmt. Sein Kinn war in der Brust vergraben und seine Knie ragten irgendwo neben seinen Ohren hervor. Ich saß im Schneidersitz mit dem Rücken gegen die Planken gepresst. Ich hätte besser eine andere Stellung gewählt, denn bald hatte ich jegliches Gefühl in den Beinen verloren.

»Nicht bewegen!«, zischte Hoang von Zeit zu Zeit.

Ich verkniff mir die Bemerkung, dass ich dazu überhaupt nicht in der Lage war.

Endlich legte das Boot vom Dock ab. Fünf Minuten später öffnete Luc die Fensterläden am Bug und wir konnten endlich frische Luft schnappen. Hoang kletterte durchs Fenster aufs Deck hinaus, befahl uns aber, in der Kammer zu bleiben.

»Noch keine Sicherheit«, warnte er.

Wir rückten uns, so gut es ging, zurecht und versuchten, wieder etwas Blut in die Glieder zu bekommen. Durchs Fenster sahen wir, wie Luc den Schutzgeistern von Boot und Wasser Opfer darbrachte. Nachdem er frische Räucherstäbe in den Bug gesteckt hatte, warf er rote und weiße Papierstreifen über Bord, auf denen jeweils ein Gebet stand. Einige davon verfingen sich im Wind und wurden wieder aufs Boot zurückgeweht. Wie ein spielendes Kind jagte Hoang hinter ihnen her und sobald er sie erwischt hatte, warf er sie wieder über Bord, um das Opfer zu vervollständigen.

Nach einer Stunde forderte mich Hoang auf, nach oben zu kommen.

»Bist du sicher, dass alles in Ordnung ist?«, fragte ich und warf dabei einen ängstlichen Blick auf die Boote, die in Rufweite von uns dahinfuhren.

»Du, ja«, sagte er. »Du dünn, siehst aus wie Vietnamesin. Aber Dag, nein, er groß mit zu viel Haaren!«

Als die Sonne schon über den Horizont lugte, schien es endlich sicher genug zu sein, auch den großen haarigen Ausländer aus seinem Gefängnis zu befreien. Wir saßen schließlich alle an Deck, genossen die frische Brise und begossen unsere gelungene Flucht vor der Polizei mit Grünem Tee.

»Wisst ihr, wenn die Polizei Luc mit Ausländer erwischt, nehmen sie ihm Boot für drei Monate weg«, sagte Hoang im Plauderton. »Sie geben ihm nur Boot zurück, wenn er viel Geld zahlt.«

Wir starrten ihn erstaunt an.

»Drei *Monate?*«

Luc hatte jahrelang für dieses Boot gespart und seine gesamte Familie war auf das Einkommen, das es ihm brachte, angewiesen. Ohne Boot wären sie ohne Unterhalt. Und mit der schweren Geldstrafe wäre das wahrscheinlich ein so vernichtender Schlag, dass sie sich nie mehr davon erholen würden. Ich saß still da und dachte darüber nach, welch enormes Risiko Luc wegen unserer schrulligen Idee, die Küste im Boot hinauffahren zu wollen, für hundert Dollar eingegangen war.

»Maria, wieder froh sein! Zigarette nehmen!«, rief Hoang und zog aus seiner Hosentasche eine zerdrückte Packung Jet-Zigaretten. »Ich muss nicht geben der Polizei! Jetzt wir sie rauchen! Es sind Freiheitszigaretten!«

Als ich ablehnte, gab er die Packung dem Steuermann.

»Er ist Dinh, Bruder von Luc«, sagte Hoang erklärend.

»Bruder?«, sagte Dag fragend. »Ich dachte, Lucs Mutter hätte nur einen Sohn.«

»Vor drei Tagen sie hat einen Sohn«, sagte Hoang. »Jetzt sie hat zwei.«

»Das ist aber schnell gegangen!«

Hoang blätterte in seinem abgenutzten Wörterbuch auf der Suche nach einem Wort.

»Sie wissen? Vietnamesische Frauen sehr – kreativ!«

Wir waren nun dreißig Kilometer von der Küste entfernt und passierten gerade die steilen grünen Hänge der Cham-Insel. Die ruhige glatte Wasserfläche wurde von den Strahlen der aufgehenden Sonne in schimmerndes Gold getaucht. Ein Fischerboot fuhr an uns vorbei. Auf dem Bug häuften sich Blumenopfer und am Steuer stand eine zierliche Gestalt in Pyjama und Strohhut, die sich wie ein Schattenbild gegen den rosa und bernsteinfarbenen Himmel abhob. Der herrliche Morgen brachte auch meine letzten Bedenken über die Weisheit unseres Unterfangens zum Schweigen und ich begann, meine Lage zu genießen. Doch dann begann der Motor zu stottern und setzte aus. Luc zog heftig am Anlasser, aber nichts rührte sich. Er verschwand mit Dinh und Hoang im Maschinenraum, von wo schließlich lautes Hämmern und Gemurmel zu uns drang.

»Ich glaube, mit der Schraubenwelle ist etwas nicht in Ordnung«, sagte Dag. »Wir laufen voll Wasser.«

Ich schaute in die Kammer hinunter und stellte mit Besorgnis fest, dass die Männer bis an die halben Waden im Wasser standen. Luc kam an Deck, zog seine Shorts aus und tauchte ins Wasser, das so klar war, dass wir sehen konnten, wie er robbenähnlich auf den Bootsrumpf zuschwamm. Mit besorgtem Gesicht kam er wieder an die Oberfläche und rief den Männern im Maschinenraum etwas zu. Er tauchte noch etliche Male und kehrte mit immer besorgterem Ausdruck zurück. Schließlich kletterte er wieder an Bord und lief triefend nass in den Maschinenraum.

»Hat den Anschein, als ob wir direkt zum Polizeiposten zurück treiben würden«, sagte Dag niedergeschlagen.

Endlich kam Hoang aber doch wieder zum Vorschein und zeigte uns die Ursache für die Panne – eine arg verrostete Schraube.

»In Hue kaufen wir neue«, kündigte er an.

Uns war zwar weiterhin unklar, wie wir ohne die Schraube bis nach Hue kommen würden, aber die Männer schienen mit dem Ergebnis ihrer Anstrengungen recht zufrieden zu sein. Luc ließ den Motor an, während Hoang und Dinh eine provisorische Handpumpe für das einlaufende Wasser bauten. Eine halbe Stunde lang pumpten sie dann ohne Unterlass. Dabei ergoss sich öliges Wasser über das ganze Deck und unsere Sachen, bevor es durch die Löcher in den Dollborden abtropfte.

Während die Sonne immer höher stieg, hockten die drei Vietnamesen unter dem niedrigen Holzverdeck und bedienten abwechselnd die Ruderpinne. Hoang war so freundlich und baute für uns eine Art Plane aus leeren Säcken, unter der wir uns ausstrecken und die Küste beobachten konnten. Vor unseren Blicken zogen die Marmorberge vorbei, die sich dramatisch aus der Küstenebene erhoben und dann kündigte ein Dunstschleier die Stadt Da Nang an.

»Schlafen!«, befahl Hoang.

»Wir sehen das nur einmal«, sagte ich zu ihm. »Wir wollen wach sein und den Anblick genießen.«

Mit einem breiten Lachen wies Hoang auf Dag, der leise schnarchend im Traum zuckte.

»Dort drüben steht die Steinerne Frau«, sagte Hoang, als wir die rosagrauen Klippen am Ende einer langen gebirgigen Landzunge passierten. »Kennst du die Geschichte?«

Er lag auf dem Bauch unter der Plane und Lucs gelber Schutzhelm thronte auf seinem Kopf. Ich drehte mich um. Wir stützten beide unser Kinn auf die Hände und er erzählte mir die alte Sage.

Ein Mädchen namens Ba war die einzige Tochter eines Fischers und seiner Frau. Als sie noch ganz klein war, schlug ihr älterer Bruder Hai ihr mit einem Stück Zuckerrohr auf den Kopf und sie wurde ohnmächtig. Er glaubte, sie getötet zu haben, lief davon und ward nie mehr gesehen. Als Ba zur jungen Frau heranwuchs, kamen beide Eltern beim Fischen in einem Taifun ums Leben. Sie war nun ganz allein und sehr traurig. Doch nach einigen Jahren lernte sie einen jungen Fischer kennen und verliebte sich in ihn. Die beiden heirateten, bekamen ein Kind und waren sehr glücklich. In einer stürmischen Nacht, als Bas Mann nicht zum Fischen gehen konnte, half er ihr beim Haarewaschen. Zum ersten Mal bemerkte er eine Narbe auf ihrem Kopf und fragte sie darüber aus. Sie erzählte ihm von ihrem Bruder, der sie geschlagen hatte und dann davongelaufen war. Während sie sprach, trat ein seltsamer Ausdruck in das Gesicht ihres Mannes. Die ganze Nacht waren seine Gedanken in Aufruhr und er versuchte verzweifelt, sich selbst zu überzeugen, dass das Gehörte reiner Zufall sei. In der Tiefe seines Herzens aber erkannte er die entsetzliche Wahrheit. Er war der kleine Junge, der davongelaufen war. Er hatte seine eigene Schwester geheiratet und mit ihr ein Kind gezeugt. Voller Reue segelte er in den Sturm hinaus. Am nächsten Tag suchte Ba überall nach ihrem Mann. Als sie sah, dass das Boot verschwunden war, wusste sie, dass er aufs Meer hinausgefahren war. Nun hielt sie täglich Ausschau nach den heimkehrenden Booten, aber seines war nie dabei. Sie wusste nicht, weshalb ihr Mann sie verlassen hatte und so nahm sie ihr Kind in die Arme und stieg mit gebrochenem Herzen auf einen Berggipfel. Von dort schaute sie aufs Meer hinaus. Wochen und Monate stand sie dort, bis der Wind sie und ihr Kind zu Stein verwandelt hatte.

»Und weißt du, sie ist noch immer da«, schloss Hoang seine Erzählung. »Wenn die Fischer im Sturm nach Hause kommen, bitten sie Ba um Hilfe.«

Mir waren Tränen in die Augen gestiegen. Ich kam mir recht albern vor und wischte sie schnell weg. Dabei sah ich zur Halbinsel hinüber, wo eine kleine Fischerflotte vor dem eindrucksvollen Hintergrund der hohen Klippen ihre Netze einholte. Etwas weiter entfernt dampfte ein großes Containerschiff in Richtung Da Nang.

»Maria, du weißt doch, es ist nur eine Geschichte!«, rief Hoang, der über meine Reaktion beunruhigt war. »Nicht weinen! Ich mache Frühstück!«

Innerhalb weniger Minuten hatte er unter der Plane drei

von Ruß geschwärzte Töpfe mit Essen aufgestellt, das Dinhs Frau noch am Abend vorbereitet hatte. Es gab Reis, gebratenen Fisch und eine Rindfleischsuppe mit Kürbis. Die Speisen spülten wir mit Grünem Tee hinunter, den wir aus einem großen zerbeulten Zinnbecher tranken, der die Runde machte. Als die Töpfe, Schüsseln und Essstäbchen abgeräumt waren, bedienten Hoang und Dinh wieder die Pumpe für das Bilgewasser. Leider verübte das Geräusch des rauschenden Wassers eine recht unangenehme Wirkung auf meine Blase. Verzweifelt hielt ich Ausschau nach einer Stelle auf dem Boot, wo ich mich diskret über die Bordwand beugen konnte. Dag schlug vor, dass ich hinter die Plane gehen sollte, die zwischen dem Verdeck und einem am Dollbord befestigten Skullruder über die Backbordseite gespannt war. Dag passte auf, dass ich nicht ins Wasser fiel, während ich mich am Ruder festhielt. Dann lehnte ich mich so weit wie möglich hinaus, wobei sich meine Erleichterung mit Verlegenheit mischte. Hoang, Luc und Dinh verhielten sich aber wie echte Gentlemen und starrten, lange nachdem ich schon fertig war, unverwandt von mir weg auf die Küste.

Das Festland stieg nun steil vom Meer aus an. Am Fuß der Anhöhen verlief eine Eisenbahnlinie und darüber wand sich in schwindelnden Höhen eine Straße zum Wolkenpass hinauf. Der Gedanke daran, mein Fahrrad diese steile Straße hinaufschieben zu müssen, ließ mich erleichtert aufatmen, dass wir bequem auf einem Boot saßen. Wir fuhren an einer Insel mit einer hübschen kleinen Sandbucht vorbei, die von glatten großen Steinen umsäumt war. Krabbennetze waren in der Bucht ausgelegt und Sampans daneben vertäut. Auf einer Klippe über dem Strand stand ein verlassenes Haus, das von den Amerikanern 1968 erbaut worden war. Der Ausblick von dem grandiosen Gebäude musste großartig gewesen sein. Dinh zog sich plötzlich ein grünes Hemd über und tat so, als ob er ein Maschinengewehr in der Hand hielt, mit dem er das Haus unter Beschuss nahm.

»Ich, Vietcong!«, rief er dabei.

»Stimmt das?«, fragte ich Hoang.

»Nein! Nur Spaß!« Dabei kratzte er sich am Kopf, auf der Suche nach den passenden Worten. »Er hat für Amerikaner gearbeitet. Ihr wisst, alle Vietnamesen hassen die Kommunisten.«

Die meisten Leute, denen wir bisher begegnet waren, hatten dasselbe gesagt. Aber fast alle von ihnen hatten im Krieg auf der Seite der Verlierer gestanden und waren nun völlig verbittert darüber, wie man sie seitdem behandelt hatte. Die wenigen Parteimitglieder, denen wir begegnet waren, wie Binhs Onkel im Mekong-Delta und Minh auf der Insel Phu Quoc, hatten sich nur äußerst zurückhaltend über die Regierung und die gegenwärtigen Zustände in Vietnam geäußert. Aber bald würden wir ja den 17. Breitengrad passieren und das ehemalige Nordvietnam erreichen. Dort, beschloss ich, würde ich mich ernsthaft bemühen, jemanden zu finden, der regierungsfreundlich eingestellt und auch bereit war, mit mir darüber zu sprechen.

Gegen halb elf konnten wir in der Ferne Lang Co ausmachen, einen blendend weißen Sandstreifen mit einer dahinter liegenden Lagune.

»Luc, er sagt, Karte verstecken!«, drängte Hoang und gehorsam falteten wir unsere US Tactical Pilotage Charts zusammen, die die Männer schon seit einer Stunde eingehend studiert hatten, und versteckten sie. Hoang zündete erneut Räucherstäbe für den Bug an und warf eine Zigarette über Bord.

»Für *Ca Ong*«, sagte er, den Walgott. »Damit er uns mit der Polizei hilft.«

Luc und Dinh beobachteten besorgt die Küste. Wir sahen ein Fischerdorf am Strand, aber Hoang sagte uns, dass wir dort nicht anhalten könnten, weil es einen Polizeiposten gebe. Etwa einen halben Kilometer weiter stand ein kleines Hotel. Hochspannungsmaste verliefen den Strand entlang, der mit Buden, Sonnenliegen und gestreiften Sonnenschirmen übersät war und direkt dahinter lagen eine Straße und die Eisenbahnlinie.

»Möchtet ihr hier anhalten?«, fragte Hoang.

»Nein!«

Die drei Männer sahen erleichtert aus. Luc fuhr weiter, bis wir das Dorf und die Strandanlage hinter uns gelassen hatten. Dann gingen wir in dem seichten, klaren aquamarinblauen Wasser vor Anker. Dag und ich sprangen gleich hinein und schwammen zum menschenleeren Strand. Als wir im heißen Sand dahinmarschierten, fiel mir auf, dass wir keine Schatten warfen. Die Sonne stand fast genau über uns.

»Was werden wir den ganzen Nachmittag lang tun?«, fragte ich Dag.

»Uns braten lassen,« sagte er achselzuckend.

Als wir aufs Boot zurückkehrten, schienen sich die Männer gar nicht wohl in ihrer Haut zu fühlen.

»Ihr wisst? Der Vertrag sagt, wir verbringen eine Nacht hier in Lang Co«, erklärte Hoang. »Aber sie haben Angst, dass Polizei vom Dorf kommt. Sie wollen nach Hue gehen und in der Nähe schlafen. Es ist weniger gefährlich für sie.«

Wir waren sofort einverstanden und ohne viel Aufhebens lichteten sie den Anker und wir waren wieder unterwegs.

Anstelle der Berge wurde die Küste nun von endlosen leeren Sandstränden mit dahinter liegenden Dünen beherrscht. Meilenweit gab es keine Bäume, keine Vegetation, keine Dörfer. Trägheit senkte sich über das Boot. Hoang schlief unter dem Verdeck und benutzte den gelben Schutzhelm als Kissen. Luc und Dinh wechselten sich an der Ruderpinne ab und wenn sie nicht steuerten, gesellten sie sich auf ein Nickerchen zu Hoang. Wir lagen unter der Plane, die uns wenig Schutz bot, da die Sonne direkt über uns im Zenit stand. Die Strahlen, die durch das lockere Gewebe drangen, verbanden sich mit denen, die vom Wasser zurückgeworfen wurden und brieten uns, wie Dag so schön prophezeit hatte. Er schlief eine Weile mit der Hand auf dem bloßen Oberkörper und beim Aufwachen konnte man den genauen Umriss seiner Finger auf der geröteten Haut ausmachen.

Gegen sechs Uhr näherten wir uns Thuan An Beach, einem Badeort etwa dreizehn Kilometer von Hue entfernt. Hier erwartete uns der übliche entmutigende Anblick: Liegestühle, Schirme und strohgedeckte Verkaufsbuden. Hoang fragte uns gar nicht, ob wir an den Strand gehen wollten und Luc fuhr gleich einen halben Kilometer weiter, bevor wir vor Anker gingen. Dag und ich schwammen wieder zum Strand. Der Himmel, auf dem sich orangefarbene Wolkenstreifen fächerartig ausgebreitet hatten, bot einen prächtigen Anblick. Im Sand lagen Bambusboote. Fast im Dunkeln schwammen wir zum Boot zurück. Wir waren noch nicht ganz an Bord, als Luc schon den Anker lichtete und Dinh den Motor anließ, um möglichst schnell wieder Abstand von der Küste zu gewinnen.

Wie ein Schwarm Leuchtkäfer erglühten die Öllampen auf den Fischerbooten um uns herum. Nach einer Mahlzeit aus Fertignudeln, Fisch und Reis saßen wir plaudernd an Deck. Jetzt, wo wir uns dem Ende unserer Fahrt näherten, zeigten sich Luc und Dinh viel gelassener und stellten viele Fragen über unser Leben im Westen. Hoang blätterte im Schein einer Öllampe verzweifelt in seinem Wörterbuch auf der Suche nach der passenden Terminologie für seine Übersetzungen. Gegen halb neun begann ich einzunicken.

»Ihr schlafen«, sagte Hoang. »Wir wachen über Taschen. Ihr wisst, böse Leute schwimmen hier und berauben euch.«

Mit schwankenden Schritten bahnten wir uns den Weg zum Vorderdeck. Das Boot, das schon unter normalen Umständen nicht besonders stabil war, begann im Wellengang wild zu schaukeln.

»Wir tanzen!«, rief Hoang.

Er hatte gar nicht so Unrecht, denn in unseren dünnen Schlafsäcken rollten wir wie bei einem wilden Rock 'n' Roll auf dem Deck herum und stießen dabei an den Deckel zum Laderaum, an die Seiten des Boots und an den Rand der Kabine. An ein Schlafen war nicht zu denken, aber zum Trost lief über den Bergen dreißig Kilometer im Landesinnern ein fantastisches Lichterschauspiel ab, bei dem grelle Blitze durch die Wolken zuckten. Und vom Unterstand am Achterdeck, wo unsere Wächter fest schliefen, war zufriedenes Schnarchen zu hören.

Gegen drei Uhr beruhigte sich die See wieder und auch wir fielen in einen tiefen Schlaf. Allerdings nicht lange, denn eine Stunde später waren Hoang, Luc und Dinh schon wieder auf den Beinen und unterhielten sich lautstark miteinander. Eine Viertelstunde später kletterte Luc über uns hinweg, um am Vorpiek Opfer darzubringen.

»Dag! Maria! Aufstehen!«, rief Hoang.

Es war ganz offensichtlich, dass sie uns so schnell wie möglich loswerden und weiterfahren wollten.

»Ich möchte gerne warten, bis es hell wird, damit ich ein paar Aufnahmen machen kann«, murmelte Dag und kuschelte sich an mich.

Dann hörte ich, wie Hoang Luc vorsprach:

»Aufstehen«, sagte er.

»Aufstehen«, wiederholte Luc.

Sekunden später klopfte mir jemand auf den Kopf.

»Dusie! Aufstehen!«, fuhr Luc mich an.

»Ignorier ihn ganz einfach«, murmelte Dag und klammerte sich noch enger an mich.

Um Viertel vor fünf setzte sich der Motor stotternd in Gang und das Boot nahm langsam Kurs auf die Küste.

»Dusie! Gehen!«, schrie uns Luc ins Ohr.

In wilder Eile packten wir unsere Sachen zusammen und zogen die Fahrräder aus dem Laderaum. Dinh verankerte das Boot, während wir mit Luc und Hoang im hüfthohen Wasser zur Küste wateten.

Die beiden Männer wollten möglichst schnell mit dem Bus nach Hue fahren, um dort das Ersatzteil für den Motor zu kaufen. Wir verabschiedeten uns rasch voneinander und Dag händigte Luc hundertzehn Dollar aus. Luc riss die Augen vor Erstaunen weit auf und Hoang schürzte missbilligend die Lippen, sagte aber nichts. Dann gab ich Hoang einen Briefumschlag. Er enthielt einen Brief, den ich am Vortag gekritzelt hatte und in dem ich mich bei ihm und Mai für alles schriftlich bedankte, weil sie es mir nie erlaubt hatten, meinen Dank mündlich auszusprechen. In den gefalteten Brief hatte ich zwei Zwanzigdollarscheine gesteckt. Für sie war das mehr als ein Monatslohn und für uns so wenig. Hoang sah mich misstrauisch an.

»Was das?«

»Ein Brief für Mai.«

Er gab mir den Umschlag zurück.

»Bring ihn zur Post!«

Es hatte gar keinen Sinn, ihn an alles zu erinnern, was er für uns getan und was er uns ermöglicht hatte und an den Lohn, der ihm deshalb entgangen war.

»Bitte –«

Zögernd schob er den Umschlag in seine Hosentasche.

»Sag Mai, dass ich sie vermisse«, rief ich ihm nach, als er davonlief. »Sag ihr, dass ich Bücher schicken werde.«

»Nietzsche!«, rief er und winkte mir ein letztes Mal zu. »Und Jean-Paul Sartre!«

Von Hue zur Hölle

Wir wählten eine ruhige Nebenstraße für unsere Fahrt nach Hue. Sie lief einen schmalen Kanal entlang, der von Bambushainen, Bananenpalmen und Jackfruit-Bäumen gesäumt wurde. An einer Stelle führten breite Steinstufen zum Wasser hinunter, die von zwei steinernen Löwen bewacht wurden. Frauen wuschen am Wasser kniend ihre Wäsche und Töpfe. Eine hatte ihr schlafendes Kind auf den Rücken eines Wasserbüffels gelegt, der an einen Pfahl gebunden friedlich sein Gras kaute und hin und wieder mit den Ohren wackelte. Er schien mit seiner Rolle als Babysitter recht zufrieden zu sein. Die Wasseroberfläche war stellenweise mit Hyazinthen und Lotusblumen übersät. Schmale Bambusboote, deren Insassen Blätter und Samen sammelten, glitten über den Fluss. Am Ufer standen zahlreiche kleine Schreine. Einer von ihnen, der in den Stamm eines Banyanbaums gehauen war, verströmte einen so starken Duft, dass wir ihn schon von weitem riechen konnten, denn trotz der frühen Morgenstunde steckten bereits Hunderte brennender Räucherstäbe im Gewirr der Wurzeln, für die Geister, die angeblich dort hausten.

Nach zwei Nächten, in denen ich kaum geschlafen hatte, fürchtete ich mich schon vor dem morgendlichen Verkehr in Hue. Doch ich erlebte eine angenehme Überraschung, denn anstelle des Chaos, das wir in Saigon erlebt hatten, fuhren die Leute hier auf breiten, von Bäumen gesäumten Straßen geruhsam zur Arbeit. Es schwebte eine ruhige und heitere Atmosphäre über der Stadt, ganz so, wie es sich für ein altehrwürdiges Zentrum der Kultur und Gelehrsamkeit ziemt. Im 15. Jahrhundert, als die Viet nach Süden zogen und die Cham besiegten, stieg Hue zur Hauptstadt der Provinz im heutigen Zentralgebiet von Vietnam auf und entwickelte sich zu einem Zentrum für buddhistische Studien. Als das gesamte, heute als Vietnam bekannte Gebiet vereint war, kam es zu Machtkämpfen zwischen den verschiedenen regionalen Kriegsherren. Die Trinh im Norden und die Nguyen im Süden konnten ihre Vormachtstellung am besten behaupten. 1802 sicherten sich die Nguyen mit Hilfe der Franzosen die Herrschaft über das gesamte Land und gründeten unter Kaiser Gia Long eine neue Dynastie. Hue wurde zur Hauptstadt Vietnams erklärt und blieb es bis 1954. 1862 unterzeichnete Kaiser Tu Duc ein Abkommen mit den Franzosen, wonach Vietnam zu einem französischen Protektorat und er und seine Nachfolger zu reinen Erfüllungsgehilfen der französischen Kolonialherren wurden. Mit dem Entschwinden ihrer politischen Macht konzentrierten sich die Kaiser auf die Förderung von Kunst und Wissenschaft.

Von Hue heißt es auch, dass hier die schönsten und anmutigsten Frauen Vietnams leben. Wir hatten am Straßenrand gehalten und suchten gerade auf unserem Stadtplan nach dem Morin Hotel, als eine Gruppe bezaubernder Mädchen an uns vorbeiging. Alle waren in weiße *ao dais* gekleidet, besaßen langes seidiges Haar und jede trug einen Geigenkasten unter dem Arm. Ich starrte sie an und fragte mich, ob diese Mädchen ein schlauer Werbegag von Hue Tourism sein könnten. Sie lächelten mich scheu an und kicherten. Dann kam eines der Mädchen zu mir herüber und fragte, ob sie mir helfen könne. Das Hotel sei direkt um die Ecke, erklärte sie mir. Und wusste ich auch, dass es einmal zur Universität gehört hatte? Ja, das wusste ich, denn es war uns von Hoang empfohlen worden, der dort vor 1975 in einem der Räume Mathematik studiert hatte.

»Ich würde gerne bleiben und Ihnen Fragen stellen«, sagte das Mädchen, »aber ich muss zum Musikunterricht.«

Sie entschwebte mit ihren Freundinnen, wandte sich aber noch ein- oder zweimal um und warf uns scheue Blicke zu.

Das Morin Hotel war ein eleganter Kolonialbau. Dicke Steinmauern und Läden vor den Fenstern hielten die geräumigen Zimmer angenehm kühl, die direkt auf einen stillen, von hohen Bäumen beschatteten Innenhof mit Zierteichen und einem zahmen, aber recht missmutigen Silberreiher führten. Wir aßen mit zwei Engländern, Polly und Mark, im Hof zu Mittag. Beide waren Architekten, Ende zwanzig, modisch gekleidet und von einer gewissen vornehmen Reserviertheit. Sie reisten im Auto durch Vietnam, mit einem Chauffeur und einem smarten jungen Dolmetscher, Ky, der uns Gesellschaft leistete.

»Ich bin Englischstudent«, erzählte mir Ky, »aber ich arbeite auch in unabhängigem Reisebüro, wo Mark und Polly ihr Auto mieten. Sie mögen mich sehr gerne und bitten mich, mitzukommen, um ihnen zu helfen, die Sprache und die Bräuche meines Landes zu verstehen.«

Mir fiel auf, dass Mark unserem Gespräch zuhörte und Ky dabei äußerst kritische Blicke zuwarf. »Wie alt sind Sie, Ky?«, fragte ich.

»Zweiundzwanzig. Tut mir Leid, Madam, aber mein Name ist Viet.«

»Was?«, warf Mark ein. »Sie sagten, Sie heißen Ky!«

»Nein, das ist der Name des Managers im Reisebüro.«

»Warum haben Sie uns das nicht schon früher gesagt?«

»Sie machen Fehler. Ich will Sie nicht in Verlegenheit bringen.«

Daraufhin herrschte längeres und peinliches Schweigen. Viet starrte auf seine perfekt manikürten Daumennägel, die mindestens fünf Zentimeter lang waren.

»Weshalb lassen so viele vietnamesische Männer ihre Fingernägel lang wachsen?«, fragte ich, weniger weil es mich wirklich interessierte, als um die gespannte Atmosphäre zu lockern.

»Für mich ist es Hobby«, sagte Viet mit gespielter Lustlosigkeit. »Zu Hause ist nichts zu tun, mir ist sehr langweilig und so lasse ich meine Nägel wachsen.«

»Er ruiniert unseren Urlaub«, sagte Mark etwas später. »Er ist launenhaft, unberechenbar und hinterhältig. Und so eitel! Er weigert sich, Grünen Tee aus den winzigen Tassen zu trinken, die man überall bekommt, um sich nur ja nicht die Fingernägel abzubrechen.«

Wir befanden uns mit Polly und Mark auf dem Weg zu den Gräbern der Nguyen-Kaiser, die an den Ufern des Parfümflusses lagen. Viet wäre gerne mitgekommen, aber die beiden hatten darauf bestanden, dass er sich den Nachmittag freinahm. Um zum Fluss und zu dem uns empfohlenen Boot zu gelangen, mussten wir uns einen Weg durch ein Baugelände gegenüber vom Hotel bahnen, vorbei an Arbeitern, die zum Elektroschweißen keinen anderen Schutz als Sonnenbrillen und grüne Tropenhelme trugen. Das Boot entpuppte sich als jämmerliches Gefährt mit der grob geschnitzten Galionsfigur eines Drachen auf dem stumpfen Bug und einer großen Tafel an der Seite, die es als »Tourist Boat TT14705« auswies. Auf dem Achterdeck standen im Schatten eines mit Fransen besetzten Sonnendachs ein paar Plastikstühle und ein Tisch mit Resopalplatte. Als wir uns dem Boot näherten, lief uns der Besitzer schon entgegen und bemühte sich verzweifelt, uns als Kunden zu gewinnen.

»Wohin wollen? Grab Tu Duc? Thieu Tri? Khai Dinh? Minh Mang? Ich Sie hinbringen! Sehr billig! Ich habe kalte Getränke, Bier, Coca-Cola, Orangeade, was Sie wollen!«

Plötzlich verwandelte sich Polly von der reservierten englischen Dame in eine skrupellose Feilscherin. Sie verbrachte fast eine Viertelstunde damit, vom niedrigsten Preis des Mannes noch ein paar Tausend Dong herunterzuhandeln, während Dag, Mark und ich am Ufer entlangschlenderten und den vorbeifahrenden Sampans zusahen. Als sie endlich zufrieden war, kletterten wir an Bord. Wir nahmen Kurs auf eine dunkelgrüne Hügelkette, deren sanfte Wellen sich gegen den hellgrauen Himmel abhoben. An den Ufern zogen Villen aus der Kolonialzeit vorbei. Bald hatten wir die Stadt hinter uns gelassen und fuhren durch eine üppige grüne Landschaft. Sandige Pfade führten durch Wälder und tropisches Buschwerk zu kleinen, abseits vom Fluss gelegenen Dörfern. Und hier bewahrheitete sich ein weiteres der Klischees, die Hue nachgesagt werden. Die Luft entlang des Flusses war in der Tat von einem Parfüm geschwängert, in dem sich Blumendüfte mit dem Aroma von Erde und Wurzeln mischten.

»Coca, Mama, Coca, Mama, Coca, Mama?«

Wir hatten beim Grabmal Minh Mangs kaum das Boot verlassen, als wir bereits von einer Horde Kinder umringt waren, die uns kalte Cola-Dosen gegen die Arme pressten. Sie stellten aber nur die Vorhut dar, denn den ganzen Weg zum Eingang entlang standen Buden, an denen Kokosnüsse, Kekse, Wasser und Limo zum Verkauf angeboten wurden. Die Buden gehörten einer Schar Mitleid erregender Frauen, die uns ihre Waren flehentlich entgegenstreckten und ihren Sprösslingen dann auftrugen, sich vor unsere Füße zu werfen. Bis wir das Eingangstor erreicht hatten, hing eine Traube von etwa dreißig Kindern an uns.

»Vielleicht spääääter? Vielleicht spääääter? Vielleicht spääääter?«, riefen sie uns drohend nach, als wir uns in die Sicherheit der Grabstätte flüchteten.

Kaiser Minh Mang ist für seine Gelehrsamkeit berühmt, wobei die Geschichtsbücher allerdings darüber schweigen, wie er zwischen der Zeugung von achtundsiebzig Söhnen und vierundsechzig Töchtern Zeit für ernsthafte Studien finden konnte. Das Gelände, das seine Grabstätte umgab, lud aber durchaus zu ruhiger Beschaulichkeit ein. Entlang der rot gefliesten Wege, die zu friedlichen Pavillons führten, hielten Statuen von Mandarinen, Pferden und Elefanten die Ehrenwache. Große alte Bäume spendeten dem Besucher Schatten und rote Jasminsträucher säumten Teiche voller Lotusblüten. Über den halbmondförmigen »See der makellosen Klarheit« spannte sich eine Zierbrücke, die zu Minh Mangs Lebzeiten nur von ihm selbst betreten werden durfte. Auf der anderen Seite führte eine steile Treppe zu einem schmiedeeisernen Tor in der hohen Mauer, die das eigentliche Grabmal umgibt. Mein Blick war auf die Mauer gerichtet, als sich ein alter Mann mit einem grünen Tropenhelm zu mir gesellte und mich mit einer Geste einlud, ihm die Stufen hinauf zu folgen. Oben angelangt, öffnete sich das Tor und zwei Arbeiter mit Ästen auf den Schultern traten heraus. Sie erhoben keinen Einspruch, als wir an ihnen vorbeischlüpften. Ich hatte mir als des Kaisers letzte Ruhestätte ein prächtig geschmücktes Grabmal vorgestellt, fand aber nur einen großen Erdhaufen, der mit spindeldürren Bäumen und struppigem Sträucherwerk bewachsen war. Der alte Mann nahm mich bei der Hand und wir stiegen an der Seite entlang hinauf. Von dort bot sich uns ein wunderbarer Blick auf friedvolle Gärten, den träge dahinfließenden Strom, die umliegenden Felder, in denen Rinder beschaulich weideten. Die Stille wurde nur vom Zirpen der Zikaden, dem Gesang der Vögel und dem Rascheln der Blätter in den Bäumen unterbrochen. Der alte Mann nickte mir lächelnd zu und ich fragte mich, ob auch er daran dachte, dass irgendwo unter unseren Füßen ein Kaiser begraben war und was für ein glücklicher Mann er doch war, eine solche Ruhestätte gefunden zu haben.

Auf dem Weg zurück nach Hue schimpften Mark und Polly weiter über Viet.

»Es war wunderbar, ihn ein paar Stunden lang los zu sein«, sagte Polly. »Anfangs fanden wir ihn recht charmant und es war ganz offensichtlich, dass er uns gern begleiten wollte. Deshalb boten wir ihm einen Tagessatz für seine Unterkunft und Verpflegung. Dann merkten wir allerdings, dass er außerdem noch einen Lohn erwartete. Er führte uns immer in teurere Hotels und Restaurants, wo er einen prozentuellen Anteil aller unserer Ausgaben erhielt. Vor ein paar Tagen hatte Mark dann endgültig genug und wollte ihm das Geld für den Bus zurück nach Hanoi geben. Viet war außer sich und gab zu, dass er und der Chauffeur bereits arrangiert hatten, dass sie das Auto in Saigon mit Touristen beladen würden, um sie nach Hanoi zu bringen. Das Ganze ist reine Gaunerei auf unsere Kosten.«

»Weshalb haben Sie ihn dann behalten?«, fragte ich.

»Er hat uns erzählt, dass sein Boss hinter dem Autodeal stünde und dass er seinen Job verlieren würde, wenn er nicht zustande kommt, und dass er dann sein Studium aufgeben müsste. Schließlich brachten wir es einfach nicht übers Herz, ihm den Laufpass zu geben. Das Schlimmste ist aber, dass er es uns noch immer verübelt.«

»Wie viel zahlen Sie ihm denn?«, fragte Dag.

»Zwei Dollar fünfzig am Tag.«

Dag und ich schwiegen.

»Was – als Lohn und für Unterkunft und Verpflegung?«, wollte Dag schließlich wissen.

»Ja. Ist das zu viel?«

»Nein ... es scheint ziemlich wenig ...«

»Für einen Vietnamesen ist das sehr viel«, sagte Polly in defensivem Ton. »Und außerdem können wir uns gar nicht mehr leisten.«

Am Abend setzten wir unsere Besichtigungstour fort. Wir wollten mit Mark und Polly per Cyclo zur Zitadelle in der Altstadt von Hue fahren, die unter den Nguyen-Kaisern erbaut und im Krieg fast völlig zerstört worden war. Wie gewöhnlich wollten Dag und ich jeder ein Cyclo nehmen.

»Das ist doch nicht notwendig!«, rief Polly. »Ihr könnt doch beide in einem fahren! Wir machen das immer.«

Sie begann erneut, wild zu feilschen. Jeder Fahrer wollte fünfzehntausend Dong, einen Dollar fünfzig. Dafür würden sie jeweils zwei von uns mit einem Cyclo zur Zitadelle fahren, warten, bis wir dort zu Abend gegessen hatten, und uns dann zum

Hotel zurückbringen. Polly war der Meinung, dass dieser Service nur zehntausend Dong wert sei. Wie wäre es mit zwölftausend Dong?, schlugen die Fahrer vor. Nein, das wäre noch immer zu viel, wurde ihnen erklärt. Dem kleinen Kerl, der Dag und mich durch Hue fahren sollte, schienen die Verhandlungen keineswegs lästig zu sein, doch wir hatten bald genug davon.

»Komm, fahren wir, zwölftausend ist okay«, sagte Dag und kletterte ins Fahrzeug. »Sind Sie sicher, dass Sie es auch mit meiner Frau schaffen?«

»Ja, sie dürr wie Vietnamesin!«, rief er. »Aber warum sie so braun? Was mit ihr passiert?«

Als er mit uns durch den ruhigen Verkehr radelte, sprach er unentwegt über Fußball.

»Heute Abend elf Uhr, Weltmeisterschaft. Irland und Holland. Ich mag Irland. Morgen früh, drei Uhr, Argentinien und Brasilien. Der arme Maradona! Ihn ich mag! Und um sechs …«

Während er so vor sich hin plapperte, erinnerte ich mich, was mir Mai über die Weltmeisterschaft erzählt hatte, über die Probleme, die sie zwischen Ehepaaren verursachte, weil so viele Männer die Arbeit schwänzten, um die Spiele zu verfolgen und wie die gesamte Wirtschaft als Folge davon in Mitleidenschaft gezogen wurde.

»Sie werden morgen müde sein«, warnte ich den Cyclofahrer.

»Nein! Morgen nach Weltmeisterschaft ich trinke Kaffee. Dann schlafen. Nachmittags ich singe Karaoke. Abends ich Cyclofahrer drei Stunden, dann gehe besuchen meine Familie.«

Er fuhr uns über eine von Eiffel entworfene Brücke, ein paar Seitenstraßen entlang, über einen Wassergraben, auf dem Lotusblumen und Hyazinthen zwischen grünem Blattwerk hervorlugten, und durch das Tor im Zitadellengemäuer, das noch immer die Einschussstellen aus dem Krieg aufwies. Ursprünglich war das Gelände innerhalb der Zitadelle dreigeteilt gewesen. Der Außenbezirk war für Handwerker und Händler und der mittlere Bezirk für die Mandarinschicht bestimmt gewesen, während das Zentrum, die Verbotene Stadt, dem Monarchen vorbehalten war.

»Kennen Sie London?«, fragte der Cyclofahrer, als wir eine breite Allee entlangfuhren. »Ich mag London. Ich habe fünfhundert Dollar. Wenn ich zweitausend Dollar habe, ich gehe eine Woche nach London!«

»Sie brauchen mehr als zweitausend Dollar«, rief ihm Polly zu.

»Wirklich? Im Fernsehen ich sehe London. Zehn Millionen Menschen! Eine Königin!«

»Bringen Sie Ihr Cyclo nach London«, schlug Dag vor. »Sie könnten dort viel Geld damit verdienen.«

Zu beiden Seiten der Allee lagen Felder, in denen Männer mit grünen Tropenhelmen und Frauen mit konischen Hüten harkten und Unkraut jäteten. Bis 1968 hatten zwei Drittel der Bevölkerung von Hue innerhalb der Zitadellenmauern gelebt. Dann startete die Tet-Offensive, während der die Kommunisten sämtliche Stützpunkte der Amerikaner und Südvietnamesen gleichzeitig belagerten. Der Kampf um Hue wurde zu einem der erbittertsten Gefechte im Amerikanischen Krieg. Nachdem sie die Sympathisanten der südvietnamesischen Regierung verhaftet und exekutiert hatten, verschanzten sich die Kommunisten in der Zitadelle, die sie fünfundzwanzig Tage lang halten konnten. Die amerikanischen und südvietnamesischen Truppen richteten bei ihrem Versuch, die Kommunisten aus der Stadt zu vertreiben, große Schäden an und radierten ganze Stadtviertel aus. Die traurige Bilanz: Mehr als sechstausend Zivilisten kamen ums Leben und die Stadt lag in Trümmern.

Während wir uns umsahen, fiel mir eine Geschichte ein, die Binh über eine Tante erzählt hatte, die 1952 einen Kommunisten geheiratet hatte. Etwas später bekamen sie einen gemeinsamen Sohn. Als das Land 1954 geteilt wurde, zog ihr Mann nach Norden, nahm sich eine zweite Frau, mit der er vier weitere Söhne zeugte. Während der Tet-Offensive stand ihr Sohn mit der südvietnamesischen Armee vor der Zitadelle, während einer seiner Halbbrüder bei den Kommunisten auf der anderen Seite kämpfte.

»Sie haben nichts voneinander gewusst«, hatte Binh gesagt. »Aber nach Revolutionstag geht mein Onkel in Süden und sucht nach Tante. Sie haben großes Familientreffen in Saigon. Alle trinken und froh sein. Die zwei Halbbrüder sprechen und merken, dass sie in Hue gegeneinander gekämpft haben. Ist aber alles okay, sie sind jetzt Freunde, kein Problem.«

Viele der zerstörten Viertel wurden nicht mehr aufgebaut, sondern als Agrarland verwendet. Überall auf den ehemaligen Schlachtfeldern gedeihen nun Feldfrüchte und werden geerntet. Ein alter Mann kletterte eine fast zehn Meter lange Leiter an einem Litschibaum hinauf und deckte das Obst vorsichtig mit Binsenmatten ab, um es vor den Vögeln zu schützen. Unweit davon, neben einem im Krieg beschädigten Steinbogen, schlief ein anderer Mann auf einer der Neun Heiligen Kanonen. An seiner Seite stand ein Korb voller Maniok. Es waren nur wenige Fahrzeuge unterwegs und das ganze Gebiet strahlte eine ernste und melancholische Ruhe aus. Reges Treiben herrschte nur vor dem von Granateinschlägen verunstalteten Eingang zum kaiserlichen Bezirk. Dort wurden japanische Touristen, die alle den gleichen weißen Hut trugen, von ihren Reiseführern zu Gruppenaufnahmen zusammengetrieben. Sie mussten sich vor ihren schnittigen, modernen und speziell importierten Reisebussen aufstellen, die in dieser Umgebung äußerst seltsam wirkten.

Das Restaurant war in einem sechzehneckigen Pavillon untergebracht, der auf Pfählen inmitten eines Lotusteichs thronte. Das Lesen der Speisekarte war ein Erlebnis. Sie bot unter anderem so faszinierende Gerichte wie Hähnchen in Schmiere und Gekochten Schwanz in einer Sauce aus Fisch und Ingwer an. Wir speisten gleichwohl wie die Könige. Einer Aalsuppe, die über einem Kohleöfchen brodelnd aufgetragen wurde, folgten zarte Rindfleischstreifen in Weinlaub und riesige Garnelen in einer kräftigen Knoblauchsauce. Mit mehreren Flaschen Bier und frischer Zitronenlimonade betrug die Rechnung immer noch weniger als zwanzig Dollar.

Unsere Cyclos fanden in der einfallenden Dunkelheit ihren Weg durch die von Blumenduft erfüllten Straßen der Zitadelle und über Eiffels Brücke. Auf den Gehsteigen standen elegante Straßenlaternen, die an Paris erinnerten. Unter jeder Lampe lag eine schlafende Gestalt. Junge Männer, alte Männer, Frauen, Jugendliche und selbst Kinder lagen da auf dem Rücken, einen Arm über die Augen gelegt oder wie im Mutterleib zusammengerollt.

»Arme Leute«, sagte unser Fahrer. »Keine Familie, kein Haus.«

Ich fragte ihn, weshalb sie sich direkt unters Licht und nicht in den Schatten dazwischen legten.

»Wegen Sicherheit«, antwortete er.

Das Hotel war an diesem Abend schon früh geschlossen worden, damit Personal und Gäste die Weltmeisterschaftsspiele ungestört verfolgen konnten. Im Hof stand ein Fernseher auf dem Tisch und eine Gruppe holländischer Touristen saß offensichtlich schon seit Stunden davor und ließ sich mit Bier voll laufen. Ihr Geschrei, Gejohle, Gepfeife und Gebrüll dauerte fast bis zum Morgengrauen, während wir verzweifelt versuchten, ausreichend Schlaf zu finden, um am nächsten Tag ausgeruht die vierundsiebzig Kilometer bis Dong Ha mit dem Fahrrad in Angriff nehmen zu können.

Beim Frühstück, das uns ein verschlafener Kellner im Hof servierte, machten wir die Bekanntschaft eines vietnamesischen Pharmakologen, der seit 1972 in Toronto lebte. Sein Spezialgebiet war die Suchtforschung; und während er mit uns sprach, zündete er sich eine Zigarette nach der anderen an.

»Ich war Helikopterpilot. Ich wusste, dass wir den Krieg verlieren würden und mir war auch klar, was das für mich bedeuten würde. Als ich zur Spezialausbildung nach Amerika geschickt wurde, machte ich mich ganz einfach aus dem Staub und marschierte über die Grenze nach Kanada.«

Er war drei Tage zuvor nach Vietnam zurückgekommen und besuchte jetzt, zum ersten Mal seit seiner Fahnenflucht, wieder seine Geburtsstadt Hue.

»Am Flughafen hat mir der Einwanderungsbeamte große Schwierigkeiten gemacht. Er sagte: ›Sie haben also weiße Frau in Kanada? Ein großes Haus, ein Auto?‹ Die Menschen hier empfinden eine so große Leere. Viele Kommunisten sind verbittert. Sie haben im Krieg so viel geopfert, und wofür?

Weil sie ihr Ziel nicht erreicht haben und um die Lücke zu schließen, haben sie sich zuerst einem anderen Krieg in Kambodscha und jetzt der Korruption verschrieben. Und die Armut! In fünfundzwanzig Jahren hat sich nichts weiterentwickelt. Ich sehe andere *Viet Kieu*, die herkommen und um niedrigere Preise feilschen. Wie können sie das nur tun? Schauen Sie, ich esse hier mein Frühstück, Kaffee, Eier und Brot, und es kostet mich ein paar Cent. Es ist einfach beschämend!«

Tränen stiegen ihm in die Augen. »Ich weiß nicht, was mit meinen Leuten noch geschehen wird. Zuerst wird das Land durch den Krieg zerstört, dann kann es sich wegen der Handelssperren nicht erholen, und jetzt kommen ganze Flugzeugladungen mit Geschäftsleuten ins Land, die es ausrauben wollen und mehr Korruption und schlechte Einflüsse mit sich bringen. Und Hue! Mein Gott, es war einmal so wunderbar, Sie können sich gar keine Vorstellung davon machen.«

Ich erzählte ihm, dass ich ein Buch über unsere Reise durch Vietnam schreiben wollte und gab ihm meine Karte. Daraufhin hörte er auf zu reden, konzentrierte sich nur noch auf sein Frühstück und machte keinerlei Anstalten, mir seine Karte zu geben.

Wir machten uns mit unseren Fahrrädern auf den Weg und nach ein paar Stunden erreichten wir eine Landschaft, die ihre innerste Seele verloren zu haben schien. Zu beiden Seiten der Straße erstreckte sich rotes Ödland, auf dem ein paar spindeldürre Bäume und vereinzelte ruppige Maniokstraucher ein mageres Dasein fristeten. In der Einöde verstreut standen hier und dort strohgedeckte Lehmhütten. Um die armseligen Behausungen herum hatten die Bewohner im sandigen Boden kleine Gärten angelegt, aber es war nichts zu sehen, wovon diese armen Leute hätten leben können. Nichts gedieh hier, der Boden war von den Herbiziden im Krieg völlig vergiftet worden. Es gab nichts als Staub. Er kroch in meine Nase, meine Ohren, meine Augen, meine Zähne. Als ich stehen blieb, um meine Arme wieder mit Sonnenmilch einzucremen, schmierte ich gleichzeitig roten Staub in die Poren meiner Haut.

Aber es sollte noch schlimmer werden. Der rote Staub wurde von einem unheimlich anmutenden weißen Sand abgelöst. Die Maniokstraucher verschwanden, wir sahen nur einige Männer mit Metalldetektoren, die sich wie Gespenster zwischen den verkohlten Baumstümpfen hin und her bewegten. Wir näherten uns dem 17. Breitengrad, der entlang des Ben Hai-Flusses verläuft und der auf der Genfer Konferenz von 1954 als Grenze zwischen Nord- und Südvietnam festgelegt worden war. Eine der auf dieser Konferenz zwischen Ho Chi Minh und den Franzosen geschlossenen Vereinbarungen bestand darin, zu beiden Seiten des Ben Hai-Flusses eine fünf Kilometer breite, entmilitarisierte Zone, DMZ genannt, anzulegen. Ironischerweise konzentrierte sich im Amerikanischen Krieg ein Großteil der Feuerkraft auf das Gebiet südlich der DMZ und einige der erbittertsten Kämpfe fanden hier statt. Da die Amerikaner erwarteten, dass die Kommunisten eine groß angelegte Invasion über den 17. Breitengrad planten, belegten sie das Gebiet mit einem vernichtenden Flächenbombardement und versprühten riesige Mengen Entlaubungsmittel zur Vernichtung jeglicher Vegetation.

Ich musste mir immer wieder in Erinnerung rufen, dass sich das alles vor zwei Jahrzehnten und nicht erst vor einer Woche zugetragen hatte. Wir fuhren an einem nordvietnamesischen Soldatenfriedhof mit einer riesigen Gedenkstele vorbei. Tausende von Grabsteinen erstreckten sich so weit das Auge reichte. An der Abzweigung nach Quang Tri stand ein verlassenes Haus, dessen Dach zur Hälfte fehlte und das mit Einschusslöchern übersät war. Es sah aus, als wäre es erst kürzlich so zerstört worden. Eine Kirche ganz in der Nähe, mit einem verbogenen Kreuz auf dem Turm, war ebenfalls schwer beschädigt. Es hatte keinen Sinn, dem Wegweiser nach Quang Tri, der ehemaligen Hauptstadt der Provinz Quang Binh, zu folgen. Die Stadt war 1972 nach schwerem Beschuss von der nordvietnamesischen Armee eingenommen worden, und bei dem Versuch, das Gebiet den Kommunisten wieder zu entreißen, wurden die Reste der Stadt schließlich von der südvietnamesischen Armee und der amerikanischen Luftwaffe dem Erdboden gleichgemacht.

Wir fuhren weiter und sprachen nur wenig miteinander, denn wir hingen beide unseren eigenen Gedanken nach. Mit jeder Drehung der Pedale schossen mir Zahlen und Statistiken durch den Kopf. *Zweiundsiebzig Millionen Liter Herbizide, zehn Prozent der Waldungen zerstört, dreizehn Millionen Tonnen Bomben, dreihundertfünfzigtausend Luftangriffe, drei Millionen Tote, vier Millionen Verletzte.* Ich hatte nie an die Hölle geglaubt, aber jetzt erhaschte ich zu beiden Seiten der Straße immer wieder einen flüchtigen Blick darauf. Über Meilen erstreckte sich die Ebene bis zum Horizont mit nichts als Bombenkratern und Gräbern. Auf den Gräbern standen keine Grabsteine und sie besaßen auch keine gepflegten Beete; es handelte sich um einfache Erdhöcker, die an große Maulwurfshügel erinnerten. Nur wenige trugen Namen. Aber sie waren allgegenwärtig. Rund um die erbärmlichen Hütten am Straßenrand, auf den vereinzelten Feldern, wo die Bauern verzweifelt versuchten, mühsam ihr Leben zu fristen, neben dem Getränkestand, an dem wir für eine Rast anhielten. Wir kauften zwei warme Cola von einem Mann, der die Zerstörungen miterlebt hatte, die diese Einöde hervorgebracht hatten. Vor seinem Haus schwammen Enten auf dem Teich eines ehemaligen Bombenkraters. Als wir ihn fragten, auf welcher Seite er gekämpft hatte, gab er uns keine Antwort.

Federwolken standen hoch am Himmel, der allmählich eine stahlgraue Farbe annahm und eine riesige Kuppel über uns bildete. Langsam bahnten wir uns einen Weg durch diese unirdische Wüste. Es gab keinen Verkehr mehr und die Straße gehörte uns allein. Nur das Klappern der Fahrradketten durchbrach die gespenstische Stille. Dann kam Wind auf, pfiff über die Ebene und blies uns feinen Sand entgegen. Ich musste an die ruhelosen Seelen denken, an die Geister all jener, deren Gräber von niemandem betreut wurden. Es hätte mich nicht gewundert, wenn Gestalten plötzlich aus dem Nichts über diese unheimliche Mondlandschaft auf uns zugewankt wären.

Doch nichts rührte sich. Schmerz und Trauer schienen in der Luft zu hängen, so als ob der Boden alles Leid aufgesogen hätte und es nun langsam wieder verströmte.

Es war ein langer, schwieriger und bedrückender Tag. Wir wollten diese Gegend so schnell wie möglich wieder verlassen und verzichteten daher auch auf eine längere Essenspause, sondern begnügten uns mit ein paar Bohnenkuchen, die mit Erdnüssen und Sesam gefüllt waren. Als wir uns Dong Ha näherten, waren wir beide gereizt und müde. Der Verkehr hatte inzwischen zugenommen, Räder und Motorroller steuerten immer wieder nah an uns heran und die Fahrer starrten uns prüfend an.

»Vieheisan?«, fragten sie. »Uaohea?«

Im Gegensatz zu Dag konnte ich das Interesse der örtlichen Bevölkerung nur vorübergehend wecken. Doch seine Größe, sein Bart und das sonnengebleichte Haar zogen sofort alle Aufmerksamkeit auf sich, während ich mit jedem Tag dünner und dunkelhäutiger und für die Vietnamesen weniger interessant wurde. Es war zumeist Dag, der von den Fahrern auf den Motorrollern angestarrt wurde und der die Neugier der Radfahrer auf sich zog, die lange Zeit neben ihm fuhren und ihn anstarrten. Wenn wir Dörfer passierten, fuhr ich oft voraus, um die Aufmerksamkeit der Leute ein wenig abzulenken. Letztlich diente ich aber nur der Einstimmung und als Dag schließlich auftauchte, war das Publikum schon ganz scharf darauf, ihn mit kleinen Klapsen, Zwicken, Fragen und Rufen willkommen zu heißen.

»Vieheisan? Uaohea?«

»Ich bin überzeugt, dass sie keine Ahnung haben, was sie sagen«, brummte Dag, als wir uns Dong Ha näherten. »Sie wissen nur, dass das rothäutige verschwitzte Geschöpf ein komisches Geräusch macht, wenn sie ›Vieheisan‹ rufen.«

»Du darfst nicht vergessen, dass die Leute noch gar nicht lange mit Ausländern sprechen dürfen«, sagte ich belehrend zu ihm. »Gib dir einfach Mühe und stell dir vor, dass jeder Mensch, dem du begegnest, der erste –«

Bevor ich mit meinem Satz fertig war, rasten zwei Männer auf einer Honda vorbei. Im Vorbeifahren beugte sich einer zu Dag herüber und schlug ihm auf den Arm, so dass er fast das Gleichgewicht verlor.

»He, Number One!«, schrie der Mann, gefolgt von etwas, das sich wie »Geh zum Teufel!« anhörte.

»– der erste Vietnamese ist, dem du je begegnet bist«, vervollständigte ich meinen Satz wenig überzeugend.

In Dong Ha waren wir bald von Motorrollern umringt und alle möglichen Angebote wurden uns zugerufen.

»Sie wollen billiges Zimmer?«

»Ich fahre Sie zu DMZ!«

»Mister, Sie möchten Girl?«

»Hallo, mein Name ist Jimmy!«, rief ein Mann mit einer Baseballmütze. »Ich bringe Sie Mini Hotel!«

Wir ignorierten die Leute so gut es ging. Wir waren entschlossen, selbst ein Hotel zu finden, und so fuhren wir die Hauptstraße entlang, über einen mit Abfällen übersäten Marktplatz und in eine Seitenstraße, wo sich zwei Panzer in einem fortgeschrittenen Stadium des Verrostens befanden. Ein Hotel fanden wir nicht, aber dafür trafen wir auf die einzigen Ausländer, drei junge Franzosen, die sich außer uns in der Stadt aufhielten.

»Wir wohnen im Mini Hotel«, erzählte mir einer von ihnen, »aber das ist 'ne recht eigentümliche Absteige.«

Emmanuel, Jann und Stéphanie studierten an einer berühmten Pariser Wirtschaftsschule und hatten sich als Teil ihrer Studien für ein vierwöchiges Volontariat in Vietnam entschieden.

»Vier Wochen hier in Dong Ha?«, fragte Dag entsetzt.

»Nur drei, dann gehen wir nach Quang Ngai.«

»Da seid ihr nicht zu beneiden«, sagte Dag.

»Wart ihr schon dort? Wie ist es denn?«

Die Antwort blieb uns erspart, denn Jimmy, der Mann mit der Baseballmütze, hatte uns inzwischen erreicht. Mit quietschenden Reifen bremste er vor uns und gab dann eine Art vietnamesischen Rap zum Besten.

»Ich finde schönes Zimmer – Mini Hotel – sehr billig – zehn Dollar – Klimaanlage – Doppelbett – ihr schlaft zusammen – ich fahre euch zu DMZ – ich guter Führer – kein Problem!«

Die Franzosen lachten viel sagend.

»Das meine Freunde!«, prahlte Jimmy. »Sie wohnen Mini Hotel!«

»Wir hatten keine andere Wahl«, sagte die Französin. »Es ist das einzige Hotel für Ausländer.«

Wir folgten Jimmy zu einem neuen dreistöckigen Gebäude, das mit seinem blaugelben Anstrich an eine Geburtstagstorte erinnerte. Als wir die Stufen zum Eingang erklommen, hingen junge, weiß geschminkte Frauen über dem Balkon und warfen Dag und Jimmy Kusshände zu. Im Foyer saßen mehrere Polizisten um einen niedrigen Tisch und tranken schottischen Whisky. Eine aufgetakelte Frau mittleren Alters mit dauergewelltem Haar und einer Menge Schmuck schlurfte in Plastiksandalen herum und goss den Männern immer wieder nach. Madame Claude, wie sie von den französischen Studenten genannt wurde, war die Besitzerin des Phung Hoang Mini Hotels.

»Die Privathotels müssen Polizisten bezahlen«, flüsterte Jimmy, als er uns die Stufen hinaufführte. »Manche geben vier Prozent von allen Einnahmen. Madame Claude lässt sie Whisky trinken, gibt ihnen Mädchen und zahlt gar nichts.«

»Wie oft kommen sie her?«, fragte ich.

Er zuckte die Achseln.

»Wann sie wollen.«

Im ersten Stock tranken vier korrekt gekleidete Männer in Gesellschaft von ein paar Mädchen mit affektiertem Gehabe ebenfalls Whisky. Am Ende eines dunklen Korridors, der vom Treppenabsatz wegführte, verschwand ein Paar gerade hinter einer Tür. Unser Zimmer befand sich im obersten Stock. Das Kopfende des Betts lag unter einem Fenster mit einem schmiedeeisernen Gitter. Außen befand sich ein großer Balkon, der von mehreren Parteien genutzt wurde. Ich duschte, während Dag im Zimmer etwas lesen wollte. Als ich zurückkam, war er mit dem Buch auf der Brust fest eingeschlafen und drei der weiß geschminkten Mädchen streckten ihre Hände durch das Gitter und versuchten, ihn zu berühren.

»Verschwindet!«, fuhr ich sie an.

Sie zogen die Hände zuruck, blieben aber stehen.

»Sehr schöner Mann, sehr stark!«, riefen sie und kicherten wild vor sich hin.

Eine von ihnen schlang ihre Finger ineinander und ließ die Handflächen gegeneinander klatschen, was nach der Reaktion der anderen Mädchen eine extrem vulgäre Geste zu sein schien.

Am Abend aßen wir mit den drei französischen Studenten in einem nahe gelegenen Restaurant. Jann und Stéphanie waren verlobt. Der einundzwanzigjährige Emmanuel, der mit seinem wuscheligen Lockenkopf wie ein Engel aussah, war Single und hatte vor Madame und ihren Mädchen maßlose Angst. Er erzählte uns, dass insgesamt zehn Mädchen in Schichten im Hotel arbeiteten.

»Gestern haben einige der Mädchen Jann und mich in eine Ecke gedrückt«, sagte er, »und uns befummelt.«

»Befummelt?«

»Ja, um unseren Warenwert zu testen, um zu sehen, was da ist!«

»Ah ja, ich verstehe ...«

»Seitdem haben sie uns in Ruhe gelassen«, warf Jann ein. »Wir haben die Prüfung also anscheinend nicht bestanden!«

»Madame Claude ist überhaupt am schlimmsten«, sagte Emmanuel und ereiferte sich immer mehr. »Wenn sie mich sieht, dann macht sie so –«

Er stand vom Tisch auf und scharrte mit dem Fuß wie ein aufgebrachtes Pferd. Als eine der Kellnerinnen das sah, schnappte sie laut nach Luft und rannte in die Küche.

»Was bedeutet das denn?«, fragte ich.

»Es heißt, dass sie mit mir ...« Er sprach den Satz nicht fertig. »Na, Sie wissen schon, wie das ist.«

»Macht sie auch das?«, fragte ich und hakte dabei meine Finger ineinander und klatschte mit den Handflächen gegeneinander. Die anderen Gäste des Restaurants verfolgten inzwischen fasziniert, was diese Ausländer für ein Benehmen an den Tag legten.

»Ja, genau! Und die Mädchen machen das jedes Mal, wenn ich sie sehe! Es ist schrecklich! Wie bringe ich meiner Mutter bei, dass ich in einem Bordell wohne!«

Mit Begeisterung stürzten sich die Studenten auf die großen Teller mit Leber, Tintenfisch, Garnelen und Gemüse. Obwohl sie erst seit einer Woche im Land waren, hatten sie bereits die Angewohnheit der Einheimischen übernommen, alle Essensabfälle auf den Boden zu werfen. Als wir unsere Rechnung bezahlten, kam die Kellnerin, die in die Küche geflohen war, mit einem Besen und fegte die Garnelenschalen, Salatblätter und Reiskörner um unsere Stühle herum zusammen. Eine Frau, die ebenso weiß geschminkt wie die Mädchen im Hotel war, schlich sich an Emmanuel heran, zeigte auf das Mädchen mit dem Besen, leckte sich die Lippen und hakte zwei Finger ineinander.

»Mein Gott!« rief er. »Was werde ich *nur* meiner Mutter erzählen!«

Gegen sechs Uhr am nächsten Morgen standen wir im Foyer und warteten auf Jimmy und einen seiner Freunde. Wir hatten vereinbart, dass wir mit den beiden per Motorroller die DMZ und die Vinh Moc-Tunnel besuchen würden. Um sechs Uhr dreißig warteten wir immer noch. Jimmy kam um sieben. Seine Augen waren blutunterlaufen und er erzählte, dass er die ganze Nacht im Fernsehen die Weltmeisterschaft geschaut hätte.

»Bulgarien drei, Mexiko eins!«, verkündete er und ließ sich dabei schwer in einen Stuhl fallen. Dann bestellte er bei Madame Claude einen Kaffee. »Spiel geht weiter, Verlängerung.«

»Ihr Freund?«, fragten wir vorsichtig.

»Tinh kommt bald. Keine Angst!«

Eine Viertelstunde später fuhr ein rundlicher Mann auf einer klapprigen Maschine vor. Über seinem Vollmondgesicht thronte ein dichter grauer Haarschopf.

»Sorry! Fußballverlängerung!«, rief er. »Bungarien gewinnt Mexiko.«

Er setzte sich neben mich aufs Sofa, zog einen Spielplan aus der Hosentasche und trug die letzten Ergebnisse ein.

»Seht«, sagte er und las die Namen der Mannschaften vor. »Dabei sind noch Rumanie, Seden, Holland, Brasilien. Dann Italia und Spanisch, Deutschland und Bungarien. Ich glaube Bungarien gewinnt.«

Es war schon fast acht Uhr, bevor wir uns auf den Weg machten. Ich saß auf dem Sozius von Tinhs Motorradoldtimer von 1967 und legte meine Arme um seine Leibesfülle.

»Wissen Sie, ich einmal Präsident Diem getroffen«, brüllte er mir zu, als wir davonbrausten. »Teil seiner Regierung schlecht gewesen, er aber guter Kerl, sehr gut!«

Nach fünfundzwanzig Minuten kamen wir neben einem Reisfeld zum Stehen. Tinh sprang in den Bewässerungskanal und kam mit einer Hand voll Schlamm zurück, den er auf den Motor klatschte.

»Neue Kolben«, erklärte er. »Sehr heiß.«

»Ho Chi Minh auch guter Kerl!«, brüllte er, als wir wieder losfuhren. »Teil der Regierung schlecht, er aber gut. Ich nenne meine Katze Onkel Ho.«

Nach einer Viertelstunde begann der Motor zu dampfen.

»Nicht alle amerikanischen Soldaten gut«, sagte Tinh, als er den Motor wieder mit Schlamm und Gras beschmierte. »Einige kommen her und stehlen unsere Mädchen!«

Bald verschwanden die Reisfelder. Vor uns lag eine erdige rote Ebene mit ein paar robusten Zwergsträuchern und Mörserhülsen, die aus dem Boden ragten. Wasser für den Motor gab es jetzt nur noch an den wenigen Getränkebuden. In der Nähe von Doc Mieu hielten wir an einem Stand, der wie eine Oase in der Wüste wirkte. Während wir warteten, dass sich der Motor wieder abkühlte, erzählte uns Tinh, dass es auf dem ganzen Gebiet früher Dörfer und Bauernhöfe gegeben hätte. Das war, bevor General McNamara seine »Mauer«, einen Stacheldrahtzaun mit elektronischen Sensoren, errichten wollte, die ein Infiltrieren der Kommunisten in den Süden verhindern sollte, und bevor alle Siedlungen mit Bomben und Napalm zerstört worden waren.

»Dag, machen Sie Foto von Ihrer Frau hier«, sagte Tinh und führte mich zu einer ziemlich großen Mörserhülse, die aus einem Krater ragte.

»Du musst dich näher ranstellen, Maria«, sagte Dag. »Kannst du dich hinhocken?«

Das Ding sah aus wie ein Geschoss, dessen spitzes Ende aus dem Boden lugte.

»Weshalb hat das noch niemand als Altmetall mitgenommen?«, fragte ich Tinh, der sich inzwischen ein paar Meter entfernt hatte.

»Das ist eine Phosphorpatrone!«, sagte er, anscheinend erstaunt über meine Ignoranz. »Sie kann explodieren!«

Als wir zum Ben Hai-Fluss weiterfuhren, erzählte Tinh, dass er nach dem Krieg sechs Jahre in einem Umbildungslager verbracht und hier entlang des Ho Chi Minh-Pfades und um die Einsatzbasis Khe Sanh Minen entsichert hatte.

»In meiner Einheit im Lager waren hundertzwanzig Leute«, sagte er. »Zweiundzwanzig wurden von den Minen in die Luft gesprengt. Drei haben sich selbst getötet.«

Nach der Flucht seines Sohnes per Boot nach Hongkong im Jahr 1989 wurde er erneut eingesperrt. »Er war erst sechzehn Jahre alt. Wir wollten ihm Chance im Leben geben. Es hat tausend Dollar gekostet. Wenn er flüchtet, ich schreibe meinem Freund. Er war amerikanischer Oberst, jetzt in Pension und lebt in Ohio. Er sponsert meinen Jungen und holt ihn nach Amerika. Aber mein Junge ist sehr einsam. In vier Jahren bekommt er Staatsbürgerschaft, dann er kommt zu uns auf Besuch.«

»Weshalb hat man Sie eingesperrt?«, fragte ich.

»Die Regierung sagt, ich schlechter Vater, ich nicht aufpassen auf meinen Sohn.«

Wir überquerten eine reparaturbedürftige Brücke über den Ben Hai-Fluss und damit den 17. Breitengrad und befanden uns nun im ehemaligen Nordvietnam. Nach ein paar Kilometern bogen wir von der N1 auf einen unbefestigten Weg ab. Das war Tinhs Maschine gar nicht recht und sie überhitzte sofort, so dass wir immer wieder im Schatten riesiger Bambussträucher stehen bleiben und sie abkühlen lassen mussten. Dabei zeigte Jimmy einmal auf niedriges Buschwerk.

»Seht?«, sagte er. »Loch.«

Wir waren inzwischen am Stadtrand von Vinh Moc angekommen. Dort hatten die Bewohner des Ortes 1966 Tunnel in die rote Tonerde gegraben, um dem unaufhörlichen Bombardement und Artilleriefeuer der Amerikaner zu entgehen. Eineinhalb Jahre lang arbeiteten sie Tag und Nacht, tarnten die ausgegrabene Erde und gruben dann weiter, bis sie ein kompliziertes Tunnelsystem geschaffen hatten, das so groß war, dass sämtliche Einwohner darin Platz finden konnten. Es dauerte nicht lange, bis die Tunnel auch von den Vietcong, die die Versorgungslinien zur nahe gelegenen Con Co-Insel sichern mussten, als Unterschlupf benutzt wurden. In der Nacht fuhr die Guerilla dann in motorisierten Sampans hinaus und holte von Schiffen, die bei der Insel vor Anker lagen, Waffen und Munition.

Den Weg, der nach Vinh Hoc führte, versperrte ein Bambuspfahl, bei dem eine schlecht gelaunte Frau stand, die Eintritt von uns verlangte. Die Häuser im Ort waren alle von hohen Zäunen umgeben. Als wir auf unseren Motorrädern vorbeituckerten, kamen Kinder herausgelaufen und bewarfen uns mit Steinen.

»Im Krieg hatten diese Leute harte Zeit«, sagte Tinh entschuldigend.

Das Museum bestand aus einem Raum mit Fotos, die Vinh Moc vor 1967 und danach zeigten, als der Ort von den Bombenangriffen völlig zerstört worden war. Jimmy und Tinh wollten uns nicht in die Tunnel begleiten. Sie sagten, sie hätten sie schon oft besucht. Sie blieben lieber bei dem Museumsdirektor und tranken mit ihm Reiswein. Wir machten uns mit einem staatlichen Führer auf den Weg. Zuerst führte eine schmale steile Treppe in einen dunklen Gang hinunter, der etwas über einen Meter hoch und an die neunzig Zentimeter breit war. Boden und Wände aus fest gestampftem Erdreich fühlten sich kühl und trocken an. Unser Führer schlurfte im Gang voraus und wir folgten dem hohlen Klappern seiner Sandalen auf dem Boden. Wir hatten Angst, ihn zu verlieren und hielten uns dicht hinter ihm. Dabei mussten wir uns wegen der niedrigen Decken ziemlich tief bücken. Immer wieder bog unser Führer um Ecken und geleitete uns durch neue Gänge tiefer in das dreistöckige Tunnellabyrinth.

»Lehrerin Haus hier«, sagte er und blieb so plötzlich stehen, dass ich mit ihm zusammenstieß. Mit seiner Taschenlampe beleuchtete er eine hundertfünfzig mal neunzig Zentimeter große Wandnische.

»Haus?«, fragte ich verwundert.

»Ja. Für Lehrerin.«

Wenig später blieb er wieder stehen. Diesmal verlor sich das Licht seiner Taschenlampe im Dunkel eines langen schmalen Raums. »Sechzig Leute vietnamesisch sitzen hier. Für Versammlung und Kino.«

»Kino?«

Im Museum hatten wir erfahren, dass für die Lampen in den Tunneln das Fett von zweitausend Schweinen verwendet worden war.

»1972, elektrisch«, erklärte der Führer.

Wir stiegen wieder eine steile Treppe hinunter und befanden uns nun auf der zweiten Tunnelebene. Die stagnierende Luft war so feucht, dass meine Brille sofort beschlug. Die Wände beherbergten weitere Nischen, in denen ganze Familien gehaust hatten. Eine etwas größere, die 2,5 mal 1,2 Meter maß, hatte als Entbindungsstation gedient, in der siebzehn Babys zur Welt gekommen waren. Die ganze Zeit boten die Tunnel sechshundert Leuten eine Wohnstatte, manche Menschen blieben monatelang hier unten. Das tägliche Leben ging weiter, sie besuchten Konzerte und Theateraufführungen, Kinder gingen zur Schule, Menschen wurden krank und wieder gesund. Von diesem unterirdischen Ort aus war ein Krieg geführt und zum Teil auch gewonnen worden. Wir waren erst eine halbe Stunde hier unten und ich wollte nur noch hinaus. Aber es war noch eine weitere Ebene, siebenundzwanzig Meter unter der Erdoberfläche, zu besichtigen. Ich schwitzte inzwischen am ganzen Körper und meine Brille rutschte mir dauernd von der Nase. Wir sahen Haken an der Wand, an denen die Telefonleitungen befestigt gewesen waren, weitere Nischen, die zum Schlafen, als Büros oder Konferenzräume gedient hatten, und Toiletten in scheinbar bodenlosen Gruben, die ich nach den Worten unseres Führers nicht benutzen durfte. Ich wollte endlich wieder an die frische Luft und machte mich schon darauf gefasst, wieder drei Stockwerke hinaufsteigen zu müssen. Doch als wir um eine Ecke bogen, schlug uns plötzlich blendendes Licht entgegen.

»Tor Nummer sechs«, verkündete unser Führer, als wir auf einen Felsvorsprung hinaustraten. Dreißig Meter unter uns brach sich die Brandung an einer schön geschwungenen Bucht, in der Holzboote und rosa und blaue Netze verstreut lagen. Die Luft roch nach Salz und heißer, trockener Erde und über uns schwebten Vögel kreischend in der Luft. Als uns der Führer zurück in das Tunnellabyrinth führen wollte, um seinen Rundgang zu beenden, schüttelte ich den Kopf und nahm den Weg über die Klippen zurück zur Straße.

Als wir Dong Ha verlassen hatten und auf unseren Drahteseln weiter Richtung Norden strampelten, wurde mir immer eindringlicher bewusst, dass wir eine, wenn auch unsichtbare Grenze überschritten hatten. Es gab plötzlich mehr Polizeiposten und kommunistische Slogans, mehr grüne Hemden und Tropenhelme und mehr Betonbauten, darunter auch etliche Bauruinen. Wir begegneten seltsamen Überresten aus dem Krieg, wie zum Beispiel zwei Panzerwagen, die mit Brennholz beladen an uns vorbeirumpelten. Und die Armut war hier auch viel stärker spürbar. Die Provinz Quang Binh und die nördlich anschließende Provinz Ha Tinh sind die ärmsten Gebiete Vietnams. Häufige Überschwemmungen, Taifune, ein karger Boden und eine turbulente Geschichte haben sie dazu gemacht. Manchmal bettelten die Leute, wie zum Beispiel ein alter Mann mit einem Wasserbüffel, der uns im Vorbeigehen die Hand entgegenstreckte, und Kinder, die mit unseren Fahrrädern um die Wette liefen und dabei lauthals Dollar verlangten. Die meisten Leute zeigten sich aber sehr zurückhaltend. Aus dunklen Augen in eingefallenen Gesichtern starrten uns die ausgehungerten Gestalten an und wandten sich ab, sobald wir den Blick erwidern wollten. Der

Krieg hatte von ihrem Land nichts als Sand, Kies und Steine übrig gelassen, und davon versuchten sie nun zu leben. Männer schaufelten Sand aus dem Ödland oder tauchten nach Kies in den Fluss hinunter. Frauen saßen am Straßenrand und brachen mit Holzhämmern Gesteinsbrocken. Dann transportierten sie das auf diese Weise gewonnene Material in Körben, die ihnen von Schulterstangen hingen, auf Fahrrädern, Lastwagen oder Büffelkarren irgendwohin. Zumindest ein Teil davon wurde für Straßenarbeiten verwendet, die sich Kilometer um Kilometer über die ganze Länge des Highway erstreckten. Mitten auf der Straße war Kies angehäuft und schwarze Rauchwolken stiegen von großen Öltrommeln in den Himmel, in denen Teer über offenem Feuer erhitzt wurde. Die Straßenarbeiter trugen alle die gleiche Kleidung, egal ob Männer oder Frauen, und ihre Gesichter waren von Tüchern verdeckt. Sie machten sich mit Feuer und Teer zu schaffen, schaufelten Kies in die Schlaglöcher und arbeiteten in Schmutz, Staub, Rauch und Gestank unter der erbarmungslosen Sonne für einen Tageslohn von dreißig Cent. So kämpften sie um den Erhalt eines Highway, der für mich zu einer Metapher für dieses tragische Land geworden war, ein Land, das vom Krieg zerstört und seitdem nur durch unermüdliche Anstrengungen und pure Willenskraft zusammengehalten wird.

Den Ngang-Pass mit dem Fahrrad überqueren zu wollen, ist in jedem Fall ein törichtes Unterfangen, vor allem mit einem Fahrrad ohne Gangschaltung. Wirklich lächerlich wird die Sache aber, wenn man dazu noch um die Mittagszeit unterwegs ist. Der Pass liegt auf der östlichen Seite des Hoanh-Gebirges, das sich entlang des 18. Breitengrads von der zweiundsiebzig Kilometer entfernten Grenze zu Laos bis zur Küste erstreckt. Bis ins 11. Jahrhundert bildete diese Gebirgskette die Grenze zwischen dem von den Viet regierten Gebiet und dem Königreich der Champa. Später diente sie den Franzosen als Grenze zwischen Tonkin und Annam. Heute trennt sie die verarmten Provinzen Quang Binh und Ha Tinh. Mir fiel auf, dass es hier weit mehr Bettler gab. Tief gebeugte alte Frauen kamen auf Bambusstöcke gestützt aus den wenigen schattigen Plätzchen am Straßenrand wie Krabben auf uns zu und hielten uns ihre umgedrehten Strohhüte hin. Manchmal hielt ich an und suchte nach ein paar Dong. Meist aber fuhr ich weiter und ignorierte ihre gackernden Bittlaute, denn ich hatte Angst, meinen schleppenden Rhythmus zu unterbrechen. Wenn ich mir den Schweiß aus den Augen wischte, entdeckte ich herrliche Ausblicke auf bewaldete Täler, die von der Straße steil zur Küste abfielen, und dahinter auf die schillernde Weite von Ozean und Inseln. Die meiste Zeit aber interessierte mich der Ausblick herzlich wenig. Und es interessierte mich auch nicht, stehen zu bleiben und das warme Wasser aus der Flasche zu trinken, die ich in meinem Korb an der Lenkstange verstaut hatte. Ich wusste, dass ich mich den unendlich langen Weg bis zur Passhöhe einfach weiterschleppen musste, bevor ich mich dort endlich ausruhen konnte. Die Sonne stand fast direkt über mir. Ihre Strahlen stachen auf mich nieder und reflektierten vom Asphalt auf mich zurück, um mich an versteckten aber empfindlichen Stellen wie Nasenflügeln und der Unterseite meines Kinns zu erwischen. *Fahr einfach nur weiter,* sagte ich mir, *fahr einfach nur weiter.* Hinter meinen Augen saß ein pochender Schmerz, meine Arme und Beine taten weh, meine Hände und Füße schwollen an. Plötzlich hörte ich die Stimme meiner Mutter: *Sonnenstich.* Während der Schulferien in Wales hatte sie immer darauf bestanden, dass meine Brüder und ich am Strand einen Sonnenhut trugen. Vielleicht war es ihre Fürsorge gewesen, oder möglicherweise der Umstand, dass ein Sonnenstich an den walisischen Stränden nur äußerst selten vorkommt – ich hatte jedenfalls bisher nie einen erlitten, ja, ich kannte nicht einmal die Symptome. Jetzt war ich allerdings überzeugt, dass ich jeden Augenblick vom Rad stürzen und dem gefürchteten Sonnenstich erliegen würde. Immerhin gab mir dieser Gedanke etwas, womit ich mich während der letzten halben Stunde Schinderei bis zur Passhöhe von Ngang beschäftigen konnte.

In der letzten Kurve vor meinem Ziel erwartete mich ein Getränkestand. Dag war schon vor mir angekommen und hatte sein Fahrrad an ein Schild gelehnt, auf dem in vietnamesischer und englischer Sprache »Sperrgebiet. Betreten verboten.« stand. Nach einem halbherzigen Versuch, mein Rad an einen der Pfosten des Getränkestands zu lehnen, ließ ich es einfach zu Boden fallen. Dann taumelte ich in den Schatten und sackte an dem einzigen Tisch zusammen.

»Trink das«, hörte ich Dag zu mir sagen und spürte, wie er mir eine kalte Flasche gegen den Arm drückte.

»Was ist ein Sonnenstich?«, murmelte ich.

»Hitzschlag«, erwiderte er.

»Was *passiert* denn da?«

»Man fällt in ein Koma. Wieso willst du das wissen?«

Ich hob den Kopf, nahm die Mineralwasserflasche und trank. Nach einem Liter Wasser begann ich, meine Umgebung wieder bewusster wahrzunehmen. Bei dem Getränkestand handelte es sich um die Veranda eines Hauses, das am Rand eines steilen Abgrunds hing. Es bestand aus einem dreieinhalb Meter breiten und sechs Meter langen Raum mit Lehmboden und Dach und Wänden aus Stroh. In einer Ecke schliefen eine Frau und ein Junge auf einer Matte am Boden. Beim Eingang rührte ein Mann in einem dampfenden Topf auf einem Kohleöfchen. An der Wand vor dem Haus hing eine alte, mit Erde gefüllte Bierdose, in der abgebrannte Räucherstäbe steckten. Auf der anderen Straßenseite ragte ein Rohr aus der Felswand, aus der frisches Wasser in eine Rinne sprudelte. Ich hielt das Ganze zuerst für eine Fata Morgana, doch als ich unter dem kalten, kräftigen und erfrischenden Wasserstrahl stand, wusste ich, dass es Wirklichkeit war.

Am Fuß des Passes lag ein Armeestützpunkt. Neben dem Schlagbaum saß ein junger Mann in einem Unterstand und bohrte mit seinem langen Fingernagel in der Nase. Als er uns vorbeifahren sah, sprang er auf und schrie: »Stopp! Hereinkommen! Hereinkommen!«, aber wir dachten gar nicht daran zu gehorchen. Die Straße begann nun wieder anzusteigen und führte von der Küste weg. Bald hatten wir eine mit Gestrüpp bewachsene Ebene erreicht, die von niedrigen Hügeln umgeben war. Ein paar armselige Dörfer säumten die Straße. An Ständen vor den Häusern wurden hölzerne Bremsblöcke für Busse und Lastwagen und Wasser in Plastikflaschen zum Auffüllen der Kühlwassertanks angeboten. Die Armut war überall spürbar und die Leute hielten uns beim Vorbeifahren die hohlen Hände hin und bettelten um Geld und Zigaretten. Bald hatten wir die Häuser wieder hinter uns gelassen und die Straße, die zum Großteil aus Schlaglöchern bestand, erstreckte sich in einer geraden Linie vor uns. Es war inzwischen fast drei Uhr nachmittags und wir waren seit sechs Stunden unterwegs. Nach den siebzig Kilometern, die wir bereits zurückgelegt hatten, lag Vinh, unser Tagesziel, noch immer gute sechsundfünfzig Kilometer entfernt.

»Juhu, da kommt ein großer Bus«, rief Dag, der hinter mir fuhr. »Den halten wir an und fragen, ob er uns mitnimmt.«

Es war einer jener schnittigen japanischen Nobelbusse mit Klimaanlage, wie wir sie schon vor dem Kaiserpalast in Hue gesehen hatten. Wie die Bettler winkten wir und streckten bittend unsere Hände aus. Der Bus donnerte an uns vorbei, doch einige der Passagiere beugten sich aus den Fenstern und filmten uns mit ihren Videokameras.

Der nächste Bus blieb stehen. Er war nach Hanoi unterwegs. Ein Mann stieg aus, um einen Preis mit uns auszuhandeln. Er war groß und stämmig und sah aus, als ob Schlägereien zu seinen Hobbys gehörten. Ein ärmelloses grünes Muskel-Shirt spannte sich über seinen mächtigen Bauch und verfaulte Zähne standen zwischen seinen gefletschten, vom Betelnusskauen verfärbten Lippen hervor. Als wir ihm sagten, dass wir bis Vinh fahren wollten, knurrte er: »*Nam nghin!*« Fünfzigtausend Dong für sechsundfünfzig Kilometer war nur das Doppelte des Einheimischenpreises, was uns bei einem Typ wie diesem sofort hätte misstrauisch machen müssen.

»Nam nghin?«, wiederholte Dag und hielt dabei die fünf Finger einer Hand hoch, während er mit der anderen auf mich, die Fahrräder und unser Gepäck zeigte.

»Okay! Okay!«, rief der Muskelmann.

Im Bus jagte er gleich zwei Passagiere von den vorderen Sitzen weg und befahl uns, dort Platz zu nehmen. Dann machte er es sich direkt uns gegenüber auf dem Motorgehäuse bequem. Neben ihm saß eine ganze Clique von Freunden, die ebenso fies und primitiv aussahen wie er. Einer von ihnen marschierte den Gang entlang und kam mit einer jungen Frau zurück, die ein wenig Englisch sprach. Sie trug eine blaue Bluse mit einem braven runden Kragen, hatte ihr Haar mit einem Band zum Pferdeschwanz gebunden und schien mit ihrer unschuldigen Frische in der Gesellschaft dieser rohen Kerle völlig fehl am Platz zu sein. Als sie sich setzte, sah Mister Muskel-Shirt sie lüstern an und steckte in einer ziemlich eindeutigen Geste seinen Daumen zwischen zwei Finger. Sie nahm aber keine Notiz von ihm und übersetzte geduldig die barschen Fragen der Männer und unsere Antworten darauf. Für uns war das alles schon Routine – Land, Alter, Beruf, Zahl der Geschwister, ob unsere Eltern noch lebten, wo mein Vater begraben ist usw. Unsere Antwort auf die unvermeidliche Frage nach unseren Kindern, brachte die junge Frau allerdings völlig aus der Fassung.

»*Keine* Kinder?«, wiederholte sie ungläubig. »Wie ist das möglich?«

»Wir können uns keine leisten«, sagte Dag spaßend.

Sie verstand den Scherz aber offensichtlich nicht. Mit geschürzten Lippen starrte sie eine Weile verwundert vor sich hin, bevor sie seine Antwort für die Männer übersetzte.

Auch sie waren eine Weile sprachlos vor Verblüffung. Schließlich machte Mister Muskel-Shirt eine scheinbar anzügliche Bemerkung und beschloss dann, unser Fahrgeld einzukassieren. Dag gab ihm fünfzigtausend Dong. Der Mann starrte sekundenlang auf das Geld, als ob er nicht wüsste, was er damit anfangen sollte, und gab es dann mit einer abweisenden Geste an Dag zurück.

»*Muoi nghin!*«, verlangte er. »Hunderttausend!«

»Das wär's wieder mal«, sagte Dag resigniert und wandte sich an das Mädchen. »Könnten Sie diesem Herrn sagen, dass wir vor einer halben Stunde fünfzigtausend Dong vereinbart haben?«

»Er sagt, er meint fünfzigtausend für jeden«, antwortete sie, ohne Dags Erklärung überhaupt zu übersetzen.

»Nein, wir haben ganz eindeutig –«

»Einhunderttausend für hundertzwanzig Kilometer, das ist Ausländerpreis«, sagte sie mit einem freundlichen Lächeln.

»Wir fahren aber keine hundertzwanzig Kilometer.«

Sie zuckte die Achseln. »Das macht nichts.«

»*Nam nghin*«, sagte Dag mit Nachdruck und reichte Mister Muskel-Shirt erneut das Geld.

Der weigerte sich aber, das Geld anzunehmen, und begann mit verdrießlichem Gesicht eine lange Diskussion mit seinen Kumpanen. Mit einem bösen Blick auf uns kletterte er schließlich aus dem fahrenden Bus aufs Dach hinauf.

»Jetzt kommen unsere Fahrräder dran«, sagte Dag. »Er zerlegt sie wahrscheinlich in alle Einzelteile.«

Doch unsere Fahrräder erhielten noch einmal eine Gnadenfrist, als der Bus plötzlich auf einer geraden und entlegenen Straßenstelle mit einer Panne zum Stehen kam. Weit und breit war kein Dorf zu sehen, aber innerhalb von zwanzig Minuten tauchten zwei kleine Kinder auf, die eine Kanne mit Grünem Tee und ein Glas brachten, das sie für die einzelnen Passagiere immer wieder auffüllten. Mister Muskel-Shirt und seine Kumpane hatten den Bus inzwischen aufgebockt und reichten dem Fahrer, der darunter lag, ein Sortiment öliger Werkzeuge. Schon im Bus hatten wir die kühle Distanziertheit gespürt, mit der die anderen Fahrgäste uns plötzlich behandelten. Das änderte sich auch jetzt nicht. Das Mädchen mit der Schleife im Haar starrte in die andere Richtung und die Fahrgäste, die in unserer Nähe saßen, wandten den Blick ab.

Nach fünfundvierzig Minuten kam plötzlich wieder Leben in den Motor, der sich bebend in Gang setzte. Doch weniger als eine Stunde später saßen wir schon wieder fest, diesmal vor einem nach vorne offenen Restaurant, das einen höhlenartigen Eindruck erweckte. Die eisige Atmosphäre aus dem Bus war uns hierher gefolgt. Unseren Mitreisenden wurden sofort Schüsseln mit Reis, Eiern und Fleisch vorgesetzt, während man uns beflissen ignorierte. Der Mann, der die Becher mit Grünem Tee an jedem Tisch nachfüllte, machte einen weiten Bogen um uns. Nachdem wir jegliche Hoffnung auf Essen aufgegeben hatten, marschierten wir zum Bus zurück. Unterwegs versuchten wir, von einer Straßenhändlerin, die vor dem Restaurant hockte, ein paar Guaven zu kaufen. Ein Einheimischer vor mir erwarb zwei Früchte für fünfhundert Dong. Ich sollte tausend Dong für eine Guave bezahlen. Für gewöhnlich machte ich mir nie die Mühe zu feilschen, und tausend Dong für ein Stück Obst war nach westlichen Maßstäben noch immer sehr wenig, aber ich war inzwischen so verärgert, dass ich mich wegen des zu hohen Preises bitter beklagte. Wieder wurde das Mädchen mit der Schleife zu Hilfe gerufen.

»Sie verlangt den richtigen Preis«, erklärte sie mit Nachdruck.

Ich sagte der Verkäuferin, sie solle ihr Obst behalten und stapfte zu meinem Platz im Bus zurück. Mister Muskel-Shirt warf mir einen finsteren Blick zu, ich warf einen finsteren Blick zurück. Als wir wieder losfuhren, brauste ein Wagen am Bus vorbei. Er fuhr so schnell, dass die Räder Staub und Sand aufwirbelten, die direkt durchs Fenster hineinflogen. Verzweifelt rieb ich mir die Augen und merkte gerade noch, dass es sich bei dem Wagen um einen Minibus von Kim's Café gehandelt hatte, der mit einer Ladung rosig aussehender Passagiere in der Ferne entschwand. Wehmütig überdachte ich die Ironie unserer Lage.

Da waren wir auf so mühselige Weise unterwegs, um Kontakt zu den Einheimischen zu bekommen, und stattdessen war es uns gelungen, eine ganze Busladung dieser Leute gegen uns einzunehmen.

Kurz vor sechs Uhr wurde der Bus von einem Streifenwagen angehalten. Wir hatten inzwischen das Zentrum von Ha Tien verlassen und gondelten durch die Vororte. Auf der einen Straßenseite lagen Reisfelder, auf der anderen verlief ein Kanal mit schmutziggrauem Wasser und dahinter eine Reihe schmaler dreistöckiger Häuser mit einer Art Rasen rundum, der aussah, als ob ihn Hühner zu Hunderten abgekratzt hätten. Mit geschwellter Brust stieg Mister Muskel-Shirt die Stufen vom Bus hinunter, um sich der Obrigkeit zu stellen. Diese bestand aus vier Polizisten unter der Führung eines Zivilbeamten mit einer abschreckenden Narbe im Gesicht. Wie eine Sichel zog sie sich von seinem linken Ohr über die Wange bis unter sein linkes Auge. Sie schien ein Beitrag jüngeren Datums zu seinem Äußeren zu sein, da auf der roten entzündeten Wunde noch immer die Nahtstellen zu sehen waren. Narbengesicht und Muskel-Shirt standen sich gegenüber und setzten ihre einschüchternden Posen wie Waffen ein. Es stellte sich bald heraus, dass die Polizei Probleme mit der Fracht auf dem Dach des Busses hatte. Zwei Polizisten waren bereits oben und durchstöberten Säcke, Kisten und Körbe. Wie jeder andere einheimische Bus, den wir bisher in Vietnam gesehen hatten, war auch der unsere total überladen. Ich hatte mir bisher aber nie Gedanken darüber gemacht, was sich in diesen Säcken und Kisten außer Reis, Schweinen oder Schlangen befinden könnte. Was sich aber auf dem Dach unseres Busses verbarg, war ganz offensichtlich von großer Wichtigkeit für die Polizei und auch für Mister Muskel-Shirt, der wütend Wörter hervorstieß und dabei mit dem Finger in der Luft herumfuchtelte. Ein prall gefüllter, schwerer Sack flog an meinem Fenster vorbei und landete krachend neben dem Zivilbeamten und seinem Hauptverdächtigen. Narbengesicht zog ein Messer hervor, riss den Sack an einer Ecke auf und griff hinein.

»Es ist ein Felsbrocken«, sagte Dag, als er auf den Inhalt des Sacks starrte.

»Das ist doch nicht möglich.«

»Oh, doch!«

Dag hatte wirklich Recht. Narbengesicht hielt den Brocken auf seiner Handfläche und inspizierte ihn von allen Seiten. Er roch daran und versuchte ihn dann mit einem Feuerzeug in Brand zu setzen.

»Um Himmels willen, was macht er denn da?«, fragte ich.

»Vielleicht glaubt er, es ist irgendeine Droge«, schlug Dag vor. »Vielleicht stammt daher der Ausdruck ›stoned‹!«

Inzwischen kamen drei weitere Säcke vom Dach geflogen. Mister Muskel-Shirt war noch immer am Reden, hatte gleichzeitig aber das T-Shirt über seinem Wanst hochgezogen und kratzte sich nervös am Bauch. Plötzlich stand Narbengesicht vor uns im Bus und befahl allen Passagieren auszusteigen. Wir standen in kleinen Gruppen am Kanal und warfen verstohlene Blicke auf die Säcke, die wirklich nur Gesteinsbrocken enthielten. Narbengesicht durchsuchte den ganzen Bus und lugte dabei unter die Sitze, auf die Gepäckträger und in Taschen. Er untersuchte sogar die Bananenbündel.

»Er setzt nur die Busmannschaft unter Druck«, sagte Dag, »damit er dann umso mehr Schmiergeld von ihnen verlangen kann.«

Als wir aufs Dach hinaufschauten, um uns zu vergewissern, dass unsere Fahrräder noch da waren, sahen wir, dass noch weitere Säcke mit Gesteinsbrocken oben lagen. Sie waren in Dreierreihen unter der übrigen Fracht aufgestapelt. Eine schnelle Kopfrechnung ergab, dass es sich um vierundfünfzig Säcke handeln musste. Es war ein Wunder, dass die Decke über unseren Köpfen bei all dem Gewicht nicht eingestürzt war.

Bald darauf wurden die konfiszierten Steinsäcke ins Polizeiauto geladen und die Polizisten verschwanden mit Mister Muskel-Shirt im Schlepptau. Es war jetzt halb sieben und fast dunkel. Außer uns schien sich keiner der Passagiere wegen der Verspätung besondere Sorgen zu machen. Sie schlenderten am Straßenrand entlang, wuschen sich die Füße im grautrüben Kanalwasser, pissten gegen Hauswände und kauften Schüsseln mit *pho* und Gläser mit Grünem Tee von den Straßenhändlern, die wie durch Zauberei erschienen waren. Der Busmotor lief noch immer und pumpte stinkenden blauen Rauch in die Luft. Der Fahrer zündete frische Räucherstäbe an und steckte sie in den kleinen Schrein am Armaturenbrett. Ich fand das Mädchen mit der Schleife, die versuchte, sich nach Möglichkeit von uns fern zu halten, und fragte sie, was denn los sei.

»Ich verstehe es nicht«, sagte sie.

Die Nacht war inzwischen angebrochen, Sterne standen am Himmel und Abgase füllten die Luft. Dann begann der Bus ohne irgendein Signal vorwärts zu rollen. Alle kletterten schnell an Bord und wir fuhren los – ohne Mister Muskel-Shirt! Doch es war falscher Alarm. Der Bus fuhr nur kurz zum Tanken und bald standen wir wieder an derselben Stelle neben dem schmutzigen Kanal. Diesmal wurde zwar der Motor abgestellt, aber dafür gellte vietnamesische Popmusik aus dem Radio des Fahrers. Mich erstaunte, wie sich alle ganz ohne Murren in ihr Schicksal fügten. Schließlich hätten wir ja auch die ganze Nacht hier verbringen können. Dag und ich überlegten kurz, ob wir nicht die Räder vom Dach holen und uns damit auf den Weg nach Vinh machen sollten. Aber wir besaßen keine Lampen und es bestand die Gefahr, dass uns ein Fahrzeug, möglicherweise sogar unser Bus, schon nach einer kurzen Strecke wie Käfer zerquetschen würde. Wir blieben also sitzen und versuchten, uns wie die anderen mit unserem Schicksal abzufinden.

Um halb neun tauchte Mister Muskel-Shirt wieder auf, hockte sich an den Kanal, kratzte sich am Bauch und rauchte eine Zigarette nach der anderen. Der Bus hatte sich schon in Bewegung gesetzt, bevor er sich herabließ, aufzuspringen. Er war in einer so üblen Laune, dass sogar seine Kumpane besorgt dreinschauten. Missmutig saß er auf dem Motorgehäuse, kratzte sich am Bauch und warf hin und wieder einen bösen Blick auf Dag neben mir, dessen Anspannung immer fühlbarer wurde.

»Bald sind wir in Vinh!«, kommentierte ich fröhlich, was auch stimmte, denn der Fahrer versuchte nun verzweifelt, die verlorene Zeit durch eine beängstigend hohe Geschwindigkeit aufzuholen.

Eine halbe Stunde später, als wir auf eine kleine Stadt zusteuerten, liefen dort mehrere Leute in die Straßenmitte und hielten den Bus an. Der Fahrer wollte sich langsam einen Weg durch die Gruppe bahnen, als ein paar Frauen einen jungen Burschen die Stufen hinaufschoben. Der schmächtige junge Mann, auf dessen Oberlippe schon ein leichter Flaum spross, trug eine Schuluniform, ein strahlend weißes Hemd und eine lange schwarze Hose. Er hatte kein Gepäck und als Muskel-Shirt aufstand, um das Fahrgeld zu kassieren, sagte er, dass er nach Vinh wollte.

»*Nam nghin!*«, verlangte Mister Muskel-Shirt. »Fünfzigtausend!«

Der Junge sah ihn entsetzt an. Für einen Einheimischen war das ein absurder Preis und anscheinend hatte der Junge auch etwas Dementsprechendes gesagt, denn Muskel-Shirt holte aus und gab dem jungen Mann eine Ohrfeige. Dem Jungen schossen die Tränen in die Augen, doch bevor er sich wieder fangen konnte, folgten ein Fausthieb in die Magengegend und ein Hagel von Schlägen auf Rücken und Nacken. Das alles dauerte nur Sekunden, schien sich aber in Zeitlupe abzuspielen. Alle Umstehenden waren wie erstarrt durch diesen unerwarteten Gewaltausbruch. Als Muskel-Shirt aber einen hölzernen Bremsblock packte und damit auf den Kopf des Jungen einhieb, kam wieder Bewegung in die Leute. Dag war plötzlich auf den Beinen, genau wie Muskel-Shirts Kumpane, die ihn an den Armen packten und ihm den

Bremsblock entrissen, wodurch sie dem Jungen wahrscheinlich das Leben retteten. Sie hielten den Mann mehrere Minuten lang fest. Der schnaubte und fauchte mit gefletschten Zähnen den wimmernden Jungen an, der sich mit der Hand den blutenden Kopf hielt.

»Misch dich da nicht ein«, zischte ich Dag zu und zog ihn auf seinen Sitz zurück.

Als sich Muskel-Shirt beruhigt hatte, ließen ihn seine Kumpane los. Sofort schrie er den Fahrer an, stehen zu bleiben. Dann packte er den Jungen am Hemdkragen und zog ihn mit sich zur Tür hinaus. Wir befanden uns auf einem dunklen Straßenabschnitt, mit nichts als Reisfeldern zu beiden Seiten und weit und breit keiner Siedlung.

Nach einer Minute kam der Mann allein zurück. Niemand sprach mit ihm, als wir nach Vinh weiterfuhren. Selbst seine Kumpane vermieden seinen Blick. Muskel-Shirt wühlte in einer Kühlbox hinter dem Fahrersitz herum, zog einen Eiswürfel hervor und steckte ihn in den Mund. Dann warf er uns ein paar giftige Blicke zu und schwang sich durch die Tür hinauf aufs Dach.

»Jetzt sind unsere Fahrräder dran!«, sagte Dag.

In Anbetracht der Umstände spielte das wirklich keine Rolle mehr.

Als wir uns Vinh näherten, stellte ich mir vor, dass man uns in einer einsamen Gasse absetzen und dort zusammenschlagen und dann blutend unter unseren Fahrradwracks liegen lassen würde. Deshalb hatte ich während der letzten zehn Minuten schon »Ich rufe die Polizei« auf Vietnamesisch geübt und auch ein Bündel Dollarscheine zurechtgelegt, um damit unser Leben zu erkaufen. Wie sich herausstellte, war aber nichts davon notwendig. Der Bus hielt auf der breiten, gut beleuchteten Hauptstraße von Vinh. Direkt gegenüber stand ein mehrstöckiges, recht nett aussehendes Hotel. Muskel-Shirt stieg entspannt und lächelnd vom Dach herunter. Er überwachte die Übergabe unserer Fahrräder, die beide unversehrt waren, und übernahm von Dag ohne jeglichen Protest die fünfzigtausend Dong. Dann fuhr der Bus weiter und wir standen mit offenem Mund am Straßenrand. Sekunden später trabte ein Pony zielbewusst die Straße herunter. Ohne Sattel und Reiter schien es doch genau zu wissen, wohin es wollte. Die Szene war so surreal wie in einem Fellini-Film und bot den passenden Abschluss für diesen langen, bizarren Tag.

Freie Bakterien

Das einzige freie Zimmer, das wir in dieser Nacht in Vinh auftreiben konnten, befand sich in dem nach Ho Chi Minhs Geburtsort benannten Hotel Kim Lien. Als uns der Lift in das oberste Stockwerk entführte, erzählte uns ein Hotelpage, dass die Stadt seit der Aufhebung des Handelsembargos durch die Amerikaner fast immer so ausgebucht sei, da täglich ausländische Geschäftsleute wegen der Bergwerke herkämen. Dann zog er ein Taschentuch hervor und als er es öffnete, blitzten uns ein paar rote Glasstücke entgegen.

»Sie kaufen Rubine?«, flüsterte er.

Vom Lift führte er uns eine zugige offene Passage entlang. Abfälle flatterten an uns vorbei und die rau verputzten Wände waren mit Graffiti beschmiert. Ich kam mir vor wie in einer dieser seelenlosen Mietskasernen im Zentrum von Liverpool oder Manchester, die in den Siebzigerjahren ihre Bewohner zur Verzweiflung getrieben hatten und daher seitdem wieder abgerissen worden sind. Unser Zimmer verfügte über eine Klimaanlage, war aber sonst kahl und unfreundlich. Das Restaurant, sagte uns der Hotelpage, sei geschlossen und um diese Zeit gebe es auch sonst in Vinh nichts zu essen. Stattdessen könne er uns aber Rubine zum billigsten Preis in der ganzen Stadt anbieten. Wir schlugen ihm die Tür vor der Nase zu, zerdrückten ein paar Küchenschaben, fielen aufs Bett und retteten uns in einen tiefen Schlaf.

Als wir am nächsten Morgen aus dem Fenster blickten, überfiel uns absolute Trostlosigkeit. Unter einer grauen Wolkendecke lag eine Ebene, aus der vier- und fünfstöckige Mietskasernen in unterschiedlichen Stadien des Verfalls emporragten. Während der Einsätze Rolling Thunder und Linebacker wurde Vinh zwischen 1964 und 1972 mehrmals von den Amerikanern angegriffen und nur wenige Gebäude überdauerten die Bombardements. Nach dem Krieg kamen die Ostdeutschen, bauten die Stadt wieder auf und ersetzten einen Alptraum durch den nächsten. Wir beschlossen, dass wir keinen Augenblick länger als unbedingt notwendig an diesem trostlosen Ort verbringen wollten. Nach den Schrecken des Vortags brachten wir es aber nicht über uns, gleich wieder aufs Rad zu steigen oder einen Bus zu nehmen. Der Gedanke an eine Bootsfahrt schien uns da viel einladender. Wir gingen also hinunter ins Reisebüro des Hotels, denn diesmal waren wir gewillt, auch ein offizielles Reisearrangement in Kauf zu nehmen.

Im Foyer drängten sich malaysische Geschäftsleute und ihre Dolmetscher.

»Ich arbeite für die Regierung und helfe Ausländern, die Bergbau machen wollen«, erzählte uns einer der Dolmetscher. »Ich komme aber nicht aus dem Norden«, fügte er hinzu, als ob ihm das sehr wichtig wäre. »Ich bin Person aus Saigon.«

Der Angestellte im Hotelreisebüro, der Russisch, aber nur wenig Englisch sprach, und dem wir bis dahin erfolglos versucht hatten, klarzumachen, dass wir mit dem Boot von Vinh nach Hai Phong fahren wollten, hatte ihn zu Hilfe gerufen. Als ihm der Dolmetscher unseren Wunsch übersetzte, schaute uns der Angestellte verwirrt an.

»Er sagt, die Boote von Vinh transportieren Sachen, nicht Leute. Und er sagt auch, Polizei ist im Hafen. Er sagt aber, er kann Auto für Sie heute Nachmittag arrangieren.«

»Wir wollen aber mit dem Boot fahren«, wiederholte ich. »Wir sind bereit, extra zu zahlen, wenn er etwas für uns arrangiert.«

Die Übersetzung davon schien länger als notwendig zu dauern. »Er fragt, ob Sie Boot mit Ruder oder Motor wollen«, erwiderte er schließlich.

Da es sich hier um eine Fahrt von dreihundert Kilometern entlang der ungeschützten Küste handelte, schien diese Frage recht eigenartig.

»Und er will wissen, ob Sie mit dem Boot direkt nach Hai Phong fahren oder unterwegs Mittagessen wollen?«

»Vergiss es«, murmelte mir Dag zu. »Wir sind da wieder mal auf dem Holzweg.«

»Ein Motor wäre am besten und wir essen zu Mittag an Bord«, sagte ich zum Dolmetscher.

»Er sagt, er kann es arrangieren. Lunch ist im Preis inbegriffen.«

»Und wie hoch ist der Preis?«

»Er will wissen, was Sie bieten.«

Ich fühlte Dags Fuß auf meinem.

»Zweihundert Dollar«, warf er rasch ein.

»Er muss zum Hafen gehen und besprechen. Er kommt in ein paar Stunden wieder.«

Wir nahmen ein spätes Frühstück im Restaurant des Hotels. Die Geschäftsleute hatten sich inzwischen alle in ihre klimatisierten Autos und Minibusse, die vor dem Hotel geparkt waren, begeben. Eine Maus flitzte unter den Tischen herum und verschlang schnell die herumliegenden Krümel, während fünf oder sechs Bedienstete lustlos die Teller abräumten. Einer von ihnen, ein Mann Mitte zwanzig, kam zu uns herüber.

»Sie können Brot und Eier haben«, sagte er.

Minuten später brachte er uns Omelettes, Baguettes und Kaffee. Dann setzte er sich an unseren Tisch, stellte sich als Linh vor und zündete sich eine Zigarette an.

»Das Haus von Ho Chi Minh ist nicht weit«, sagte er und blies mir seinen Rauch ins Gesicht. »Sie wollen, ich Sie hinfahren auf Motorrad?«

Nein, das wollten wir nicht.

»Ein Freund von mir will kaufen amerikanische Dollar. Können Sie ihm helfen?«

Nein, das konnten wir nicht.

Er griff in die Hosentasche und zog ein verknotetes, zerdrücktes Taschentuch hervor.

»Sie wollen schönen Rubin, sehr billig, Souvenir?« fragte er.

Um ihn von seinen Verkaufsabsichten abzulenken, lobte ich sein gutes Englisch.

»Ich gehe nach Russland und studiere Englisch sehr viel! Herr Lenin sagt, studiert, studiert!«

»Und was würde Herr Lenin wohl zu den Schwarzmarktdollar sagen?«

Er zog eine Weile wortlos an seiner Zigarette.

»Mein Freund Ihnen gibt sehr guten Kurs. Können Sie ihm helfen?«

Plötzlich öffnete sich die Tür auf der anderen Seite des Restaurants und ein Mann kam herein. Im Handumdrehen war Linh aufgesprungen und hatte seine Zigarette in einem Blumenstock ausgedrückt. Das Personal im Raum war plötzlich sehr geschäftig. Unsere Wassergläser wurden aufgefüllt, jemand zog mir mein halb gegessenes Omelett unter der Nase weg und mehrere Ventilatoren wurden zu uns herübergeschleppt und voll aufgedreht. Dann verließ der Mann den Raum durch eine andere Tür und alle entspannten sich wieder.

»Neuer Manager«, sagte Linh vertraulich.

Wir nickten verständnisvoll und baten um die Rechnung.

»Sechs Dollar«, sagte Linh.

»*Sechs?*«

»Okay, drei Dollar. Was mit meinem Freund? Sie wollen wechseln Dollar mit ihm?«

Anstatt zu Linhs Freund gingen wir zu einem Schalter im Foyer, über dem ein Schild der Vietcom Bank prangte. Neben dem Schild hing ein Poster von Miss Vietnam 1993, einem hübschen Mädchen mit Lockenfrisur und grellrotem Lippenstift. Vor dem

Poster stand eine unschuldig wirkende Bankangestellte in einem weißen *ao dai*.

»Sprechen Russisch?«, fragte sie uns.

Auf ein Stück Papier schrieben wir US$1 = ?

»Ah!«, rief sie und schrieb darunter $100 = 1090000VD, $50 = 525000 VD.

Wir gaben ihr hundert Dollar. Sie sah sich im Foyer um und zog den Blick eines Mannes mit Sonnenbrille auf sich, der an einer Wand lehnte. Von seiner Schulter hing eine lederne Aktenmappe. Er kam zu uns herüber, zog den Reißverschluss seiner Tasche auf, gab uns ein Bündel Dong, nahm die Dollar und kehrte zur Wand zurück.

»Quittung?«, fragte ich das Mädchen.

Sie schüttelte den Kopf. Ich zeigte auf das Wort im Wörterbuch. Daraufhin wühlte sie in einer Schublade und zog schließlich ein Quittungsbuch hervor. Bevor sie unsere Transaktion eintrug, ließ sie noch schnell das Blaupapier verschwinden.

Wir gingen auf unser Zimmer zurück, wo wir wieder ein paar Küchenschaben ermordeten und uns dann aufs Bett legten, denn wir fühlten uns genauso schlaff wie das Personal im Restaurant. Nach kaum einer Stunde klopfte es und jemand schob einen Brief durch den Spalt unter der Tür.

Werte Madam,

wir bedauern, Ihnen mitzuteilen, dass wir Ihren Preis für Bootmiete von Vinh nach Hai Phong nicht akzeptieren können, denn der Preis für Ihren Bedarf ist sehr niedrig für uns, so dass wir derartiges Boot für Sie nicht bereitstellen können. Nach unserer Kalkulation wir akzeptieren nur solchen Preis (550 USD), für den wir Boot für Sie arrangieren können. Wenn Sie das nicht akzeptieren, wir können arrangieren klimatisiertes Viersitzerauto für Sie ohne Verpflegung inbegriffen. Wenn etwas akzeptabel, bitte melden und Vertrag mit uns Nachmittag unterschreiben, so dass wir drei Uhr fahren können.

Danke.

»Wir bieten ihnen dreihundert Dollar«, sagte Dag, als wir im Lift hinunterfuhren. »Das ist ein angemessener Preis für diese Entfernung im Boot.«

Der junge Dolmetscher wartete am Schalter auf uns. Daneben saßen auf einem Sofa drei malaysische Geschäftsleute, die den Eindruck erweckten, dass man sie warten ließ und dass sie recht verärgert darüber waren.

»Sie lesen meinen Brief?«, fragte der Dolmetscher.

Als wir ihm unser Angebot machten, schüttelte er den Kopf.

»Nach Hai Phong ist sehr weit.«

»Wir haben den Fischern immer einen Dollar pro Kilometer gezahlt.«

»Das ist kein Fischerboot. Das ist Militärboot.«

»Ein Militärboot?«

»Ja. Man besteht darauf, Sie haben Beschützer mit Gewehr, einen Kapitän und zwei Steuermänner.«

»Wieso zwei Steuermänner?«

»Für den Fall ein Steuermann ist krank. Es ist alles teuer.«

Die Geschäftsleute hinter uns begannen zu hüsteln und unruhig zu werden.

»Entschuldigen Sie, ich muss gehen«, sagte der Dolmetscher. »Viel Glück.«

Wir setzten uns nun anstelle der Geschäftsleute aufs Sofa und überlegten, was wir tun sollten. Wir konnten in einem schwer bewaffneten Militärboot losziehen. Wir konnten uns wieder auf unsere Räder setzen oder einen heimischen Bus anhalten. Und selbstverständlich hatten wir auch die Möglichkeit, zur sechzehn Kilometer entfernten Küste zu zuckeln, uns dort ein Fischerdorf zu suchen und den Leuten klar zu machen, dass wir mit dem Boot nach Norden fahren wollten. Aber keine dieser Möglichkeiten reizte uns. Und so saßen wir da und dachten nach, während Geschäftsleute aus ihren klimatisierten Autos und Minibussen ein- und ausstiegen. An seinem Schalter spielte der Reisebüroangestellte mit einem Stift und beobachtete uns. Nach einer Weile kam er zu uns herüber und hielt uns ein Stück Papier unter die Nase. Darauf stand: Toyota Auto, neu, nach Ninh Binh, US$ 90.

Schon seit Wochen hatte mir Dag immer wieder versichert, dass er sich nie dazu herablassen würde, wie so viele andere Touristen im klimatisierten Wagen herumkutschiert zu werden. Daher war ich über seine Antwort, die er dem Angestellten nun gab, mehr als erstaunt.

»Sechzig Dollar«, sagte er.

»Okay«, sagte der Angestellte.

In weniger als einer halben Stunde waren unsere Fahrräder samt der abgenommenen Räder im Kofferraum verstaut und wir sagten dem trostlosen Vinh ade.

In unserem Eifer, der Stadt den Rücken zu kehren, hatten wir gar nicht darauf geachtet, uns das Auto anzusehen und zu prüfen, ob es auch wirklich neu war. Als unser Fahrer Tran auf der Hauptstraße von Vinh hin und her schlingerte, um Fahrrädern, Cyclos und Pferdewagen auszuweichen, merkte ich, dass er keinen Rückspiegel besaß. Ein wenig später fiel mir auf, dass unsere Fahrt auf dem relativ glatten Straßenstück wesentlich holpriger war, als sie hätte sein sollen. Ich hatte mir vorgenommen, meine Aufzeichnungen während der Fahrt nachzuholen, aber meine Hand wackelte so stark, dass die Schreibversuche als bloßes Gekritzel endeten. Ich steckte also meinen Notizblock wieder weg und machte es mir am Fenster bequem. Wir hatten inzwischen die Vororte von Vinh hinter uns gelassen und fuhren durch ein kahles, tief eingeschnittenes Tal. Die Monotonie des Anblicks verschaffte mir ein tiefes Glücksgefühl, denn ich musste mich nicht auf dem Fahrrad durch dieses heiße Ödland quälen, sondern schoss in einem Wagen dahin, der, wenn auch nicht gerade komfortabel, zumindest kühl war. Ein derart tiefes Glücksgefühl ist aber bekanntlich nur von kurzer Dauer, und das war auch diesmal der Fall.

BUMS! Mit lautem Knall war einer der Reifen geplatzt.

»*Waaah!*«, schrie Tran, als er die Kontrolle über den Wagen verlor.

Nachdem wir über die glücklicherweise leere Straße geschlittert und gewirbelt waren, kamen wir schließlich zum Stehen. Geschockt stiegen wir aus, schoben den Wagen an den Straßenrand und standen dann da und starrten auf den zerfetzten Vorderreifen. Tran kratzte sich am Kopf und zog an den Haaren, die aus dem Muttermal an seinem Hals sprossen.

»Ja«, sagte er.

»Ja«, sagten wir zustimmend.

Ein magerer Bauer kam auf uns zugeradelt. Als er an uns vorbeifuhr, sprang Tran kurz entschlossen auf den Gepäckträger und wies mit lautstarken Erklärungen auf das Blechdach eines Schuppens in der Ferne.

»Wahrscheinlich holt er Werkzeug«, sagte Dag voller Hoffnung.

»Oder einen Reservereifen«, fügte ich hinzu.

»Den hat er doch sicher«, sagte Dag wenig überzeugend.

Während Trans Abwesenheit hatten wir reichlich Zeit, uns das Auto von allen Seiten anzusehen. Außer dem Rückspiegel fehlten auch die Seitenspiegel und die Bremslichter waren zerbrochen. Mehrere Beulen und Kratzer waren unfachmännisch repariert und überstrichen worden. Bei unserer Prüfung gesellte sich eine alte Frau zu uns, die in einem Paar viel zu großer Schuhe mit Löchern an den Zehen auf uns zugestapft kam. Sie trug einen Korb, der mit Gräsern und Pflanzen gefüllt war, die sie im Tal gesammelt hatte. Sie hockte sich in einiger Entfernung von uns nieder und starrte auf die Unterseite des Fahrzeugs. Ich folgte ihrem Blick und bemerkte, dass vom Motor Flüssigkeit auf den Boden tropfte und im roten Erdreich eine Lache bildete.

Nach einer halben Stunde wurde in der Ferne eine winzige, in der Hitze flimmernde Gestalt sichtbar, die beim Näherkommen als Tran erkennbar war. Er marschierte flott dahin, als ob er, wenn auch mit leeren Händen, der Überbringer guter Nachrichten wäre.

»Kein Wagenheber«, sagte Dag.

»Kein Ersatzreifen«, fügte ich hinzu.

Schwitzend und grinsend stand er schließlich vor uns. Aus einer Hosentasche zog er einen Schraubenzieher und aus der anderen einen Schraubenschlüssel. Er hockte sich nun vor den kaputten Reifen und schlug mit dem Schraubenzieher gegen die Radkappe, die prompt herunterfiel. Dann nahm er mit dem Schraubenschlüssel die Bolzen ab, mit denen der Reifen befestigt war.

»Jetzt brauchen wir einen Wagenheber«, sagte Dag im Ton eines Mannes, der sich in sein Schicksal ergeben hat.

Tran gab Dag durch Gesten zu verstehen, dass er das Auto vorne anheben sollte, was Dag zu meinem großen Erstaunen auch versuchte.

»Pass auf deinen Rücken auf!«, protestierte ich, als Dag wie ein Gewichtheber schnaubend hievte, während Tran versuchte, den Reifen zu lockern.

Beide Versuche blieben erfolglos. Tran stellte sich nun neben Dag und sie hievten zu zweit.

»Nimm – den – Reifen – ab!«, stieß Dag zwischen seinen zusammengebissenen Zähnen hervor, als sich das Fahrgestell um ein paar Zentimeter hob.

Ich war nicht schnell genug und sie ließen den Wagen mit einem entrüsteten Blick auf mich wieder fallen. Da kehrte ich den beiden beleidigt den Rücken und setzte mich zu der Frau am Straßenrand, denn ich zog es vor, mir das Spektakel aus sicherer Entfernung anzusehen, als weiter hineingezogen zu werden.

Ein Lastwagen fuhr vorbei und dann ein Bus. Jedes Mal lief Tran den Fahrzeugen nach und rief den Fahrern zu, anzuhalten. Beide ignorierten ihn. Als wieder ein Lastwagen vorbeikam, sprang er schnell auf die Fahrbahn, so dass der Wagen seine Fahrt verlangsamen musste und kletterte aufs Trittbrett. Seine Strategie war erfolgreich. Minuten später kam der Lastwagen zurück und hielt neben uns am Straßenrand. Tran kam mit einem Wagenheber lachend auf uns zugelaufen. Es handelte sich allerdings um ein großes Lastwagenmodell. Als er ihn neben den Reifen stellte, starrte er das riesige Ding grimmig an, als wollte er es mit seinem Blick schrumpfen lassen. Inzwischen waren Bauern über die Ebene anmarschiert, die sich zu der Frau mit den klobigen Schuhen gesellten. Die ausgemergelten Gestalten trugen zerlumpte Shorts und Hemden und ausgefranste Strohhüte. Sie brachten einige primitive Hacken und Pickel mit. Bei ihnen war auch ein kleiner Junge, der einen Bambuskäfig in der Hand hielt, in dem ein winziger Vogel herumhüpfte. Er stellte den Käfig auf den Boden und holte aus seiner Hosentasche ein Stück von einem Wespennest hervor. Dann pickte er vorsichtig Puppen aus dem Nest und steckte sie dem Vogel in den Schnabel. Ich war so fasziniert von diesem Vorgang, dass ich beinahe den nächsten Akt von Trans Vorstellung verpasst hätte. Der hatte inzwischen die ausgehungerten Bauern dazu abkommandiert, Dag beim Heben des Wagens zu helfen, während er mühsam den Wagenheber darunter aufstellte.

»Heben!«, rief Dag und nahm dabei eine eigenartige blaurote Farbe an.

Trotz ihres zerbrechlichen Aussehens hatten die Bauern aber doch Mumm in den Knochen, denn beim dritten Versuch gelang es ihnen, den Wagen so hoch zu heben, dass Tran den Wagenheber darunter schieben konnte. Er nahm den Reifen ab und dann luden wir unsere Fahrräder aus dem Kofferraum, damit er den Reservereifen herausholen konnte. Mit einer theatralischen Geste entfernte er die Plastikhülle. Sprachlos starrten wir, die Bauern und die Frau mit den klobigen Schuhen auf das Ding.

»Er ist winzig …«, sagte ich.

»Also«, sagte Dag und räusperte sich, »er ist *wesentlich* kleiner als die übrigen Reifen.«

Tran ließ sich von diesem Umstand aber nicht abhalten und befestigte froh und munter den kleineren Reifen am Wagen, gab den Wagenheber an die Leute im Lastwagen zurück, verstaute den alten Reifen und unsere Fahrräder im Kofferraum, gab den Bauern etwas Geld und trug ihnen auf, Schraubenzieher und Schraubenschlüssel an den Eigentümer zurückzugeben. Mit einem breiten Lachen komplimentierte er uns nun wieder in den Wagen. Bald aber nahm sein freundliches Lachen manische Züge an. Er begann wie wild zu überholen, er bremste, wenn er hätte Gas geben müssen, und er riss das Steuer herum, wenn er Fahrrädern, Motorrollern, Pferdewagen oder Fußgängern ausweichen wollte. Außerdem lag seine Hand permanent auf der Hupe. Ich schaute gar nicht mehr aus dem Fenster, sondern hielt die meiste Zeit die Augen geschlossen. Mein einziger Trost war der Gedanke, dass wir wenigstens nicht der brütenden Hitze ausgesetzt waren, sondern im kühlen Wagen saßen. In diesem Augenblick drang Dampf aus den Lüftungslöchern der Klimaanlage. Tran fand das äußerst komisch.

»Ja!«, rief er und kurbelte das Fenster so weit es ging nach unten. Heiße, staubige Luft wehte ins Auto. »Jaa!«

Bei Einbruch der Dunkelheit ballten sich riesige Wolken am Himmel zusammen und ein schreckliches Gewitter entlud sich über uns. Blitze zuckten über das Firmament und erleuchteten Kalksteinhügel, die sich wie Kamelrücken aus der Ebene erhoben. Dann folgte der Donner, krachend und dröhnend wie eine Lawine. Regen prasselte in solchen Strömen vom Himmel, dass wir uns wie unter einem Wasserfall vorkamen. Das einzig Gute daran war, dass Tran endlich etwas langsamer fuhr. Aber selbst bei sechzehn Stundenkilometern war unsere Fahrt noch immer Angst erregend. Denn Formen tauchten plötzlich aus der Dunkelheit vor uns auf; unbeleuchtete Fahrräder und Motorroller, Busse und Lastwagen, die mit blendenden Scheinwerfern direkt auf uns zusteuerten und erst in letzter Sekunde von ihrem Kurs abschwenkten. Knapp einer Tragödie entgingen wir, als ein Fußgänger, der in einen Plastikumhang gehüllt durch die Pfützen stapfte, beinahe unter unseren Rädern landete. Als wir an ihm vorbeifuhren, wandte ich mich um und konnte einen flüchtigen Eindruck von einem alten Mann erhaschen. Sein Gesicht wirkte vornehm, aber gequält, vielleicht von alldem, was er im Lauf der Jahre entlang dieser höllischen Straße gesehen und erlebt hatte.

Während der ganzen Fahrt behielt Tran seine pathologische Fröhlichkeit bei und legte sie auch nicht ab, als wir um halb neun Uhr abends in Ninh Binh ankamen und er sofort wieder umkehren und die ganze Strecke in Regen und Dunkelheit zurückfahren musste. Als er sich verabschiedete, gaben wir ihm fünf Dollar Trinkgeld, woraufhin ich fürchten musste, er würde vor Freude zerplatzen.

»Ja!«, rief er durch das offene Fenster, als er losfuhr. »Ja, JA!«

Er hatte uns im Thanh Binh Mini Hotel, einem bezaubernden alten, in einer Gasse versteckten Gebäude abgesetzt, das seinen Freunden Madame Xuyen und Herrn Uy gehörte. Bei dem »Hotel« handelte es sich eigentlich um das Privathaus der beiden, in dem sie und ihre drei Kinder die Schlafzimmer je nach Bedarf für Gäste räumten. Mit seinen pastellfarben gestrichenen Wänden, unregelmäßigen Fliesenböden und den geschnitzten Balken und Fensterläden hätte man es leicht für ein französisches Bauernhaus halten können, wenn nicht in der Halle ein Foto Ho Chi Minhs gehangen hätte, unter dem eine Schale mit großen purpurnen Lotusknospen stand. Madame Xuyen war eine gut aussehende Dame mit dichtem grauen Haar und ihr Mann ein drahtiger Kerl, der den Eindruck erweckte, als ob sein Kopf etwas zu locker auf seinem Hals säße. Er erzählte uns, dass er fünfundzwanzig Jahre lang in der nordvietnamesischen Armee gedient hatte und erst im Jahr zuvor in Pension gegangen war. Über seine militärischen Erlebnisse wollte er nicht sprechen, dafür umso lieber über die Weltmeisterschaft.

»Heute Abend Feutsland und Buganien!«, erzählte er uns.

Wir fragten ihn, ob wir um sieben Uhr frühstücken könnten.

»Zu früh!«, erwiderte er. »Heute Abend wir schauen Weltmeisterschaft. Morgen müde. Frühstück neun Uhr.«

Nachdem wir die ganze Nacht trotz Donner, Blitz und Weltmeisterschaftsspielen fest geschlafen hatten, wurden wir um sechs Uhr vom Karaoke-Gesang eines Mannes in einem Nachbarhaus geweckt. Ich setzte mich im Bett auf und ließ meinen Blick über rote Ziegeldächer, auf denen fette Kürbisse gediehen, und über die von gelb gestrichenen Mauern umgebenen Höfe wandern, in denen Frauen mit Lockenwicklern im Haar Reis an Hühner und Katzen verfütterten. Der Sänger war nicht zu sehen, aber sein schmachtender Gesang ging schonungslos von einer Schnulze zur nächsten über. Wir duschten, lasen und machten uns Notizen, während wir darauf warteten, dass auch unsere Gastgeber aufwachen würden. Um Punkt neun Uhr klopfte es an unserer Tür und Madame Xuyen kam mit einem großen Tablett ins Zimmer, auf dem Eier, Brot, Butter und Kaffee aufgereiht waren. Auch eine Flasche mit Wasser war dabei, die uns dem Etikett zufolge »freie Bakterien« versprach.

Als wir mit dem Frühstück fertig waren, trugen wir das Tablett nach unten und stießen dort auf einen sorgenvollen Herrn Uy, der über den Zustand unserer Fahrräder den Kopf schüttelte. Die Ketten waren locker, Schrauben mussten geschmiert werden, Radspeichen standen aus den Felgen, Dags hinteres Schutzblech war verschwunden, meine Bremsklötze fehlten … und so weiter und so fort.

»*Xau*«, seufzte Herr Uy. Schlimm.

»Morgen«, sagte ich zu ihm, »fahren wir nach Hai Phong.«

Die Stadt lag hundertdreißig Kilometer entfernt und unsere Reise näherte sich dem Ende. Von Hai Phong würden wir die Fähre zur Ha Long-Bucht nehmen, nach Hanoi weiterfahren und dann mit dem Flugzeug nach Hause fliegen. Uns war sehr daran gelegen, Hai Phong in einem Rutsch zu erreichen, denn erstens wollten wir diese letzte mühsame Tour mit dem Fahrrad hinter uns bringen und zweitens mussten wir unsere Visa verlängern, die schon fast abgelaufen waren.

»Hai Phong!«, wiederholte Herr Uy besorgt. »Sehr weit. Sehr schwierig.«

Sein Blick wanderte von den lädierten Fahrrädern zu den ausgezehrten Ausländern, die daneben standen. Jetzt, wo ich mich endlich von meiner Giardiasis erholt hatte, war Dag daran erkrankt und der Goldring, den er in Can Tho gekauft hatte, saß schon ganz locker an seinem Finger. Außerdem hatten die Antimalariatabletten, die wir einnahmen, nicht nur zu Gewichtsverlust, sondern auch zum Ausfall unserer Haare geführt, die vor allem Dag in ganzen Büscheln verlor. Abgemagert, sonnenverbrannt und mit unseren schütter werdenden Haaren boten wir keinen erbaulichen Anblick. Und nach Herrn Uys Meinung sahen wir keineswegs so aus, als ob wir es bis Hai Phong mit dem Fahrrad schaffen würden.

»Sehr weit. Sehr schwierig. Sie sterben«, sagte er.

Wir verbrachten den Rest des Tages damit, unsere Fahrräder in einer der zahlreichen Werkstätten am Marktplatz von Ninh Binh reparieren zu lassen und uns dann ein wenig umzusehen. Ein paar Kilometer von Ninh Binh entfernt liegt Hoa Lu, das während der Dinh- und frühen Le-Dynastie von 980 bis 1009 die Hauptstadt Vietnams war. Auf einer gewundenen Landstraße, die uns durch die südlichste Ecke des Deltas des Roten Flusses führte, radelten wir nach Hoa Lu. Außer ein paar tristen Pagoden ist von der alten Zitadelle nicht viel übrig geblieben. Hingegen ist die Landschaft um den Ort herum von einer verträumten Schönheit. Die Ebene vor uns erstrahlte im leuchtenden Grün der Reisfelder, dem purpurnen Rot der Lotusblüten und dem intensiven Gelb der Wasserhyazinthen. Aus dieser Farbenpracht erhoben sich wie malerische kleine Gebirge weiße Kalkfelsen mit knorrigen Baumbeständen und Höhlen, in denen sich alte buddhistische Schreine verbargen.

Wir ließen unsere Fahrräder bei den Pagoden stehen und mieteten einen Sampan für eine kleine Rundfahrt. Eine Frau ruderte uns durch die Kanäle, wo kleine Jungen in untertassenartigen Weidenbooten Fische fingen. Schillernd blaue Vögel schwirrten um uns herum, Libellen schwebten über dem Wasser und große Schmetterlinge flatterten an uns vorbei. Die Luft roch nach tropischen Blüten und fetter feuchter Erde. Doch während wir in der brütenden Hitze dahinglitten, war an Ruhe nicht zu denken. Von den Balkonen der Häuser am Ufer dröhnte laute Radiomusik zu uns herunter und auch auf anderen Booten hatten vietnamesische Touristen die mitgebrachten Stereogeräte auf volle Lautstärke gestellt. Bei den Schreinen wurden wir sofort von Kindern umringt, die uns Räucherstäbe unter die Nase hielten, und von schwarz vermummten alten Frauen, die dafür entlohnt werden wollten, dass sie mit der Hand auf die primitiven Schnitzereien geflügelter Drachen und die Wandgemälde von Elefanten und Pferden zeigten.

Wir freuten uns, als wir wieder im Hotel waren. In dem bezaubernden kleinen Innenhof aßen wir zu Abend und Herr Uy versuchte nach besten Kräften, uns von unseren Plänen abzubringen.

»Hai Phong. Sehr weit. Sehr schwierig«, wiederholte er immer wieder. »Bus fahren.«

Madame Xuyen hingegen wusste, dass wir fest entschlossen waren, und hatte es sich ganz offensichtlich zur Aufgabe gemacht, uns für die kommende Tortur entsprechend aufzupäppeln.

»Esst! Esst!«, sagte sie beharrlich und setzte uns Teller mit Fischsuppe, Frühlingsrollen, Bratkartoffeln, Reis, Schweinefleisch und Bohnensprossen, Fleischbällchen, Gurkensalat und schließlich auch eine Schüssel mit glänzenden Pflaumen vor.

Nach dem Essen schickten uns die beiden aufs Zimmer und trugen uns auf, möglichst bald zu Bett zu gehen, denn wir sollten uns für die bevorstehende Fahrt entsprechend ausruhen. Außerdem wollten sie uns los sein, damit sie ungestört die Fußballspiele verfolgen konnten. Sie saßen noch immer hellwach vor dem Fernseher, als wir um halb fünf Uhr morgens unser Gepäck die Treppe hinunter trugen.

»Deutschland eins, Schweden eins!«, rief uns Herr Uy nach, als wir unsere Räder die kleine Gasse hinaufschoben.

Eine schmale Ziegelstraße führte nach Hai Phong. Wir hatten vor, in das dreißig Kilometer entfernte Nam Dinh zu fahren und dort zu frühstücken. Die Straße, die zwischen einem Kanal und einer Eisenbahnlinie verlief, war so holprig, dass ich nach einer Stunde Fahrt fest davon überzeugt war, dass sich meine Rückenwirbel gelockert hatten. Um sechs Uhr brannte die Sonne schon wieder sengend auf uns nieder. Ich schwitzte am ganzen Körper und wurde immer langsamer, während sich Dags Laune zusehends verschlechterte, weil er ständig auf mich warten musste. Obwohl wir erst die halbe Strecke nach Nam Dinh zurückgelegt hatten, wollte ich unbedingt bei einem Getränkestand anhalten.

»Du wolltest ja an einem Tag nach Hai Phong durchfahren«, murrte Dag, während ich eine Flasche Wasser mit freien Bakterien und zwei Flaschen Cola leerte.

Der Zucker hatte mir die nötige Energiespritze gegeben und ich strampelte nun doppelt so schnell dahin. Fünf Kilometer vor Nam Dinh fiel ich dann allerdings total erschöpft vor einem *pho*-Stand vom Rad.

»Du kommst mir vor wie ein Kolibri, Coffey«, sagte Dag, als ich Nudeln und merkwürdige graue Fleischstücke in mich hineinschlang. »Wenn du nicht jede halbe Stunde was zu essen kriegst, besteht Gefahr, dass du tot umfällst.«

In einem Laden neben dem *pho*-Stand füllten wir unsere Wasserflaschen auf und kauften eine Tüte Süßigkeiten, die wie brauner Karamell mit Nüssen und roten, nicht identifizierbaren Klümpchen aussahen.

»Wenn ich dich regelmäßig damit füttere, müsstest du eigentlich überleben«, sagte Dag.

Bald waren wir im eigentlichen Delta des Roten Flusses angelangt, der Wiege der vietnamesischen Zivilisation. Hier wurde nach einem Jahrtausend chinesischer Herrschaft im Jahr 939 von Ngo Quyen ein unabhängiger vietnamesischer Staat gegründet und von hier breiteten sich die Viet nach Süden aus. Heute ist es das am dichtesten besiedelte Gebiet des Landes und ein Industriezentrum, dem die üppige Pracht des Mekong-Deltas völlig fehlt. Motorisierte Pflüge bearbeiteten die Reisfelder und Männer mit Kanistern auf dem Rücken sprühten Insektizide auf die jungen Reispflanzen. Riesige Hochspannungsmasten trugen elektrische Kabel durch die Landschaft. Rauchende Ziegelwerke säumten die Flusskanäle, deren Wasser die Farbe einer dunklen Brühe aufwies. Die Eisenboote auf den Kanälen transportierten Ziegel, Kohle, Sand und Kalk. Von Zeit zu Zeit endete unsere Straße an einem dieser Kanäle und wir wurden in rostigen Eisenfähren übergesetzt.

Am späten Vormittag hatten wir bereits achtzig Kilometer zurückgelegt. Ich fuhr recht flott dahin, wobei mir die Süßigkeiten halfen, von denen ich unterwegs immer wieder naschte. Als ich zum vierten Mal davon abbiss, merkte ich, dass sich in dem Stück in meiner Hand etwas bewegte. Eine nähere Prüfung ergab, dass es sich bei den roten Klümpchen um Larven handelte, aus denen kleine Würmer hervorschlüpften. Angewidert spuckte ich den Bissen in meinem Mund aus und hatte das Gefühl, dass auch der Rest aus meinem Magen bald folgen würde.

»Hast du denn nicht gesehen, was das für Dinger sind?«, fragte ich Dag zornig und hielt ihm die Süßigkeiten unter die Nase. »Du bist doch schließlich *Tierarzt!*«

Der Tag war wolkenlos und sehr heiß. Eine Zeit lang fuhren

wir auf einem ruhigen Straßenstück fast allein, denn Busse und Lastwagen sind während der Mittagspause, die in Vietnam äußerst gewissenhaft eingehalten wird, nicht unterwegs. Bauern rasteten unter Bäumen und selbst die Wasserbüffel hatten sich in die Teiche und Bewässerungskanäle zurückgezogen, wo nur noch ihre Nasen und Ohren aus dem Wasser lugten. Wir genehmigten uns eine längere Rast in einem Café, in dem unter einem Bild Ho Chi Minhs ein Altar für den Gott der Geschäftsleute aufgestellt war. Vor der beleibten Gottheit lagen Kaffee und ausländische Zigaretten als Opfergaben ausgebreitet. Das freundliche Ehepaar, dem das Café gehörte, lud uns nach dem Essen in sein Haus ein. Der Fernseher wurde eingeschaltet und wir sahen zu, wie Bulgarien Deutschland zwei zu eins besiegte. Das Fußballspiel interessierte mich nicht, aber ich war einfach froh, der Sonne zu entkommen und in einem kühlen Raum sitzen zu dürfen. Die Frau schien aber über den Zustand meiner von Schweiß und Staub überzogenen Haut recht besorgt zu sein und so führte sie mich durch den Hinterhof zu einem Badehaus, während sich die Männer über das Spiel unterhielten. Sie schöpfte Wasser aus einer großen Urne und half mir beim Waschen. Je mehr sie meine Arme und Beine abrieb, desto enttäuschter schien sie zu sein, dass meine Haut unter all dem Schmutz nicht rosa war, sondern ein von der Sonne versengtes Braun aufwies.

Vom Essen und Waschen erfrischt fuhr ich mit neuer Energie los.

»Du erinnerst mich an ein Aufziehmännchen«, sagte Dag bewundernd.

Er hatte den Satz aber kaum zu Ende gesprochen, als ich einem schwarz gefleckten Schwein ausweichen musste, das vor mir über die Straße trabte, und dabei mein Gleichgewicht verlor. Ich landete in einem Strohhaufen und trotz des relativ sanften Aufpralls begannen meine Stimmung und meine Energie danach ernsthaft zu erlahmen. Gleichzeitig hatte der Verkehr aber enorm zugenommen. Vielleicht war meine Müdigkeit schuld daran, dass ich mir einbildete, die an uns vorbeiratternden Busse und Lastwagen würden größere Staubwolken aufwirbeln und mit ihren Hupen mehr Lärm machen als alles, was wir bisher auf der N1 erlebt hatten. Der echte Horror begann aber erst am Stadtrand von Hai Phong. Nachdem wir an diesem Tag fast hundertdreißig Kilometer auf unseren Fahrrädern zurückgelegt hatten, trafen wir in Vietnams drittgrößter Stadt mitten im abendlichen Berufsverkehr ein. Es war der schlimmste Verkehr, den ich je erlebt, geschweige denn *mit*erlebt hatte. Ratternde Lastwagen, rücksichtslose Busse, zarte Ponys samt Wagen, Motorroller, Fahrräder, Autos und Fußgänger waren zu einer wogenden, hupenden, trillernden, anarchischen Masse verwoben, in deren Mitte ich mich irgendwo vorwärts bewegte. Das von Staub und Abgasdämpfen getrübte Licht verlieh dem wilden Treiben um mich herum einen sanften irrealen Charakter. Mit hängendem Kopf stand am Straßenrand ein ausgemergeltes Pony, das den Eindruck erweckte, als gebe es sich völlig geschlagen, und ich konnte es dem armen Tier genau nachfühlen. Zwei Männer hielten zwischen ihren beiden Fahrrädern eine lange Bambusstange mit einer Matte, aus der ein paar nackte menschliche Füße hervorragten. Während ich verbissen weiterradelte, entging ich nur knapp unzähligen Zusammenstößen und verursachte wahrscheinlich viele, die ich nicht einmal bemerkte. Einmal fuhr ich unsicher wackelnd auf eine Kreuzung und schien dabei nach rechts abbiegen zu wollen, fuhr dann aber geradeaus weiter und verursachte ein totales Chaos.

»Aufpassen! Aufpassen!«, schrie mir ein Mann von einem Motorroller zu.

Ich fühlte mich schwindlig und schlecht, ich hatte Angst und war den Tränen nahe. In einiger Entfernung vor mir sah ich Dag, der um Haupteslänge über alle hinausragte. Er schlängelte sich inzwischen schon wie ein echter Profi durch den Verkehr und war mir immer um Längen voraus, blieb aber oft stehen, um sich besorgt zu vergewissern, ob auch ich vorwärts kam.

»Fast am Ziel!«, rief er mir ermutigend zu, als ich ihn eingeholt hatte. Ich überlegte, wie idiotisch es doch wäre, wenn ich nach den Hunderten von Kilometern, die ich auf dem verdammten Rad und dem grässlichen Highway zurückgelegt hatte, während der letzten paar Hundert Meter unter einem Lastwagen landen würde.

Das Hotel de Commerce schien direkt vom Himmel gesandt worden zu sein: ein altes Gebäude im Kolonialstil mit gelben Mauern, ausladenden Balkons, eleganten Kolonnaden und einem kühlen, luftigen Foyer. Ich buchte ein Zimmer, ohne mich nach dem Preis zu erkundigen oder Dag zu fragen, ob er eine Klimaanlage wollte. Ich konnte plötzlich meine Beine kaum mehr bewegen und aus meinen Armen war alle Kraft gewichen. Die beiden Treppen mit meiner Tasche zu erklimmen, stellte sich als die schwierigste Aufgabe des ganzen Tages heraus. Und niemand half mir, denn schließlich waren wir in einem staatlichen Hotel. Der Page war zu sehr in eine Zeitschrift vertieft und die Empfangsdamen glitten gelangweilt in ihren blauen *ao dais* herum. Unser Badezimmer besaß weiß geflieste Wände und eine echte Dusche, unter der wir so lange standen, dass das Wasser unter der Tür hindurch ins Schlafzimmer floss und dort auf den Dielen eine große Lache bildete. Dann ließen wir uns ins Bett fallen und schliefen bei laufender Klimaanlage und surrendem Deckenventilator fest ein.

Im staatlichen Fremdenverkehrsbüro, wo wir uns am nächsten Tag wegen der Verlängerung unserer Visa einfanden, trug die junge Frau am Schalter Lockenwickler im Haar und war dabei, ihre Brauen keilförmig auszuzupfen. Ihr Gesicht war wie das einer Porzellanpuppe geschminkt. Ihr rückenfreies Oberteil steckte in einer Hose mit weitem Schlag und ihre winzigen Füße in hochhackigen Plateausandalen.

»Nach Hanoi fahren«, sagte sie kalt und warf uns hinter ihrem Spiegel einen abweisenden Blick zu.

Ihre hochmütige Reserviertheit schien ein Erbe der Franzosen zu sein, die Hai Phong achtzig Jahre lang beherrscht und die Stadt von einem kleinen Markt zu einem bedeutenden Hafen und Industriezentrum gemacht hatten. Ihr Einfluss war auch in den eleganten, wenngleich altersschwachen Kolonialgebäuden zu sehen, die die breiten Straßen der Stadt säumten, und im Wert, den die Bewohner auf Eleganz und guten Geschmack zu legen schienen. Jeder, der es sich in Hai Phong leisten konnte, war schick gekleidet. Die Mode erinnerte mich an die Sechzigerjahre, und ich überlegte mir, ob die Bewohner vielleicht gar nicht wussten, dass sie von der Zeit eingeholt worden waren und dieser Modetrend im Westen gerade wieder hoch im Kurs stand. Und sie schienen übermäßig viel Zeit und Geld für ihre Haare aufzuwenden. Auf jedem Quadratkilometer der Stadt drängte sich ein Frisör neben dem andern, von denen die meisten zwar kein fließendes Wasser, dafür aber MTV im Satellitenfernsehen zu bieten hatten. Die Frauen, die aus diesen Salons herauskamen, waren so perfekt gelockt, toupiert und besprüht, dass selbst ein Taifun ihren Haargebilden nichts hätte anhaben können. Doch der letzte Schrei war anscheinend, mit einem Buch von Danielle Steel unter dem Arm gesehen zu werden, deren Werke im Raubdruck ins Vietnamesische übersetzt worden waren und jetzt an den Zeitungsständen in ganz Hai Phong erhältlich waren.

Die Frau im Fremdenverkehrsbüro hatte Recht gehabt. Nach zahlreichen Erkundigungen fanden wir heraus, dass es unmöglich war, unsere Visa in Hai Phong verlängern zu lassen. Wir hatten also keine andere Wahl, als einen kurzen Abstecher nach Hanoi zu machen, zurückzukommen und dann unsere Fahrt zur Ha Long-Bucht fortzusetzen.

»Wir könnten mit dem Rad nach Hanoi fahren«, schlug Dag vor.

Ich freute mich zwar, dass er seinen Enthusiasmus für unsere Reise wiedergewonnen hatte, aber das ging nun doch zu weit. Ich fühlte mich elend bei dem Gedanken, auch nur einen einzigen

Meter wieder auf einem vietnamesischen Highway zurücklegen zu müssen, und so bestand ich darauf, direkt zum Bahnhof zu gehen.

»Sie wollen harten Sitz oder weichen Sitz?«, fragte ein junges Mädchen mit grauen Zähnen und einer blau-weißen Uniform.

Wochen auf einem Forever-Rad hatten mir die Freude an harten Sitzen für immer genommen und so wählte ich die weichen.

»Wir fahren also wieder mal wie die Einheimischen?«, kommentierte Dag sarkastisch.

Im Zug war ich dann froh, dass ich mich nicht von ihm hatte beschämen lassen, denn bei den harten Sitzen handelte es sich um unbequeme Holzbänke mit steifen Lehnen. Unsere weichen Sitze, bei denen es sich um eine Art Gartenstühle mit überkreuzten Plastikstreifen als Rückenlehnen handelte, boten wenigstens ein Mindestmaß an Komfort. Zehn Minuten vor der Abfahrtzeit war das Erste-Klasse-Abteil gestopft voll mit Leuten, die alle Platzkarten für bereits besetzte Sitze in der Hand hielten. Unsere Reisegefährten schienen durchweg wohlhabende Vietnamesen zu sein; die Männer trugen Anzüge und die Frauen stolzierten auf hohen Absätzen mit schicken Frisuren, eleganten Kleidern und Goldkettchen an den Fesseln umher. Trotz der siedenden Hitze im Zug wirkten sie alle frisch und gelassen. Immer wieder dachte ich, wir hätten uns schon in Bewegung gesetzt, doch dieser falsche Eindruck wurde von den verrußten Dampfloks hervorgerufen, die mit munterem Gehupe und Gepfeife Güterzüge auf den anderen Gleisen hin- und herrangierten. Ganz plötzlich und ohne Ankündigung fuhr unser Zug dann los und die kleinen Deckenventilatoren im Abteil begannen zu surren. Als wir den Bahnhof verließen, wurden unsere Schaffner von draußen darauf aufmerksam gemacht, dass zwei blinde Passagiere vom Zug hingen, worauf zwei Männer in blauen Uniformen zur rückwärtigen Tür unseres Abteils liefen und die beiden Übeltäter hereinholten. Die abgemagerten Gestalten in grauen Lumpen und mit ausgefransten Strohhüten auf dem Kopf waren ein alter Mann und ein Junge. Beide gingen barfuß und der alte Mann trug einen Gehstock und ein Bündel auf dem Rücken. Als die beiden an ihren wohlhabenden Landsleuten und an uns Ausländern vorbeigeführt wurden, hielt der alte Mann den Kopf stolz erhoben und würdigte niemanden auch nur eines Blickes.

Der Zug kroch langsam durch Hai Phong und so nahe an den eng beieinander stehenden Häusern an der Bahnlinie vorbei, dass ich mich aus dem Fenster hätte beugen und die Wäscheleinen auf den Balkons abräumen können. Ich sah Männer, die auf einfachen Bettgestellen schliefen, Frauen, die über ihre Woks gebeugt waren und Babys, die in Hängematten hin- und hergeschaukelt wurden. Seit Wochen, so schien es mir, erhaschte ich immer wieder derart intime Einblicke in das Leben dieser Menschen. An den Bahnübergängen standen Fahrräder, Motorroller und Cyclos dicht gedrängt vor den Schranken und die Gesichter der Fahrer waren nur einen Meter von den Zugfenstern entfernt. Ungeduldig warteten sie darauf, dass der Zug vorbeifuhr und sie wieder im Chaos des Berufsverkehrs untertauchen konnten. Ich lehnte mich zurück, voller Dankbarkeit, dass ich nicht daran teilnehmen musste.

Die knapp hundert Kilometer lange Fahrt durch das Delta nach Hanoi dauerte fünf Stunden. Zwei Frauen schoben einen Servierwagen im Zug auf und ab und boten kleine Speisen und Getränke an. Jedes Mal, wenn sie an uns vorbeikamen, versuchten wir neue Leckerbissen, wie den neongrünen, mit Sesam bestreuten Bohnenkuchen, der wie Zahnpasta schmeckte und in dem wir dieselben roten Körnchen fanden, die wir auch in unseren Süßigkeiten entdeckt hatten, oder die Schachtel mit Nüssen, die sich später als Trockenpflaumen in Salzmantel herausstellten, und Getränke, die so zuckrig waren, dass uns beim Trinken schauderte.

Gegen Norden hin tauchten Berge auf, deren dichte Wolken

um die Gipfel Regen ankündigten. Überall in den Reisfeldern standen quaderartige Familiengräber aus Beton. Um sie herum spielten sich dieselben Szenen ab, die wir entlang der gesamten Küste immer wieder beobachten konnten: Menschen arbeiteten mit gebeugtem Rücken im Schlamm, pflanzten Setzlinge, jäteten und ernteten. Jahrein, jahraus folgte ihr Leben dem Rhythmus des Reisanbaus. Diese enge Beziehung würde auch im Jenseits noch fortdauern, denn drei Jahre nach dem Tod und Begräbnis eines Menschen kommen die Verwandten, graben die Gebeine wieder aus, waschen sie in parfümiertem Wasser und legen sie schließlich in diesen Grabmälern, umgeben von Reispflanzen, zur letzten Ruhe.

Gegen Abend wurden die Reisfelder in ein bernsteinfarbenes Licht getaucht und die Bauern machten sich über die roten Erdwälle auf den Heimweg. Wir fuhren an einem kleinen Flugplatz und einem Feld voller Luftabwehrgeschütze vorbei, bevor wir eine der beiden langen Brücken über den Song Hong, den Roten Fluss, überquerten. Dabei sahen wir etwa einen halben Kilometer von uns entfernt die Brücke, die für Busse, Autos, Lastwagen und Motorroller bestimmt ist. Auf unserer verkehrten lediglich Züge und Fahrräder und der Zug fuhr so langsam, dass er ganz leicht von den Fahrrädern überholt werden konnte. Als ich mich aus dem Fenster beugte, bemerkte ich, dass die Straße neben den Schienen viele Löcher aufwies. Auf halber Strecke über den Fluss führten Stufen zu einer winzigen Insel hinunter. In der Mitte stand eine Strohhütte, vor der auf dem schmutzigen Boden Wäsche zum Trocknen ausgebreitet war. Der Rest der Insel war bis auf den letzten Zentimeter mit Maniok bepflanzt. So viel Mühe war für das kleine Gehöft aufgewendet worden, doch sobald der Monsun kam, würde der Fluss alles überschwemmen.

Es war dunkel, als wir in Hanoi eintrafen. Während Dag unsere Fahrräder abholte, bewachte ich unser Gepäck und beobachtete, wie Leute in den Nachtzug nach Saigon stiegen. Sie taten mir Leid, weil sie eine so lange Reise vor sich hatten. Doch dann fiel mir ein, dass sie die Strecke in relativem Komfort in nur zweiundvierzig Stunden zurücklegen würden, während wir dafür fast zwei mühevolle Monate gebraucht hatten.

Die Evolution des Friedens

Wir radelten um einen See herum, in dem sich die abendlichen Lichter der Stadt spiegelten. Dann bahnten wir uns durch schmale überfüllte Straßen, in denen uns der Geruch von *pho*, gegrilltem Fleisch, Rauch und Weihrauch entgegenschlug, einen Weg in die Altstadt von Hanoi. Die knorrigen Stämme der alten Bäume, die zwischen den eng beieinander stehenden Häusern standen, beherbergten kleine Nischen, in denen Schreine aufgestellt waren. Kinder spielten mitten auf der Straße Federball, Männer putzten sich an den Rinnsteinen die Zähne und Frauen schlugen ihre nasse Wäsche auf die unebenen Pflastersteine. Die Straßen waren nach den dort angebotenen Waren benannt: Seidenstraße, Schreinerstraße, Farbstraße, Schneiderstraße. Es gab auch eine Geisterstraße, in der die für die Ahnenverehrung erforderlichen Utensilien verkauft wurden, und noch eine Straße, deren Schild wir nie fanden, bei der es sich aber um die Grabsteinstraße gehandelt haben musste. Durch die Ladentüren sah man, wie Männer vor den Fernsehern saßen und die Weltmeisterschaftsspiele verfolgten und wie Mütter Matten auf dem Boden ausbreiteten und sich mit ihren Kindern zum Schlafen hinlegten.

Einen Platz zum Schlafen für uns selbst zu finden, war gar nicht so einfach, da alle Hotels und Gästehäuser in der Altstadt voll ausgebucht zu sein schienen. Von allen Seiten wurden wir nun aber bei unserer Suche unterstützt. Cyclofahrer blieben hilfsbereit stehen und wiesen uns von ihren großen, weich gepolsterten Gefährten aus den Weg und auch die Besitzer der

Hotels, die keinen Platz für uns hatten, begleiteten uns zu anderen Häusern, wo man uns vielleicht unterbringen konnte. Wir landeten schließlich im neu erbauten Van Xuan Hotel, wo mir das Mädchen von der Rezeption ein komfortables Zimmer mit einem großen Doppelbett, Badezimmer und Telefon, Kühlschrank und Klimaanlage zeigte. Vom angrenzenden Balkon konnte ich direkt in den zweiten Stock des gegenüberliegenden Hauses sehen.

»Zimmer ist fünfundzwanzig Dollar die Nacht«, sagte sie. »Aber bitte hinsetzen, so dass ich ein paar Sätze sagen kann.«

Anmutig ließ sie sich auf dem Bett nieder und zupfte sich das Überkleid ihres gelben *ao dai* über den Knien zurecht.

»Sie sagen zu meiner Chefin, fünfundzwanzig Dollar ist zu teuer. Sie zahlen nur achtzehn Dollar und geben mir drei Dollar.«

Ich war völlig verblüfft und starrte sie nur an.

»Sie wollen das Zimmer?«, fragte sie brüsk.

»Also … ja …«

»Okay. Sie sagen ihr fünfzehn Dollar und geben mir fünf Dollar. Sie erinnern sich an die Sätze für meine Chefin? Nur fünfzehn Dollar!«

Am nächsten Morgen blieb ich im Zimmer, um ein paar Telefonate zu führen, während sich Dag um unsere Visa kümmerte. Alle Nummern, die ich wählte, waren entweder falsch oder besetzt, oder ich wurde mit einer Sekretärin verbunden, die weder mein Englisch noch meine paar Brocken Vietnamesisch verstand. Dann wurde ich von drei Zimmermädchen unterbrochen, die eine Stunde lang unser bereits völlig sauberes Zimmer putzten. Auf dem Gang staubte ein viertes Mädchen lustlos die Topfpflanzen ab. Gegen Mittag kam Dag wieder zurück. Nachdem man ihn von einem Fremdenverkehrsbüro zum nächsten geschickt hatte, erfuhr er endlich, dass er unsere Visa nur direkt bei der Einwanderungspolizei verlängern lassen konnte.

»Als ich dann endlich die Polizei gefunden hatte, sagte man mir dort, dass ich die Visa nur über ein Fremdenverkehrsbüro bekommen würde und dass der Bruder des Polizeipräsidenten zufälligerweise gerade ein solches Büro hat, wo man mir helfen kann und dass sich dieses Büro auch zufälligerweise ganz in der Nähe befindet. Und dann haben sie mir das hier gegeben.«

Er reichte mir eine Geschäftskarte, auf der in roten und blauen Lettern Folgendes stand:

BS COMPANY LTD

Funktion der Gesellschaft

- Visaverlängerung
- Touristenservice
- Geschäfte

»BS?«, fragte ich verdutzt.

»Ja«, sagte Dag sarkastisch, »anscheinend ist das eine Abkürzung für ›Better Service‹ – Bessere Dienste.«

Trotz ihrer guten Beziehungen zur Einwanderungspolizei konnte uns die BS Company unsere verlängerten Visa erst in vier Tagen liefern. Zuerst ärgerte ich mich darüber, denn uns blieben weniger als zwei Wochen in Vietnam und die Wartezeit würde bedeuten, dass wir weniger Zeit für die Ha Long-Bucht haben würden.

»Mach dir nichts draus«, sagte Dag. »Die Stadt scheint sehr schön zu sein. Lass uns ein bisschen auf Entdeckungsreise gehen.«

Und schon bald hatte mich Hanois Zauber in seinen Bann geschlagen und die vier Tage erschienen mir plötzlich viel zu kurz.

Nach dem Trubel in den Straßen von Saigon, wo ein Stadtbummel völlig fehl am Platz und möglicherweise auch gefährlich war, schien das Zentrum von Hanoi der ideale Ort dafür zu sein. Hier spazierten die Leute gemächlich um den Hoan Kiem-See herum, den wir am Abend zuvor umfahren hatten. Sie ruhten sich unter den schattigen Bäumen aus, kauften Eis von den Fahrradverkäufern oder ließen sich von einer der alten Damen wiegen, die ihre Waagen auf dem Gehsteig aufgestellt hatten. Jungen spielten Fußball – der neueste Trend seit der Weltmeisterschaft – und auf den Bänken turtelten Liebespaare. Die kleine Pagode in der Mitte des Sees konnte man über eine Brücke erreichen, die sich über das dunkelgrüne Gewässer spannte. Nach einer alten Sage wohnt im See der Schildkrötengott, der in Krisenzeiten aus dem Wasser steigt und dem jeweiligen Führer des Landes die nötigen Waffen zur Bekämpfung der Angreifer übergibt. Zum letzten Mal erschien er im 15. Jahrhundert, als er Le Loi ein magisches Schwert überreichte, mit dessen Hilfe dieser die Kolonialherrschaft der Chinesen beenden und dem Land seine Unabhängigkeit erkämpfen konnte. Nach Le Lois Sieg entstieg der Schildkrötengott erneut dem Wasser, um sich sein Schwert zurückzuholen. Die Sage erklärt allerdings nicht, weshalb der Gott während der zahlreichen Kriege, die Vietnam während der letzten Jahrzehnte erlitten hat, nie mehr erschienen ist.

Ein weiterer Unterschied zu Saigon lag im Verhalten der Leute, die hier im Allgemeinen viel reservierter und zurückhaltender waren. Niemand stürzte sich auf uns, um englische Konversation zu betreiben oder uns seine Lebensgeschichte zu erzählen. Die meisten Leute, mit denen wir ins Gespräch kamen, waren hier ansässige Ausländer. Es war mir schließlich doch gelungen, einige telefonisch zu erreichen und ein Treffen zu vereinbaren. Ein paar Straßen von unserem Hotel in der Altstadt entfernt erwartete uns Valérie Mackenzie, eine hübsche, modern gekleidete Französin. Sie bat uns herein und führte uns durch eines der typischen »Tunnelhäuser«, das wie alle Häuser in der Gegend etwa dreißig Meter lang und drei Meter breit ist und zwei Innenhöfe besitzt. Ein kleiner Welpe tollte um Valéries Füße herum und in der Küche wurden ihre neunzehn Monate alten Zwillinge gerade von einem Dienstmädchen versorgt. Valérie rief nach ihrem Mann, der die Treppe herunterkam. John, ein seriöser Engländer mit rotem Haar und Sommersprossen, arbeitete nun schon das zweite Jahr an einem EU-Programm für heimkehrende Vietnamesen. Aufgrund meiner Beziehungen zu Flüchtlingen in England und Kanada war ich sehr daran interessiert, mit ihm über seine Arbeit zu sprechen, aber er antwortete sehr zurückhaltend und wählte seine Worte vorsichtig.

»Die meisten der Heimkehrer kommen aus den Camps von Hongkong und neunzig Prozent von ihnen freiwillig. 1985 wurde ein Programm eingerichtet, wonach die Flüchtlinge bei ihrer Rückkehr 360 Dollar erhalten sollten, was aber zu Betrügereien ausgenutzt wurde. Leute kamen zurück, holten sich das Geld und flohen dann wieder – bei großen Familien war das ein ganz lukratives Geschäft. Als die Regierung aber *doi moi* einführte, wollten die Nachbarländer keine Flüchtlinge mehr aufnehmen und viele sprachen sich für die Auflösung der Camps aus.«

»Wollen die Leute denn zurückkehren?«, fragte ich.

»Einige würden lieber bleiben, wo sie sind. Die meisten Camps sind nicht gerade angenehm, und die schlimmsten erinnern an Gefängnisse, aber selbst dort bekommen die Leute täglich zu essen und die Zustände sind besser als in den Bergwerksgebieten nördlich von hier, woher viele der Flüchtlinge stammen. Es sind entsetzlich triste Orte, und man kann es den Leuten kaum verübeln, dass sie nicht mehr dorthin zurückkehren wollen.«

Als wir das Thema wechselten und er uns über Valéries und sein Leben in Hanoi während der vergangenen zwei Jahre erzählte, entspannte er sich ein wenig.

»Wir gehörten zu den ersten Ausländern, die ein Haus mieten durften. Bis dahin mussten die Ausländer in eigenen Siedlungen wohnen. Die Dienstmädchen waren Angestellte des Außenministeriums und fungierten als Spione. Unser Telefon wird noch immer von Zeit zu Zeit abgehört und natürlich werden unsere Faxe kopiert.«

»Woher wissen Sie das?«

»Weil die Leitung besetzt ist, während das Fax durchläuft,

und manchmal dauert die Übertragung bis zu zehn Minuten. Es geht nämlich zuerst über die Polizei. Doch wir lassen uns davon nicht stören, denn die Behörden werden mit Informationen, die das Land verlassen, überschwemmt. Sie können gar nicht alles lesen.«

Valérie deckte den Tisch für das Mittagessen und servierte Teller mit französischem Käse, Baguettes, Steak, Frühlingszwiebeln und einen Mango-Karotten-Salat.

»In der ersten Zeit gab es hier so wenig zu kaufen«, sagte sie. »Manchmal frage ich mich, wie es wohl für die alten Leute ist, wenn sie jetzt plötzlich eine so große Auswahl auf dem Markt finden.«

Sie erzählte uns auch, dass ihre ausländischen Freunde nicht verstehen konnten, weshalb sie in der Altstadt und nicht in einer der Ausländersiedlungen wohnen wollten.

»Die Vietnamesen verstehen es genauso wenig. Sie wundern sich, dass nur vier Leute in einem Haus wohnen, in dem für gewöhnlich neun Familien Platz finden.«

Ich erwähnte, um wie viel reservierter ich die Menschen nördlich des 17. Breitengrads erlebte und wie sie im Gegensatz zu den Menschen aus dem Süden kaum über den Krieg sprechen wollten.

»Es ändert sich derzeit so viel, dass die Leute dieses Kapitel einfach abschließen wollen«, sagte John. Und nach einer Pause: »Aber wenn sie dann doch über den Krieg sprechen, hat jeder eine schreckliche Geschichte zu erzählen.«

Über die Ausländer, mit denen ich mich in Hanoi in Verbindung setzte, hoffte ich, in Kontakt zu Kommunisten zu kommen, die offen mit mir sprechen würden. Dieser Wunsch erwies sich jedoch als recht naiv. John und Valérie erzählten mir von einem befreundeten Künstler, der an der Schlacht von Dien Bien Phu teilgenommen hatte und die Vorgänge in Skizzen und Gemälden festgehalten hatte. Und sie kannten auch Bao Ninh, der das berühmte Buch *Sorrow of War* geschrieben hatte. Als ich aber andeutete, dass ich diese Leute gern treffen würde, stieß ich auf Ablehnung.

»Es braucht Zeit, ihr Vertrauen zu gewinnen. Sie sind sehr vorsichtig, mit wem sie sprechen. Bao Ninh ist besonders introvertiert. Die ganze Angst, die in seinem Buch zum Ausdruck kommt, ist noch immer sehr präsent.«

Ein amerikanischer Regisseur, mit dem wir am nächsten Tag zusammentrafen, war mit seinen Kontakten ebenso vorsichtig. Melvin war groß und schlaksig. Er trug sein dunkles lockiges Haar im Nacken zusammengebunden und hatte die Angewohnheit, beim Sprechen die Finger und Daumen seiner beiden Hände gegeneinander zu drücken. Seit 1991 besuchte er Vietnam, um Material über die »weiblichen Krieger«, *Phu Nu Cong Hoa,* zu sammeln, die mit den Vietcong gekämpft hatten. Beamte seiner Sponsorenagentur Viet My begleiteten ihn zu allen Drehorten und hatten ihm streng aufgetragen, sie stets zu informieren, bevor er die Stadt verließ.

»Natürlich halte ich mich nicht immer daran, aber sie finden es jedes Mal heraus. Am Montag früh gehe ich ins Büro und einer von ihnen sagt dann ganz bestimmt: ›Melvin, wie war's am Wochenende in Sapa?‹«

Als ich ihm sagte, dass ich mit jemandem sprechen wollte, der der gegenwärtigen Regierung positiv gegenüberstünde, lächelte er sarkastisch.

»Das könnte schwierig werden. Viele Kommunisten sind verbittert über die Regierung und fragen sich, wofür sie eigentlich gekämpft haben.«

Er beugte sich vor und drückte die Finger gegeneinander. »Vor kurzem habe ich eine Vietcong-Kämpferin interviewt, die noch immer Parteimitglied ist, und sie hat mir gesagt, dass Vietnam drei wirtschaftliche Phasen erlebt hat: den Feudalismus, den Kolonialismus und die Marktwirtschaft. Als ich sie nach dem Kommunismus fragte, hat sie nur gelacht und gesagt: ›Oh, den haben wir nie gehabt – den haben wir ausgelassen.‹«

»Könnte ich mit ihr sprechen?«, fragte ich.

»Sie sind ohne offizielle Genehmigung hier und ich muss aufpassen, dass ich bei meiner Agentur niemandem auf die Zehen trete«, sagte er, lehnte sich zurück und schaute sich im Café um, in dem wir saßen. »Wie wäre es mit einem Lunch? Ich kann die Schinkenwaffeln empfehlen. Aufgewärmt und mit etwas Ketchup darüber schmecken sie ganz passabel.«

Während der Nacht trafen die ersten Vorboten des Monsuns ein, der uns bald bevorstand. Stundenlang prasselte der Regen nieder und am Morgen war Hanoi überflutet. Ganze Straßen waren durch kniehohe Pfützen versperrt, durch die Leute mit bunten Plastikumhängen und Schirmen wateten. Der Himmel, der noch mehr Regen versprach, wirkte schwer und grau und schien nur einen Meter über den Dächern der Stadt zu hängen. Melvin hatte sich bereit erklärt, uns mit jemandem bekannt zu machen, und wir fuhren im Taxi zu unserem Treffen. Die Frau sei zwar kein Parteimitglied, würde aber Positives über die Regierung zu sagen haben, versicherte er uns. Ironischerweise war sie Amerikanerin.

Das Taxi hielt vor dem La Thanh Hotel. Wir folgten etlichen Schildern, die uns an einer Reihe von Kolonnaden vorbei den Weg zur Rückseite des Gebäudes und zu den Büros des *American Friends Service Committees* wiesen, das zum Hilfsdienst der Quäker für Vietnam gehört. An der Tür wurden wir von Lady Borton begrüßt. »Lady« war kein Adelstitel, sondern ein Vorname, den man ihr bei ihrer Geburt vor etwa fünfzig Jahren gegeben hatte. In ihrem weiten Hemd über einer ausgebeulten Hose, einer Nickelbrille auf der Nase und den grauen Haaren, die sie streng aus dem zerfurchten Gesicht frisiert hatte, sah sie aus wie eine Frau, die in ihrem Leben keinen Platz für Eitelkeit hat. Auch für Höflichkeiten schien sie nicht viel übrig zu haben, denn sie begann unser Treffen gleich mit einer Rüge darüber, dass wir keine offizielle Genehmigung besaßen.

»Was Sie machen, ist im Grunde genommen illegal. Und Sie

dürfen nicht vergessen, dass Vietnam zwar für die Kanadier offen ist, dass die Vietnamesen aber nicht als Touristen nach Kanada kommen können. Vergessen Sie das nicht, wenn Sie hier Probleme mit den Behörden bekommen sollten.«

Die Verbindung Lady Bortons zu Vietnam, die zwei Bücher über das Land geschrieben hatte, ging auf das Jahr 1969 zurück. Während des Krieges bildete sie Leute in der Herstellung künstlicher Prothesen aus. Später arbeitete sie mit vietnamesischen Flüchtlingen in Malaysia. Jetzt war sie als Felddirektorin des *American Service Committee* für Entwicklungsprojekte an der Basis zuständig. Auf inoffizieller Ebene informierte sie Regierungsbehörden über mögliche negative Auswirkungen, die groß angelegte Auslandsinvestitionen und Jointventures mit sich bringen könnten.

»In einem der Küstendörfer, in denen ich arbeite, hat ein Provinzvorsteher vorgeschlagen, ausländischen Gesellschaften die Fanggenehmigung in den Küstengewässern zu erteilen. Sie wollen mit großen Industrieschiffen anrücken. Niemand hat im Vorfeld eine Bestandseinschätzung oder Auswirkungsstudien gemacht und die Japaner und Taiwanesen bewerben sich bereits um die Verträge. Wenn die Leute diesen Plan durchführen, werden die einheimischen Fischer arbeitslos und innerhalb weniger Jahre könnte es keine Fische mehr geben. Der Provinzvorsteher ist ein intelligenter Mann, aber er verfügt nicht über die Erfahrungen, die wir bereits gemacht haben, er hat auch die Auswirkungen des Raubbaus an den Naturschätzen nicht miterlebt, er hatte nie Zugang zur einschlägigen Literatur, die wir schon seit Jahren lesen und studieren. Die wirtschaftliche Liberalisierung hat diesen Menschen, die lange Zeit unterdrückt waren, gewisse Freiheiten gebracht und sie jagen nun blindlings vorwärts. Ausländische Unternehmen wissen, dass es hier keine Sicherheitsbestimmungen gibt und dass die bestehenden Umweltbestimmungen mit Schmiergeldern leicht umgangen werden können. Deshalb kommen sie hierher und nicht nur wegen der Naturschätze und der billigen Arbeitskräfte.«

Mehr als alle übrigen Ausländer, die hier wohnten, hatte sie die enormen Veränderungen im Land miterlebt.

»Es hat Jahre gedauert, bevor ich Rad fahren durfte! Selbst 1989 gab es noch nichts in den Läden, kaum motorisierten Verkehr, keine Fernseher, kein richtiges Telefonnetz. Nur wenige Leute in Hanoi hatten je einen Computer gesehen, außer sie waren im Ausland gewesen, und jetzt schauen Sie sich um –«

Mit einer weit ausholenden Geste zeigte sie auf ihr Büro, in dem zwei Mitarbeiter tippend an ihren IBM-Computern saßen.

»Es ist alles so schnell gegangen. Einige der Änderungen sind gut, vor allem in den ländlichen Gebieten. Vor *doi moi* wurde der Großteil der Reisernte der Regierung übergeben und die Bauern waren manchmal nachlässig beim Pflanzen und bei der Ernte. Jetzt heben sie jeden Reishalm auf, sie gehen zurück aufs Feld und holen, was im Schmutz liegen geblieben ist und verfüttern es an die Schweine, und dann lassen sie ihre Enten auf die Felder, damit sie sich die letzten Reste suchen. In den vergangenen Jahren hat sich Vietnam von einem Importland von Reis zu einem Exportland entwickelt. Aber die grundlegenden Werte der Menschen haben sich geändert. Früher war das Leben der Vietnamesen auf lange Sicht hin ausgerichtet. Während der Kriege rangen sie um ihre Unabhängigkeit, nach dem Motto, wenn nicht in diesem Jahr, dann im nächsten, wenn nicht während dieser Generation, dann während der nächsten. Heute sind die meisten Menschen nur auf ihre Familie konzentriert. Sie kämpfen um die Gegenwart, wollen jetzt zu Geld kommen und denken dabei nicht an die Folgen, die das für die Zukunft haben könnte.«

»Und wie denken die alten Kommunisten darüber?«, fragte ich.

»Einige Leute, die im Unabhängigkeitskrieg gekämpft haben, bedauern das, aber die meisten sind dafür.«

Ich erzählte ihr von einigen Eindrücken, die ich während unserer Reise gewonnen hatte. Vom inneren Zwang der Leute im Süden, ihre Geschichten zu erzählen. Von der Zurückhaltung der

Menschen im Norden. Von der grassierenden Korruption und der allgemeinen Unzufriedenheit mit der Regierung. Von der unangemessenen Macht der Polizei. Lady reagierte auf meine Worte wie eine Mutter, die zwar bereit ist, selbst über die Fehler und Unzulänglichkeiten ihres Kindes zu sprechen, die aber in die Defensive geht, wenn es andere tun.

»Natürlich gibt es Korruption. Glauben Sie, dass es die in westlichen Ländern nicht gibt? Ist Ihnen nicht klar, dass es dort mehr unter der Hand geschieht? Und es ist ja ganz natürlich, dass die Leute im Süden mit Ihnen sprechen wollen. Dort können ja viel mehr Leute Englisch und viele haben das Bedürfnis, ihrer Verbitterung Luft zu machen, dass sie sich auf die Seite der Verlierer gestellt haben und von den Amerikanern dann fallen gelassen wurden. Sicher, einige von ihnen waren in Umerziehungslagern und etliche wären beinahe verhungert. Was man Ihnen aber nicht erzählt, ist die Tatsache, dass alle in diesem Land gehungert haben, wegen des US-Embargos und wegen des Kriegs in Kambodscha.«

»Meine Sympathien waren immer bei den Nationalisten«, sagte ich, »aber es scheint mir doch, dass die Menschen im Süden nun ausreichend bestraft worden sind.«

»Erinnern Sie sich noch an den Amerikanischen Unabhängigkeitskrieg?«, erwiderte sie. »Erinnern Sie sich, was wir mit den Leuten gemacht haben, die sich auf die Seite der Loyalisten gestellt hatten? Wir haben sie geteert und gefedert und nach Kanada geschickt! Wie können wir uns da als Richter aufspielen?«

Was sie allerdings nicht angesprochen hatte, waren meine Bemerkungen über die Polizei und die scheinbar allgemeine Ernüchterung über die Regierung. Als ich diese Punkte erneut erwähnte, wählte sie ihre Worte äußerst vorsichtig.

»Manche Leute sind seit 1987 über die rapiden Veränderungen und über den Verlust der Ideale entsetzt. Sie haben für die Unabhängigkeit gekämpft und sehen jetzt statt einer besseren Bewirtschaftung des Landes, wie es wirtschaftlich kolonisiert wird. Auch die Regierung ist besorgt über die Geschwindigkeit, mit der sich die Veränderungen vollziehen. Sie erlaubt die Liberalisierung auf einem Gebiet, sieht dann, wie sich zunehmend schlechte Einflüsse ausbreiten und zieht die Zügel wieder an. Es ist ein ständiges Öffnen und Schließen. Und auch das unterscheidet sich von Gebiet zu Gebiet. Die Polizei in der Provinz kann sich despotisch aufführen, weil niemand weiß, was die Zentralregierung will.«

Sie seufzte. »Die Vietnamesen haben so viel erduldet, nicht nur während der Kriege. Sie beide haben gesehen, wie schwierig das Leben der Menschen ist; wie sie mit zentnerschweren Lasten auf ihren Fahrrädern herumfahren; wie sie sich in den Feldern abschinden – und das ist eine elende Schinderei, glauben Sie mir, ich habe selbst mit den Leuten gearbeitet. Und sie haben keinerlei Sicherheit. Wenn ein Taifun kommt und ihre Ernte vernichtet, stehen sie vor dem Nichts und können nur wieder von vorn anfangen. Und das tun sie auch, immer und immer wieder.«

Als wir das Büro verließen, drückte ihr jemand einen Stapel Papiere in die Hand.

»Hier ist ein weiteres Beispiel für die rapiden Veränderungen im Land«, sagte sie. »Vor zwei Jahren befand sich der einzige Fotokopierer in ganz Hanoi in der französischen Botschaft. Jetzt finden Sie an jeder Straßenecke einen. Ich habe heute früh drei Bücher zum Fotokopieren geschickt und jetzt halte ich sie bereits in Händen.«

Leicht ertappt starrte sie mich an. »Oh! Das hätte ich eigentlich nicht sagen sollen!«, rief sie, über sich selbst belustigt. »Was habe ich Ihnen denn vorhin wegen Illegalitäten gepredigt?«

Als wir unser Hotelzimmer betraten, überfiel uns beide der gleiche Eindruck. Irgendetwas war faul. Die Sachen waren nicht mehr dort, wo sie vorher gewesen waren. Mein Blick wanderte über die Möbel. Meine wasserfeste Tasche mit Notizbüchern, Aufnahmegerät und Bändern stand nicht mehr auf dem Tisch, wo ich sie abgestellt hatte. Panik schnürte mir die Brust ab und schnell durchsuchte ich das ganze Zimmer. Schließlich fand ich sie auf dem Boden unter dem Bett. Nichts fehlte, aber alles lag völlig durcheinander.

»Wir sind schon paranoid«, sagte ich zu Dag, als er seine Filmbox untersuchte. »Wahrscheinlich waren die Zimmermädchen wieder da und haben aufgeräumt.«

Als wir zum Abendessen gingen, nahm ich zur Sicherheit meine Notizbücher und alle Bänder mit.

Wir hatten aus Neugier den Sunset Pub gewählt, denn die Gaststätte galt als Treffpunkt der in Hanoi ansässigen Ausländer. Sie gehörte einem Finnen und seiner vietnamesischen Frau und war im obersten Stockwerk eines Hotels untergebracht, zu dem man insgesamt siebenundneunzig Stufen hinaufklettern musste. Als wir die Flügeltür öffneten, schlug uns ein Gewirr von Stimmen, Gläserklirren und lautes, munteres Gelächter entgegen. An diesem Abend war viel los, denn das Endspiel der Fußballweltmeisterschaft sollte um zwei Uhr früh im Fernsehen übertragen werden. Die Szene vor uns hätte sich ebenso gut in irgendeinem Golfclub in England abspielen können. Sonnengebräunte Männer in Polohemden und verkrampfte Frauen mit zu viel Schmuck saßen auf Hockern an den hohen Tischen und kippten Gin-Tonics hinunter, für die sie in ihrer Heimat ebenso viel gezahlt hätten.

»Wenn die Leute Zigaretten wollen«, sagte Anna, die australische Bardame, »sage ich immer, sie sollen sie auf der Straße kaufen, denn hier oben kosten sie viermal so viel.«

Anna war seit ein paar Monaten in Hanoi, wo sie an der Uni Vietnamesisch studierte. »Mein Lehrer hat so viel mitgemacht«, erzählte sie uns. »Heute hat er darüber gesprochen, wie er mit seinem Vater die Invasion der japanischen Schiffe beobachtet und die Leuchtspurgeschosse am Himmel verfolgt hat.«

Ich fragte, wie ihr die Arbeit im Pub gefiel.

»Es ist ganz seltsam. Neulich hatte ich auf dem Weg zur Arbeit einen Unfall mit meinem Motorroller und wurde ins Krankenhaus gebracht. Dort saßen Familien mit kranken Kindern, die wahrscheinlich monatelang gespart hatten, bis sie sich die drei Dollar für die Behandlung leisten konnten. Ich hatte nur ein paar blaue Flecke und konnte gleich wieder zur Arbeit gehen. Es war Samstagabend und die Leute haben *Hunderte* von Dollar an der Bar hinausgeworfen. Manchmal denke ich mir, dass die Hälfte von ihnen überhaupt nicht weiß, in welchem Land sie sich befinden. Und dass es ihnen auch völlig gleichgültig ist.«

»Wirtschaftliche Kolonisierung«, sagte ich.

Sie beugte sich über die Bar und senkte die Stimme.

»Einige Kommunisten nennen das ›die Evolution des Friedens‹. Es bedeutet, dass die Amerikaner nichts vergessen haben und noch immer planen, Vietnam auf andere Weise als mit militärischen Mitteln zu erobern. Und dass Vietnam in Gefahr ist, letztlich mit einer reichen Elite dazustehen, während die restliche Bevölkerung zunehmend ärmer wird. Ich schreibe Ihnen den Ausdruck auf Vietnamesisch auf.«

Sie kritzelte *dien bien hoa binh* auf die Rückseite einer Quittung, die sie mir verstohlen über die Theke zuschob.

»Vorsicht, dass meine Chefin das nicht sieht – es ist ein revolutionärer Ausdruck und sie wäre ärgerlich, wenn ich mit Kunden darüber spreche.«

»Was für ein scheinheiliges Gerede«, sagte Dag, als wir die siebenundneunzig Stufen wieder hinunterstiegen. »Die Regierung braucht so dringend Devisen, dass sie zusieht, wie ausländische Firmen die Naturschätze des Landes ausbeuten; gleichzeitig verurteilt sie aber die Einflüsse des westlichen Kapitalismus!«

Vor dem Hotel stritten sieben Cyclofahrer darum, wer uns in die Altstadt zurückbringen sollte. Dann verlangten sie von uns das Dreifache des Einheimischenpreises. Mehrmals versuchte ich, zu meinem Fahrer: »*Dien bien hoa binh*« zu sagen und zeigte ihm schließlich das Stück Papier. Er nickte und zuckte die Achseln, als ob er »na und« sagen wollte.

Wir konnten Hanoi nicht verlassen, ohne zuvor Ho Chi Minh einen Besuch abgestattet zu haben. Am frühen Morgen machten wir uns auf den Weg zu seinem Mausoleum. Dag fuhr mit dem Rad, aber ich konnte den Gedanken nicht ertragen, mich wieder in den Sattel zu setzen, und so nahm ich stattdessen ein Cyclo. Der Morgen war grau und schwül und obwohl es nur ein wenig nieselte, bestand mein Fahrer darauf, mich unter einer dicken Plastikhülle lebendig zu begraben. Er setzte mich am Rand eines großen Platzes ab. Auf der anderen Seite eines breiten Boulevards stand ein imposantes quaderartiges Gebäude ohne jegliche Fenster. Ehrenwachen in frischen weißen Uniformen mit roten Epauletten flankierten den Eingang. Andere patrouillierten über das Gelände, wobei sie in die Büsche und die hohen Bambussträucher spähten und den Touristen »Halt!« zuriefen, sobald sie von den vorgeschriebenen Pfaden abwichen.

Eine der Wachen führte mich zu einem kleinen Gebäude, wo Dag gerade seine Kamera ablieferte. Dann mussten wir uns bei den Wachen melden, die uns zum Mausoleum begleiten würden. In diesem Augenblick erschien eine Gruppe vietnamesischer Touristen, die in Zweierreihen marschierte und von einem Reiseleiter mit einem zusammengerollten Regenschirm angeführt wurde. An die siebzig Leute stolzierten wortlos an uns vorbei und auf den Boulevard zu, wo sie alle an der gleichen Stelle nach links abdrehten, dann noch einmal links schwenkten und schließlich vom Mausoleum verschluckt wurden. Als wir an der Reihe waren, marschierte eine Wache langsam vor uns her. Während er seine weiß gekleideten Beine im Paradeschritt hob und senkte, starrte ich wie gebannt auf seine Socken, von denen eine braun und die andere grün war. Er führte uns die Stufen zum Mausoleum hinauf und durch einen Säulengang, in dem Wachen mit Kindergesichtern und Bajonett-Gewehren standen. Allerdings wurde die Erhabenheit des Orts durch ein Loch in der Decke der Eingangshalle etwas beeinträchtigt, durch das Wasser tropfte und den Teppich bereits völlig durchnässt hatte. Nachdem wir durch die Pfütze gepatscht waren, marschierten wir einen Gang entlang über Treppen und um mehrere Ecken herum.

Die Zahl der Ehrenwachen wurde immer größer, die Luft kühler und trockener und die allgemeine Stimmung zunehmend ruhiger und feierlicher. Erzwungene Ehrfurcht war noch nie meine Sache und so hatte ich auch bald das Gefühl, dass ich zu kichern anfangen würde. Um das zu verhindern, konzentrierte ich mich auf die Eintrittskarte in meiner Hand. Auf der Rückseite war eine ganze Reihe von Regeln aufgelistet: Nicht sprechen, Wände nicht berühren, Hände nicht in die Taschen stecken, nicht rauchen, und auch das Tragen von Sonnenbrillen und Unterwäsche war im Mausoleum verboten.

Keine Unterwäsche? Als ich mir vorstellte, dass Touristen zu Hunderten ehrfurchtsvoll gemeinsam mit ihren Kameras ihre Unterhosen abgeben würden, konnte ich mich nicht länger halten und versuchte verzweifelt, mein Gelächter als Husten zu tarnen.

»Pssst!«, sagten die Wachen, während sich ihre Finger um die Abzüge ihrer Gewehre spannten.

Als wir den Eingang zum Allerheiligsten erreichten, hatte ich mich wieder gefasst. In der Mitte eines riesigen, dämmrigen Raums befand sich eine große rechteckige Vertiefung mit einer umlaufenden Besuchergalerie. Aus der Vertiefung ragte ein gläserner Sarkophag, in dem, in goldenes Licht getaucht, Ho Chi Minh lag. Er wirkte nicht tot, sondern als ob er in einen langen, traumlosen Schlaf versunken wäre. *Schneewittchen,* schoss es mir durch den Kopf, denn mir schien, dass der Architekt dieses Wunderwerks ein Disneyfan gewesen sein musste. Ich warf einen Blick auf die Wachen, die an den vier Ecken des Raums postiert waren, in der Hoffnung, dass sie nicht Gedanken lesen konnten. Ihre Aufgabe war es, darauf zu achten, dass die Besucher in gleichmäßigem Tempo um die Galerie marschierten und nicht in ehrfürchtiger Betrachtung stehen blieben. Auf halber Strecke um den Sarkophag konzentrierte ich mich darauf, mir den Leichnam genauer anzusehen. Er war in einen einfachen schwarzen Anzug mit Stehkragen gekleidet. Das Gesicht sah schmal und abgehärmt aus, mit einer wächsernen Haut, während der weiße Spitzbart weich und wie frisch frisiert wirkte. Onkel Ho mit einem Kuss zu wecken, wäre im Gegensatz zu Schneewittchen keine besonders angenehme oder aussichtsreiche Aufgabe gewesen. Bis vor etlichen Jahren war der Leichnam regelmäßig von russischen Präparatoren konserviert worden, aber seit *doi moi* waren die Beziehungen zu Russland und seinen Präparatoren etwas abgekühlt und es gab nun Gerüchte, dass der Leichnam immer mehr verweste. John Mackenzie hatte uns erzählt, dass Onkel Ho bei seinem ersten Besuch im Mausoleum noch nicht unter einer Decke gelegen hatte. Beim nächsten Mal lag eine über seinen Füßen und im Lauf der Monate wanderte sie seinen Körper immer weiter hinauf. Jetzt hatte sie die Höhe der Brust erreicht, über die Hos Hände gefaltet waren. Ich fand es etwas beunruhigend, dass unter der Decke keine Umrisse von Gliedmaßen oder Füßen zu erkennen waren.

Der Rundgang war schnell beendet und durch mehrere Gänge marschierten wir zum Ausgang und auf das Gelände des Mausoleums hinaus.

»Armer Kerl«, sagte Dag. »Mit Formaldehyd voll gepumpt wird er jetzt wie ein ausgestopftes Tier ausgestellt.«

Er hatte ganz Recht, vor allem, wenn man bedachte, dass Ho Chi Minh genaue Anweisungen für seine letzte Ruhestätte hinterlassen hatte. Er wollte eingeäschert werden und seine Asche sollte auf drei Keramiktöpfe verteilt werden. Einer davon sollte im Norden des Landes, einer in der Mitte und einer im Süden begraben und über jeder Grabstätte ein Haus mit Bäumen rundum errichtet werden, in dem sich die Menschen ausruhen konnten. Ho Chi Minh war ein Mann mit hohen Idealen und bescheidenen Ansprüchen gewesen, und obwohl ich zugeben musste, dass es eine gewisse makabre Faszination für mich besaß, seine Überreste sehen zu können, war ich gleichzeitig auch traurig, dass er als kostspielige Reliquie umgeben von albernem Pomp und falscher Pracht enden sollte.

Der Weg von der Rückseite des Mausoleums führte uns zur Dien Huu-Pagode, die von einem hübschen Hof umgeben ist. Fels- und Wassergärtchen waren hier angelegt und Zierpflanzen standen in großen Keramiktöpfen. An einer Wand saßen unter Bäumen, von denen noch das Regenwasser tropfte, achtzehn Leute in einer Reihe auf niedrigen Hockern. Es waren alle Altersstufen vertreten, von einem jungen Mann Anfang zwanzig bis zu einer wie eine Schildkröte verhutzelten Greisin. In allen steckten Akupunkturnadeln. In ihren Köpfen, Gesichtern, Nacken, Schultern und Händen. Ein älterer Mönch in einer braunen Kutte hatte die ganze Reihe behandelt und kam nun zurück, prüfte hier eine Nadel, zog dort eine heraus oder steckte noch ein paar dazu. Er trug die Nadeln auf einem Tablett, hob eine auf, wischte sie mit einem Fetzen ab und steckte sie durch die Hose in den Schenkel eines jungen Mannes. Der verzog das Gesicht und sah mich an. Nadeln hingen von seinen Augenbrauen und Wangen. Sein Blick war vorwurfsvoll, als ob ich seine Privatsphäre und seine Würde verletzt hätte. Neben mir verstaute Dag seine Kamera.

»Komm, gehen wir«, sagte er, »lassen wir diese Leute in Ruhe.«

Unerwartete Bindungen

Wir fuhren mit dem Frühzug nach Hai Phong zurück und gingen gegen Mittag bereits an Bord der Fähre zur Ha Long-Bucht. Beim Einsteigen drängte sich eine Traube von Kindern um uns, die Kaugummi und Zigaretten verkaufen wollten.

»Ich gehe Schule ein Uhr«, erzählte mir ein Mädchen. »Vormittag ich arbeite.«

Sie half mir, meine Tasche und das Fahrrad auf die kleine rostige Fähre zu tragen. Dort gab es zwei Passagierbereiche. In einem standen mehrere breite Bänke in Tischgröße, an denen sich ganze Familien ausbreiteten. Das Mädchen riet mir zu dem anderen Abteil. Hier gab es Reihen mit Hartschalensitzen und der Boden war mit Litschi- und Bananenschalen, ausgelutschtem Zuckerrohr und leeren Zigarettenschachteln übersät.

»Vorsicht!«, warnte sie. »Viele Diebe!«

Als die Fähre aus dem Hafen fuhr, ging Dag an Deck, um ein paar Fotos zu machen. Ich blieb bei unseren Taschen sitzen und schaute zum Fenster hinaus. Frauen paddelten mit den Füßen kleine Sampans durchs Wasser, das dieselbe rostige Farbe wie die Fähre besaß. Aus den Augenwinkeln heraus bemerkte ich eine Bewegung neben mir. Ich wandte den Kopf und sah einen zerlumpten Jungen, der auf unseren Taschen saß und eine hölzerne Krücke hielt. Eines seiner Beine war unter dem Knie amputiert. Sein schwarzes Haar fiel ihm gerade in die Stirn. Er sah nett aus und lächelte mich schief an. Doch mir fiel auf, dass seine Hand auf einer Beule meiner Tasche lag, unter der sich ein Teil unseres restlichen Geldes verbarg. Ich prüfte, ob die Reißverschlüsse an unseren Taschen noch alle geschlossen waren, als Dag zurückkam und sich neben den Jungen setzte.

»Lass ihn nicht aus den Augen«, sagte ich. »Ich glaube, er wartet auf eine Gelegenheit zum Klauen.«

Dag sah mich verwirrt an.

»Seit wann bist du denn so misstrauisch?«

Tatsächlich ging es dem Jungen aber viel weniger um unseren Besitz als um seinen eigenen. Aus einer Plastiktüte zog er einen weichen Strohhut, setzte ihn auf und holte noch zwei Aluminiumlöffel hervor. Dann hielt er mir die Tüte entgegen.

»Madam?«

»Er möchte, dass du darauf aufpasst«, sagte Dag. Dann meinte er zu dem Jungen: »Vorsicht, Kleiner, sie könnte dir was klauen.«

Der Junge klemmte sich die Krücke unter die Achsel und hopste ins andere Abteil. Ich schaute in die Tüte, in der sich ein paar tausend Dong und etwa zehn identische Postkartensets von der Art, wie sie uns von Straßenkindern in Hanoi überall angeboten worden waren, verbargen. Jedes Set kostete einen Dollar und wenn sie ein oder zwei davon am Tag verkauften, hatten die Kinder ein gutes Geschäft gemacht. Ich kam mir recht erbärmlich vor. Ich hatte den kleinen Jungen für einen Dieb gehalten und er vertraute mir sein ganzes Geld und seine Verdienstmöglichkeiten für mindestens zwei Wochen an.

»Hör mal!«, sagte Dag.

Aus dem anderen Abteil klang eine helle volle Stimme zu uns herüber, die problemlos die Tonleitern hinauf- und hinabkletterte. Begleitet wurde sie von einem rhythmischen metallischen Klappern. Der Klang kam näher und dann stand der Junge, auf seine Krücke gestützt, wieder in der Tür. Er hielt beim Singen die Augen geschlossen und das Kinn erhoben. Dazu ließ er die Löffel fachmännisch über seine Finger gleiten. Im Abteil war es still geworden und alle hörten ihm zu. Mir gegenüber wischte sich ein alter Mann Tränen aus den Augen. Am Ende des Ganges kehrte der Junge um und sammelte mit seinem Hut in beiden

Abteilen Geld ein. Dann kam er zu uns zurück, setzte sich neben Dag und zählte unbekümmert seine Einnahmen.

»Wie heißt du?«, fragte ich ihn.

»Vinh«, sagte er, ohne aufzublicken.

»Wie alt bist du?«

»Zwölf.«

»Wo fährst du hin?«

Mit wurde plötzlich klar, dass ich ihn dem gleichen Kreuzverhör unterzog, das mich in den vergangenen zweieinhalb Monaten immer verrückt gemacht hatte. Er sah zu mir hoch, denn meine Frage hatte ihn verwirrt.

»Hong Gai, Madam.«

Natürlich fuhr er nach Hong Gai, das Boot hielt ja an keiner anderen Station.

»Deine Familie Hong Gai?«, fragte Dag.

Vinh schüttelte den Kopf.

»Vater Hai Phong.« Dabei hielt er die Hand über die Augen. »Vater nicht sehen.«

Dann holte er seine Plastiktüte hervor und verstaute vorsichtig das eben verdiente Geld, die Mappe mit den Postkarten, den Hut und die Löffel.

»Danke, Madam«, sagte er und ging.

Wir fanden ihn wenig später wieder, als wir unsere Taschen aufs Oberdeck der Fähre hinauftrugen. Er schlief in einer Ecke, eng zusammengekuschelt mit einem anderen Jungen. Sein Kopf lag auf der Plastiktüte und die Krücke neben ihm. Den Beinstumpf hatte er über den Schenkel seines Freundes gehakt. Wir stellten unsere Sachen in der Nähe ab und saßen dann in Gedanken versunken schweigend da. Der Himmel hing tief und drohte mit Regen. Sumpfige Inseln mit Hochspannungsmasten glitten an uns vorbei, ebenso Schleppkähne, die mit Schlammkohle beladen waren. Es hatte den Anschein, als ob wir das von Industrie geprägte Delta des Roten Flusses nie hinter uns lassen würden, doch allmählich verbreiterte sich die Flussmündung und wir erreichten das offene Meer. Das Wasser war nicht mehr milchig rot, sondern von einem tiefen Grün, und so ruhig und flach wie ein See. Vor uns lag hinter einer Wolkenbank versteckt die Ha Long-Bucht.

»Schau, dort drüben«, sagte Dag und setzte sich auf. »Dschunkensegel.«

Die ausgebleichten grauen Segel mit Bambusleisten gehörten zu einem zweimastigen Sampan. Während unserer gesamten Reise die Küste entlang hatten wir nur eine Hand voll Segelboote gesehen und noch keine dieser traditionellen Art. Dag stand auf und schraubte das Zoomobjektiv auf seinen Fotoapparat.

»Du liebe Güte!«, rief er, als er durch die Linse schaute. »Maria, komm, sieh dir das an!«

Vor uns hatten sich eigenartige Formen aus dem Nebel gelöst. Kalksteinfelsen ragten bis zu hundert Meter aus dem Wasser. Diese Gebilde mit eigenartigen Buckeln und Winkeln, Spalten, Höhlen und Bogen waren von tropischer Vegetation bewachsen. Als wir vorbeifuhren, erschienen dicht an dicht immer mehr und verloren sich wieder im Nebel, als hätte ein schlauer Spiegeltrick die Illusion Hunderter dieser unwirklichen Inselchen geschaffen. Doch sie waren *tatsächlich* zu Hunderten da. Der mysteriöse Anblick schien einem alten Gemälde zu entstammen und ließ einen fast an die alten Sagen über diese Bucht glauben, wonach es sich bei den Felsformationen um Juwelen handelte, die Drachen ausgespuckt hatten, und dass in den Gewässern der Bucht noch immer Seeungeheuer hausten.

Unsere begeisterten Ausrufe weckten die beiden Jungen. Sie streckten sich, rieben sich die Augen und dann begann Vinh, im Haar seines Freundes nach Läusen zu suchen. Nachdem er etliche zerdrückt hatte, machte er sich an die Mitesser heran. Als Nächstes wurde massiert. Dazu hieb er mit den Handrücken auf Kopf und Schultern des anderen Jungen, trommelte auf seinen Rücken, rieb ihm die Kopfhaut ab und zwickte in die Haut auf seinem Nasenrücken. Inzwischen hatte sich der Nebel gelichtet und die zerklüftete Steilküste der Cat Ba-Insel wurde sichtbar. Eine weitere Dschunke, diesmal mit knallroten und orangefarbenen Segeln, tauchte auf. Sie fuhr mit unglaublicher Geschwindigkeit gegen den Wind.

Als sie näher kam, merkten wir, dass sie neueren Baujahrs war und von einem Motor, nicht von Segeln angetrieben wurde. Das Deck war voller Touristen mit Videokameras vor den Gesichtern. Sie filmten uns im Vorbeifahren, bemerkten dann aber die echte Dschunke in der Ferne und machten den Kapitän darauf aufmerksam, der prompt umkehrte und darauf zusteuerte.

Hong Gai war ein hübscher kleiner, von felsigen Inselchen umgebener Hafen, in dem sich Fischerboote und Sampans drängten. Die pastellfarben gestrichenen Häuser duckten sich am Fuß einer steilen Klippe. Als die Fähre anlegte, liefen Frauen mit Schulterstangen schnell die Mole entlang und drängten sich durch die aussteigenden Passagiere, um beim Entladen der Fracht Arbeit zu bekommen. Wir hatten kaum wieder sicheren Boden unter den Füßen, als uns ein gut gekleideter Mann mit Spiegelbrille anbot, uns für zwei Dollar mit dem Boot nach Bai Chay, der größten Stadt in der Ha Long-Bucht, zu bringen. Wir sagten zu und sahen uns noch schnell nach Vinh und seinem Freund um, die vielleicht mitfahren wollten. Die beiden waren aber schon am Ende der Mole angelangt. Vinh kam mit seiner Krücke schnell vorwärts und hatte keine Mühe, unterwegs die Leute zu überholen, die auf zwei gesunden Beinen liefen.

Während der kurzen Fahrt gelang es Kapitän Hung, uns zu überzeugen, dass er das perfekte Minihotel für uns wusste. Wir hatten zugesagt, noch bevor wir in Bai Chay ankamen und entdeckten, dass es sich dabei um eine Stadt im Baufieber handelte, in der Minihotels wie Pilze aus dem Boden schossen. Hung führte uns eine schmutzige Straße entlang, die kurz zuvor von Baggern aufgerissen worden war. Zu beiden Seiten reihten sich Baustellen und brandneue Hotels, die alle ebenso hoch und schmal aussahen wie das unsere. Dort wurden wir sogleich stürmisch begrüßt, denn wir waren nicht nur die einzigen, sondern auch die ersten Gäste des Hotels. Im ganzen Haus roch es nach nassem Mörtel. In unserem Zimmer stand ein blaurosa Schrank mit eingebautem Toilettentisch aus Resopal, bei dem die Griffe so raffiniert angebracht waren, dass das verglaste Möbelstück wie ein Fernseher aussah. Auf dem weißen Bettüberwurf aus Kunstseide prangten aufgenähte Rosetten und die Kissen waren mit silbernen Laméherzen bestickt. Im gepolsterten, blaurosa Kopfteil waren herzförmige Spiegel eingelassen. Von unserem winzigen Balkon sahen wir direkt auf das halbfertige fünfstöckige Hotel auf der anderen Straßenseite. Dort standen zwei Männer auf dem Dach und zogen Sandkübel hoch, die andere Männer auf der Straße voll geschaufelt hatten.

In den Ladeneingängen an der Uferpromenade von Bai Chay hingen Badeanzüge, Schwimmreifen, Plastiksandalen, Eimer und Schaufeln zum Sandspielen und Souvenirs aus Muscheln. Vietnamesische Urlauber saßen in Liegestühlen am Kiesstrand oder planschten im trüben Wasser herum. Weiter draußen war die Bucht von fantastischen Felsinseln umringt. Boote allerdings waren nirgends zu sehen, außer ein paar, die bei der Busstation vertäut waren und kurze Ausflüge in die Umgebung anboten. Es waren primitiv gebaute Boote, in die man so viele Leute wie nur möglich hineinstopfte. Um zehn und um zwei Uhr zogen sie in Scharen los und besuchten ein paar Grotten, die von der Regierung für Besucher freigegeben worden waren.

»Die Behörden halten die Fischerboote von den Touristen fern«, erklärte uns Herr Song, der freundliche Besitzer eines Cafés, der Englisch mit einem starken französischen Akzent sprach.

»Wo haben sie die Boote denn hingebracht?«, fragten wir ihn.

»Etwa eineinhalb Kilometer von hier Sie sehen ein paar Häuser und Läden an der Straße, und dann die Boote. Fragen Sie nach meinem Freund Denny. Er ist Franzose und wird Ihnen helfen.«

Wir fanden die Fischerboote. Sie waren hundert Meter vor der Küste zusammen vertäut. Einige davon besaßen Masten und Segel. Bevor wir sie uns aber näher ansehen konnten, wurde unsere Aufmerksamkeit auf einen ganz unerwarteten Anblick gelenkt. Vor einem Betonklotz lagen zwei altersschwache Ultraleichtflugzeuge im Sand. Ein Mann war über eine der Maschinen gebeugt und machte sich am Motor zu schaffen.

»Denny?«, rief Dag fragend.

Der Mann sah hoch. Sein Hemd und seine Hose waren alt und fleckig, seine Haut zeigte eine ungesunde Blässe und sein feines rotblondes Haar stand zerzaust um seinen Kopf, als ob er gerade aus dem Bett gestiegen wäre.

Er blinzelte uns durch dicke, schmierige Brillengläser an und es dauerte ein paar Sekunden, bis er uns richtig zu sehen schien.

»Ah, die Kanadier«, sagte er. »Herr Song, er hat angerufen und gesagt, dass Sie kommen.«

Denny war der Besitzer der Flugzeuge und auch Teilhaber des noch in den Kinderschuhen steckenden Fremdenverkehrsunternehmens, das in dem Betonklotz untergebracht war. Er sah aber viel eher wie ein verrückter Professor als wie ein Geschäftsmann aus. Und die Art, wie er uns seine Dienste anbot, war auch nicht gerade überzeugend.

»Wir haben neue Dschunke, dreizehn Meter lang, die Touristen fährt. Ich glaube aber nicht, dass sie Ihnen gefällt. Mein Partner sie entworfen. In die Kabine er macht Plastik und, wie nennen Sie das – anstelle von Holz –?«

»Resopal?«, schlug ich vor.

»Ja! Überall. Und Plastikblumen. Die Vietnamesen lieben das.«

Sein Partner hieß Herr Duong, ein adretter Mann Mitte fünfzig. Er schüttelte uns die Hand, verteilte seine Visitenkarten und lud uns in den Betonklotz auf einen Grünen Tee ein.

»Er sagt, Sie sollten mit unserer Dschunke zur Cat Ba-Insel fahren«, sagte Denny, der zum Übersetzen mitgekommen war. »Sie werden aber altes Fischerboot lieber mögen. Es hat keinen Motor, nur Segel. Ich führe Sie hin und zeige es Ihnen.«

Herr Duong plauderte munter weiter, ohne zu merken, dass Denny kein Wort von dem übersetzte, was er sagte.

»Ich beginne eine Gesellschaft mit diesem Mann und noch ein paar Vietnamesen«, sagte Denny. »Ich bringe die Flugzeuge aus Frankreich, auch einen Katamaran und etliche Ruderboote. Unsere Gesellschaft kauft dieses Land, baut dieses Haus und die Dschunke. Aber jetzt ist kein Geld mehr in der Gesellschaft und alles fällt zusammen.«

Herr Duong sah erwartungsvoll von Denny auf uns, als erwartete er die Antwort auf eine Frage. Dennys Gesicht nahm einen angespannten Ausdruck an.

»Ich muss zurück zu meinen Flugzeugen. Sollen wir zum Fischerboot gehen?«

Er ruderte uns zu einer zweimastigen, neun Meter langen, verwitterten Dschunke. Im Bug hockte Herr Hoi, ein drahtiger kleiner Mann mit einem dünnen Bärtchen, der uns unter einem grünen Tropenhelm zublinzelte. Er begrüßte Denny begeistert und hieß uns an Bord willkommen.

»Gestern Abend wir trinken Reiswein zusammen und er sagt, er möchte Geschäfte machen mit Touristen«, erzählte uns Denny. »So er glaubt ich sehr clever, weil so schnell geht.«

Dag untersuchte das Boot in allen Einzelheiten. Es hatte einen geringen Tiefgang, eine Mittelplanke, die durch eine Vertiefung im Rumpf führte, und ein Steuerruder, das hochgezogen werden konnte. Es gab zwei lange Ruder und zwei Bambusmasten, die mit gefleckten grauen Segeln aufgetakelt waren. Dag war völlig hingerissen.

»Das nenne ich ein *echtes* Boot«, sagte er immer wieder.

Wir saßen unter einem niedrigen Verdeck aus gewebtem Stoff

und Herr Hoi hob eine Decksplanke an, unter der sich eine Flasche Reiswein verbarg. Während sie die Runde machte, holte er ein Stück Bambus hervor, in dem eine Pfeife steckte. Er stopfte sie mit Tabak, zündete sie an und inhalierte tief.

»Herr Hoi ist ein starker Mann«, sagte Denny. »Fünf Jahre zuvor er flieht in einem Boot wie diesem, ohne Motor. Wenn er schon sehr weit ist, kommt Sturm und Boot sinkt.«

Er unterbrach seine Geschichte, um Herrn Hoi zu sagen, was er uns erzählt hatte. Herrn Hois Augen leuchteten auf und er machte mit seinen Händen wogende Bewegungen, um uns zu zeigen, wie hoch die Wellen gewesen waren. »Die Chinesen retten ihn. Sie bringen ihn zurück und er muss zehn Monate in Gefängnis.«

Herr Hoi zeigte auf die Zahlen und Buchstaben, die man im Gefängnis auf sein Bein tätowiert hatte. Der Reiswein machte erneut die Runde, bevor wir auf das Geschäftliche zu sprechen kamen.

»Herr Hoi will drei Dollar die Stunde für dieses Boot«, sagte Denny, »und er fragt, wann Sie wollen fahren.«

»Wenn er bereit ist«, erwiderte Dag.

»Ich glaube, er ist jetzt bereit.«

Dag warf mir einen flehentlichen Blick zu.

»Wird es Probleme mit der Polizei geben?«, fragte ich.

Als ihm meine Frage übersetzt wurde, lachte Herr Hoi spöttisch.

»Nein«, sagte Denny. »Ich glaube, er macht sich keine großen Sorgen wegen Polizei.«

Nachdem Herr Hoi sein Boot ein Stück in die Bucht hinausgerudert hatte, setzte er die Segel und wir kamen nun trotz der nur leichten Brise recht flott voran. Dag hatte Herrn Hoi über Denny erklärt, dass wir kein bestimmtes Ziel hätten, sondern nur ein wenig herumsegeln wollten, um uns die Felskegel und die anderen Boote anzuschauen. Und genau das machten wir in den nächsten Stunden. Wir kamen an Gesteinsformationen vorbei, die wie kämpfende Hähne und Katzen aussahen, fuhren nahe an riesige Felsbogen heran, die die zahllosen Inselchen dahinter wie ein Gemälde umrahmten. Wir ließen uns auf unserer Fahrt vom Wind leiten, fuhren mal hierhin und mal dorthin. Herr Hoi war ganz in seinem Element. Genüsslich trank er eineinhalb Flaschen Reiswein, steuerte dabei die Ruderpinne mit dem Fuß und rauchte eine Pfeife nach der andern. Vor Vergnügen glucksend beobachtete er Dag, der sich an der Takelage zu schaffen machte und so große Freude an seinem einfachen Boot hatte. Hin und wieder zog er eine Decksplanke hoch und schöpfte das Wasser aus, das immer wieder ins Boot drang.

Gegen ein Uhr holte er die Segel ein und ruderte das Boot in eine Bucht. Wir legten an einem langen Steg an, der zu einer in die Felsen geschlagenen Treppe führte, und folgten Herrn Hoi zu einem Häuschen am Fuß einer steilen Felswand. Ein junger Mann begrüßte uns. Er sei ein offizieller Führer und würde uns gerne die Höhlen in der Klippe zeigen. Wir gaben ihm den Dollar, den er dafür verlangte, und kletterten hinter ihm die steile Treppe hinauf. Dag und ich waren ein wenig verärgert, denn wir wären viel lieber auf dem Boot geblieben, anstatt uns weitere Höhlen und Grotten anzuschauen, von denen wir in Vietnam schon genug gesehen hatten. Doch als wir die Kaverne durch den gähnenden Eingang betraten, bot sich ein Anblick, der direkt aus Tausendundeiner Nacht zu stammen schien. Vor uns lag eine ganze Reihe von Höhlen mit unzähligen Stalaktiten, Stalagmiten und bizarren Felsformationen. Manche sahen wie Löwen aus, eine ähnelte einem Buddha, eine andere einer schlafenden Frau. Sie waren von Flechten bedeckt, die ihnen eine ganz verblüffend intensive blaue, grüne und braune Färbung verliehen. Wir folgten unserem Führer und dem Strahl seiner Taschenlampe, wateten durch Lachen, kletterten Felsen hinauf und hinunter, rutschten im Schlamm, duckten uns unter niedrige Gesteinsbögen und pressten uns durch schmale Gänge. Unser Rundgang führte uns wieder an den Ausgangspunkt zurück und wir traten blinzelnd ins helle Sonnenlicht hinaus. Hier erwartete uns ein anderer eigenartiger Anblick. Im Konvoi kamen fünfzehn Touristenboote in die Bucht gefahren. Als Herr Hoi sie bemerkte, stieß er einen Schrei aus und stürzte die Treppe hinunter vor Angst, dass sein Boot von einem dieser Monster zerquetscht werden könnte. Aus dem ersten Boot quollen etwa dreißig Passagiere an Land, die sich in einer wogenden Prozession auf die schmale Treppe zu bewegten.

»Schnell!«, rief Dag. »Sonst sitzen wir hier oben fest!«

Wir erreichten die Dschunke gerade noch rechtzeitig, um Herrn Hoi zu helfen, ein Touristenboot auf Abstand zu halten, dessen Kapitän äußerst ungehalten darüber war, dass ihm ein einfacher Fischer seinen Platz am Steg weggenommen hatte. Als wir aus der Bucht fuhren, begann es zu regnen. Im Schutz des Verdecks gönnten wir uns noch eine Runde Reiswein und beobachteten, wie die Nebelschwaden um die Felsinseln wallten und diese schließlich ganz einhüllten. Langsam und zufrieden segelten wir durch den Nebel zurück.

Als wir an Dennys Strand angekommen waren, hatten wir uns geeinigt: Wir würden Herrn Hoi am nächsten Tag wieder treffen und mehrere Tage mit ihm auf seinem Boot verbringen und die Gegend erforschen. Er nahm das Geld, das wir ihm schuldeten, und machte sich dann leicht schwankend auf den Weg, um seinen Reisweinvorrat wieder aufzufüllen.

In Bai Chay spazierten die vietnamesischen Urlauber unter großen Schirmen beherzt die Strandpromenade entlang, während die ausländischen Touristen wie wir in den Cafés saßen und auf den Regen hinausschauten. Wir waren wieder bei Herrn Song, diesmal zum Abendessen. Immer wieder kamen Straßenkinder herein und versuchten, die immer gleichen Postkartensets von der Ha Long-Bucht zu verkaufen. Ich fragte Herrn Song, ob er den einbeinigen Jungen mit der schönen Stimme kannte.

»Ja, jeder kennt diesen Jungen. Sie nennen ihn *Vinh mot chan,* was so viel wie ›Vinh mit einem Bein‹ bedeutet. Wenn er sieben Jahre alt, Zug fährt über ihn und Bein ist weg.«

Ich dachte an die Gleise in Hai Phong, die so nahe an den Häusern vorbeiführten, und mir lief es kalt über den Rücken. Herr Song erzählte uns, dass die meisten dieser Straßenkinder Familien hatten, die sie zum Betteln und Verkaufen der Ansichtskarten immer wieder für zwei Wochen nach Bai Chay schickten.

»Wo wohnen sie denn, wenn sie hier sind?«

Herr Song zuckte die Achseln.

»Wo sie können. Diese Kinder, wissen Sie, passen gegenseitig auf sich auf.«

Gerade als wir das Café verließen, erkannten wir auf der anderen Straßenseite eine vertraute Gestalt.

»He, Vinh!«, rief Dag.

Der Junge wandte sich um und kam hüpfend zu uns herüber.

»Sir, Madam!«, begrüßte er uns.

»Hast du Postkarten?«, fragte ich ihn, um ihm zu einem Geschäft zu verhelfen.

»Ja«, sagte er, machte aber keine Anstalten, welche hervorzuholen, sondern starrte unentwegt auf Dag. »Sir, Sie spielen Billard?«

Wir marschierten die Strandpromenade mit ihm auf und ab und spielten an ein paar Tischen, die unter Strohdächern am Strand aufgestellt waren. Dann ließen wir uns an einem Tisch neben einer Garküche nieder und kauften uns etwas zu essen. Vinh zog seine Löffel hervor und klopfte damit geistesabwesend eine Melodie. Ich musste an den alten Mann auf der Fähre denken, den Vinhs Gesang zu Tränen gerührt hatte, und wünschte, ich hätte den Text des Lieds verstanden. Da kam mir eine Idee.

»Würdest du jetzt etwas für uns singen?«, fragte ich ihn.

Er nickte – kein Problem.

Ich ließ ihn und Dag bei einer neuen Runde Billard zurück und lief schnell ins Hotel, um mein Tonbandgerät zu holen.

Es regnete nicht mehr so stark und so setzten wir uns in einem stillen Park auf eine Bank, weit genug von den Karaokebars am Strand entfernt. Vinh zeigte keinerlei Scheu vor dem Mikrofon, das ich ein paar Zentimeter vor sein Gesicht hielt. Er sang zehn Minuten lang ohne Unterbrechung. Mir tat der Arm weh, aber ich wollte durch keine Bewegung den Zauber brechen, den er mit seiner Stimme verbreitete. Ameisen krabbelten mir über die Füße und einige kletterten meine Beine bis zu den Knien hinauf. Fürsorglich zerdrückte Vinh sie mit seinen Löffeln, ohne dabei auch nur einmal aus dem Takt zu kommen. Als das Lied zu Ende war, schwiegen Dag und ich eine Weile.

»Das war prima, Junge«, sagte Dag schließlich.

»Ich gehe jetzt«, sagte Vinh. »Bis morgen.«

Wir gaben ihm etwas Geld für seine Zeit und Mühe. Er bestand darauf, uns dafür Postkarten zu überlassen, die ich unbemerkt wieder in seine Tüte zurücksteckte.

Am Morgen kauften wir auf dem Markt Proviant und radelten dann auf regennassen Straßen zur Stadt hinaus. Wir waren beide froh, den Hotels und Restaurants eine Zeit lang zu entkommen. Als wir Dennys Strand erreichten, wurde unsere fröhliche Erwartung schnell enttäuscht. Der Katamaran und die Touristendschunke lagen noch immer vor Anker, aber die Fischerboote waren verschwunden.

»Sie sind auf Tintenfischfang«, erklärte uns Denny.

Währenddessen zappelte Herr Duong aufgeregt um uns herum.

»Mein Partner möchte Sie zum Frühstück einladen«, erklärte Denny müde.

Unweit vom Strand stand eine kleine Hütte, in der eine Frau *banh cuon*, ein für die Gegend typisches Frühstücksgericht, zubereitete. Über einen Topf mit kochendem Wasser hatte sie ein Stück Musselin gespannt, auf dem sie dünne Reispfannkuchen buk, die sie dann mit gebratenem Fleisch, Zwiebel und Knoblauch belegte, zusammenrollte und in kleine Stücke schnitt. Als Soße wurde *nuoc mam* gereicht. Herr Duong hielt die Frau auf Trab und bestellte für uns einen Teller *banh cuon* nach dem anderen und mehrere Flaschen Cola.

»Er sagt, Herr Hoi wird mehrere Tage lang nicht zurückkommen«, sagte Denny. »Er schlägt vor, Sie fahren mit unserer Dschunke zur Cat Ba-Insel, wo Sie Fischer treffen können. Auf unserer Dschunke können Sie schlafen, der Steuermann kocht und Sie haben kalte Getränke. Es kostet vierundfünfzig Dollar am Tag.«

Die rotblaue Dschunke lag nicht weit vom Strand vor Anker. Sie war frisch gestrichen und besaß ein großes quadratisches Ruderhaus und brandneue Segel.

»Für ein Touristenboot ist es gar nicht so schlecht«, sagte Dag. Ich war noch immer verärgert darüber, dass uns Herr Hoi im Stich gelassen hatte, und sagte schnippisch: »Es ist aber kein *echtes* Boot.«

»Ich glaube nicht, dass die Fischer bald zurückkommen«, sagte Denny. »Also wäre es vielleicht besser, wenn ...«

Der Rest des Satzes ging im Lärm eines Motorrollers unter, der an der Hütte vorbeigefahren war und nach einer scharfen Kehrtwendung nun mit quietschenden Reifen vor uns stehen blieb. Der Fahrer war ein rundlicher, kaum eineinhalb Meter großer Mann, dem seine dunklen Locken in die Augen hingen, und der alle möglichen Kameras und Videogeräte umgehängt hatte.

»Mein Gott, die Flugzeuge!«, rief er und kam in die Hütte gestürmt. »Wem gehören die Flugzeuge?«

Ich würde nur allzu bald herausfinden, dass Son Nhu Hoang, wohin er auch ging, einen energiegeladenen Wirbelsturm um sich herum auslöste. Innerhalb weniger Minuten hatte er die Flugzeuge vergessen und uns in groben Zügen seine Lebensgeschichte erzählt. Er war 1975 von Vietnam nach Kalifornien gegangen, wo er zuerst als Künstler und dann als Geschäftsmann tätig war. Vor sieben Monaten war er zum ersten Mal seit neunzehn Jahren wieder nach Vietnam zurückgekommen und pendelte seitdem zwischen Hai Phong und den Staaten hin und her, denn er hatte alle möglichen Projekte in Arbeit, wie zum Beispiel den Import schwerer Ausrüstung aus Japan, die Belieferung der Weltmärkte mit vietnamesischem Fleisch, die Einrichtung eines günstigen Darlehenssystems für Bauern – und so weiter und so fort.

»Aber die Regierung hier schläft permanent«, sagte er. »Ich rufe bei einer Behörde um zwei Uhr an und dann heißt es: ›Sunny, wir machen gerade ein Nickerchen, ruf uns um vier wieder an.‹«

Der Name Sunny, den man ihm in Kalifornien gegeben hatte, passte wunderbar zu ihm. Auf seinem runden Gesicht spielte stets ein sonniges Lachen, das recht ansteckend wirkte.

»Ich hab so ein Glück!«, rief er. »Gestern in Hai Phong wache ich mitten in der Nacht auf und denke mir – ich brauche einen Urlaub! Also setz ich mich auf meine Maschine und fahre zur Ha Long-Bucht. Und da treffe ich dann gleich auf euch. He, Denny, wie viel verlangst du für einen Flug mit einer dieser Maschinen?«

Denny zuckte zusammen.

»Ich muss noch ein wenig dran arbeiten, und –«

»Hier gibt's Karaoke!«, unterbrach ihn Sunny, denn seine Aufmerksamkeit war von einem Gerät in der Ecke der Hütte angezogen worden. »Kommt, wir singen!«

Das Video, zu dem er sang, zeigte ein traurig dreinblickendes Mädchen, das im Park einer Pagode herumspazierte und dabei wehmütig auf die Blumen blickte.

»Das ist ein schönes Lied. Es ist im Süden sehr beliebt«, sagte er. »Hört zu, ich übersetze:

›Wo bist du jetzt?
Bist du im Trainingslager?
Bist du in der Offiziersakademie?
Wo bist du jetzt?
Bist du in Laos und vernichtest den Feind?

Ganz gleich, wo du auch sein magst, ich werde dich immer lieben.‹«

Als das Lied zu Ende war, sprang er gleich wieder hoch.

»He, Denny! Kann ich deine Flugzeuge filmen?«

»Warum mieten wir denn die Dschunke nicht für ein paar Tage und nehmen Sunny mit?«, schlug Dag vor, als die beiden Männer aus der Hütte gegangen waren. »Er könnte für uns übersetzen.«

»Das macht er bestimmt nicht«, sagte ich. »Er ist doch viel mehr an technischem Spielzeug als an einfachen Booten interessiert.«

Minuten später kam Sunny zurückgerannt, wobei die Kameras um seinen Hals wild gegeneinander klapperten.

»Denny hat mir von eurer Fahrt mit der Dschunke zur Cat Ba-Insel erzählt. Hört sich fantastisch an!«

»Möchtest du mitkommen?«, fragte Dag.

»Ja. Warum nicht? Von mir aus kann's gleich losgehen!«

Herr Duong war hocherfreut, als wir uns geeinigt hatten, und ruderte uns dann persönlich hinaus auf seine neue Dschunke. Das große Ruderhaus war, genau wie Denny versprochen hatte, tatsächlich mit Resopal verkleidet und mit Plastikblumen geschmückt. Ohne Zweifel war es aber für mehrere Tage eine bequemere Unterkunft, als es Herrn Hois Boot gewesen wäre. Die Dschunke besaß ein geräumiges Vorderdeck und, als besonderen Luxus, zwei große Abortverschläge aus Sperrholz auf dem Achterdeck. Während wir uns langsam von der Küste entfernten, lief Sunny mit der Videokamera vor dem Gesicht von einem Ende des Boots zum andern.

»Mein Gott! Es ist nicht zu fassen! So wunderschön!«

Als Luong und Kiem, die beiden Seeleute, die Segel hissten, traf Sunny vor Entzücken fast der Schlag und er wechselte hektisch zwischen Fotoapparaten und Videokamera hin und her.

»Fantastisch! Maria, stell dich zum Segel hin, damit ich ein Foto machen kann! Wenn ich doch nur meine Polaroidkamera dabei hätte! Das nächste Mal bringe ich sie bestimmt mit!«

»Er ist ein vietnamesischer Danny DeVito«, sagte Dag versonnen.

»Was machst du denn beruflich, Maria?«, fragte Sunny, als er sich wieder ein wenig gefasst hatte.

Ich erzählte ihm, dass ich Schriftstellerin sei und dass ich über unsere Reise ein Buch schreiben wollte.

»Wirklich? Das muss ich Kiem erzählen, der hat bestimmt eine Geschichte für dich!«

Luong übernahm das Steuerrad, während sich Sunny mit Kiem unterhielt. Nach einer Weile zog Kiem eine Brieftasche hervor und nahm ein Passfoto heraus. Auf der Rückseite stand sein Name und eine Seriennummer.

»Er sagt, du hättest Glück, dass du ihn getroffen hast«, übersetzte Sunny, »denn er hat den Krieg überlebt und jetzt erlaubt ihm die Regierung, darüber zu sprechen. Er möchte, dass du das Bild nimmst, damit ihn die Regierung erkennen und beweisen kann, dass er die Wahrheit sagt.«

Ich begann, mir Notizen zu machen, konnte aber kaum mithalten, denn seine Geschichte sprudelte nur so hervor. Kiem hatte sich Ende 1966 mit siebzehn Jahren der nordvietnamesischen Armee angeschlossen. 1972 wurde er in das Gebiet von Quang Tri in Südvietnam entsandt. An diesem Punkt unterbrach ich ihn, um ihm zu sagen, dass wir mit dem Fahrrad durch die Gegend gefahren und entsetzt über die dortige Verwüstung gewesen waren.

»Er sagt, dass sie Quang Tri den ›Fleischwolf‹ genannt haben«, sagte Sunny.

Kiem beschrieb die größte Schlacht, die er miterlebt hatte. Es war der Kampf um die Kathedrale von Quang Tri, bei der sich die südvietnamesischen Truppen in dem Gebäude verschanzt hatten und die NVA in Panzern dagegen vorgerückt war. Als sich alle Panzer und ein Teil der Soldaten auf dem Gelände um die Kathedrale befanden, schloss die südvietnamesische Armee die Tore. Zweitausend nordvietnamesische Soldaten wurden damals getötet. Kiem war mit einem schweren Maschinengewehr vor den Toren postiert. Von den 540 Männern seines Bataillons überlebten nur zehn, er war einer von ihnen.

Sunny unterbrach seine Übersetzung. »Kiem hat der Armee alles gegeben. Deshalb ist er jetzt so arm.«

Nach dem Kambodscha-Krieg wurde Kiem wie Tausende anderer Soldaten aus der Armee entlassen und konnte nur schwer Arbeit finden.

»Es ist nicht fair«, sagte Sunny, »denn er ist ein guter Mann und liebt unser Land.«

Kiem unterbrach sich in seinen Erzählungen, um unsere Position zu prüfen. Da wir den Schutz der Inseln verlassen hatten und uns der offenen See näherten, lief er ins Ruderhaus und kam mit brennenden Räucherstäben zurück. Er hielt sie zwischen seinen Handflächen und verbeugte sich gegen Norden, Süden, Osten und Westen.

»Er sagt, wir fahren durch das Tor zur Südsee«, erklärte uns Sunny. »Deshalb muss er zu den vier Geistern der vier Winkel des Meeres beten.« Er machte eine Pause. »Das ist, wie wenn wir in den Staaten auf einem Highway eine Mautgebühr zahlen müssen.«

Unweit der Cat Ba-Insel fuhren wir langsam durch ein Labyrinth kleiner Inseln, auf der Suche nach einer geeigneten Anlegestelle für die Nacht. Um uns herum ragten Kalksteinwände aus dem Wasser. Lange Schlingpflanzen hingen von den verkrüppelten Bäumen, die in den Gesteinsspalten irgendwie Halt gefunden hatten. Das ruhige Gewässer war von einem tiefen, dunklen Grün. Es herrschte Stille, außer dem hallenden Gesang unsichtbarer Vögel, dem quietschenden Ruf der Fledermäuse, dem unentwegten Surren der Insekten – und Sunnys fröhlichem Pfeifen, der vergnügt an Deck saß und Kartoffeln für Berge von Pommes hackte.

»Ich fühl mich wie ein König! Deshalb bin ich nach Vietnam

zurückgekommen, für das einfache Leben. In den Staaten ging's nur um Arbeit und Amüsieren!«

Er erzählte uns von seiner Autosammlung in den USA, die aus einem 300 Diplomat von 1959, einem Mercedes von 1957, zwei Mercedescoupés aus den 60ern, zwei Sunbeams, zwei französischen Caravellecabrios und zwei Jaguars bestand. Aus einer Ledertasche zog er Bilder von einigen dieser Wagen. Zierde eines jeden war eine dunkelhäutige Schöne im Badeanzug, die sich in verschiedenen Pin-up-Posen gegen den Kühler lehnte.

»Schaut sie euch an!«, sagt er und reichte die Fotos herum. »Sie möchte Model werden. Ist 'ne ganz heiße Nummer! Arbeitet bei Kentucky Fried Chicken in San Francisco. Aber meine wirkliche Freundin ist in Saigon. Sie heißt Bich Hoa. Fünfzehn Jahre lang glaubte ich, sie wäre verloren.«

Während Sunny seine Geschichte erzählte, war die Nacht hereingebrochen. Kiem stellte Kerzen aufs Deck, deren Flammen in der sanften warmen Brise flackerten.

»Ich habe sie kennen gelernt, da war sie zwölf und im katholischen Gymnasium in Dalat. Es war Liebe auf den ersten Blick. Aber sie wollte Nonne werden, und da dachte ich mir, ich hätte keine Chance. Mit sechzehn hat sie das Kloster verlassen und ist mit ihrer Familie nach Saigon gezogen. Sie hat mir einen langen Brief geschrieben und mir gesagt, dass sie mich gern hat. Ich konnte es kaum glauben. Ich habe ihr gleich geschrieben und ihr meine Liebe gestanden. Aber ihre Familie hat den Brief versteckt. Sie hat mir noch dreimal geschrieben und gefragt, warum ich nicht antworte. Jedes Mal habe ich zurückgeschrieben, aber sie hat meine Briefe nie bekommen. Was hätte ich da tun sollen? Sie hat zu schreiben aufgehört und sie ist nie nach Dalat gekommen. Ich bin älter geworden und hatte Erfolg bei den Mädchen, aber ich habe sie nie vergessen. Nach drei Jahren ist sie wieder nach Dalat gekommen und ich habe sie auf dem Markt gesehen. Sie war so verändert! Beim letzten Mal war sie ein unschuldiges sechzehnjähriges Mädchen gewesen. Aber jetzt war sie eine

Prinzessin! Sie trug Seide, lackierte Fingernägel und etwas Lippenstift und sie hatte eine Figur – Mann – wie ein Filmstar! Sie saß auf einem Motorroller mit einem großen Mann, der einen italienischen Anzug trug. Als sie mich sah, ließ sie ihn anhalten und kam zu mir herüber. Ich habe am ganzen Körper gezittert, bekam keine Luft und konnte kein vernünftiges Wort herausbringen. Mit Tränen in den Augen hat sie zu mir gesagt ›zu spät, zu spät‹ und ist dann zum Motorroller zurückgelaufen. Und ich habe sie nicht mehr gesehen. Doch ich musste immer an sie denken. Als ich 1975 in die Staaten kam, gab ich Anzeigen in den vietnamesischen Zeitungen auf, um mich nach ihr zu erkundigen. Ich bekam nie eine Antwort und hatte Angst, sie wäre bei den Bombardements umgekommen. 1989 aber war meine Schwester in Dalat und fand heraus, dass meine Freundin am Leben war und in Saigon einen Kosmetiksalon hatte. Meine Schwester rief mich an und ich sagte ihr, sie solle sie besuchen, und schickte einen Brief und Geschenke für sie. Mein Brief war ganz vorsichtig, denn ich wollte ihren Mann, falls sie verheiratet war, nicht verärgern. Und so erkundigte ich mich nur nach ihrer Familie und dergleichen. Meine Schwester erzählte ihr dann, dass ich noch immer ledig bin und fünfzehn Jahre lang nach ihr gesucht hätte. Und meine Freundin hat gesagt, dass sie ihre Verlobung mit dem Mann im italienischen Anzug an dem Tag, an dem sie mich auf dem Markt getroffen hat, gelöst hat. Wegen mir! Ihre Eltern waren aber sehr verärgert und zwangen sie, einen anderen Mann zu heiraten. Da hatte sie dann eine Hochzeit und Kinder, aber sie und ihr Mann waren nicht glücklich und sind jetzt geschieden. Als ich das hörte, schrieb ich ihr, nonstop, einen vierzig Seiten langen Brief. Ein ganzes Buch! Ich habe ihr alles in meinem Herzen anvertraut. Als sie meinen Brief las, hat sie so geweint, dass sie den Brief in Plastikhüllen stecken musste, denn sonst hätten ihre Tränen meine Worte weggewaschen. Drei Jahre lang haben wir uns dann geschrieben. Bis ich im vergangenen Jahr an Weihnachten nach Hause gekommen bin. Ich habe ihr nichts gesagt, sondern bin ganz einfach zu ihrem Kosmetiksalon gegangen und habe angeklopft. Und sie hat mir aufgemacht.« Er nahm einen langen Schluck Bier.

»Und was war dann?«, fragte ich ungeduldig. Aber ich hätte es ja wissen müssen.

»Ich machte Fotos«, sagte er. »Viele Fotos! Sie war so glücklich. Ich bin eine Woche bei ihr geblieben. Dann bin ich in die Staaten zurück und habe sie die ganze Zeit angerufen. Seitdem waren wir nur zwanzig Tage zusammen, aber es kommt mir wie eine Ewigkeit vor. Nächste Woche sehe ich sie wieder. Unsere Geschichte ist so schön, dass man einen Film daraus machen könnte. Vielleicht schreibst du darüber, Maria, und jemand in Hollywood interessiert sich dafür!«

Kiem legte für uns Strohmatten aufs Deck und er und Luong gingen zum Schlafen ins Ruderhaus. Wir legten uns hin und starrten zu den Sternen hinauf. Da fiel mir die Aufnahme ein, die ich von Vinhs Gesang gemacht hatte. Ich fragte Sunny, ob er das Lied für mich irgendwann einmal übersetzen könnte.

»Klar«, sagte er. »Hast du's bei dir? Ich würde es mir gern gleich anhören.«

Er setzte sich die Kopfhörer auf und ich machte es mir neben ihm mit Taschenlampe und Notizbuch bequem. Nachtfalter schwirrten um mein Gesicht und eine Fledermaus flatterte an uns vorbei. Aus dem Walkman hörte ich ein fernes blechernes Geräusch, als Vinhs Lied begann.

»Mein Gott!«, rief Sunny begeistert. »Das ist doch nicht zu fassen!«

Er riss sich die Kopfhörer von den Ohren.

»Lass es zurückspulen! Der Junge ist fantastisch! Und das Lied – es ist genau wie meine Geschichte! Es ist nicht zu glauben!«

Mit den Hörern auf dem Kopf brüllte Sunny die Übersetzung des Lieds, das uns Vinh im Park vorgesungen hatte, in die Stille der Nacht hinaus.

»Ich hatte eine Hütte in der Vorstadt, klein und einfach.
Ein Mädchen wohnte in der Nähe, aber im vornehmen Teil,
wo ein Chauffeur sie herumfuhr.
Ich singe nicht gut, ich bin kein guter Musiker,
aber meine bezaubernde Nachbarin von nebenan hörte meinen Liedern zu
und applaudierte immer und ließ dabei mein Herz erzittern.
Ich wusste, dass wir keine gemeinsame Zukunft haben konnten
und so ging ich eines Tages weit weg und versuchte, sie zu vergessen.
Doch ihre Schönheit ging mir nicht aus dem Sinn.
Eines Tages kam die schreckliche Nachricht, dass sie einen reichen Mann geheiratet hatte.«

»Stopp das Band«, sagte Sunny. »Dieses Lied bricht mir das Herz.«

Tränen liefen ihm die Wangen hinunter und er brauchte eine ganze Flasche Bier, bis er wieder fähig war, mit seiner Übersetzung fortzufahren.

»Und jetzt frage ich mich, ob sie sich an den armen Musiker erinnert.
Vor ein paar Tagen war mein Leben noch gut wie das der andern Leute.
Aber heute muss ich auf die Straße hinaus und für meinen Unterhalt singen.
Dank euch allen, die ihr mir hier und dort ein paar Münzen gebt,
ich kann überleben, im Regen und unter der Sonne.
Für den Rest meines Lebens vergess ich eure Hilfe nicht.
Vielleicht kann ich es euch im nächsten Leben vergelten.
Ich wünsch euch Frohsinn und Wohlstand für immer.
Ich wünsch euch Glück auf euren Reisen, nah und fern.«

An diesem Punkt waren wir alle in Tränen aufgelöst. Wir erzählten Sunny von Vinh, dass er nur ein Bein hatte und einen blinden Vater.

»Wir möchten ihm gern irgendwie helfen«, sagte Dag. »Ihn von der Straße holen und seine Schulbildung finanzieren.«

»Wie lange seid ihr noch in Vietnam?«, fragte Sunny.

»Nur noch ein paar Tage.«

»Warum machen wir uns morgen nicht auf die Suche nach ihm? Wir könnten ihn aufs Boot holen und mit ihm besprechen, was ihr für ihn tun könnt.«

»Wäre das möglich?«

»Klar! Warum nicht?«

Wir waren so aufgeregt, dass wir kaum schlafen konnten, und beim ersten Licht des Morgens weckten wir Kiem und Luong und baten sie, uns nach Bai Chay zurückzubringen.

Nachdem wir Herrn Duong versichert hatten, dass mit seinem Boot alles in Ordnung war, holten wir unsere Fahrräder und den Motorroller aus dem Büro und machten uns auf den Weg nach Bai Chay. Den ganzen Strand entlang fragte Sunny nach *Vinh mot chan*. Wir fanden ihn schließlich im Busbahnhof am anderen Ende der Stadt. Mit einem vergnügten Lachen hüpfte er auf uns zu. Als wir uns mit ihm bei einer Garküche an einen Tisch setzten, scharten sich gleich fünfzehn andere Straßenkinder um uns, die ihren Freund aufgeregt lachend hänselten. Vinh gab dem Jungen neben sich eine Dose Cola, an der dann alle vorsichtig nippten.

»Vinh schläft hier mit den anderen Kindern«, sagte Sunny und wies dabei auf den Raum zwischen den Garküchen und der Ziegelmauer des Busbahnhofs. »Im Sommer ist es okay, aber im Winter müssen sie sich mit Pappkartons und Zeitungen warm halten.«

Er sprach ruhig und freundlich auf den Jungen ein.

»Er sagt, er hat einen Bruder und eine kleine Schwester hier. Die Schwester singt auch. Er möchte, dass ihr sie kennen lernt.«

Vinh führte uns zu einem der Busse, die in der Nähe parkten. Er war voller Fahrgäste und das Gepäck wurde gerade aufs Dach verladen. Der Junge kletterte die Stufen hinauf und zwängte sich durch die Menschen, während ich ihm so gut es ging folgte. Eine klangvolle Kinderstimme und das Klappern von Löffeln war zu hören, während sich ein kleines Mädchen mit zerzaustem Haar und einem herzförmigen Gesichtchen entschlossen einen Weg durch den Mittelgang bahnte. Sie trug eine staubige braune Hose und eine geblümte Bluse. Um den Hals hing ein rosa Stoffbeutel, der mit einem braunen Faden grob zusammengenäht war. Wie ihr Bruder sang sie mit erhobenem Kinn und halb geschlossenen Augen und sammelte dabei mit dem Hut Geld ein. Vinh streckte seinen Arm aus und ergriff ihre Hand. Sie brach mitten im Lied ab und gemeinsam stiegen wir aus dem Bus und blieben auf dem Kies stehen.

»Name, Bac«, sagte Vinh zu mir und drückte dabei das verwirrte kleine Mädchen an sich.

Ich ging in die Hocke, so dass ich Bac direkt in die Augen blicken konnte.

»Name«, sagte ich und zeigte dabei auf mich, »Maria.«

»Ma-ri-AH«, wiederholte sie scheu. »Ma-ri-AH.«

Dann wühlte sie in ihrem rosa Beutel herum, zog einen Plastikkamm hervor und zerrte ihn durch ihr wirres Haar.

Bei der Garküche setzten sich die beiden Kinder zwischen uns. Bac schlürfte hungrig eine Suppe, während ihr Bruder sich zurückhielt, vorsichtig an einem Baguette kaute und immer wieder kleine Stücke an seine Freunde verteilte, die sich nach wie vor um uns scharten.

»Ich habe Vinh noch nicht wegen des Boots gefragt«, sagte Sunny. »Ich möchte ihn nicht mit zu viel auf einmal erschrecken und habe deshalb nur zu ihm gesagt, dass ihr ihn gern habt und ihn zum Freund haben möchtet.«

Zwanzig Minuten später fragte er die beiden schließlich doch, ob sie mit uns auf die Dschunke kommen wollten. Während er sprach, breitete sich ein Strahlen auf Bacs Gesicht aus, aber Vinh starrte ernst vor sich hin und antwortete mit gesenktem Blick.

»Er sagt, sie müssen arbeiten und für ihren Vater Geld verdienen. Ihr Vater ist sechzig Jahre alt, blind und hat keine Zähne mehr.«

»Wir geben ihnen, was sie verdienen würden«, sagte Dag. »Und noch etwas drauf.«

Das Angebot wurde von Vinh mit einem scheuen Lächeln quittiert.

»Er sagt, er muss noch ihren großen Bruder fragen«, übersetzte Sunny.

Der wurde geholt und stand innerhalb weniger Minuten vor uns. Der siebzehnjährige Hung, den man leicht für dreizehn hätte halten können, war klein und mager, doch wesentlich gewitzter als seine Geschwister. Er konnte ein wenig schreiben und lesen und organisierte das Leben der Straßenkinder in Bai Chay. Er sorgte dafür, dass sie einen Platz zum Schlafen hatten, entschied, welches Stadtviertel sie abklappern sollten und half bei Problemen und Streitereien.

»Ein Mittelsmann«, sagte Sunny. »Der würde in den Staaten weit kommen.«

Wir gaben ihm einen Vorschuss auf den Verdienst seiner Geschwister und er schien über unsere Abmachungen recht froh zu sein.

»Wisst ihr, was er zu ihnen gesagt hat?«, fragte uns Sunny, als wir loszogen. »Viel Spaß!«

Wir boten sicher einen seltsamen Anblick, als wir durch Bai Chay fuhren. Die kleine Bac saß vor Sunny auf dem Motorroller, Vinh hinter Dag auf dem Gepäckträger. Auf unseren Fahrrädern, die mit dem gesamten Proviant, den wir auf dem Markt eingekauft hatten, beladen waren, türmten sich Eier, Bananen, Brot, Käse, eine ganze Jackfruit, eine Tüte mit Papaya und ein Berg Kartoffeln, Öl und Kaffee. Allerdings verzögerte sich unsere Abfahrt wegen Sunnys Videokamera, die in Dennys Büro aufgeladen wurde.

»Es dauert noch eine Stunde«, sagte Sunny zu mir. Aber bevor ich mich darüber ärgern konnte, fügte er schnell hinzu: »Siehst du den Frisör dort drüben? Warum bringen wir die Kinder nicht hin und lassen ihnen die Haare waschen?«

Der schmuddelige Schuppen des Frisörs war zur Straße hin offen. Vinh schien von dem Laden keineswegs eingeschüchtert zu sein, aber Bac stand im Eingang und starrte mit großen Augen auf die Fotos der Frisurenmodelle, die goldgerahmten Spiegel und die Theke, hinter deren Glasfront Fläschchen mit glänzendem Nagellack prangten. Eine der Frisörinnen führte sie zu einem Sessel mit verstellbarer Rückenlehne, auf den die Kleine kletterte und den Kopf nach hinten über ein Stahlbecken legte. Zuerst hielt sie den rosa Beutel um den Hals fest umklammert und starrte dabei ängstlich zur Decke. Als die Frau aber begann, ihr die Kopfhaut zu massieren und sanft Gesicht und Nacken zu waschen, entspannte sie sich und schloss lächelnd die Augen. Währenddessen saßen Vinh und ich nebeneinander vor den Spiegeln. Zwei Mädchen, beide mit Pickeln auf den Wangen, nahmen fettige Kämme aus Gläsern mit trübem Wasser und zerrten damit heftig in unseren vom Wind zerzausten Haaren herum. Sie gossen ein wenig Wasser auf unsere Köpfe, kleckslen Shampoo darauf und brachten es dann zum Schäumen, wobei sie mit ihren langen roten Nägeln energisch auf unseren Häuptern herumkratzten. Vinh ließ es stoisch über sich ergehen, während ich immer wieder zusammenzuckte und wimmernde Laute von mir gab. Als Bac zum Hände- und Füßewaschen in den Hof hinter dem Schuppen geführt wurde, setzten wir uns nacheinander in den verstellbaren Sessel am Waschbecken. Meine Kopfhaut fühlte sich inzwischen an, als hätte man sie mit einem Gartenrechen behandelt und ich fürchtete schon, dass es noch schlimmer kommen würde. Doch der Schaum wurde mit kühlem Wasser sanft ausgespült und dann bekam auch ich eine beruhigende Gesichts- und Halswäsche.

»Ma-ri-AH«, sagte eine Stimme in mein Ohr. Ich wandte den Kopf und sah Bac neben mir. Ihr Haar war gewaschen und schön gekämmt und die Haut auf ihren Wangen strahlte vor Sauberkeit.

»*Dep lam*«, sagte ich zustimmend. »Schön«, wofür sie mir mit einem begeisterten Lächeln dankte.

Sie hielt meine Hand, als wir die Straße überquerten, und half mir dann aufgeregt, die Tüten mit dem Proviant auf die Dschunke zu laden. Als wir aber in die Bucht hinausfuhren, wurde sie wachsam. Sie verstaute ihre Löffel und ihren rosa Stoffbeutel im vorderen Fach meiner Schultertasche und zog sorgfältig den Reißverschluss zu. Dann setzte sie sich neben Vinh und schaute mit leicht gerunzelter Stirn auf die Inseln in der Ferne. Dabei strich sie sich immer wieder die Haare aus den Augen.

Am späten Vormittag waren wir dann wieder bei den Höhlen angekommen, die Dag und ich am Vortag besucht hatten. Sunny wollte sie gern sehen und so gingen die Männer gemeinsam mit Vinh an Land. Ich blieb an Bord zurück. Zuerst hatte es den Anschein, dass Bac ihrem Bruder nachlaufen würde, aber dann überlegte sie es sich doch anders und kam zu mir zurück. Sie setzte sich neben mich und wir beobachteten, wie Vinh als Erster die Treppe hinaufkletterte und dabei schneller und gewandter war als alle andern. Als er im Eingang zur Höhle verschwand, schrie Bac besorgt auf und klammerte sich an mich. Um sie ein wenig abzulenken, holte ich ein Fläschchen mit Nagellack hervor, das ich beim Frisör gekauft hatte. Mit einem erwartungsvollen Blick legte Bac zögernd eine Hand auf mein Knie. Sie verhielt sich ganz still, während ich ihre winzigen Nägel bemalte. Als sie trocken waren, wollte sie unbedingt die meinen anmalen und bekleckste dabei meine Fingerspitzen. Zum Abwischen riss sie schnell ein Stück Papier von einem provisorischen Verband auf ihrem Bein. Ich versuchte, unter den Verband zu schauen, der aus mehreren Lagen Toilettenpapier, die mit einer Schnur festgebunden waren, bestand, aber sie zuckte zusammen und wich mir aus. Ich kämmte ihr Haar aus dem Gesicht und befestigte es mit einer Spange. Dann schauten wir uns gemeinsam meinen Reiseführer an. Bac zeigte auf jedes Foto und jede Skizze und nannte mir feierlich das vietnamesische Wort dafür. Wie ihr Bruder konnte sie weder lesen noch schreiben.

Wir spielten gerade Mühle, als die Männer zurückkamen. Vinh war außerordentlich stolz darauf, dass seine Behändigkeit mit den Krücken von allen so bewundert worden war.

»Du hättest den kleinen Kerl sehen sollen, wie er die Felswände hinauf- und hinabgeklettert ist«, sagte Dag. »An Stellen, wo ich mich nie hingetraut hätte. Und er ist ganz böse geworden, als ihm der Führer über eine besonders schwierige Stelle helfen wollte.«

Für den Rest des Vormittags waren Dag und Vinh unzertrennlich. Sie saßen gemeinsam auf dem Deck und Vinh hatte seinen Beinstumpf über Dags Knie gelegt. Als Dag die Brandwunde auf Bacs Bein behandelte, half ihm Vinh dabei und hielt für ihn Bandagen, Tuben und Salbe. Bac klammerte sich zitternd und wimmernd an mich, als Dag vorsichtig das Toilettenpapier abnahm und die Wunde säuberte und verband.

»Ich bin sicher, dass ich ihr nicht wehtue«, sagte Dag.

»Sie hat die Brandwunde vom Auspuff eines Motorrollers«, sagte Sunny. »Sie kann sich noch an den Schmerz erinnern und hat jetzt Angst.«

Bac war sieben Jahre alt, sah aber wie eine Fünfjährige aus. Ihr halbes Leben lang hatte sie ohne Mutter gelebt. Jetzt, wo sie ihre anfängliche Schüchternheit überwunden hatte, schien sie die ihr im Lauf der Jahre entgangene Fürsorge nachholen zu wollen und war an Inseln, Grotten, Felsbogen und Meereshöhlen, an denen wir vorbeikamen, überhaupt nicht interessiert. Stattdessen wollte sie kuscheln und verwöhnt werden und meinen Busen näher besehen. Als sie auf meinem Schoß saß, schaute sie interessiert in den Ausschnitt hinein und fasste dann durch den Stoff meiner Bluse meine Brustwarzen an und drückte sie. Dann lehnte sie sich genüsslich an meine Brust und ich wünschte, ich hätte sie mit etwas mehr Oberweite beglücken können.

»Hast du gesehen, was am Markt passiert ist?«, fragte Sunny hinter seiner Videokamera hervor. »Als Vinh und Bac aus dem Bus geklettert sind, wollte ein Beamter sie von euch wegscheuchen. Diese Kinder werden hier wie die Ratten behandelt. Selbst die Touristen, die von den Kindern Postkarten kaufen, wollen sie nicht berühren, weil sie Angst haben, dass sie sich dabei irgendetwas einfangen könnten. Die Kinder sind zäh und können ohne Hilfe überleben, aber schaut nur, wie sie mit ein wenig Liebe aufblühen.«

Zwischen Bruder und Schwester fehlte es allerdings keineswegs an Liebe und Zuneigung. Während Vinh für uns sang, verschwand Bac für zehn Minuten in einem der Aborte. Mitten im Refrain hielt Vinh inne und sah sich suchend nach Bac um. Und auch Sunnys Versicherung, dass Bac keineswegs in Gefahr sei, genügte ihm nicht; ohne seine Krücke hüpfte er zum Abort hinüber, kletterte die Wand hinauf und schaute hinein.

Als es immer heißer wurde, verankerte Kiem das Boot schließlich zwischen mehreren steilen Felskegeln. Vinh kletterte aufs Dollbord, balancierte auf einem Bein und tauchte dann ins Wasser hinab. Dag sprang ihm nach und die beiden schwammen zu ein paar auf Wasserhöhe gelegenen Höhlen und verschwanden darin. Diesmal machte sich Bac keine Sorgen, sondern half mir und Sunny mit unserem Lunchpicknick. Als Dag und Vinh zurückkamen, setzten wir uns alle um eine Matte, auf der wir das Essen ausgebreitet hatten. Eigentlich sollten alle selbst zugreifen, aber die Kinder bestanden darauf, uns Erwachsene zu bedienen. Vinh gab uns zu trinken, während Bac feierlich Baguettes, Käseeckchen, Litschis und das aufgeschnittene Obst austeilte. Dann fragten sie uns alle nacheinander, angefangen mit Kiem, dem Ältesten, ob sie mit dem Essen anfangen dürften: »*Moi ong, an com? Moi ba, an com?* Sir, darf ich essen, Madam, darf ich essen?«

Und selbst als sie die Erlaubnis hatten, gab Vinh seiner Schwester zuerst zu essen.

Während wir bei unserem Picknick saßen, tauchte hinter einer der Inseln ein zweimastiger Sampan auf. Die ausgebleichten Segel waren mit roten, schwarzen, purpurnen und orangefarbenen Flicken aufgefrischt worden. Die beiden Leute an Bord sahen genauso verwittert und bescheiden aus wie ihr Boot. Am Bug saß auf einer dicken Seilrolle eine alte Frau. Ihr langärmeliges Hemd war wie die Segel mit Flicken bedeckt und um den Kopf hatte sie ein Tuch geschlungen. Am Steuer stand ein drahtiger alter Mann, der gerade die Segel einholte, als ihn Sunny mit seiner Videokamera aufnehmen wollte, und der dann mit zwei langen Rudern auf uns zupaddelte. Erst jetzt bemerkte ich den kleinen Jungen, der unter dem Verdeck hervorlugte. Die Leute hatten kaum ihr Boot an unserem vertäut, als Vinh und Bac dem Jungen schon kleine Leckerbissen hinunterreichten – ein paar Süßigkeiten und Kaugummi, die wir ihnen gegeben hatten, Brot und Orangen von unserem Picknick und, nachdem sie Sunny um Erlaubnis gebeten hatten, eine Dose Cola aus der Kühlbox.

Vu Van Lieu und seine Frau Nguyen Thi Xuan waren achtundsechzig und vierundsechzig Jahre alt und der Junge war eines ihrer dreißig Enkelkinder. Verschüchtert wollten sie anfangs gar nicht unserer Einladung, zu uns an Bord zu kommen, folgen, und sie unterhielten sich mit uns von ihrem Sampan aus, während sie an dem Viertel einer Jackfruit kauten, das wir ihnen geschenkt hatten. Sie waren unterwegs auf Fischfang und wollten die Nacht in einem schwimmenden Dorf verbringen. Trotz des Haufens blaugrauer und orangefarbener Netze an Bord waren nirgends Fische zu sehen. Alles, was die Leute bisher gefangen hatten, waren etliche Hufeisenkrabben, die wie grüne Militärhelme mit langen spitzen Schwänzen aussahen. Wir kauften ein paar und dann fragte Xuan schüchtern, ob Sunny eine Aufnahme von ihr mit Dag machen könnte.

»Maria, sie möchte gerne wissen, ob es dich eifersüchtig machen würde«, sagte Sunny.

»Ein wenig«, erwiderte ich. »Sie ist ja eine gut aussehende Frau.«

Xuan kicherte begeistert darüber und legte dann ihren Arm um Dags Schulter, als er sich neben ihr aufs Deck gehockt hatte.

Kiem vereinbarte mit den Leuten, dass er ihnen zum schwimmenden Dorf folgen würde und Xuan bestand darauf, dass ich die Fahrt auf ihrem Boot machen sollte. Lieu hisste die falterartigen Segel und wir trieben durch das grüne Wasser dahin, überragt von den steilen Felsinseln.

»Vietnam – *dep lam*«, sagte ich zu Xuan und wies dabei auf die herrliche Umgebung. Ja, es war wirklich wunderschön.

Sie aber war plötzlich ernst geworden und schüttelte den Kopf.

»Vietnam – *doi*«, antwortete sie. Ein hungriges Land.

Während wir dahinsegelten, kochte sie Wasser auf einem Kohlenöfchen und braute in einer Kanne Grünen Tee. Er schmeckte überhaupt nicht bitter und war der Beste, den ich bis dahin in Vietnam getrunken hatte. Während ich daran nippte, griff sie plötzlich mit ihrer rauen, schwieligen Hand nach meinem Knie.

»Knie!«, sagte sie mit Nachdruck und überraschte mich mit ihrer perfekten Aussprache. Wie sich herausstellte war es das einzige englische Wort, das sie kannte.

»Knie!«, wiederholte sie mehrmals. Dann rollte sie ihre Hose hoch und wir verglichen unsere Beine. Ihre waren drahtig und muskulös und beschämten meine dünnen Storchenbeine.

Im schwimmenden Dorf waren Sampans reihenweise miteinander vertäut und von den Felskegeln, die daneben wie Kathedralen emporragten, wurde der Schall von Radiomusik, Kinderlachen und dem Knattern der Außenbordmotoren zurückgeworfen. Einige der Sampans waren vom Hauptdorf weggetrieben und steuerten auf die Höhlen und Felsbogen unter einer der Klippen zu. Fasziniert folgten wir ihnen im Beiboot unserer Dschunke. Bald entdeckten wir einen Felsbogen, der dreißig Meter lang und stellenweise so niedrig war, dass wir uns beim Durchfahren bücken mussten. Von seiner Decke hingen dicke Stalaktiten, deren Wasser ins Meer tropfte. Auf der anderen Seite öffnete sich eine Lagune. Wir saßen in unserem kleinen Boot und starrten zu den hohen Kalksteinwänden empor, die uns umschlossen. Schmale und markante Gesichter, die Wind und Wasser ins Gestein gehauen hatten, starrten auf uns zurück. Bäume sprossen aus den Felsspalten und -bogen und schienen zum Himmel hinauf zu wachsen.

»Es ist der perfekte Unterschlupf bei einem Sturm«, sagte Dag.

Ja, dachte ich mir verträumt, als wir unter dem Felsbogen zurückpaddelten, ein wahrhaft perfekter Ort.

Wir überredeten Xuan, Lieu und ihren Enkelsohn, mit uns zu Abend zu essen, und so saßen schließlich drei Generationen friedlich beisammen. Es gab Fisch, den wir im Dorf gekauft hatten, Reis, den Xuan gekocht hatte, und Obst, Brot und Käse. Es war schon lange her, dass die beiden alten Leute Papayas und die großen Litschis, *chum chum* genannt, gegessen hatten und Xuan hatte noch nie Bier getrunken. Sunny war darauf bedacht, dass sie mit diesen drei Köstlichkeiten und allem, was wir sonst noch zu bieten hatten, gut versorgt waren.

»Esst diese Bananen, sie sind gesteckt voll mit Vitamin A«, sagte er und reichte sie herum. »Lieu! Nimm dir doch von den Papayas! Hier ist noch ein Bier!«

Vom Alkohol angeheitert waren die beiden alten Leute bester Laune.

»Wie ist es denn in einem Flugzeug?«, fragte Xuan Sunny. »Im Krieg habe ich nie verstanden, wie die Flugzeuge mit all den schweren Bomben so hoch fliegen konnten.«

Lieu erzählte ein paar saftige Witze, bei denen es immer um die Unterschiede in der Aussprache zwischen Nord- und Südvietnam ging.

»Nach 1975 ist ein Mann aus dem Norden in den Süden versetzt worden, weil er dort für die Regierung arbeiten sollte. Am Wochenende hat er einer seiner Kolleginnen vorgeschlagen, hinaus in die Natur zu fahren und sich in ihrem Boot zu vergnügen. Wegen seines Dialekts glaubte sie aber, dass er anstatt Boot ihre Vagina gemeint hatte. ›Genosse!‹, protestierte sie. ›Wie kannst du nur so vorschnell sein? Wir haben uns doch gerade erst kennen gelernt.‹«

Während Sunny seine Witze übersetzte, lachte Lieu stillvergnügt vor sich hin und seine Augen verschwanden dabei in den tiefen Falten seines Gesichts.

Um uns herum funkelten die Lichter der anderen Boote und im Dorf war es still geworden. Niemand wollte unserer fröhlichen Runde ein Ende bereiten, obwohl wir alle schon langsam von Müdigkeit übermannt wurden. Ich gab mich schließlich als Erste geschlagen. Um zehn Uhr zog ich mich zurück und streckte mich auf dem Deck aus. Bald kam Bac zu mir und kuschelte sich mit ihrem Arm über meiner Brust an mich. Mit hoher belegter Stimme sang sie mir ein Lied, wobei sie sich zwischendurch immer wieder unterbrach, als ob sie nach Worten suchte.

Sunny beugte sich herüber, um ihr zuzuhören. »Maria, sie macht ein Lied für dich«, sagte er leise. »Sie sagt: ›Morgen werde ich purpurne Blüten pflücken und dir ins Haar stecken.‹«

Ich döste vor mich hin und merkte kaum, dass sich Lieu, Xuan und ihr Enkel verabschiedeten. Irgendwann schleppte ich mich dann mit Bac, die sich noch immer an mich klammerte, zur Matte hinüber, die Dag auf dem Deck ausgebreitet hatte. Dann legte jemand sanft ein Laken über uns. Danach merkte ich gar nichts mehr, bis mich die Vögel am Morgen mit ihrem Gesang weckten.

Minutenlang starrte ich auf die majestätische Felswand, die über mir zum Himmel ragte.

»Mein Gott, ich kann es nicht glauben«, hörte ich Sunny vor sich hin murmeln. »So schön, ich komme mir vor wie ein König.« Dann wurde mir bewusst, dass Dag zwar noch wie üblich auf der Seite lag und die Arme um mich geschlungen hatte, dass aber Bac verschwunden war. Ich stützte mich auf meinen Ellbogen und blinzelte suchend übers Deck. Da bewegte sich etwas hinter Dag und eine kleine Hand wurde über seiner Schulter sichtbar.

»Ma-ri-AH«, sagte ein verschlafenes Stimmchen.

Bac hatte sich an Dags Rücken gekuschelt. Neben ihr lag Vinh, der noch immer fest schlief. Als mich das Blitzlicht einer Kamera blendete, wusste ich, dass Sunny wieder am Fotografieren war.

»Beweg dich nicht, ich muss das festhalten«, sagte er.

Er war offensichtlich in so großer Eile, dass er vergessen hatte, seine Hose anzuziehen. Seine Hemdschöße hingen ihm fast bis an die Knie und darunter ragten seine dünnen Beine hervor, die erstaunlich blass waren.

»Ich habe mit den Kindern gestern nicht über ihre Schulbildung gesprochen«, sagte er ein wenig später. »Ich wollte zuerst einmal sehen, ob sich zwischen euch eine persönliche Beziehung entwickelt.«

Bac saß auf meinem Schoß, während ich ihr vorsichtig die Knoten in den Haaren auskämmte. Bei Sunnys Worten stiegen mir Tränen in die Augen.

»Jetzt vertrauen sie euch aber und wissen, dass ihr nicht einfach wieder geht und sie im Stich lasst.«

»Was passiert«, fragte ich, »wenn sie nicht zur Schule gehen?«

»Jetzt sie sind okay. Sie sind niedlich, können singen und betteln und die Leute geben ihnen Geld. Aber wenn Vinh erst mal erwachsen ist, wird es schwer für ihn sein, einen Job zu finden. Und Bac –«, er hielt inne und seufzte. »Maria, Männer kommen von China und Taiwan über die Grenze, sie zahlen eine Menge Geld für eine hübsche Jungfrau, vielleicht zwei- oder dreihundert Dollar. Für eine arme Familie ist das eine große Versuchung, aber für das Mädchen ist es das Ende, danach kann sie nur noch als Prostituierte arbeiten.«

Dag und Vinh gesellten sich zu uns und wir saßen eng beieinander, während Sunny mit den Kindern sprach. Sie sagten ihm, dass sie noch nie eine Schule besucht hätten. Als er ihnen erklärte, dass Dag und ich ihnen gerne helfen würden, eine Schulbildung zu bekommen, sah uns Bac erstaunt an und ein strahlendes Lächeln überzog ihr Gesicht. Vinh reagierte aber viel sachlicher.

»Er sagt, es sei nicht möglich wegen ihres Vaters«, übersetzte Sunny. »Wenn sie zur Schule gehen, können sie nicht arbeiten und er wird nichts zu essen haben.«

»Wir könnten den Vater unterstützen«, schlug Dag vor, »und die Kinder könnten dann zur Schule gehen.«

»Das werde ich ihnen nicht sagen«, sagte Sunny. »Ich glaube, wir müssen nach Hai Phong fahren und mit dem Vater sprechen.«

»Ma-ri-AH«, sagte Bac zärtlich und tätschelte mir die Wange. Obwohl ich meine Tränen tapfer zurückgehalten hatte, war ihr klar geworden, dass etwas nicht stimmte.

»Dag, ist dir klar, dass wir schon am Samstag wegfliegen?«, sagte ich mit erstickter Stimme.

Wir hatten ursprünglich geplant, dass wir von der Ha Long-Bucht per Bus oder Auto für unseren Nachmittagsflug direkt zum Flughafen fahren würden.

»Du liebe Güte«, sagte er bestürzt. »Das stimmt.«

»Und heute ist Donnerstag. Wenn wir etwas unternehmen wollen, dann müssen wir es schnell tun.«

Sunny hatte sofort eine Lösung bereit. »Wir fahren sofort nach Hai Phong, nehmen die Kinder mit und besuchen den Vater. Ihr könnt bei meinem Cousin wohnen und von dort nach Hanoi und zum Flughafen fahren.« Dann holte er seine Kamera hervor und schoss das sicher hundertste Foto von Bac und mir.

»Maria, ich glaube, du hast dich verliebt«, sagte er sanft.

Wir verließen das schwimmende Dorf und fuhren gemeinsam mit Xuan und Lieu zu der Stelle zurück, wo wir am Vortag geschwommen waren. Unterwegs beschlossen wir, noch eine Nacht auf dem Boot zu verbringen, früh am nächsten Morgen nach Bai

Chay und von dort dann sofort nach Hai Phong zu fahren. Wir hatten nun den letzten Tag unseres kurzen Ausflugs vor uns – als plötzlich die Polizei auftauchte. Dag und ich saßen gerade mit Vinh und Bac zusammen und lehrten sie, ihre Namen zu schreiben, als ein großes schwarzes Motorboot mit einer roten Fahne auf uns zusteuerte. Vinh schob schnell seine Krücke unter die Bank und steckte seinen Beinstumpf unter die Therm-A-Rest-Matte, auf der wir saßen. Lieu löste wortlos seinen Sampan von unserem Boot und ruderte davon. Ein Polizist kam an Bord der Dschunke und wies Sunny, Kiem und Luong an, sich in der Kabine des Motorboots zu melden. Als sie alle hinüber gegangen waren, begann er, die Kinder auszufragen. Bac klammerte sich ängstlich an mich, aber Vinh war offensichtlich an derartige Verhöre gewöhnt. Aufrecht saß er da und gab ruhig und gefasst seine Antworten. Gleichzeitig hörten wir Sunnys erregte Stimme, die von der Kabine des Motorboots zu uns herüberklang.

»Sie können die Kinder nur über meine Leiche mitnehmen«, murmelte ich Dag zu, und ich konnte an seinen geballten Fäusten sehen, dass er meiner Meinung war.

Plötzlich wandte der Polizist seine Aufmerksamkeit uns zu. »Kanada?«, fragte er und zeigte dabei auf die Kinder und dann auf uns.

Der Gedanke war uns auch schon gekommen, wir schüttelten aber den Kopf und sagten: »Hai Phong.«

Er schaute uns lange und durchdringend an. Ich starrte wütend zurück, doch dann überlegte ich mir, dass der Mann tatsächlich um das Wohlergehen der Kinder besorgt und über die Motive der Ausländer beunruhigt sein könnte, die sie in einem gemieteten Boot mitgenommen hatten. Ich hatte schon Geschichten über europäische und amerikanische Touristen und taiwanesische und chinesische Unternehmer gehört, die für den Sexhandel mit Kindern nach Vietnam kamen. Die Regierung hatte in letzter Zeit verstärkt Maßnahmen ergriffen, um die gefährdeten Straßenkinder zu schützen. Der Ausdruck in meinem

Gesicht wurde sanfter und ich lächelte den Polizisten an, der mir mit dem Anflug eines Lächelns antwortete. Das lautstarke Stimmengewirr aus der Kabine des Motorboots war inzwischen verstummt und Sunny kam plötzlich wieder auf die Dschunke gestürmt.

»Wisst ihr, das Problem liegt darin, dass das Boot so neu ist, dass es für den Touristenverkehr noch nicht angemeldet ist, keine entsprechenden Sicherheitsausrüstungen besitzt und keine Genehmigung, dass Ausländer darauf übernachten dürfen. Und sie machen sich auch Sorgen um die Kinder. Deshalb sagen sie, dass wir sofort zurückfahren müssen.«

Widerspruchslos erklärten wir uns dazu bereit.

Während des letzten Stücks unserer Fahrt lagen Vinh und Dag an Bord und machten Schreibübungen. Ich brachte meine Notizen auf den neuesten Stand, während Bac singend neben mir saß und dazu mit ihren Löffeln Musik machte. Als Dennys Betonklotz in Sicht kam, sammelten die Kinder sorgfältig ihre neuen Besitztümer ein – Schreibhefte, Bleistifte, Nagellack, Süßigkeiten, Kaugummi – und steckten sie in die Reißverschlussbeutel, die ich ihnen geschenkt hatte. Dann suchte Bac auch unseren restlichen Proviant, wie altbackenes Brot, Käseeckchen und ein paar Orangen und Litschis zusammen und verstaute sie ebenfalls.

»Die Kinder sollten am besten an ihrem üblichen Platz übernachten«, sagte Sunny, als wir unsere Fahrräder auf die Straße schoben. »Sonst könnte die Polizei glauben, dass wir Böses im Sinn haben.«

Während er auf seinem Motorroller vorausfuhr, um mit ihrem älteren Bruder Hung zu sprechen, kletterten Bac und Vinh auf unsere Fahrräder. Bac, die auf meinem Gepäckträger saß, klammerte sich mit ihren schwachen Armen und winzigen Händchen wie eine Klette an mich. Ich weinte die ganze Strecke zur Stadt und trat mit aller Macht in die Pedale, denn ich wollte

Dag und Vinh vorausfahren, damit sie mich nicht sehen konnten. Sunny hatte Recht, ich hatte mich total in diesen kleinen Balg verliebt. Sie hatte mütterliche Gefühle in mir erweckt, derer ich mich nie für fähig gehalten hatte, und der Gedanke, Vietnam verlassen zu müssen, war mir unerträglich. Aber was konnte ich tun? Sie aus ihrer Familie und der ihr vertrauten Welt entführen? Doch selbst wenn das möglich gewesen wäre, musste ich mich doch fragen, ob es unfair war, ob ich vielleicht eher meine eigenen Bedürfnisse als die ihren befriedigen wollte. Als wir beim Busbahnhof angekommen waren, hatte ich mich wieder etwas gefasst. Bac und Vinh kletterten von den Fahrrädern und waren gleich wieder von den anderen Straßenkindern umringt. Die beiden zogen ihre neuen Beutel hervor und verteilten erst einmal ihre Beute. Sunny saß mit Hung zusammen und die beiden hatten bereits vereinbart, dass wir alle am nächsten Morgen gemeinsam nach Hai Phong fahren würden. Wir gaben Hung etwas Geld und verabschiedeten uns dann von Vinh und Bac. Die beiden saßen im Kreis ihrer Freunde und wir mussten dazu ihre aufgeregten Erzählungen von unserer gemeinsamen Fahrt unterbrechen.

Am nächsten Tag hörte ich Bac schon, bevor ich sie sah.

»Ma-ri-AH! Ma-ri-AH!«

Sie rannte quer durch den Busbahnhof auf mich zu und direkt in meine ausgebreiteten Arme.

Vinh kam hinter ihr angehüpft. Er trug eine kleine Plastiktasche, in der er alles für die Fahrt nach Hai Phong eingepackt hatte. Beide waren sauber angezogen, frisch frisiert und hatten sich die Gesichter gewaschen. Wir gingen mit ihnen und Hung zum Frühstück in ein Café auf der anderen Straßenseite, wo wir für alle *pho* bestellten. Vinh wischte mit einer Papierserviette alle Löffel und Essstäbchen ab und passte auf, dass die Erwachsenen zuerst bedient wurden. Ich bemerkte, dass Bac Sunny etwas zuflüsterte.

»Weißt du was?«, sagte er zu mir. »Sie sagt, sie möchte ein Ei mit einem Baby drin.«

Dann beobachtete ich, wie sie fest entschlossen an ihrem ausgebrüteten Entenei, in dem ein ausgewachsener Embryo saß, kaute. Als sie mit dem Essen fertig war, wischte sie sich den Mund ab und sah mich mit einem strahlenden Lächeln an.

»Papa gehen?«, fragte sie.

Vinh übernahm die Organisation der Reise. Er besorgte die Karten für das kleine Passagierboot nach Hong Gai und die anschließende große Fähre nach Hai Phong, er zeigte uns, wo wir warten mussten und wann wir an Bord gehen konnten. Da es ein regnerischer Morgen war, führte er uns gleich unter Deck in das Abteil mit den zwei großen Bänken. Wir breiteten uns über die Hälfte einer Bank aus, die wir mit einer wohlhabenden vietnamesischen Familie teilten. Die Leute trugen teure Kleidung und spielten Karten um Geld. Eine junge Frau hatte ein Baby dabei, das ständig herumgereicht und von der Familie liebkost wurde. Auf der gegenüberliegenden Bank saßen einige abgehärmte Bauersfrauen in schwarzen Pyjamaanzügen. Begeistert beobachteten sie das Baby und versuchten, durch Händeklatschen die Aufmerksamkeit des Säuglings auf sich zu lenken. Schließlich fasste sich eine von ihnen ein Herz und ging zu den Leuten hinüber, um sich das Kind näher anzusehen. Prompt wurde ihr das Baby übergeben und sie ging zurück zu ihrer Bank. Dort drehte sich nun alles um das Kind, die alten Frauen fächelten ihm mit ihren Hüten Luft zu, machten mit ihren vom Betelnusssaft verfärbten Lippen schmatzende Laute und bestaunten die schönen Kleider ihres Schützlings. Die Mutter spielte weiter Karten und schaute nur hin und wieder zu ihrem Kind hinüber, das recht zufrieden schien. So überließ sie es großzügig den alten Frauen, die ihre helle Freude an ihm hatten.

Wir machten es uns auf der Bank bequem und beobachteten durch die Bullaugen, wie draußen die Ha Long-Bucht vorbeizog. Vinh und Bac hatten sich an uns gelehnt und kabbelten sich darum, wer gerade an Dags Bart ziehen durfte. Dann rollte sich Bac zusammen und schlief an Dag gelehnt ein. Dag selbst lag auf der Seite und stützte sich mit einer Hand auf. Auch Vinh und ich hatten uns an ihn gelehnt. Ich machte mir Notizen und Vinh, der seinen Beinstumpf freundschaftlich über mein Knie gehakt hatte, war mit Zeichnen beschäftigt.

»He, ihr seht aus wie eine richtige Familie!«, rief Sunny zu uns herüber. Er stand mit Hung an Deck, der uns mit Sunnys Videokamera durch ein Bullauge filmte.

»Als ich jünger war, wollte ich immer eine große Familie haben«, sagte Dag versonnen. »Später bin ich dann irgendwie davon abgekommen.«

Dieser Satz hing eine Weile zwischen uns in der Luft.

»Mach dir keine falschen Hoffnungen, Maria«, sagte er schließlich. »Wichtig ist im Moment, eine Schule für die Kinder zu finden, einen Ort, der sie von der Straße fern hält und wo sie eine Schulbildung bekommen. Auf diese Weise wären sie zumindest eine Zeit lang in Sicherheit und vielleicht später ...«

Vinh zog Dag an der Nase, um seine Aufmerksamkeit zu erregen.

»Dag! Hai Phong gehen, Papa sehen!«

In Hai Phong mietete Hung einen Motorroller, denn er wollte vorausfahren und seinen Vater auf unsere Ankunft vorbereiten. Wir gingen mit Vinh und Bac in einen Laden, der Sunnys Cousin gehörte, um ihnen ein paar neue Kleider zu kaufen. Der Laden war wie üblich nach vorne offen und die Kleidungsstücke waren an den Wänden ausgestellt. Mindestens fünf Minuten lang starrten die Kinder sprachlos auf das Angebot. Dann trafen sie bestimmt und ohne Umschweife ihre Wahl. Vinh suchte sich eine lange graue Hose, ein T-Shirt und einen Gürtel aus. Bac bekam ein gelbes Kleid mit Goldknöpfen und einer roten Borte. Und beide neue Unterwäsche. Sunnys Cousine erlaubte den beiden, für eine halbe Stunde ihr Bad und Schlafzimmer zu benutzen. Nach einer Dusche zogen die Kinder ihre neuen Kleider an. Vinh saß auf dem Bett und kämmte sich die Haare, während sich seine Schwester vor dem Spiegel drehte und bewunderte. Dann wechselte Dag die Bandage auf ihrer Brandwunde. Diesmal war sie tapferer und sang zur Beruhigung still vor sich hin, bis die Prozedur vorbei war.

An einer Garküche aßen wir schnell eine Kleinigkeit. Vinh und Bac bestellten Schweinefleisch und ausgebrütete Eier und Dag probierte die gekochten Larven von Seidenwürmern.

»Pass auf«, sagte Sunny scherzend zu mir. »Diese Würmer sind ein Aphrodisiakum. In Vietnam dürfen sie an junge Männer im Teenageralter nicht verkauft werden.«

Wir ließen uns nicht viel Zeit fürs Essen, denn seitdem Hung weggefahren war, wollten auch die Kinder so schnell wie möglich zu ihrem Vater. Hung hatte uns vor seiner Abfahrt die Adresse ihres Dorfes gegeben: *Ben Binh Hai Phong, Xom bui bo de* – Binh Fährhafen, unweit von der Polizeiwache, andere Seite von Hai Phong.

»Können wir Briefe an diese Adresse schicken?«, fragte ich.

Sunny lächelte traurig.

»Das glaube ich nicht. Die Leute sind illegale Siedler.«

Eine Barke brachte uns über den Roten Fluss. Wir standen dicht gedrängt zwischen Fahrrädern und laufenden Motorrollern. Bac klopfte mir aufs Bein, um mir zu sagen, dass ich mich nicht neben die heißen Auspuffrohre stellen sollte. Es stellte sich heraus, dass sie sich auf dieser Fähre ihre Brandwunde zugezogen hatte. Von der Anlegestelle radelten wir ein kurzes Stück auf der Straße und bogen dann auf einen schmalen Sandweg ab, der einen Damm entlangführte. Die Kinder waren inzwischen abgestiegen und Bac lief uns voraus, während Vinh ein wenig schief hinter ihr her hüpfte. Ein Dorf tauchte vor uns auf. An die vierzig strohgedeckte Häuser standen unterhalb des Damms auf einem Feld. Die Wände aus Flechtwerk waren mit Lehm verputzt. Aufgeregt zeigten Vinh und Bac auf die Hütten und konnten sich vor Ungeduld kaum halten.

Man hatte uns vom Dorf aus ebenfalls erspäht und Leute kamen den Damm entlang auf uns zugelaufen.

»Mensch, ich komme mir wie ein Filmstar vor!«, rief Sunny.

»Was geschieht mit diesem Dorf im Monsun?«, fragte ich ihn, als uns hilfreiche Hände die Fahrräder abnahmen und die steile Böschung hinab zum Weg zwischen den Häusern trugen.

»Es wird überschwemmt«, erwiderte er und zuckte die Achseln. »Wie gesagt, das ist keine feste Bleibe.«

Vor Bacs und Vinhs Haus hing eine Wäscheleine und einige bunte Topfblumen zierten den Eingang. Wir duckten uns und traten in einen der beiden niedrigen Räume der Hütte. Herrn Les Hemd stand bis zur Taille offen. Er trug eine geflickte Hose und saß auf einem niedrigen Holzschemel. Vor ihm auf dem Lehmboden standen eine Teekanne und winzige Tassen. Außer einem Bettgestell war der Raum leer. Im Strohdach steckten ein paar Kleinigkeiten – ein Kamm, ein Stift und eine Packung Zigaretten. Jemand brachte etliche Schemel für uns. Wir schüttelten Herrn Le die Hand und er goss uns Tee ein, wobei er jede Tasse vorsichtig erspürte und dann mit geübter Hand füllte. Vinh und Bac standen hinter ihm und hatten ihre Hände auf seine Schultern gelegt. Als Sunny ruhig auf ihn einsprach, hörte er ihm mit erhobenem Kinn zu, genau wie die Kinder, wenn sie sangen. Auf dem Bettgestell hinter ihm saß ein weiterer Sohn, der ein Jahr jünger als Vinh war.

»Es ist hier üblich, dass blinde Männer singend ihr Geld verdienen, aber er wurde so krank, dass er seinen Kindern das Singen beibrachte«, sagte Sunny. »Vor drei Jahren bekam seine Frau während des Monsuns eine Grippe und starb. Jetzt bleibt eines der Kinder bei ihm und hilft, während die anderen auf der Straße Geld verdienen.«

Vinh und sein Bruder waren nach draußen gegangen, wo viele Neugierige versammelt waren und durch den Eingang und die Fenster zu uns hereinschauten. Ich sagte Herrn Le, wie sehr mich seine Kinder durch ihre Liebenswürdigkeit, ihre Begabung und ihr gutes Benehmen beeindruckt hätten und wie stolz er auf sie sein konnte.

»Weißt du, er ist ganz überwältigt«, sagte Sunny zu mir. »Sie sind die ärmste Familie im Dorf. Sie haben nichts. Ich habe ihm gesagt, dass du seinen Kindern helfen und sie zur Schule schicken möchtest. Er sagt, das sei immer sein Traum gewesen. Ich habe ihn gewarnt, dass es einige Zeit dauern könnte, bis wir es organisiert haben. Aber das macht ihm nichts aus, denn wichtig ist, dass jemand an ihn denkt und seine Kinder gern hat.«

Das gab mir natürlich den Rest. Ich saß auf meinem Schemel und heulte in mein nasses Papiertuch, während Sunny und Dag alles Weitere mit Herrn Le besprachen.

»Ich werde nicht von Geld sprechen«, hörte ich Sunny zu Dag sagen, »weil die Leute aus dem Dorf mithören und es Probleme geben könnte.«

Bac war zu ihren Brüdern hinausgelaufen. Durch den Eingang sah ich, wie sie sich in ihrem neuen Kleid vor den Leuten drehte und wendete. Es war nun Zeit zu gehen. Herr Le stand auf und schüttelte uns die Hand. Wir gaben ihm ein paar Dollar und machten uns auf den Weg zum Damm hinauf. Wieder wurden unsere Fahrräder die Böschung hinaufgeschoben und getragen und ein ganzer Schwarm von Leuten folgte uns die halbe Strecke bis zur Straße. Irgendwo mitten unter ihnen waren Vinh und Bac, die noch immer Fragen beantworteten und aufgeregt herumschwirrten.

»Maria, am besten wir verabschieden uns hier«, sagte Dag. »Hier ist es leichter.«

Nacheinander umarmten wir die beiden Kinder.

»Ich habe ihnen gesagt, dass ich Nachrichten von euch bringen werde«, sagte Sunny.

»Und dass wir wiederkommen«, erinnerte ich ihn.

»Ja«, sagte er lächelnd. »Das habe ich schon gesagt.«

»Ma-ri-AH«, flüsterte Bac, als ich sie hochhob. Sie wusste nicht, weshalb ich weinte.

»Bac«, flüsterte ich zurück. »Gehe Papa.«

Dann radelte ich so schnell ich konnte davon. Einige der anderen Kinder aus dem Dorf liefen winkend und rufend neben meinem Fahrrad her. Dann ertönte von ganz hinten eine Stimme.

»MA-RI-AH!«

Ich blieb stehen und winkte der winzigen Gestalt in ihrem gelben Sonntagskleidchen zu, die auf dem Damm stand und hinter der sich die ganze Weite des Deltas erstreckte, das der Rote Fluss hier gegraben hatte.

Zwischen zwei Welten

Bei Einbruch der Dunkelheit folgten wir Sunny durch Hai Phongs Straßen zum Haus seines Cousins.

»Leb wohl, Fahrrad«, sagte ich und lehnte es an die Mauer.

»Was wollt ihr damit machen?«, fragte Sunny.

»Wir verschenken sie«, sagte ich.

»Wirklich? Nein! Wenn mein Cousin heimkommt, frage ich ihn, vielleicht will er sie kaufen.«

Das Haus war Teil eines alten Kolonialgebäudes. Im Wohnzimmer saßen zwei von Sunnys alten Tanten vor dem Testbild im Farbfernseher. Sie hatten ihre langen Zöpfe um den Kopf gewunden und kauten friedlich Betel, während sie auf den Bildschirm starrten. Wir saßen mit Sunny in der Küche, tranken Bier und aßen einen Berg Pommes, die er für uns zubereitet hatte. Dann kam sein Cousin, ein energischer, gut gekleideter Mann.

»Er arbeitet für eine Regierungsbehörde«, erklärte Sunny. »Er sagt, es ist okay, wenn ihr über Nacht bleibt, aber ihr sollt nicht hinausgehen.«

»Weshalb nicht?«

»Die Leute in dieser Straße sind nicht an Ausländer gewöhnt, sie würden sich um euch drängen und es könnte für euch recht unbequem werden.«

Wahrscheinlich ging es eher darum, dass sein Cousin keine Erlaubnis besaß, Ausländer in seinem Haus übernachten zu lassen, und so fanden wir uns damit ab. Die Frau des Cousins war sofort nach oben gegangen. Ich sah sie ein wenig später, als ich auf dem Weg zur Toilette an ihrer Schlafzimmertür vorbeiging.

Sie saß auf dem Bett und zählte Geld. Als ich sie grüßte, winkte sie mir mit einem Bündel Dollar zu.

»Sie versteckt ihr Geld unter dem Bett«, vertraute mir Sunny später an. »Sag es aber niemand.«

Wir waren sehr erstaunt, dass Sunnys Cousin an unseren Fahrrädern interessiert war und sie gegen eine Fahrt mit dem Auto zum Flughafen von Hanoi eintauschen wollte.

»Es ist ein neuer Wagen mit Klimaanlage«, versicherte uns Sunny. »Sehr bequem. Und ich komme mit euch, ich habe Geschäftliches in Hanoi zu erledigen.«

Am nächsten Morgen bestand Sunny darauf, dass wir im Haus frühstücken sollten und dass er von einer Garküche in der Nähe Eier und Brot kommen lassen würde.

»Sobald das Auto da ist, müssen wir schnell fort«, sagte er.

Der Fahrer mit dem Wagen war nach über einer Stunde immer noch nicht da. Schließlich kam Sunnys Cousin auf einem Motorroller angebraust und die beiden unterhielten sich kurz.

»Er sagt, der Wagen ist da, aber die Klimaanlage ist gerade kaputtgegangen. Stört euch das?«

»Kein Problem.«

»Okay, dann fahren wir.«

Nachdem wir uns von den Tanten verabschiedet hatten, die vor dem Fernseher wieder das Testbild anstarrten, folgten wir Sunny nach draußen. Er lief schnell über die Straße auf einen zerbeulten Lada zu, der unter einem Baum parkte. Da der Kofferraum schon beladen war, mussten wir eine unserer Taschen auf dem Rücksitz mit auf den Schoß nehmen. Die Polsterung war zerrissen und mit Klebeband notdürftig repariert worden. Es war ganz offensichtlich, dass der Wagen überhaupt nie eine Klimaanlage besessen hatte.

»Okay? Habt ihr's bequem?«, fragte Sunny und zwängte sich zu uns auf den Rücksitz.

»Sunny, warum setzt du dich nicht vorne hin?«, wollte Dag wissen. »Dann hätten wir alle mehr Platz.«

»Habe ich euch noch nicht gesagt, dass mein Cousin auch mit nach Hanoi fährt?«

Bald hatten wir den Highway erreicht. Im Verlauf der letzten magischen Tage war die Erinnerung an die katastrophalen Zustände auf dieser Straße verblasst. Jetzt erschien mir alles umso schrecklicher. Die Bus- und Lastwagenfahrer verhielten sich noch aggressiver, die Abgase stanken noch widerlicher und die Hupen tönten noch lauter. Und die Straßenarbeiten schienen überhaupt kein Ende zu nehmen. Alle Wagenfenster standen offen und der Dampf heißen Teers wehte in Schwaden zu uns herein. Ich versuchte, an der Tür neben mir verzweifelt das Fenster hochzukurbeln, doch alle Bemühungen blieben erfolglos.

»Ich würde an deiner Stelle aufgeben«, sagte Dag nach ein paar Minuten. »Der Wagen hat gar keine Scheiben.« Wegen unserer verspäteten Abfahrt und der vielen Straßenarbeiten machten wir uns Sorgen, ob wir unsere Maschine rechtzeitig erreichen würden. Wir sagten Sunny, dass wir am liebsten direkt zum Flughafen fahren würden, ohne irgendwo zum Mittagessen anzuhalten.

»Okay, wir kaufen ganz einfach unterwegs etwas zu essen«, versicherte er.

Wir hatten aber schon gelernt, dass die Mittagspause in Vietnam heilig ist. Mitten in einer kleinen Stadt bog der Fahrer daher auch von der Hauptstraße ab und blieb vor einem Café stehen.

»Wir nehmen nur Suppe, keinen Reis, nur zehn Minuten!«, sagte Sunny bestimmt.

»Diese verdammt hartnäckigen Vietnamesen«, brummte Dag, als wir ausstiegen.

Es folgte eine kurze Auseinandersetzung, als der Fahrer den Wagen, der nicht abgesperrt werden konnte und keine Scheiben in den Seitenfenstern besaß, unbeaufsichtigt stehen lassen wollte. Da ich um unser Gepäck fürchtete, erbot ich mich, beim Wagen zu bleiben, aber Sunny wollte nichts davon wissen. Er wies den Fahrer an, sich in den Eingang des Cafés zu setzen und von dort den Wagen zu beobachten. Der setzte sich aber mit dem Rücken zur Tür und ging dann die Straße hinunter, um Zigaretten zu kaufen.

Erst nach einer Stunde gelang es uns, die ganze Mannschaft wieder aus dem Restaurant hinauszulotsen, und wir liefen nun wirklich Gefahr, unseren Flug zu versäumen. Die restliche Fahrt war ein Alptraum. Wir rasten in wilder Jagd über den Highway. Der Fahrer bremste jedes Mal ruckartig, trat dann wieder voll aufs Gaspedal und wenn er den Gang wechselte, krachte es, als ob der Wagen in Stücke fallen würde.

»Ich versäume lieber mein Flugzeug, als zu sterben«, sagte ich spitz zu Sunny, aber er unterließ es, diese Bemerkung für den Fahrer zu übersetzen.

Als wir nach Hanoi kamen, war ich so verdreckt, als hätte ich den ganzen Tag auf dem Fahrrad gesessen. Eine dichte Wolkenbank hatte sich inzwischen am Himmel zusammengebraut, die nun rasch näher kam. Innerhalb weniger Minuten schüttete es wie aus Eimern und Straßenschlamm spritzte durch die Wagenfenster zu uns herein, so dass mir der Dreck bald in kleinen Bächen von Gesicht und Armen lief.

Wir erreichten den Flughafen nur wenige Minuten vor Abflug und nach einem hastigen Abschied stürzten wir durch die Passkontrolle.

»Maria, sei nicht traurig«, rief Sunny mir noch nach.

»Schnell! Schnell!«, drängten uns die Beamten am Flugsteig. Keuchend und schwitzend liefen wir über das Rollfeld die Stufen zum Flugzeug hinauf.

Sobald wir an Bord waren, gingen die Türen hinter uns zu und wir befanden uns plötzlich in einer kühlen, ruhigen sterilen Welt, in der Stewardessen in Plastik gehüllte Kopfhörer und Decken verteilten und beruhigende Musik über die Bordanlage erklang. Alles war geordnet und unter Kontrolle. Wir hatten uns kaum hingesetzt, als die Motoren anliefen und die Maschine die Startbahn entlangrollte. Wie betäubt starrte ich zum Fenster hinaus. Ich hatte noch gar nicht begriffen, dass unsere lange Reise jetzt endgültig vorbei war. Dag neben mir sagte kein Wort. Die Maschine hob ab und flog über eine Straße, auf der dichtes Verkehrsgewirr herrschte. Etwas höher legte sie sich scharf in die Kurve und ich konnte nun das ganze Flussdelta unter mir sehen: die wie eine Patchworkdecke ausgebreiteten Reisfelder und dazwischen die blutroten Kanäle, die sie wie Adern durchzogen. Als ich hinunterschaute, fragte ich mich, ob wir wohl über Hai Phong fliegen würden. Doch dann zogen Nebelschwaden am Fenster vorbei und wir waren plötzlich mitten in den Wolken. Mir steckte ein Kloß im Hals. Ich schluckte und wandte mich vom Fenster ab. Mein Blick fiel auf einen Mann, der auf der anderen Seite des Gangs saß und mich über seine Zeitung hinweg verächtlich anstarrte. Mir wurde bewusst, wie schmutzig und zerzaust ich nach unserer wilden Autofahrt wohl aussehen musste. Schnell griff ich in meine Schultertasche und suchte nach einem Kamm, um mein Äußeres etwas herzurichten. In einer Ecke der Außentasche stießen meine Finger auf etwas Unbekanntes. Aber schon bevor ich es herauszog, wusste ich, was es war. Bacs rosa Stoffbeutel, mit braunem Faden von Kinderhand genäht, der um zwei Aluminiumlöffel gewickelt war. Ich legte ihn auf meinen Schoß und starrte lange Zeit darauf, während Vietnam unter mir entschwand und Wehmut mein Herz ergriff.

Postskriptum

Im April 1996 kamen wir nach Vietnam zurück und fanden vieles verändert. Entlang der Straße, die vom Noibai Airport nach Hanoi führte, ragten aus den Reisfeldern riesige Reklametafeln, die für ausländische Autos, Computer und Kameras warben. Die Bauern, die bei ihrer Arbeit bis an die Knöchel im Schlamm standen, erschienen daneben noch kleiner. Die Gehsteige in Hanois Altstadt waren mit Motorrollern zugeparkt. Und in Bai Chay drängten sich Massen von Touristen. Ein ganzer Soldatentrupp war damit beschäftigt, den Kiesstrand sorgfältig mit Sand abzudecken, der von den Inseln in der Ha Long-Bucht hergebracht worden war.

Vinhs und Bacs provisorisches Dorf sah noch ärmer aus, als wir es in Erinnerung hatten, und einige der Häuser waren bei Überschwemmungen weggespült worden. Beim Vater der Kinder lebte nun seine neue, junge Frau mit ihrem gemeinsamen Baby, einem kleinen Mädchen. Der älteste Sohn hatte inzwischen geheiratet und arbeitete als Cyclofahrer. Vinh hatte die Pubertät hinter sich gebracht, seine Stimme war tiefer geworden und er verdiente seinen Unterhalt als Schuhputzer. Bac und ihr jüngerer Bruder verbrachten die meiste Zeit bettelnd und singend auf den Straßen von Hai Phong, wozu sie auch oft ihre kleine Halbschwester mitnahmen.

Seit unserem ersten Besuch hatten wir versucht, von Kanada aus eine Schule für Vinh und Bac zu organisieren. Dies hatte sich, wie Sunny es vorausgesagt hatte, als langwieriger und frustrierender Prozess herausgestellt. Nach unzähligen Briefen,

Telefonaten und Faxen über Monate und dank der freundlichen Hilfe der SOS-Kinderdorforganisation in Britisch-Kolumbien wurde den Kindern ein Platz im SOS-Kinderdorf in Hanoi angeboten. In dieser angesehenen, nichtkonfessionellen Einrichtung wird verwaisten, ausgesetzten oder auf sonstige Weise bedürftigen Kindern eine sichere Unterkunft mit liebevoller Betreuung und eine gute Schulbildung geboten.

SOS-Mitarbeiter aus Hanoi hatten Vinhs und Bacs Vater und Stiefmutter mehrmals aufgesucht, aber die beiden sagten, sie könnten die Kinder nicht entbehren und wären auf deren Einnahmen angewiesen. Als wir den SOS-Mitarbeitern vorschlugen, diesen Verlust wettzumachen, wurde uns erklärt, dass eine derartige Vereinbarung mit den Eltern gegen das Ethos der Organisation verstoße. Erfahrungsgemäß hätte sich herausgestellt, dass es in Fällen, wo die Motivation der Eltern auf wirtschaftlichen Vorteilen und nicht auf dem Wohl des Kindes beruht, zu endlosen Problemen kommen kann. Man war außerdem der Meinung, dass die Familie zumindest ohne die Einnahmen von Bac auskommen könnte, die die vom SOS-Kinderdorf gebotene Fürsorge am meisten nötig hatte.

Als wir 1996 nach Vietnam zurückkehrten, wurde gerade ein neues SOS-Kinderdorf in Hai Phong gebaut, das bald danach eröffnet werden sollte. Vinh war zu diesem Zeitpunkt schon zu alt für eine Aufnahme, aber für Bac bestand diese Möglichkeit, die sie selbst sehr gerne nutzen wollte. Wir besuchten ihre Eltern, in der Hoffnung, dass sie ihre Meinung ändern und Bac die Chance für eine bessere Zukunft geben würden. Unsere Enttäuschung war groß, als sie sich erneut weigerten.

Es war eine schwierige Lektion für uns. Wir mussten lernen, dass es keine raschen und einfachen Lösungen zur Linderung überwältigender Armut gibt und dass wir nicht einfach in eine fremde Gesellschaft eindringen, ein paar Leuten Geld geben und deren Leben dadurch wie auf magische Weise verwandeln können. Wir haben aber noch nicht aufgegeben. Dag und ich werden regelmäßig nach Vietnam kommen und als Kajak-Führer arbeiten. Auf diese Weise haben wir die Möglichkeit, mit Vinh, Bac und ihren Geschwistern in Kontakt zu bleiben und weiterhin zu versuchen, ihr Leben ein wenig zu verbessern. Wir wollen auch anderen Kindern über die SOS-Kinderdörfer helfen, denn wir sind von der Arbeit dieser Organisation äußerst beeindruckt und wollen uns weiter engagieren.

Als wir 1994 aufbrachen, hatten wir geglaubt, dass dies unsere einzige Reise nach Vietnam sein würde, aber im Leben kommt nicht immer alles so, wie man es erwartet. Heute hat Vietnam einen ganz besonderen Platz in unseren Herzen und wir werden ihm wohl noch viele Monde lang eng verbunden bleiben.

SOS-Kinderdörfer ist eine gemeinnützige, unabhängige internationale Entwicklungsorganisation mit über 300 Dörfern in 124 Ländern. Weitere Informationen erhalten Sie unter:

SOS-Kinderdorf e.V.
Renatastraße 77
80639 München
Tel. 089/12606–0
Fax 089/12606–404
e-mail: info@sos-kinderdorf.de
Im Internet unter: www.sos-kinderdorf.de

Historische Anmerkungen

Die chinesische Herrschaft

Im 2. Jahrhundert v. Chr. annektierte China das nördliche Gebiet des heutigen Vietnam. Nach zahlreichen Aufständen wurde die chinesische Herrschaft im Jahr 939 endgültig beendet.

Das unabhängige Dai Viet

Ende des 10. Jahrhunderts begann der Aufbruch der Vietnamesen nach Süden, wo sie im Lauf der Zeit die dort ansässigen Cham verdrängten. Zwischen 1224 und 1789 konnten Einfälle von Mongolen, Chinesen und Thai zurückgeschlagen werden.

Die französische Kolonialherrschaft und der Widerstand gegen die Franzosen

Ab 1863 kolonisierten die Franzosen Vietnam, Laos und Kambodscha und nannten das gesamte Gebiet 1887 Indochina. Der Widerstand gegen die französische Herrschaft nahm in Vietnam laufend zu und 1930 gründete Ho Chi Minh die Kommunistische Partei Vietnams.

1940 drangen die Japaner in Indochina ein, das sie mit dem Vichy-Regime gemeinsam regierten. 1941 gründete Ho Chi Minh mit chinesischer und amerikanischer Hilfe die Viet Minh, die während des Zweiten Weltkriegs zahlreiche Guerillaanschläge gegen die Japaner und Franzosen durchführten. Anfang September 1945 nahmen die Viet Minh Hanoi ein und Ho Chi Minh erklärte die Unabhängigkeit der Demokratischen Republik Vietnam.

Der Erste Indochina-Krieg

1946 griffen die Franzosen die Viet Minh im Norden an. China stellte sich auf die Seite der Viet Minh, während die Amerikaner den Franzosen den Rücken stärkten. Der Krieg dauerte bis 1954, als Frankreich in der Schlacht von Dien Bien Phu endgültig geschlagen wurde.

Die Genfer Friedenskonferenz

Kernpunkte des 1954 verabschiedeten Waffenstillstandsabkommens waren die provisorische Teilung Vietnams entlang einer Demarkationslinie am 17. Breitengrad, die Anerkennung von Ho Chi Minhs Regierung im Norden und das einstweilige Verbleiben der Franzosen südlich davon, sowie geheime und freie Wahlen in beiden Landesteilen, die 1956 stattfinden sollten. Das Abkommen wurde von Frankreich, Großbritannien, China, der Sowjetunion und von den Viet Minh unterzeichnet. Die Vereinigten Staaten verweigerten die Unterschrift.

Mit Unterstützung der Amerikaner übernahm Ngo Dinh Diem 1954 die Herrschaft über die Republik Südvietnam. Er sagte die bevorstehenden Wahlen ab und begann die unnachgiebige Verfolgung politischer Gegner und Buddhisten. Die von Diem als Vietcong bezeichnete Nationale Befreiungsfront wurde im Süden gegründet.

Der Amerikanische Krieg (Vietnam-Krieg)

Aus Angst vor der zunehmenden Ausbreitung des Kommunismus in Südostasien hatten die Vereinigten Staaten die Zahl ihrer militärischen Berater in Vietnam bis 1964 bereits auf 20 000 erhöht. Der Angriff eines US-Zerstörers im Golf von Tongking führte zu einer Eskalation des Krieges. Der Luftkrieg breitete sich auch auf Südvietnam aus und es begann eine fünfjährige Zerstörungskampagne mit Herbiziden und Giftstoffen.

1967 hatte die Zahl der amerikanischen Truppen in Vietnam bereits eine halbe Million erreicht. Die Tet-Offensive und das

Massaker von My Lai von 1968 hatten Anti-Kriegsdemonstrationen in den USA ausgelöst und Präsident Nixon begann 1969 mit dem Abzug der Bodentruppen.

1972 rückte die nordvietnamesische Armee über den 17. Breitengrad vor und nahm Quang Tri ein. Die Bombardierung des Nordens durch die USA wurde intensiviert.

Pariser Waffenstillstandsabkommen

1973 einigten sich Nordvietnam, die Regierung von Saigon und die Vereinigten Staaten auf einen Waffenstillstand, den Abzug der US-Truppen und einen Austausch der Kriegsgefangenen. Die vietnamesischen Truppen beider Seiten konnten auf ihren Positionen verbleiben.

Mit Unterstützung der Sowjetunion für Nordvietnam und der USA für den Süden dauerte der Krieg weiter an, bis im April 1975 die Stadt Saigon fiel und Vietnam wieder vereinigt wurde.

Weitere Kriege und ein Embargo

1979 fielen vietnamesische Truppen in Kambodscha ein, um Pol Pot und die mordgierigen Roten Khmer abzusetzen, was zu einem jahrzehntelangen Krieg führte. Im selben Jahr rückten die Chinesen über die Grenze Nordvietnams vor und konnten zurückgeschlagen werden, und die Vereinigten Staaten verhängten ein Handels- und Finanzembargo, um Vietnam von der Weltwirtschaft zu isolieren.

Doi Moi

Mitte der 80er Jahre hatte die Inflationsrate 700 Prozent erreicht und es gab Millionen Arbeitslose. 1986 wurde doi moi, ein Programm zur wirtschaftlichen und sozialen Erneuerung eingeführt, das dem Land zu einer stärker marktorientierten Wirtschaft verhelfen sollte. 1994 hoben die Amerikaner ihr Handelsembargo auf und nahmen im Jahr darauf ihre diplomatischen Beziehungen zu Vietnam wieder auf.

Danksagung

In Vietnam sind die Menschen Dag und mir oft mit großer Liebenswürdigkeit entgegengekommen und haben uns ihre Freundschaft und Gastfreundschaft angeboten. Viele dieser Menschen sind im Text namentlich aufgeführt, manchmal habe ich aber auch ihre Namen geändert, um ihnen Unannehmlichkeiten zu ersparen oder sie nicht in Verlegenheit zu bringen. Wir sind ihnen allen zu Dank verpflichtet, vor allem Le Thai Binh und Son Nhu Hoang, die unsere Reise ermöglicht haben und auch dafür, dass sie unsere Erfahrungen bereichert und uns einen unvergesslichen Einblick in ihr Land erlaubt haben.

Unser Dank gilt auch den in Vietnam ansässigen Ausländern, die wir dort getroffen haben, und da vor allem Lady Borton für ihre aufschlussreichen Ausführungen über das dortige Leben.

Wir danken Tom Myers von Cascade Designs für die großzügige Spende von wasserfesten Taschen und Matten, die ersehnten Komfort in unsere anstrengende Reise brachten.

Bei der Planung unserer Fahrt holten wir uns Rat und Hilfe bei Rob Hind, dem Autor Tim Severin, dem Journalisten Paul Harris und den Rundfunkredakteurinnen Judy Stowe und Liz Mardall, die ihre Erfahrungen bei den vietnamesischen Behörden mit uns teilten. Margaret Horsfield sandte Tipps zu den Recherchen und verwies mich an die School of Oriental and African Studies in London, wo mir Dr. Dana Healy nützlichen Lesestoff zur Verfügung stellte und mich auf weiteres Material verwies. Sheila Swanson vom Malaspina University College in Nanaimo vermittelte uns Kontakte in Can Tho und Hanoi. Ihnen allen und auch denen, die ich hier vielleicht nicht erwähnt habe, schulden wir unseren Dank.

Für ihre Rolle, die sie bei der Entstehung dieses Buchs gespielt haben, danke ich meiner Agentin Vivienne Schuster, Hilary Foakes, die meinen ursprünglichen Entwurf so enthusiastisch aufnahm, und Andrew Wille von Little, Brown, der *Mond über Vietnam* dem Ende zugeführt hat. Mein Dank gilt auch Carol und Mike Matthews für die Beurteilung der ersten Kapitel, Jurgen Goering, der mir einen Schlupfwinkel für die Fertigstellung des Manuskripts zur Verfügung stellte, und Dag für sein Lektorat und seine gute Laune.

Und nicht zuletzt, vielen Dank auch an Hanh Ha und ihren Mann Tuyen für die Freundschaft, die viele Jahre und viele Meilen überdauert hat, und die mich, wenn auch unabsichtlich, zu meiner Reise entlang der Küste ihres Heimatlandes inspiriert haben.